영어통사론

학술연구총서 · 68

영어통사론

정태구

KOREA
UNIVERSITY
PRESS
고려대학교
출판문화원

▌책머리에

대부분의 우리나라 대학생들은 영어를 6년 또는 그 이상을 공부해 왔으나, 한국인 학습자에게 영어는 여전히 정복이 쉽지 않은 대상이다. 많은 사람들은 영어를 공부하기 위해 수많은 단어와 표현, 그리고 여러 문법규칙을 외우는 데에 많은 시간과 노력을 쏟는다. 이때 학습자들이 바라는 것은 영어를 체계적으로 공부하고 이해하는 방법이다. 특히 영어 전공자나 또는 영어를 가르치는 교사 그리고 영어를 전문으로 하는 직업에 종사하는 사람들에게 이러한 바람은 더욱 크다. 이 책은 이러한 바람과 요구에 대한 하나의 답이 될 것이라고 기대한다.

필자는 대학교에서 10여 년 동안 영어통사론을 강의하면서 접한 여러 문제점과 어려운 점을 보완하기 위해 본 저서를 집필하게 되었다. 영어통사론의 학습에서 가장 큰 어려움은 모국어가 한국어인 우리나라 대학생들을 위한 적합한 교재가 없다는 것이다. 영어로 된 대부분의 교재들은 영어가 모국어인 학습자를 대상으로 하고 있어서 영어에 대한 직관이 없는 한국인 학생에게 매우 생소하고 어렵게 설명되어 있고, 또한 연습문제도 영어의 직관을 전제로 하고 있다. 두 번째 문제점은 많은 영어통사론 교재가 너무 언어학 이론 소개에 치우쳐 있다는 점이다. 현재 나와 있는 대부분의 교재는 너무 이론 중심적으로 기술되어 있어 학생들은 영어통사론 과목을 매우 어려운 과목으로 인식하고 이를 기피하는 경향이 있다. 이론에 치우친 설명은 학생들이 알고 있는 기존의 영어 지식과 별개의 내용으로 이해하게 한다. 이러한 문제점을 인식하여 본 저서는 한국인 학생의 관점에서, 그리고 이론 중심이 아닌 영어의 자료를 객관적으로 기술하는 관점에서, 그리고 영어 전공자들이 필수적으로 알아야 할 내용을 선별하여 현대언어학적 개념과 방법론을 사용하여 설명하고자 하였다. 즉 언어학 공부를 위한 영어통사론이 아니라, 영어공부를 위한 영어통사론이 되도록 노력하였다.

이 책의 내용은 대학에서 영어를 전공하거나 또는 영어를 전문적으로 공부하고자 하는 이들을 위한 영문법에 관한 것이다. 영문법 중에서 영어의 구조, 즉 영어통사론에 대한 책으로 촘스키의 현대언어학의 이해를 위한 입문서이기도 하다. 그 핵심 내용은 영어에는 구조가 있고, 그 구조는 매우 규칙적이라는 것이다. 구체적으로는 영어의 모든 문장과 구*phrase*가 하나의 구조적 원리에 의해 형성된 것임을 보여주는 것이다. 그 규칙성은 바로 X바구조라는 것이다. 핵*head*, 보어*complement*, 부가어*adjunct*, 그리고 지정어*Specifier*로 이루어진 X바구조는 명사구, 동사구, 형용사구, 전치사구, 그리고 절에 모두 적용되는 구조원리이다. 이 구조원리는 모든 구와 문장을 생성할 수 있고 분석할 수도 있다. 영어의 핵심구조는 물론 변형이 된 구문인 수동문, 인상구문, 의문문, 관계절 구문도 모두 X바구조 위에서 일어나는 현상으로 설명할 수 있다.

우리가 보는 영어 문장에는 구조가 보이지 않지만 문장은 일정한 구조원리에 의해서 형성되고 변형되며, 그리고 문장에서 일어나는 여러 현상들은 그 구조에 의해서 설명이 되고 그리고 제약을 받고 있음을 이 책은 체계적으로 설명한다. 보이지 않는 우리 몸을 이해하기 위해서는 그 내부구조와 그 생체원리를 잘 알고 있어야 하듯이, 영어를 잘 이해하기 위해서는 보이지 않는 영어의 구조, 즉 X바구조와 그리고 변형의 원리를 이해하면 큰 도움이 될 것이다.

이 책이 나올 때까지 편집과 교정을 도와준 영어통사론 전공 대학원생들인, 윤정회 양, 박진욱 양, 송선경 양, 전윤호 군, 신희영 양에게 감사한다. 또한 지난 10여 년 동안 필자의 강의를 들으면서 좋은 질문과 문제

점을 지적해 준 수많은 학생들에게 감사한다. 또한 영어 문장의 문법성에 대한 귀찮은 질문에도 친절하게 도움을 준 John-Paul Dervaux, Greg Skwarok, Brian Stokes 교수에게도 감사를 표하고 싶다. 그리고 고려대학교출판부의 연구비 지원과 편집실의 도움에 심심한 감사를 표한다.

2005년 여름에
저자 정태구

▌2판 출간에 부쳐

《영어통사론》 제2판에서는 '확인학습'과 '임용고사 기출문제' 부분이 수정되고 추가되었다. '확인학습'은 기존의 서술형 문제에 선다형 문제를 추가하여 그 유형을 다양화하였고, '임용고사 기출문제'는 기존의 문제(1999년부터 2005년까지)를 취사선택하고 최근 3년간(2006년, 2007년, 2008년)의 임용고사 문제를 포함하였다. 제2판 교정에 도움을 준 대학원생 박은영 양과 김은희 양, 그리고 영어표현을 도와준 Hamilton Chang 교수에게도 감사한다. 그리고 편집 수정 작업과 표지 디자인에 이르기까지 수고를 아끼지 않은 고려대학교출판부에 감사한다.

2008년 3월
저자

▌3판 출간에 부쳐

본 책의 제3판에서는 여러 부분이 신설 또는 변경(이동 또는 삭제)되었다. 우선 9.2절의 내용이 추가되고 9.4절이 신설되었다. 둘째로, <임용고사 기출문제>에 2판 이후인 2009년부터 2016년 사이에 출제된 통사론 문제 중에서 선별한 문제들이 추가되었다. 그리고 기존의 몇몇 임용고사 기출문제는 다른 장으로 이동하거나 삭제되었다. 셋째로, 영어로 묻고 영어로 답하는 <Syntactic Argumentation in English>가 신설되었다. 이들 대부분의 문제가 기존 <확인학습>의 문제들이나 새로운 문항도 추가되었다. 마지막으로, 주요한 개정은 모범/예상 답안을 수록한 것이다. <확인학습> 문제와 <Syntactic Argumentation in English>의 문제, 그리고 <임용고사 기출문제>에 대한 모범/예상 답안을 수록하였다. 모범/예상 답안은 말 그대로 정답이 아니고 '모범/예상이 될 만한 답안'으로 다른 답안이 있을 수도 있다. 이번의 개정이 학습자들의 영어통사론의 이해에 많은 도움이 되리라 기대한다. 제3판 교정에 도움을 준 안재현 선생과 고효주 양에게 감사하고, 영어자료를 검토해 준 Thomas White에게도 고마움을 표한다. 그리고 편집 작업과 출판에 지원을 아끼지 않은 고려대학교 출판문화원에도 감사한다.

2016년 8월
저자

▌책의 구성과 사용

이 책은 대학의 강의교재로 사용할 수도 있고 또는 학습자가 스스로 공부할 수 있도록 구성되어 있다. 이 책의 구성과 추천하는 사용법은 다음과 같다.

• 책의 구성

이 책은 총 3부 14장으로 구성되어 있다. 제I부는 영어통사론을 위한 기초편이고, 제II부는 영어의 핵심구문(명사구, 동사구, 형용사구, 전치사구, 절)의 구조에 대한 내용이고, 제III부는 변형으로 형성된 구문(수동문, 인상구문, 의문문, 관계절)에 대한 구조와 특성을 설명한다.

▪ 학습자 중심의 설명

우선 어려운 전문용어를 가급적 친근한 용어로 바꾸거나 풀어서 설명하고자 하였다. 그리고 한국인 학습자가 이해하기 쉽도록 필요한 경우에 영어에 대한 설명을 하면서 한국어의 예를 종종 제시한다.

▪ 각 장의 핵심용어, 목표, 요점

각 장의 핵심내용을 전달하는 핵심용어가 처음에 제시되고, 그리고 각 장의 목표와 요점이 장의 처음과 끝에 제시된다. 주요 용어는 본문에서 고딕체로 표시된다.

▪ 쉼터이야기

각 장의 끝에 있는 재미있는 〈쉼터이야기〉는 영어와 언어학을 음미하는 쉼터이다.

▪ 확인학습

각 장에 있는 내용의 이해를 확인하고 점검하는 〈확인학습〉이 매 장의 끝에 있다. 모든 문제가 각 장을 이해하면 풀 수 있는 문제들이다.

▪ Syntactic Argumentation in English

각 장에 나오는 주요 개념이나 핵심 내용에 대한 질문을 영어로 하고 영어로 답하도록 하여 영어와 함께 통사적인 논증 방법을 증진하도록 하였다

▪ 임용고사 기출문제

과거 10년간(1999년부터 2008년까지)과 최근 약 10년간(2009년에서 2016년까지)의 중등 영어과 임용고사 기출문제(영어통사론)를 제시하였다. 각 장의 내용을 이해하면 풀 수 있도록 각 문제의 내용에 맞는 해당 장에 배치하였다.

● **책의 사용법**

이 책을 강의교재로 사용할 경우에는 한 학기용으로 한 주에 한 장*Chapter*씩 공부할 수 있도록 구성되어 있다. 그래서 중간고사 이전에 제7장까지를 공부하고, 나머지 14장까지를 중간고사 이후에 공부하면 좋다. 각 장은 주제와 내용의 분량에 따라 구분되어 있다. 내용이 많은 어떤 주제는 두 개의 장에서 다루고 있다. 그리고 제1장부터 제3장까지의 내용은 다른 기초과목(가령, 〈영어학개론〉이나 〈언어학 개론〉) 에서 다루는 내용으로 필요한 경우에는 이 부분을 간단히 다루거나 축약해서 다룰 수 있다. 이러한 경우에는 중간고사 이전에 제8장 또는 제9장까지 공부할 수 있다.

학생들의 요구가 많지 않을 경우에는 제III부(12장부터 14장까지) 를 제외한 제II부(1장에서 11장) 까지만 다루어도 좋을 것이다. 그런 경우에는 제5장이나 제6장까지를 중간고사 이전에 공부하고 나머지를 중간고사 이후에 공부할 수 있다.

책의 내용은 단계적으로 구성되어 있어서 앞 장의 내용을 먼저 학습해야 그 다음 장의 내용을 이해할 수 있도록 되어 있다. 또한 처음부터 복잡한 이론을 소개할 수 없기 때문에 처음에는 간단하게 소개하고는 뒤에 가서 본격적인 이론이 소개되면서 앞의 내용이 수정되는 경우가 많다. 그래서 앞에 나온 이론적 내용이 최종적인 것이 아니고 뒤에 가서 수정될 수 있음을 명심하기 바란다. 이런 단계적 설명은 영어현상 자체에 대한 것이 아니고 이 현상을 설명하기 위한 이론이나 설명도구가 수정되는 것이다.

학생들의 요구와 수준에 따라 단계별로 학습하되 뒷부분은 생략할 수도 있다. 가령, 제III부(12장부터 14장) 는 생략할 수도 있다. 그리고 〈확인학습〉 문제도 선별하여 공부할 수 있다.

차 례

■ 책머리에 · 5
■ 책의 구성과 사용 · 9

제 I 부 영어통사론의 기초

제 1 장 영어통사론을 위한 서론 · 19

1.1 — 언어란 무엇인가? · 19
1.2 — 현대언어학의 출생과 성장 · 23
1.3 — 영어통사론을 왜 공부하는가? · 27
1.4 — 영어통사론과 학교영문법 · 33
쉼터이야기: 영어의 계보도 · 36 / 원숭이의 언어 · 37
확인학습 · 38 / Syntactic Argumentation in English · 38

제 2 장 영어통사론의 기본 개념들 · 40

2.1 — 언어능력과 언어수행 · 40
2.2 — 문법성, 적형성, 허용성 · 43
2.3 — 언어의 창조성 · 47
2.4 — 문법의 타당성 · 51
2.5 — 보편문법과 언어습득 · 54
쉼터이야기: Wug · 56 / 언어는 왼쪽 뇌가 담당한다 · 57
확인학습 · 58 / Syntactic Argumentation in English · 59

제 3 장 영어 문장의 기본성분 · 61

3.1 – 구조의 기본요소 · 61
3.2 – 문법범주의 정의 · 64
3.3 – 문장의 구성성분 · 68
3.4 – 구성소 테스트 · 76
쉼터이야기: 언어의 결정적 시기 · 86 / 등위접속 양팔저울 · 87
확인학습 · 88 / Syntactic Argumentation in English · 89
임용고사 기출문제 · 91

제 4 장 문장의 기본규칙 · 93

4.1 – 구구조 규칙 · 93
4.2 – 구와 문장의 생성 · 103
4.3 – 구구조 규칙의 제약 · 106
4.4 – 구조의 계층 · 108
4.5 – 구구조 규칙과 언어의 창조성 · 113
쉼터이야기: 영어에서 가장 긴 단어는? · 117
확인학습 · 118 / Syntactic Argumentation in English · 119
임용고사 기출문제 · 120

제 5 장 구조와 의미의 만남 · 123

5.1 – 동사의미와 문장구조 · 123
5.2 – 논항과 부가어 · 126
5.3 – 의미역 · 129
5.4 – 하위범주화 · 132
5.5 – 의미선택제약 · 138
5.6 – 의미에서 구조로 · 140
쉼터이야기: 언어의 전달 · 144 / 바벨탑과 보편문법 · 144
확인학습 · 145 / Syntactic Argumentation in English · 146
임용고사 기출문제 · 147

제II부 영어의 핵심 구조

제6장 새로운 구조의 발견 · 153

6.1 – 새로운 층위 · 153

6.2 – 보어와 부가어 · 160

쉼터이야기: 동물의 결정적 시기 · 167 / *You*의 복수형은? · 168
확인학습 · 169 / Syntactic Argumentation in English · 171
임용고사 기출문제 · 172

제7장 명사구 구조의 패턴 · 174

7.1 – 보어와 부가어의 구조 · 174

7.2 – 명사 앞의 보어와 부가어 · 184

7.3 – 명사구 구조의 규칙 · 194

쉼터이야기: 수화도 언어인가? · 197
확인학습 · 198 / Syntactic Argumentation in English · 199
임용고사 기출문제 · 200

제8장 동사구 구조의 패턴 · 205

8.1 – 새로운 층위의 탐색 · 206

8.2 – 동사구 구조의 규칙 · 211

8.3 – 동사구 구조의 특성 · 217

쉼터이야기: 영어 화자의 평균 단어 수 · 220
확인학습 · 221 / Syntactic Argumentation in English · 222
임용고사 기출문제 · 224

제9장 형용사구와 전치사구의 구조 패턴 · 226

9.1 – 형용사구의 구조 · 226

9.2 – 전치사구의 구조 · 234

9.3 — 구조의 패턴 : X바구조 · 243
9.4 — 문법범주와 보어 명사구의 분포 · 248
쉼터이야기: X'레이 촬영기 · 253 / 아름다운 언어가 있는가? · 253
확인학습 · 254 / Syntactic Argumentation in English · 255
임용고사 기출문제 · 256

제10장 문장의 구조 · 259
10.1 — 문장의 특성 · 259
10.2 — 절의 새로운 구조 · 261
10.3 — 절의 내부구조 · 267
10.4 — 보이지 않는 공범주 · 274
10.5 — 주어자리 · 278
쉼터이야기: 미개인의 언어 · 281
확인학습 · 282 / Syntactic Argumentation in English · 283
임용고사 기출문제 · 285

제11장 절의 종류 · 288
11.1 — 예외절 · 288
11.2 — 소절 · 297
11.3 — 술어와 절의 종류 · 301
11.4 — 절과 명사구의 분포 · 304
쉼터이야기: 물리적 소리와 말소리 · 311
확인학습 · 312 / Syntactic Argumentation in English · 313
임용고사 기출문제 · 315

제III부 영어의 변형구문

제12장 주어 새로 만들기 · 325
12.1 — 문장의 생성체계 · 325

12.2 — 주어 새로 만들기 I : 수동문 · 331
12.3 — 수동태의 제약 · 336
12.4 — 주어 새로 만들기 II : 인상구문 · 340
12.5 — 수동구문과 인상구문의 비교 · 346
12.6 — 주어 만들기 변형과 투사원리 · 348
쉼터이야기: 문장생성기계 · 350 / 영국영어와 미국영어 · 350
확인학습 · 351 / Syntactic Argumentation in English · 352
임용고사 기출문제 · 354

제 13 장 의문문 만들기 · 359
13.1 — 의문문의 종류 · 359
13.2 — 일반 의문문 · 360
13.3 — 의문사구 의문문 · 371
13.4 — 간접 의문문 · 379
쉼터이야기: 피리 부는 사람 · 382
확인학습 · 383 / Syntactic Argumentation in English · 384
임용고사 기출문제 · 385

제 14 장 관계절 만들기 · 388
14.1 — 관계절의 필요성 · 388
14.2 — 관계절의 종류 · 389
14.3 — 관계절의 구조 · 391
14.4 — 관계절과 유사구문 · 401
쉼터이야기: Crazy English? · 405
확인학습 · 406 / Syntactic Argumentation in English · 407
임용고사 기출문제 · 408

■ 확인학습 모범답안 · 411
■ 참고문헌 · 457
■ 찾아보기 · 460

제 I 부
영어통사론의 기초

제1장
영어통사론을 위한 서론

제2장
영어통사론의 기본 개념들

제3장
영어 문장의 기본성분

제4장
문장의 기본규칙

제5장
구조와 의미의 만남

제I부는 영어의 통사구조의 논의에 필요한 배경 지식과 기본 용어를 설명하고, 문장구조의 분석을 위한 기본적인 개념과 이론적 도구를 소개한다. 이는 제II부에서의 본격적인 영어 통사구조의 분석과 문장 생성에 대한 논의로 나아가기 위한 기초 학습이다.

▌제 1 장▐

영어통사론을 위한 서론

〈핵심용어〉
영어통사론, 역사비교언어학, 구조주의, 변형생성문법, 보편문법, 규범문법, 학교문법, 기술문법

제1장은 영어통사론을 공부하기 위한 준비단계로 현대언어학의 배경과 영어의 구조원리를 다루는 영어통사론을 소개하고, 영어통사론과 학교영문법과의 관계 등을 알아본다.

1.1 언어란 무엇인가?

21세기의 지식정보 시대를 살아가는 우리에게 언어는 그 어느 때보다 더욱 중요해졌고 이제 언어가 없는 21세기, 언어가 없는 우리의 생활은 상상하기가 힘들다. 언어는 매일 매일의 일상적 의사소통은 물론 문화, 학문, 과학에서 정보와 지식을 전달하고, 저장하고, 관리하는 데 없어서는 안 될 필수적인 매개체이다.

그렇다면 언어란 무엇인가? 현대언어학의 대부인 노암 촘스키Noam Chomsky는 '언어는 인간 정신의 거울(language is a mirror of the mind)'이라고 하였다.[1] 그는 언어를 연구하는 것은 곧 인간 정신을 연구하는 것이

---

1) 노암 촘스키Noam Chomsky(1928-): 미국의 유대인 집안에서 태어나서 29세에

어서 언어학이란 바로 인간 정신을 연구하는 학문이라고 하였다. 그래서 언어학을 통해서 인간 정신의 여러 가지 속성을 발견할 수 있다고 하였다.

인간은 태어나서 누구나 말(언어)을 할 수 있다. 모든 인간은 각자의 타고난 재능에 별 관계없이 모두가 언어를 할 수 있다. 지능이 좋다고 해서 말을 더 잘하거나 또는 지능이 낮다고 해서 말을 잘 못하는 것은 아니다. 가령, 수학의 천재가 언어를 천재적으로 더 잘하는 것도 아니고, 또한 한 학급에서 성적이 제일 낮은 학생이 언어를 제일 못하는 것도 아니다. 인간은 모두가 언어를 할 수 있는 능력을 가지고 태어난다. 더 나아가 인간은 어떤 인간 언어도 습득할 수가 있다. 가령, 한국 아이가 미국에서 자라면 영어를 자연스럽게 배우고, 또한 미국 아이가 한국에서 자라면 한국어를 자연스럽게 배우게 된다. 그래서 모든 인간은 말을 할 수 있는 유전적 능력을 가지고 태어난다는 가설이 나오게 되었다. 이러한 언어 능력은 인간에게만 한정된 것으로 생각된다. 한때는 인간이 아닌 다른 동물들, 가령, 원숭이, 돌고래, 박쥐 등도 언어를 사용한다는 주장이 제기된 바 있다. 하지만 이들이 가지고 있는 의사소통의 체계는 매우 단순하여 인간 언어의 체계와는 비교될 수 없는 것으로 판명되어 인간만이 언어를 가지고 있다는 가설을 대부분의 학자들은 받아들이고 있다(제1장 쉼터이야기 참조).

인간이면 누구나 언어를 자유자재로 사용할 수 있지만 막상 언어에 대한 정체는 밝혀지지 않았기에 언어에 대한 흥미는 더해진다. 우리가 언어를 모르면서 어떻게 그 언어를 사용할 수 있을까? 우리는 매일 컴퓨터나 자동차를 어려움 없이 사용하고 있다. 그러나 우리는 컴퓨터나 자동차가

MIT 대학에서 교수를 시작하여 현재까지 동 대학에서 연구를 계속하고 있다. 언어학, 철학, 심리학, 인지과학, 정치학 등의 분야에서 세계적으로 논문이 가장 많이 인용되는 세계의 석학이다. 그가 1957년 29세에 쓴 책 *Syntactic Structures*이 언어학의 흐름을 바꾸어 놓은 이후로 현재까지 살아있는 현대언어학의 대부이다. 학문뿐만 아니라 미국의 월남전 참전과 최근의 이라크 공격까지 반대했던 행동파 지식인이기도 하다.

어떻게 만들어졌고 그리고 어떤 구조를 가지고 있는지는 모른다. 언어에 대한 우리의 지식도 이와 비슷하다고 생각된다.

언어의 정체를 이해하기 위해 우리가 언어를 어떻게 배웠는지 생각해 보자. 우리는 태어나서 언어를 큰 노력 없이 배웠다. 어린 아이는 태어나서 5년 정도만 배우면 큰 지장 없이 언어를 사용할 수 있다. 혹자는 언어가 매우 쉬운 체계이어서 우리가 언어를 쉽게 배운다고 생각할 수 있다. 그러나 언어가 쉽지 않다는 것은 우리의 영어학습 과정을 생각하면 알 수 있다. 영어를 어려서부터 배우지 않고 사춘기를 지나서 배우기 시작했다면 영어는 매우 어렵다. 아마 독자 중에서도 영어를 배우면서 영어가 얼마나 어려운지를 경험해 보았거나 지금도 경험하고 있는 사람은 많을 것이다. 영어의 체계는 간단하지가 않다. 많은 영어학자들이 영어를 연구해 왔지만 밝혀진 것보다는 아직 밝혀지지 않은 것이 더 많다. 마찬가지로 한국인이 자유자재로 말하고 이해할 수 있는 한국어도 간단한 체계의 언어는 아니다. 한국어를 어렵게 배우는 외국인을 보면 한국어도 간단한 체계가 아님을 알 수 있다. 결국 모든 언어가 단순한 체계가 아님을 알 수 있다. 이렇게 복잡한 체계의 언어를 우리가, 아니 어린아이들이 어떻게 짧은 시간 안에 어렵지 않게 습득하는지는 아직도 연구의 대상이다.

우리가 한 언어를 안다고 했을 때 과연 무엇을 아는 것일까? 우리가 한국어를 알고 또 영어를 잘 모른다고 했다면 과연 이때 무엇을 알고 또 무엇을 모른다는 것일까? 우리가 영어를 잘 모른다고 했을 때 어떤 이는 그 대상이 영어 단어(어휘)라고 할 수 있다. 그렇다면 우리가 많은 영어 어휘의 뜻을 모르기 때문에 영어를 모른다고 할 수 있을까? 이런 경우를 상상해 보자. 미국 대학생이 구사할 수 있는 어휘의 수는 대략 6만이라고 한다. 그렇다면 한국학생이 이 6만 단어를 모두 외웠다고 해서 미국 대학생처럼 영어를 말하고 이해할 수 있을까? 대답은 분명히 부정적이다. 6만 단어만 외운 학생은 결코 미국 대학생처럼 영어를 말하거나 이해할 수 없다. 혹자는 영어 어휘의 수가 더 많아야 한다고 주장할 수도 있다. 최근의 어떤 영어 대사전에는 약 20만 단어가 실려 있다. 그렇다면 이 20만 단어를 모두 외우거나 아는 경우를 생각해보자. 최근에는 컴퓨터가 발달하였으므로 20만 단어가 아니라 100만 단어 이상도 충분히 저장하고 처리할 수 있다. 성능이 좋고 용량이 큰 컴퓨터에 100만 단어의 철자와 뜻(또는 발음), 그리고 영어 단어에 대한 모든 정보를 준다면, 과연 이 컴퓨터가 영어를 이해하거나 말할 수 있을까? 컴퓨터를 조금이라도 아는 사람이라면 이것이 불가능하다는 것은 금방 알 것이다. 그래서 우리가 한 언어를 안다고 했을 때 그것이 단어의 의미와 정보만을 아는 것이 아님을 쉽게 알 수 있다. 컴퓨터가 언어를 이해하려면 개별 단어에 대한 정보뿐만 아니라 단어와 단어가 합쳐지는 구문 규칙, 그리고 단어와 단어가 합쳐지면서 형성되는 의미규칙 등을 모두 가지고 있어야 한다.

요즘에는 문법이 많이 연구되어 번역 프로그램도 개발되었다고 한다. 이상적으로 개발된 한-영 또는 영-한 번역 프로그램이 있다고 가정해 보자. 이 번역기에 어떤 한국어 문장을 입력하여 그 번역된 출력으로 영어 문장을 얻었다고 하자. 그리고 다시 이 출력된 영어문장을 그 번역기에 입력하여 번역된 한국어 문장을 얻었다고 하자. 만약에 맨 처음의 한국어 문장과 번역기에서 나온 최종 문장이 동일하다면 완벽한 번역 프로그램이라고 할 수 있다. 그런데 최근의 어떤 번역기에 *Time flies like an arrow*란 영어 문장을 입력했더니 그 출력으로 '시간 파리는 화살을 좋아한다'라는 한국어 문장이 나왔다고 한다. 완벽한 번역 프로그램의 개발을 위해서는 우선 두 언어에 대한 완벽한 문법연구가 되어 있어야 한다. 그러나 인간 언어의 모든 어휘는 컴퓨터가 저장하고 검색할 수 있어도 문법에 대한 연구는 아직도 갈 길이 멀다고 생각된다.

언어는 규칙으로 이루어져 있다. 이 규칙의 집합 또는 규칙의 체계가 문법이다. 문법은 형태와 의미의 관계를 체계적으로 설명해야 한다. 형태에는 각 단어의 발음, 단어의 형태, 구와 문장의 형태가 있다. 발음을 연구하는 분야가 **음운론***phonology*이고, 단어의 형태를 다루는 분야가 **형태론***morphology*이며, 문장의 형태를 다루는 분야가 **통사론***syntax*이다. 단어, 구, 문장의 의미를 다루는 분야를 **의미론***semantics*이라고 하고, 의미를 고려할 때 말하는 상황(화자, 청자, 장소, 시간 등)까지 고려하는 분야를 **화용론***pragmatics*이라고 한다. 우리는 문법의 여러 분야 중에서 구*phrase*와 문장의 형태, 즉, 문장의 구조에 대한 분야인 통사론을 공부하고자 한다. 그 대상 언어가 영어이므로 그 분야를 **영어통사론***English syntax*이라고 한다.

우리가 컴퓨터나 자동차를 좀 더 자세히 알려면, 또는 그 분야의 전문 직종에서 일하려면 컴퓨터나 자동차의 내부구조나 그 작동원리를 이해해야 할 것이다. 마찬가지로 영어를 체계적으로 이해하고 더 나아가 영어 전문가가 되기 위해서는 영어의 구성원리를 이해해야 할 것이다. 영어의 구성 원리를 체계적으로 이해한다면 본인의 영어 학습을 향상시킬 수 있을 뿐만 아니라, 영어전문가로서의 효과적이고 체계적인 영어의 활용을 기대할 수 있다. 이 책의 목적은 영어에 대한 전문적이고 체계적인 지식을 제공하는 것이다. 더 구체적으로는 영어에서 단어와 단어가 어떻게 합쳐져서 구와 문장을 어떻게 형성하는지를 체계적으로 공부하는 것이다.

1.2 현대언어학의 출생과 성장

영어통사론을 본격적으로 논의하기에 앞서, 앞으로 이 책에서 사용되는 언어 분석방법론과 그 이론적 배경을 이해하기 위해 현대언어학을 역사적으로 개괄하고자 한다.

■ 역사비교언어학

체계적인 현대언어학의 연구는 19세기에 시작되었다고 본다. 19세기에는 언어의 계보와 언어 간의 상호관계를 역사적으로 연구하는 **역사비교언어학***historical-comparative linguistics*이 발달하였다. 역사비교언어학에서는 주로 언어의 소리변화를 연구하여, 한 언어에서 여러 언어로 갈라져 나갔음을 밝혔다. 대부분의 현재 유럽 언어는 인도 북부지방에 있었던 인도유럽어*Indo-European languages*에 기원하고, 그 다음에는 단계별로 유럽의 여러 언어로 발전해 갔음을 역사비교언어학은 밝혀냈다. 가령, 라틴어에서 프랑스어, 스페인어, 포르투갈어 등으로 갈라졌고, 그리고 게르만어에서 독일어, 영어 등이 나왔다. 역사비교언어학의 언어분석 방법은 언어의 역사적인 변화와 그리고 여러 개의 언어를 비교하는 것이었다. 그리하여 과거에 존재했을 조상의 원형언어*proto-language*를 재구성하는 것이 주요 연구였다. 그리고 그 연구대상은 주로 소리의 변화, 즉 **음운변화***phonological change*였다.[2)]

■ 통시 언어학과 공시 언어학

20세기 언어학의 방향을 바꾸어 놓은 학자는 **소쉬르**Ferdinand de Saussure이다.[3)] 소쉬르는 19세기 언어학자들이 주로 역사적인, 즉 통시적인*diachronic* 양상만을 연구했음을 지적하고, 언어의 다른 측면인 공시적*synchronic*인 양상에 대한 연구의 필요성을 강조하였다. 즉 통시 언어학*diachronic linguistics*이 역사언어학이라면 공시 언어학*synchronic linguistics*은 역사적 차원이 아닌 동일한 시점의 언어를 연구하는 것이다. 소쉬르가 현대언어학에 기여한 주요한 두 개념으로 랑그*langue*와 빠롤*parole*이 있는데 이 개념은 후에 촘스키의 언어학에도 영향을 주었다.[4)]

■ 구조주의 언어학

소쉬르 이후로 공시 언어학은 많이 발전한다. 미국에서는 구조주의*structuralism* 언어학이 발전하여 미국의 여러 지역에서 살던 많은 인디언들의 언어에 대한 구조주의적 연구가 활발하였다. 구조주의란 언어를 구조*structure*, 또는 하나의 체계로 보는 관점으로 이는 곧바로 촘스키의 변형

---

2) 영어의 계보에 대한 간단한 도표가 제1장 쉼터이야기에 있다.

3) 소쉬르Ferdinand de Saussure(1857-1913)는 스위스에서 출생하여 제네바 대학에서 교수를 하였다. 사후인 1916년에 제자들이 그의 강의를 정리하여 출판한 책, 《일반언어학 강의 *Cours de linguistique générale*》는 현대언어학의 주류가 된 구조주의 언어학의 시조로 여겨진다.

4) 랑그와 빠롤 : 랑그*langue*는 어떤 사회나 집단이 공통으로 가지고 있는 언어체계 또는 제도를 말하고, 빠롤*parole*은 그 집단의 구성원인 개인이 행하는 언어행위를 말한다. 이 두 개념은 후에 촘스키가 내놓은 언어능력과 언어수행에 각각 대응되기도 하지만 서로 다른 점이 있다.

생성문법 이론으로 이어진다. 그러나 초기의 미국 구조주의는 **행동주의** *behaviorism* 심리학에 바탕을 두고 있어 언어를 인간의 행동*behavior*으로 보고, 언어습득도 **자극***stimulus*과 **반응***response*의 관점에서 본다. 즉 외부의 자극으로 언어입력이 들어오면 이 자극에 대한 반응으로 언어를 구사한다는 것이다. 더 나아가 어린이도 외부에서 언어적 자극이 있어 그 반응으로 언어를 습득한다고 본다. 그래서 구조주의 언어학에서 나온 언어교육 이론은 자극과 반응에 근거한 반복학습을 강조하였는데 그것은 언어의 학습과정을 **습관***habit*의 형성으로 보았기 때문이다. 이러한 구조주의 이론의 대표적인 학자로 블룸필드Bloomfield가 있다.[5] 구조주의 연구의 대부분은 음운론에 치우쳐 있고, 그리고 그 방법론은 각 소리가 나타나는 환경, 즉 **분포***distribution*를 찾아내어 그 소리가 변화하는 규칙을 찾아내는 것이었다.[6]

■ 변형생성문법 이론

언어습득이 습관형성이라는 구조주의의 주장을 강력하게 비판한 학자는 **변형생성문법***Transformational Generative Grammar*의 창시자인 노암 촘스키이다. 말을 배우는 어린 아이가 과거에 전혀 들어보지 않은 문장을 이해하고 말하는 것을 지적하면서 언어습득을 습관형성이나 또는 자극과 반응 이론으로 설명할 수 없다고 주장하였다. 촘스키는 인간이 언어를 후천적으로 학습하기보다는 선천적으로, 즉 유전적인 언어능력을 가지고 태어난다고 주장한다. 갓 태어난 어린 아이의 머릿속에는 이미 인간의 언어를 말할 수 있는 모든 능력이 내재되어 있다는 것이다. 어린 아이가 듣게 되는 말들은 잠재적 능력을 촉발시키는 역할을 한다. 즉 어린 아이에게 입력되는 언어의 역할은 마치 씨가 자라서 식물이 될 때 필요한 햇빛이나 물

---

5) 블룸필드의 주요 저서인 *Language*(1933)는 미국 구조주의 언어학의 이론과 방법론을 담고 있는 대표작으로 알려져 있다.

6) 분포*distribution*란 개념은 변형생성문법에서도 중요하게 이용하는 언어의 분석법이다. 제3장에서 분포에 대한 구체적인 설명이 있다.

과 같은 역할이라고 볼 수 있다. 그 식물의 성장에서 햇빛과 물은 매우 중요하지만 그 식물의 모든 특징은 모두 그 씨가 갖고 있는 유전적 정보에서 나온다. 바로 그 씨가 갖고 있는 유전적 정보가 인간의 머릿속에 있을 언어능력에 해당된다고 볼 수 있다.

변형생성문법은 언어를 하나의 완벽한 규칙 체계로 본다. 인간이 언어를 쉽게 배울 수 있는 것은 인간이 언어능력을 갖고 태어났고 그리고 언어가 규칙으로 되어 있다고 보기 때문이다. 언어란 규칙의 체계로서 이 규칙들은 문법적*grammatical*인 문장만을 **생성***generate*하는데, 이 규칙의 체계가 바로 현대언어학이 연구하는 대상이다. 이 규칙 또는 원리들은 모든 인간들이 가지고 있는 유전적인 능력이고 모든 언어에 공통적으로 적용되는 원리라고 본다. 그 근거는 인간은 어릴 때 어떤 인간 언어도 습득할 수 있기 때문이다. 이렇게 모든 인간이 가지고 있을 유전적 언어능력을 **보편문법***Universal Grammar*이라고 한다. 촘스키가 규명하고자 하는 문법은 바로 이 보편문법이다. 물론 보편문법은 개개 언어의 문법인 개별문법, 가령, 영어문법 또는 한국어문법과 같은 문법들의 기반 위에서 구성된다.

변형생성문법은 1957년 촘스키의 책 *Syntactic Structure* 이후로 60년대와 70년대를 거치면서 더욱 정교하고 세밀한 언어이론으로 발전한다. 1980년대에 들어서 촘스키는 **지배결속***Government and Binding* 이론을 내놓는다. 그리고 80년대 후반에는 지배결속이론을 보완한 **장벽***Barrier* 이론을 내놓았고 90년대에는 언어이론에 경제적 개념이 도입된 **최소주의***Minimalism* 이론을 도입하여 현재까지 계속하여 새로운 개념과 방법론을 실험하고 있다.

촘스키의 언어이론이 현대언어학에 기여한 여러 공헌 중에 하나는 언어학을 이론*theory*으로 정립하였다는 점이다. 이론으로서의 문법은 존재하는 많은 언어자료를 원리에 근거해서 설명할 뿐만 아니라, 존재하지 않는 언어현상이나 또는 현재에는 없으나 앞으로 있을 수 있는 언어현상을 예측할 수도 있고, 또한 한 언어에 있는 현상이 다른 언어에도 있을 것이라는 예측도 할 수 있다. 실제로 이러한 방법으로 변형생성문법은 언어에 대한 많은 연구를 하여 성과를 거두고 있다. 이러한 이론적 방법론을 전통문법 학자들은 사용하지 못하였다.

이 책에서 소개하고 설명하는 이론적 바탕과 개념, 그리고 영어의 분석 방법은 주로 변형생성문법, 또는 생성문법 이론에 근거하나 기본적인 입장은 이론에 대하여 중립적이다. 이 책이 영어통사론의 입문서임을 감안하여 현대언어학 이론, 특히 촘스키 언어학의 이론과 방법을 사용하나 이론에 치우치기보다는 가급적 영어의 현상을 객관적으로 소개하고 기술하고자 한다.

1.3 영어통사론을 왜 공부하는가?

영어를 공부하는 이유는 영어를 잘 이해하고 잘 사용하기 위해서이다. 그런 목적을 위해서 많은 어휘와 표현들을 암기하고, 그리고 문법의 여러 용법을 이해하고 많은 영어문장을 독해하는 공부를 한다. 이러한 경향 때문에 많은 사람들은 영어가 과학적 연구의 대상이라고 생각하지는 못한다. 만약에 영어가 과학적 연구의 대상이라면 무언가 실험을 해서 규칙적인 현상을 찾아야 할 것이라고 생각할 것이다. 실제로 언어학자들은 언어학도 과학*science*이라고 주장한다. 과학의 한 분야인 생물학의 연구 대상이 식물의 세포라면, 언어학의 대상은 언어이다. 그리고 더 구체적으로 영어통사론의 대상은 영어의 구문구조이다. 생물학자들이 식물의 세포에 어떤 구조나 조직이 있다고 믿고 연구하여 그 실체를 발견하였듯이, 언어학자들은 언어에 구조와 체계가 있다고 믿고 연구하여 그 실체를 발견하고 있다. 언어학이 생물학과 다르다면 그것은 언어가 인간의 정신에서 생성된다는 점이고, 인간의 정신은 직접적으로 들여다볼 수 없다는 점이다. 그러나 그 생성물인 언어를 관찰할 수 있기 때문에 언어학은 언어를 통한 인간 정신학이라고 할 수 있다. 이 책은 학문의 대상으로서 영어를 어떻게 분석하고 연구하는지를 보여줄 것이다.

영어를 공부하면서 통사론적 지식이 왜 중요한지를 살펴보자. 우리는 영어에 대한 지식이 단순히 단어만의 지식이 아니라는 것을 앞에서 잠깐 언급한 바 있다. 두 개 이상의 단어가 나오게 되면 단어 이상의 지식이 요구된다. 가령 다음과 같은 세 개의 단어를 어느 신문 기사에서 보았다고 하자. *Korean movie makers.* 이 표현의 의미로 적어도 두 개를 생각할 수 있다. 하나는 '한국영화의 제작자'라는 뜻이고, 다른 하나는 '한국인 영화 제작자'란 뜻도 가능할 것이다. 이와 비슷한 경우를 다음의 한국어에서도 찾을 수 있다. **'한국 우승 견인.'** 이 표현도 두 가지의 뜻이 가능하다. 하나는 한국과 다른 나라가 참여하는 대회에서 '한국이 우승을 견인했다'는 뜻이 있고, 다른 하나는 어떤 유명한 축구 선수가 '한국의 우승을 견인했다'는 뜻도 있다. 이를 다음과 같이 표현할 수 있다.

(1) Korean movie makers.
  a. 〔〔Korean〕〔movie makers〕〕
  b. 〔〔Korean movie〕〔makers〕〕
(2) 한국 우승 견인
  a. 〔〔한국〕〔우승 견인〕〕
  b. 〔〔한국 우승〕〔견인〕〕

위 (1)과 (2)는 의미가 합쳐지는 단어들을 괄호로 묶어 표현한 것이다. 가령, (2a)에서는 〔우승 견인〕이 먼저 합쳐진 다음에, 이 묶여진 단어들은 다시 〔한국〕이란 단어와 합쳐진다는 것이다. 이 뜻은 '한국이 우승을 견인'했다는 뜻이다. 반면에 (2b)에서는 〔한국 우승〕이 먼저 합쳐지고 그 다음에 이 묶음이 〔견인〕과 합쳐진다는 것이다. 이 뜻은 '한국의 우승을 견인'했다는 뜻으로 분석된다.

이렇게 어느 단어와 어느 단어가 먼저 합쳐지고 또는 후에 합쳐지는 관계에 따라 의미가 달라진다는 것은 이 단어들 사이에 구조가 있음을 말해 준다. (2)의 구조를 (3)과 같은 도식으로 표현할 수 있다.

(3) a. 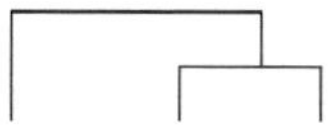

b. 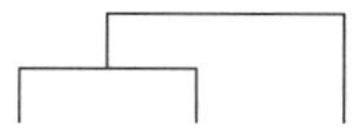

(3) 에는 나열된 세 개의 단어에서 생성되는 두 개의 구조가 표현되어 있다. 이 두 개의 구조는 다른 의미를 가지고 있다. (3a) 에서 '견인'의 대상, 즉 목적어는 '우승'이고, 주어는 '한국'이다. 그리고 (3b) 에서는 '견인'의 대상은 '한국 우승'이다. 그리고 그 주어는 보이지 않고 문맥에서 결정된다.

위의 예는 우리가 사용하는 구*phrase*나 문장*sentence*에 구조가 있다는 것을 말해준다. 단어의 숫자가 많아질수록 단어 간의 관계, 즉 구조는 더 복잡해 질 것이다. 만약에 단어가 10개인 문장의 구조를 생각한다면 그 구조가 간단하지는 않을 것이다. 단어 간의 구조는 우리가 실제로 보거나 듣는 문장에서는 관찰할 수 없다. 그러나 이러한 구조 지식을 해당 언어의 화자는 이미 가지고 있다. 그 언어를 자유자재로 사용할 수 있는 것은 그런 구조적 지식을 가지고 있기 때문이다. 다만 그들은 그 지식을 명시적으로 설명하지는 못한다.

영어의 구조를 이해하면 영어학습과 영어이해에 어떤 도움이 되는지를 좀 더 구체적으로 살펴보기 위해 우리가 알고 있는 간단한 영어지식을 구조적으로 설명해 보자. 학교영문법에는 동사와 목적어 사이에 부사를 두어서는 안 된다는 규칙이 있다. 다음 예를 보자.[7]

(4) a. *The student could read carefully that red book.
b. The student could read that red book carefully.
c. The student could carefully read that red book.

---

7) 문장의 앞에 표시된 별표(*)는 그 문장이 '비문법적'이라는 표시이다. 이는 현대 언어학에서 공통적으로 사용하는 표기로, 별표(*) 외에도 문장이 '나쁘지는 않아도 좋지는 않은' 경우에는 의문부호(?)를 사용한다. 좀 더 이상한 경우에는 두 개의 의문부호(??)를 사용하기도 한다.

전통 영문법에서는 부사 *carefully*가 동사와 목적어 사이에 오는 (4a) 는 틀린 문장이고, 그렇지 않은 (4b, c) 는 옳은 문장이라고 할 것이다. 이 규칙을 염두에 두고 다음 문장을 보자.

(5) a. *The student carefully could read that red book.
    b. *Carefully the student could read that red book.

(5a, b) 의 문장들이 틀렸다고 설명하기 위해서는 앞에서 제시한 규칙이 수정되거나 또는 다른 규칙이 요구된다. 이러한 설명방법을 유지하려면 복잡해지고 일관성이 부족해지고 궁극적으로는 그 설명력도 잃는다.

(4) 와 (5) 의 예문을 설명하기 위해 간단한 구조적 지식을 사용해 보자.

(6) [명사구 The student] [조동사 could] [동사 read] [명사구 that red book].

(6) 의 각 표현에는 해당되는 품사가 주어져 있다. 그런데 동사와 그 목적어는 함께 행동한다는 증거가 있다. 다음 예에서는 문장의 일부분이 앞으로 이동한다.

(7) a. Read that red book, the student could __.
    b. *Could read, the student __ that red book.
    c. *Read, the student could __ that red book.
    d. *Read that, the student could __ red book.
    e. *Read that red, the student could __ book.

(7) 에서 문법적인 문장은 동사와 그 목적어가 함께 이동한 (7a) 뿐이고 나머지 문장은 허용이 안 된다. 이것은 동사와 목적어가 하나로 묶여 있다는 증거이다. 이를 (8) 과 같이 표시한다.

(8) 〔명사구 The student〕〔조동사 could〕〔동사구 〔동사 read〕〔명사구 that red book〕〕.

(8) 에는 동사와 목적어 명사구가 동사구로 묶여있고 이는 굵은 꺾쇠 표시 〔 〕로 되어 있다. (8) 의 문장구조는 매우 초보적인 수준의 표현이지만 많은 구조적 정보를 가지고 있어 (4a) 와 (5a, b) 의 문장이 왜 비문법적인지를 일관성 있게 설명할 수 있다. 부사 *carefully*는 동사구를 수식하는 부사이기 때문에 동사구의 전후에서만 나타날 수 있다고 하자. 즉 (8) 에서 동사구 앞인 *could*와 *read* 사이, 또는 문장의 맨 끝에 나타날 수 있다. 그러면 그 밖의 자리는 동사구 부사가 나타날 수 없다. 이러한 구조적 설명은 (4) 와 (5) 의 문장은 물론 (7) 의 문장도 한꺼번에 설명할 수 있어 매우 체계적이고 경제적이라고 할 수 있다.

문장의 구조적 접근은 영어의 현상을 설명할 뿐만 아니라 영어와 한국어의 관계도 설명할 수 있다. 영어와 한국어는 매우 성격이 다른 언어로 여겨진다. 계통학적으로 인도유럽어에 속한 영어와 알타이어에 속한 한국어는 서로 다른 속성을 가지고 있다.[8] 그러나 구조적인 접근을 하면 두 언어의 비교연구가 가능하여 언어의 보편성을 추구할 수도 있다. 아래의 예에서 영어와 한국어를 비교해 보자.

(9) a. 〔명사구 The student〕〔동사구 〔동사 read〕〔명사구 a red book〕〕.
b. 〔명사구 그 학생은〕〔동사구 〔명사구 빨간 책을〕〔동사 읽었다〕〕.

(10) a. 〔명사구 The student〕〔동사구 〔동사 gave〕〔명사구 a red book〕〔전치사구 to his friend〕〕.
b. 〔명사구 그 학생은〕〔동사구 〔후치사구 친구에게〕〔명사구 빨간 책을〕〔동사 주었다〕〕

8) 김방한(1983), 《한국어의 계통》, 민음사.

두 언어에서 주어는 모두 문두에 온다. 주어를 제외하고 (9) 에 있는 두 언어의 문장을 비교해 보면 영어에서는 동사가 먼저 나오고 목적어가 그 뒤에 오는 반면에, 한국어에서는 그 어순이 바뀌었다. 마찬가지로 (10) 에서도 영어에서는 동사 다음에 명사구와 전치사구가 나오는 반면에 한국어에서는 후치사구와 명사구가 먼저 오고 그 다음에 동사가 온다. 아래의 (11) 과 (12) 는 이러한 영어와 한국어의 어순의 대조를 보여준다. (13) 은 (11) 과 (12) 를 함께 묶어 비교한 것이다.

(11) 영어

a. 〔$_{\text{동사구}}$ 〔동사〕〔명사구〕〕('read a red book')

b. 〔$_{\text{동사구}}$ 〔동사〕〔명사구〕〔전치사구〕〕('gave a red book to his friend')

(12) 한국어

a. 〔$_{\text{동사구}}$ 〔명사구〕〔동사〕〕('빨간 책을 읽었다')

b. 〔$_{\text{동사구}}$ 〔후치사구〕〔명사구〕〔동사〕〕('친구에게 빨간 책을 주었다')

(13) 영어와 한국어의 동사구 내 어순의 대칭

한국어			영어		
	명사구	동사	동사	명사구	
후치사구	명사구	동사	동사	명사구	전치사구

(11) 과 (12) 에서 영어에서는 동사가 목적어 앞에 오는 반면에 한국어에서는 동사가 목적어 뒤에 오는 것을 볼 수 있다. 더 나아가 (13) 에서 볼 수 있는 중요한 내용은 영어와 한국어의 어순이 동사를 중심으로 서로 대칭이라는 것이다. 즉 동사 바로 옆에는 명사구가 그 다음에는 전치사구 또는 후치사구가 오고 있다. 이것은 두 언어가 추상적인 차원에서 공통적인 속성을 가지고 있음을 보여주는 예이다. 즉 영어와 한국어를 공통적인 원리로 설명할 수 있고, 더 나아가 한국어의 지식이 영어 학습에도 도움이 될 수 있다는 것도 시사한다. 앞으로 문장이나 구문을 분석할 때에 이러한

구조적 분석방법을 공부하고 또한 그러한 정보를 이용하여 영문법에 접근하고자 한다. 이러한 접근을 하는 영문법 분야가 바로 영어통사론이다.

이 책의 독자가 꼭 배우고 잊지 말아야 할 가장 중요한 메시지는 언어는 구조를 가지고 있다는 것이다. 이 책은 언어 중에서 영어를 택하고 영어의 구문이나 문장이 매우 체계적인 원리와 규칙에 바탕을 둔 체계적인 구조를 가지고 있음을 보여준다. 더 나아가 그러한 영어의 구조적인 양상을 보여 줄 때 실제적인 영어자료를 증거로 제시하여 매우 과학적인 방법으로 영어의 구조를 분석한다. 영어통사론은 영어라는 언어를 대상으로 하여 영어의 구문 구조와 문장의 구조를 연구하는 분야이다.

1.4 영어통사론과 학교영문법

영어통사론을 가르치면서 종종 다음과 같은 질문을 받는다 : "영어통사론이 영어공부에 어떤 도움을 주나요?" 이런 질문은 강의 처음에 나오기보다는 학기 중간쯤에 나온다. 이런 질문을 하는 이유는 영어통사론의 내용이 대부분 우리가 알고 있는 영어의 문법지식과는 다르고, 이것을 공부해서 무슨 소용이 있나하고 걱정하기 때문일 것이다. 영어통사론의 많은 내용이 실제로 보이지 않는 구조를 다루고 있고, 대학 이전의 영어시간에는 다루지 않던 내용을 공부하기 때문이다. 그래서 영어통사론을 배워서 어떤 쓸모가 있을지 궁금해 하는 것은 당연하다.

연구하는 목적의 관점에서 문법을 두 가지로 분류할 수 있는데 하나는 기술문법이고 다른 하나는 규범문법이다. **기술**記述 **문법***descriptive grammar*은 사람들이 사용하는 영어를 있는 그대로 기술하는 문법이다. 여기서 기술한다는 것은 언어를 자세히 관찰하여 거기에 있는 그대로의 현상을 자세히 기록하고 서술하거나 설명하는 것이다. 현대언어학은 기술문법 중의 하나이다. 그런데 있는 현상을 자세히 설명하는 기술문법은 매우 이론적이고 추상적이며 복잡하다. 그리고 그 연구는 계속 진행되고 있어서 어떤 주장은 아직 입증이 안 된 경우도 있다. 가령 영어의 관사(a, the)에 관한 기술은 매우 복잡하여 그 규칙이나 용법이 아직 정립되어 있지 않은 상태이다. 그래서 이런 기술문법을 학생들에게 그대로 가르칠 수는 없다. 학생들에게 영문법을 가르치기 위해서는 이론적이고 추상적인 영문법을 학생들이 알기 쉽게 그리고 가급적 예외가 없는 규칙이나 패턴을 제시하는 문법으로 바꾸어야 할 것이다. 이렇게 쉽게 교육적으로 만들어 놓은 문법이 **학교문법**school grammar이다. 학교문법에서는 교육적으로 어떤 규칙이나 법칙을 미리 정해 놓고 이에 따라 언어를 사용할 것을 규정한다. 이렇게 문법규칙을 미리 규정해 놓고 이에 따라 사용할 것을 규정하는 문법을 **규범**規範 **문법**prescriptive grammar이라고 한다. 그래서 학교문법은 규범문법의 성격을 지니고 있다.

우리가 중고등학교 때에 배운 영문법은 학교문법의 일종이다. 학교문법은 기술문법을 학습자들이 이해하기 쉽도록 단순화하거나 변형시킨 문법이다. 그래서 학교문법의 바탕은 기술문법이다. 학교문법이 쓰지 않는 영어의 용법을 가르치면 안 되기 때문에 기술문법이 변하면 학교문법도 따라서 수정되어야 한다. 경우에 따라서 기술문법에서 변한 내용을 학교문법에 늦게 반영할 수도 있다. 다양하고 복잡한 기술문법의 용법을 교육 목적으로 단순화하다보면 있는 사실을 모두 반영할 수 없는 경우도 있다. 기술문법은 체계와 이론을 지향하는 반면에 학교문법은 교육을 목적으로 여러 문법에서 가져온 개념과 방법을 사용하기 때문에 덜 체계적일 수 있다. 이것이 기술문법과 학교영문법의 차이이다.

이제 영어 전공자들은 하나의 난관에 처해 있다. 즉 학교문법과 기술문법 중에서 어느 문법을 공부해야 하는가? 학교문법은 이해하기 쉽지만 현대영어의 모든 것을 기술하지 않고 있으며, 반면에 기술문법은 현대영어를 자세히 다루지만 이해하기가 쉽지 않기 때문이다. 결국 학교영문법을 연구하는 학자와 영어를 가르치는 사람은 현대영어를 잘 이해하고 있어야 하고, 또한 그 내용을 학습자들에게 쉽게 설명하는 방법도 알아야 한다. 바로 이러한 이유 때문에 영문법을 연구하는 학자나 영어를 가르치는 전문가는 현대영어를 기술하고 있는 기술문법도 잘 이해하고 있어야 한다. 이것이 우리가 영어통사론을 공부해야 하는 중요한 이유이다.

대학에서 배우는 영어통사론은 기술문법을 근거로 한다. 그것은 과거의 영어보다는 현대영어를 기술하고자 함이며 그리고 그것이 현대 영어를 사용하는 사람들의 정신 속에 있을 언어능력, 즉 보편문법을 추구할 수 있기 때문이다. 이런 이유로 영어 전공자는 기술문법을 공부하여야 하고 기술문법의 중요한 부분인 영어통사론을 공부해야 한다.

⇨ 제1장에서는 언어란 '정신의 거울'로서 인간 정신의 활동이라는 것을 보았다. 우리가 앞으로 공부하게 될 영어통사론의 위치를 파악하기 위해 현대언어학의 성장과정을 개략적으로 훑어보았다. 또한 우리가 왜 영어통사론을 공부하는지를 알기 위해 기술문법과 규범문법의 관계, 그리고 영어통사론과 학교영문법과의 관계를 고찰하였다.

제1장 쉼터이야기

1. 영어의 계보도

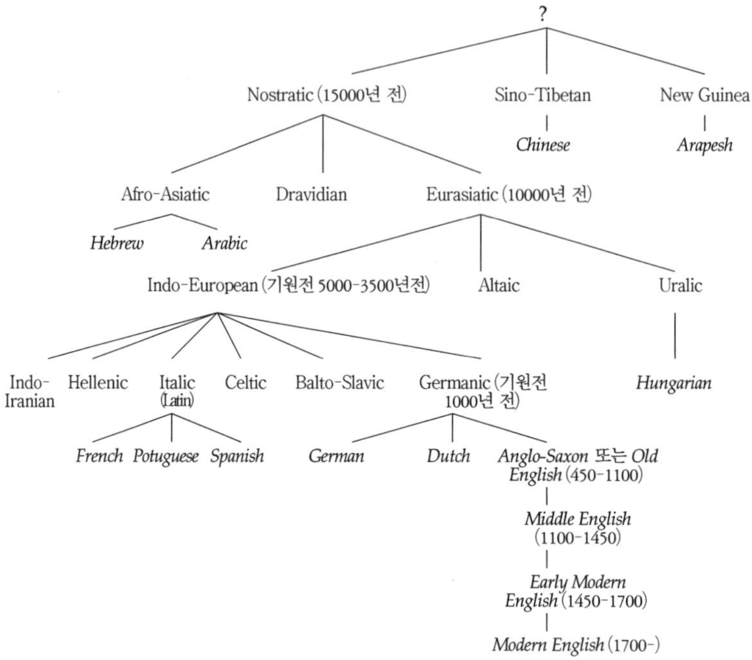

Pinker (1987), *Words and Rules*, p. 212.

2. 원숭이의 언어

언어학자들의 관심사 중의 하나는 인간만이 언어를 가지고 있는가였다. 그래서 돌고래, 벌, 박쥐 그리고 인간과 가장 가깝다고 여겨지는 원숭이에게서 언어를 찾아보려고 노력해 왔다. 그런 노력의 일환으로 1970년대에 여러 학자들이 원숭이에게 인간의 언어를 가르치는 실험을 하였다. 여러 차례의 실험으로 인간과 구강구조가 다른 원숭이에게 적합한 언어는 인간의 음성언어 *spoken language*가 아니고 도구(막대기나 조작 키) 나 수화 *sign language*라고 판단하여 이를 가르치기도 하였다. 가장 성공적으로 실험한 원숭이는 *Washoe*, *Koko*, *Nim Chimpsky*로 수백 개의 단어를 사용할 줄 알았다. 인간의 세 살 정도에 해당하는 언어를 사용할 수 있었다고 보고되었다. 다음은 그들이 사용한 언어이다.

Washoe : "You me you out me."
Koko : "Please milk please me like drink apple bottle."
Nim Chimpsky : "Give orange me give eat orange me eat orange give me eat orange give me you."

위의 표현을 실제 음성언어로 말한 것이 아니고 기호를 사용하거나 수화로 한 것이다. 위 표현들은 이들 원숭이로서 사용한 높은 수준의 두 단어 형태의 문장이지만 인간언어에 비해 그 수준이 낮다. 이 문장에는 굴절(과거/현재 시제, 복수형 등)이나 종속절 등의 인간언어의 정교한 부분은 전혀 보이지 않는다. 대부분의 언어학자들은 원숭이들이 서로 의사소통은 가능하나 인간 수준의 언어를 가지고 있다고 보지는 않는다. 즉 인간만이 언어를 사용할 수 있으며 그 언어능력은 유전적인 것으로 가정한다.

고릴라인 Koko가 미국수화(American Sign Language)로 대화를 하고 있다. 인터넷 〈http://www.koko.org〉에 가면 Koko(1971-2018)에 관한 자세한 정보를 볼 수 있다.

제1장 확인학습

1. 책의 내용에 근거하여 다음 진술이 옳으면 ○표, 틀리면 ×표를 하시오.

( ) 1) 영어통사론은 영어의 규칙의 통시적 변화를 공부하는 분야이다.
( ) 2) 통시언어학은 언어의 역사적 변화를 공부한다.
( ) 3) 미국의 구조주의 언어학은 언어습득을 습관형성으로 보았다.
( ) 4) 타동사와 목적어는 동사구를 형성할 수 있다.
( ) 5) 보편문법은 규범문법의 일종이다.

2. 역사비교언어학은 언제 연구되었으며, 주요한 연구 주제는 무엇인가?

3. 통시 언어학과 공시 언어학의 차이는 무엇인가?

4. 규범문법과 기술문법의 차이는 무엇인가?

5. 변형생성문법은 누가 주창하였으며, 그의 주장은 구조주의 언어학과 어떻게 다른가?

Chapter 1 Syntactic Argumentation in English

■ Answer the following in English.

1. Why do English teachers or school grammar researchers need to study descriptive grammar?

2. How is language acquisition accounted for by structuralist grammar and generative grammar?

Model Answers

1. Students need to learn an actual language, what its users actually speak and understand, and teachers need to teach what language learners need to learn. Descriptive grammar is based on what language users actually speak and thus teachers and school grammar researchers should study and know descriptive grammar.

2. Structuralist grammar was based upon behaviorism and it considered language a kind of behavior the acquisition of which was accounted for by stimulus and response; Language input was stimulus and its output was response. Structuralists claimed that language was acquired by imitation or habit formation. On the other hand, generative grammar assumes that language knowledge is given genetically to human beings. Every child with this genetic faculty who is exposed to language data will develop their language successfully.

▌제 2 장▐

영어통사론의 기본 개념들

〈핵심용어〉

언어능력, 언어수행, 문법성, 언어의 창조성, 언어습득장치, 설명적 타당성

제2장에서는 현대언어학, 특히 변형생성문법에서 쓰이는 주요한 용어와 개념들을 설명한다.

2.1 언어능력과 언어수행

촘스키의 변형생성문법 이론의 용어 중에 자주 인용되는 것으로 언어능력 *linguistic competence*과 언어수행*linguistic performance*이 있다. 언어능력이란 인간이 언어를 할 수 있는 능력 또는 지식으로, 모든 인간이 가지고 있는 언어능력을 말한다. 이에 반해 언어수행은 언어능력이 실제 상황에서 언어로 실현되는 것을 말한다. 언어능력은 인간이 가지고 있으나 직접적으로 관찰할 수 없는 능력이고, 오직 언어수행을 통해서만 나타나고 관찰할 수 있다. 영문법이란 영어를 말하는 화자의 언어능력이고, 한국어 문법이란 한국어를 말하는 화자의 언어능력이다. 촘스키는 영어를 말하는 화자나 한국어를 말하는 화자는 모두 태어날 때에 같은 언어능력을 가지고 있다고 가정하므로 모든 인간이 공통적으로 가지고 있는 보편문법을 언어지식 또는 언어능력이라고 할 수 있다. 언어학자 또는 문법학자가 해야 할 일은 바로 언어능력인 보편문법을 밝혀내는 일이다. 이 언어능력은 직접 관찰할 수 없으므로 언어수행을 통해서만 간접적으로 관찰할 수 있다.

언어능력과 언어수행의 이해를 돕기 위하여 다음과 같은 비유를 해보자. 언어능력이란 어떤 천재적 재능을 가진 음악가(연주가)의 음악적 재능에 해당하고, 언어수행은 이 천재적 음악가가 실제로 어느 무대에서 그의 재능을 발휘하는 연주에 해당한다고 생각할 수 있다. 그 음악가는 천재적 재능을 가지고 있으나 경우에 따라서, 즉 무대 사정이나 연주하는 악기에 따라서 또는 연주 당일의 연주자의 신체적 상태에 따라, 그의 천재적 재능이 제대로 실현이 안 될 수도 있다. 어느 날 완전하지 않은 연주를 했다고 해서 그 음악가의 천재적 재능이 없다고 할 수는 없을 것이다. 이와 마찬가지로 언어능력도 상황에 따라서 언어수행에서 완전하게 실현이 안 될 수도 있다. 가령, 술에 취한 사람의 언어가 불완전하듯이 말이다. 한편 그 천재 음악가의 능력은 그의 연주를 통해서만 관찰할 수 있다. 마찬가지로 인간의 언어능력도 언어수행을 통해서만 관찰이 가능하다. 다만 언어능력은 모든 인간에게 주어져 있다는 점이 특정인에게만 주어진 음악적 재능과는 다른 점이다.

인간의 언어능력은 직관*intuition*으로 나타날 수도 있다. 영어 화자들은 다음의 영어문장이 완전하지 않음을 직관으로 금방 안다.

(1) a. *John picked up him. (cf. John picked him up.)
    b. *Mary tried him to study English syntax.
       (cf. Mary wanted him to study it.)

영어화자에게 (1)의 문장이 왜 비문법적이냐고 물어보면 대부분의 화자는 분명하게 설명을 하지는 못한다. 그러나 그 문장들이 안 좋다고 생각하고, 그러한 문장을 쓰지 않는다고 대답할 것이다. 이렇게 모국어 화자는 자신의 언어에 대한 직관을 가지고 있다. 한국어의 예를 들어보자.

(2) a. *나는 예쁘는 인형을 받았다. (cf. 나는 춤추는 인형을 받았다.)
b. *윤호가 뛰어 있었다. (cf. 윤호가 앉아 있었다.)

한국어를 모국어로 하는 화자는 (2)의 문장이 비문법적이라는 것을 금방 안다. 그 이유를 확실히 모르더라도 한국어를 모국어로 하는 화자라면 (2)의 문장들이 이상하다는 것을 느낌으로 안다. 이것이 한국어에 대한 한국어 모국어 화자의 직관이다. (2)의 비문법성을 설명하지 못한다고 해서 그 화자가 한국어에 대한 언어능력이 없는 것은 아니다. 그 화자는 (2)의 문법성을 판단할 지식을 가지고 있고 그 문법적 지식은 그(녀)의 직관을 통해서 나타난다. 그 언어능력은 잠재적이고 무의식적인 것으로 그 능력을 가진 사람도 의식적으로 자신의 능력을 설명하지는 못한다.

언어능력은 여러 분야에서 나타난다. 다음 두 문장의 의미를 비교해 보자.

(3) a. This morning Edward managed to catch the bus.
b. This morning Edward tried to catch the bus.

(3a)의 문장은 Edward는 실제로 그 버스를 탔다는 의미가 있으나 (3b)의 문장은 실제로 Edward가 그 버스를 탔는지 안 탔는지 알 수 없다. 이러한 의미는 (4)의 문장이 (3)의 문장 다음에 발화되었을 때 쉽게 구별된다.

(4) In fact, he didn't catch the bus.

(3a) 다음에 (4)를 말하면 앞 뒤 문장이 서로 모순이 되는 반면에, (3b)와 (4)는 매우 자연스럽게 그 의미가 이어진다. 이것은 (3)의 문장에서 동사 *manage*와 *try* 동사가 다른 의미를 가지고 있기 때문이다. 즉 (3a)에서 *manage* 동사는 버스를 탔다는 의미를 함축하고 있는 반면에, *try*는 그런 의미를 함축하지 않고 있다. 이러한 의미의 차이는 영어 모국어 화자라면 직관으로 알고 있는 의미적 지식이다.

언어능력은 영어의 발음(음운)에도 있다. 다음의 문장에서 영어화자들이 좋다고 받아들이는 억양이 있다. 대문자는 강세를 나타낸다.

(5) a. THIS is the HOUSE that JACK BUILT.
 b. This IS THE house THAT Jack built.

영어의 모국어 화자는 (5a)의 억양이 자연스럽다고 느끼나 (5b)의 억양은 영어의 억양이 아니라고 느낀다. 한국인도 한국어 발음에 대한 언어능력을 가지고 있다. 이 능력은 한국어를 배우는 외국인을 보면 쉽게 알 수 있다. 한국어를 배운 외국인이 '시간'이란 단어를 발음할 때 〔sigan〕이라고 발음한다. 그런데 한국인은 〔ʃigan〕이라고 발음한다.[1] 한국어에서 /s/ 소리는 /i/ 모음 앞에서 〔ʃ〕로 변하는 자연스런 음운규칙이 있기 때문이다('사랑〔saraŋ〕'에서는 /s/ 소리가 변하지 않는다). 이런 규칙을 모르는 외국인의 '시간〔sigan〕 있으세요?'란 문장의 발음은 한국인 모국어 화자에게는 어색하게 들린다. 이 예도 각 모국어 화자가 언어능력을 가지고 있고 그것을 금방 알아차리는 직관이 있다는 증거이다.[2]

2.2 문법성, 적형성, 허용성

규범문법에서는 규칙을 어긴 문장을 '틀린(wrong, incorrect)' 문장이라 하고, 규칙을 지킨 문장을 '옳은(correct)' 문장이라고 한다. 즉 그 문법에

---

1) '시간'에서 /ㅅ/에 대한 발음기호로 〔ʃ〕가 정확하지는 않다. 한국어에서 /ㅅ/ 소리는 /i/ 모음 앞에서 구개음화된다.

2) 또 다른 예로 언젠가(7-8년 전으로 기억된다) 국내에 거주하는 외국인이 좋은 중고차를 샀다고 나에게 자랑한 적이 있다. 그 차종은 *Elantra*였는데, 한국인들은 보통 이 단어의 첫 음절에 강세를 주어 *ELantra*라고 발음할 것이다. 그러나 이 외국인은 이 단어의 두 번째 음절에 강세를 주어 *eLANtra*라고 발음하였다. 이 단어 *Elantra*는 원래 영어 단어가 아니므로 그 외국인은 한국에서 처음 보고 들은 단어일 텐데, 그는 영어의 강세규칙을 따라 한국인들의 발음과는 다른 발음을 하였다. 이는 언어를 말하는 화자들은 자신의 언어에 대한 언어능력을 가지고 있음을 보여 주는 또 다른 예이다.

서 규정한 규칙을 따르지 않았기 때문에 틀렸고, 또는 규칙을 따랐기 때문에 옳다고 말하는 것이다. 규범문법은 한때 아래의 (6a) 와 같은 문장은 틀린 문장이고 (6b) 의 문장이 옳다고 하였다.

(6) a. It's me.
  b. It's I.

그러나 오늘날에는 (6a) 가 더 많이 쓰이는 표현이다. 현대영어를 기술하는 기술문법*descriptive grammar*은 (6a) 의 문장을 **문법적***grammatical*이라고 한다. 왜냐하면 기술문법은 사람들의 머릿속에 들어 있는 언어지식, 즉 그들이 실제로 사용하고 있는 용법을 바탕으로 문법을 기술하기 때문이다.[3] 그래서 기술문법은 다음 문장을 **비문법적***ungrammatical*이라고 한다.

(7) *The boys is friends.

영어에서 주어와 동사는 수*number*에 있어서 일치*agreement*해야 하는데 (7) 에서 주어는 복수형태이지만 동사는 복수형이 아니므로 비문법적이다. 영어화자들은 이러한 규칙을 알고 있기 때문에 이 문장은 쓰지 않는다.

기술문법이나 현대문법이론에서 '문법적'이라는 용어와 비슷한 의미를 지니고, 서로 호환해서 쓰이는 용어로 **적형***well-formedness*이 있다. 이는 어떠한 문장이 주어진 규칙을 어기지 않는 문장의 형태를 가지고 있다는 뜻이다. 그래서 문법적인 문장*grammatical sentence*과 적형의 문장*well-formed sentence*은 같은 의미로 쓰인다. 적형의 반대되는 용어는 **비적형***ill-formedness*이다.

---

3) 그렇다면 기술문법은 (6b) 의 표현을 비문법적이라고 하는가? 기술문법은 언어를 사용하는 사람들의 언어능력/지식을 근거로 한다. 그래서 만약 (6b) 의 표현이 좋다고 생각하는 사람들이 있다면 이 표현은 문법적이다. 필자가 알기에 이 표현은 아직도 쓰이고 있기 때문에 비문법적이라고 할 수는 없을 것이다. 많은 사람들이 (6b) 보다는 (6a) 를 쓰고 있지만 두 개의 표현이 현재 공존한다고 보아야 할 것이다. (6b) 는 고어적이고 문어적 표현이다.

문장의 문법성에 대하여 모든 화자들이 동일한 직관*intuition*을 가지고 있지는 않다. 다음 문장을 여러 명의 영어 원어민 화자에게 보여주고 두 개의 동사 중에서 자신이 좋다고 생각하는 동사를 고르라고 했다.[4)]

(8) None of the costumes he has tried (fit, fits) him.

그런데 *fit*와 *fits*를 선택한 사람들의 비율은 50% 대 50%로 같았다고 한다. 우리가 배운 규범문법(또는 학교문법)에 의하면 *none*이란 명사는 단수로 취급되어 위의 예에서도 *fits*가 옳다고 배웠을 것이다. 이렇게 영어 원어민 화자의 직관이 통일되어 있지 않은 경우가 종종 있다.

문법성에 대한 직관은 지역에 따라서 또는 사용하는 화자의 계층에 따라서 서로 다른 문법성을 가질 수도 있다. 다음의 예문을 보자. 퍼센트 % 표시는 일부의 사람들이 쓴다는 표시이다.

(9) a. Joe isn't here.
    b. %Joe ain't here.

(10) a. They did it themselves.
     b. %They did it theirselves.

많은 사람들이 (9)와 (10)에서 (a)문장들을 사용하나 일부 사람들은 (b)의 문장을 사용한다. (a)문장들은 표준영어의 용법이고, (b)의 문장들은 비표준 영어의 용법이다. 그러나 비표준 영어라고 해서 비규칙적인 것은 아니다. 비표준 영어는 그 영어대로 표준 영어와는 다른 규칙을 가지고 있다.[5)]

---

4) 위 예와 자료는 *The Grammar Book*(1999), M. Celce-Murcia & D. Larsen-Freeman, Heinle & Heinle에서 인용한 것임.

5) (9)와 (10)에서 쓰인 비표준 영어는 미국 흑인들이 많이 쓰는 영어이다. 재미있는 것은 이런 비표준 영어에 더 규칙적인 경우가 있다는 사실이다. (10b)에서 보듯이 재귀사 대명사가 비표준 영어에서는 *theirselves*이다. 그런데 비표준 영어의

(9b)와 (10b)는 일부 사람들에게 허용*acceptable* 되지 않은 표현이다. 그러나 다른 사람들에게는 이 표현들이 허용되므로 비문법적이라고 할 수는 없다. 문법성*grammaticality*은 보편문법의 개념으로, 화자나 문맥에 따라 달라지는 허용성*acceptability*과는 다르다.

다음의 한국어 예를 보면 한국어 화자들에서도 직관의 차이가 있음을 알 수 있다.

(11) a. 철수가 미국을 세 번을 갔다. (cf. 철수가 미국에 세 번 갔다.)
 b. 철수가 영희를 책을 읽혔다. (cf. 철수가 영희에게 책을 읽혔다.)
 c. 철수가 영희를 책을 주었다. (cf. 철수가 영희에게 책을 주었다.)

(11)에 있는 문장을 보면 어떤 한국어 화자들은 처음에 왠지 이상한 문장이라고 생각할 것이다. 조사 '에'나 '에게'가 붙어야 할 곳에 조사 '을/를'이 붙어 있기 때문이다. 그러나 화자에 따라서 어떤 이는 위의 문장들이 나쁘지 않다고 할 것이다. 그리고 실제로 한국 사람들은 위와 같은 문장을 쓰는 경우가 있다. 언젠가 필자는 아이들과 함께 갔던 놀이공원의 휴지통의 뚜껑에 '쓰레기는 저를 주세요'라고 쓴 표현을 본 적이 있다. 이 표현에서 '에게'가 붙어야 할 곳에 '을/를'이 붙어 있다. 그런데 이 표현에서 '저를'은 아주 자연스럽지 않은가?

재귀사 대명사 체계를 보면 오히려 표준 영어보다 더 규칙적이다.

표준 영어		비표준 영어	
myself	ourselves	myself	ourselves
yourself	yourselves	yourself	yourselves
himself	themselves	hisself	theirselves
herself		herself	
itself		itsself	

—Baker (1996), *English Syntax*, MIT Press, p. 27.

비표준 영어의 재귀사 대명사 형성 규칙은 소유격 대명사와 *-self*(단수)나 *-selves*(복수)를 합치면 되나, 표준 영어의 규칙은 이 보다 더 복잡하다. 즉 어느 경우에는 소유격 대명사와 합치나 (예, *myself*, *yourself*), 어느 경우에는 목적격 대명사와 합친다(예, *himself*, *themselves*, *itself*).

이런 직관의 차이는 문법의 통일된 기술을 어렵게 한다. 직관의 차이는 방언에 기인할 수도 있고 개인이나 주어진 문맥에 따라 다를 수도 있다. 촘스키는 이런 직관의 차이에서 오는 문제를 피하기 위해서, 그의 보편문법 이론에서는 **동질의 언어공동체***homogeneous speech community*에 사는 **이상적인 화자***ideal speakers*들을 가정한다. 즉 동일한 직관을 가지고 있고 언어능력에 아무런 이상이 없는 화자를 상정하고 그들이 갖고 있는 언어능력을 그 연구의 대상으로 한다. 그렇지 않으면 이론적으로 문법기술이 어렵기 때문이다.

구어*spoken language*와 **문어***written language*에 대해서 서로 다른 직관을 가질 수도 있다. 구어에서는 사용하는 표현을 문어에서는 잘 사용하지 않거나 틀린 것으로 말하기도 한다. 예를 들어서 영어화자들은 구어에서 *going to* 대신에 *gonna*라는 표현을 흔히 쓴다. 그러나 문어에서 이런 표현은 잘 쓰지 않는다. 기술문법을 그 기반으로 하는 현대문법은 구어를 당연히 그 연구 대상에 포함시킨다. 구어에는 구어대로의 규칙이 작용하고 있고 구어도 언어능력에서 나오는 언어수행이기 때문이다. 실제로 구어가 문어보다는 더 풍부한 언어정보를 포함하고 있다(가령 발음이나 억양 등). 반면에 문어는 문자해독 능력이 요구되는데 이 능력은 보편문법이 아니다. 왜냐하면 말을 해도 문자를 읽지 못하는 사람들이 많이 있기 때문이다. 이 책에서 언어능력이란 문자언어에 대한 능력이라기보다는 언어를 말하고 듣는 구어에 대한 능력을 말한다.

2.3 언어의 창조성

촘스키가 1950년대 후반에 제창한 변형생성문법은 언어에 대한 관점에서 그 이전의 구조주의 문법과는 매우 다르다. 구조주의 문법학자들은 언어의 습득을 습관형성 또는 **모방***imitation*으로 보고 반복학습을 중요시 여겼다. 그러나 촘스키는 매우 다른 언어습득과정을 제시한다. 즉 어린아이는 이전에 자기가 전혀 듣지 못했던 문장을 이해하고 말한다는 것이다. 이러한 인간의 언어능력을 촘스키는 언어의 **창조성***creativity*이라고 하였다. 다음 예를 보자.

(12) a. Large green lizards sleep soundly.
b. Colorless green ideas sleep furiously.
c. Colorless sleep green ideas furiously.

(12)에 있는 문장을 과거에 들어 본 적이 없는 영어화자라 할지라도 (12a)는 가능하고 (12b)는 매우 이상한 문장이라고 판단할 것이다. 그리고 (12c)는 의미를 생각할 수 없는 비문법적인 문장이라고 판단할 것이다. 즉 이전에 전혀 보지 못했던 문장들에 대해서 문법적 판단을 내릴 수 있다는 것은 모국어 화자들이 가지고 있는 언어의 창조성 때문이다.

독자의 이해를 돕기 위해 한국어의 예를 보자.

(13) a. 윤호는 야구공을 던진다.
b. 윤호는 야구를 던진다.
c. 윤호는 공에게 행복한.

한국어 화자로서 (13)의 문장들을 처음 보았다 하더라도 (13a)는 좋은 문장이고 (13b)는 이상한 문장이며, (13c)는 완전히 비문법적이라는 것을 알 것이다. 이 경우도 언어의 창조성을 보여주는 예이다.

촘스키에 따르면 언어습득은 **모방**으로 설명이 불가능하다고 한다. 언어습득이 모방으로 불가능한 것은 어린아이에게 입력되는 문장의 수는 한정*finite*되어 있는데 이 어린아이가 말할 수 있는 문장의 수는 무한정*infinite*하기 때문이다. 어린아이가 부모에게 들은 문장의 수는 무한대가 아니고 분명히 한정적인 것이다. 그러나 그 한정적인 말을 듣고 배운 어린아이는 부모가 가르쳐 준 말보다도 더 많은 말을 이해하고 말할 수 있다. 그래서 언어습득의 모방이론은 설득력이 없다.

언어습득이 단순한 모방이 아니라 어린아이가 가지고 있는 언어능력에 의해서 지배된다는 것은 어린아이의 언어실수에서 볼 수 있다. 가령, 영어가 모국어인 아이들은 종종 동사 *come*의 과거형으로 *comed*를, *go*의 과거형으로 *goed*를 사용한다. 부모가 이러한 형태를 사용했을 리는 없다. 그런데 듣지도 보지도 못한 이 표현을 어린아이는 도대체 어떻게 말할까? 이것은 아이들이 언어를 모방해서 습득하는 것이 아니고 나름대로 자신의 규칙을 가지고 언어를 습득한다는 것을 보여준다.

언어습득의 규칙성을 보여주는 유명한 예는 심리언어학자인 버코의 *Wug*실험이다(제2장 쉼터이야기 참조).[6] 버코는 영어에 없는 *wug*라는 단어를 만들어 가상의 동물 그림 밑에 *This is a wug*란 문장을 주고 이를 어린아이에게 말해 주었다. 그리고 그 다음에는 이 동물들이 두 마리 있는 그림 밑에 *There are two* ____ 라고 하여 어린아이에게 빈칸에 알맞은 말을 채우도록 유도하였다. 아이들은 빈칸에 알맞은 말로 *wugs*란 복수형을 사용하였다. *wug*란 단어는 영어에 없기 때문에 이 단어를 부모한테 배웠을 리는 없다. 또한 그 복수형인 *wugs*도 들어본 적이 없을 것이다. 그런데 그 아이들은 어떻게 *wugs*란 말을 만들어 냈을까? 이 실험은 어린아이가 말을 배울 때 모방으로 배우는 것이 아니고 규칙을 가지고 배운다는 점을 분명하게 보여준다. 어린아이가 규칙을 가지고 있다면 그 규칙에 의해 새로운 단어나 문장을 생성할 수 있다. 즉, 언어의 규칙성이 언어의 창조성을 가능하게 한다.

언어의 창조성을 자연발생적으로 보여주는 좋은 예는 **크리올***Creole*이다. 하와이에 1870년대부터 이 곳의 농장에서 일하기 위해 많은 외국인 노동자들이 왔다. 중국인, 일본인, 한국인, 필리핀인, 포르투갈인 등으로 구성된 이들은 비교적 교육수준이 낮은 노동자들로 처음에는 자신의 모국어만 사용할 줄 알았고, 농장주인은 영어만 사용하였다. 1900년대에는 이들 외국인 노동자의 수가 영어 사용자보다 많았다고 한다. 이들이 같은 농장에서 일하면서 영어를 하는 농장주인이나 서로 다른 언어를 사용하는 노동자들과 의사소통을 하기 위해서는 새로운 언어를 만들어야만 했다. 얼마간의 시간이 흐르면서 이들은 여러 언어의 혼합어의 성격을 지

---

6) Jean Berko(1958), The Child's Learning of English Morphology, *Word* 14.

닌 피진*Pidgin*이라는 언어를 사용하게 되었다. 그런데 피진은 문법적으로 매우 불완전하였다. 가령, 어순이 일관적이지 않았는데, 일본에서 온 노동자는 일본어의 어순에 따라 동사를 목적어 뒤에 두는 반면에, 필리핀에서 온 노동자는 자신의 언어의 어순에 따라 동사를 목적어 앞에다 두었다.

그러나 매우 흥미로운 현상은 이곳 농장에서 태어난 이들 노동자들의 자녀들의 언어이다. 이 어린아이들이 접하게 된 언어는 매우 다양하고 그리고 불완전하였을 것이다. 가령, 중국인 노동자의 아이는 집에서는 중국어를 듣고, 이웃에 사는 일본인 노동자로부터는 일본어를 듣고, 그리고 농장 주인한테는 영어를 들었을 것이다. 어른들이 서로 사용하는 피진은 매우 불완전한 언어였다. 그런데 이런 다양하고 불완전한 언어만을 입력으로 받은 어린 아이들은 완벽한 새 언어를 창조하였다. 이 언어가 크리올이다. 크리올은 피진과는 달리 문법적으로 완전한 언어이다. 어순은 물론 관사의 용법도 완전하고 때로는 영어에는 없는 규칙적인 용법도 있다. 크리올의 출현은 인간이 언어에 대하여 창조적인 능력을 가지고 있고, 또한 언어습득이 모방이나 습관형성의 결과가 아님을 보여주는 결정적인 예로 평가된다.7)

이러한 예들은 언어는 단순히 반복적으로 학습해서 습득되는 것이 아니고 인간의 내재적인 능력의 도움을 받아야 가능하다는 것을 보여준다. 이 내재적 능력은 규칙의 체계*a system of rules*이고 언어습득이란 이러한 체계를 내재화하는 과정이다. 변형생성문법에서는 이러한 규칙이 '오직 문법적인 문장만*only well-formed sentences*'을 생성하고, 그리고 '문법적인 모든 문장*all well-formed sentences*'은 생성한다고 한다. 이런 점에서 이 규칙들의 체계를 **생성문법** *Generative Grammar*이라고 한다.

---

7) 크리올*creole*이 더욱 흥미로운 것은 하와이에서만 발생한 것이 아니라는 점이다. 비슷한 환경의 대서양의 섬에서도 크리올이 발생했다는 점이다. 즉 여러 종류의 크리올이 지역적으로 전혀 다른 곳에서 발생한다는 것이다. 크리올에 대한 연구는 D. Bickerton (1981) 의 *The Roots of Language*를 참조.

2.4 문법의 타당성

문법이란 모국어 화자의 언어능력 또는 문법능력에 대한 모델인데 이 문법은 무한 수의 적형인 문장을 생성해 내는 유한수로 된 규칙의 체계라 할 수 있다. 그런데 이제까지 문법학자들이 제시한 문법에는 많은 종류가 있어서 이들 문법 중에서 더 좋은 문법을 가려낼 필요성이 있다. 비교되는 여러 개의 문법 중에서 더 우월한 문법을 가려내는 기준으로 촘스키는 다음의 세 가지의 타당성을 제시하였다.

(14) a. 관찰적 타당성 (observational adequacy)
 b. 기술적 타당성 (descriptive adequacy)
 c. 설명적 타당성 (explanatory adequacy)

어느 문법이 해당 언어에 대하여 적형의 문장을 옳게 가려낼 수 있다면 **관찰적 타당성**을 가지고 있다고 할 수 있다. 여기서 적형의 문장이란 통사적, 의미적, 형태적, 그리고 음운적으로 모두 적형인 문장을 말한다. 관찰적 타당성을 지닌 문법에는 규칙들이 있을 것이나 이들 규칙들이 가지고 있는 성격이나 이들 규칙의 체계에 대한 제약은 없다. 즉 규칙들이 체계적이지 못한 문법도 관찰적 타당성을 지니고 있다고 할 수 있다. 이에 반해 **기술적 타당성**을 지닌 문법은 관찰적 타당성을 지닌 문법이 할 수 있는 일을 할 수 있을 뿐만 아니라, 더 나아가 모국어 화자의 직관을 원리적으로 기술하는 문법이다. 기술적 타당성에서 중요한 것은 해당 문법이 원리*principle*에 입각해서 모국어 화자의 언어능력, 구체적으로는 그 언어의 의미, 형태, 통사, 음운 구조를 기술한다는 것이다. 다시 말해서 기술적 타당성을 지닌 문법은 규칙들이 체계를 갖추고 있어야 한다.

관찰적 타당성과 기술적 타당성을 좀 더 분명하게 구별하기 위해 다음 예를 보자. 영어에서 문장의 일부분을 (15a) 의 예문에서처럼 문장의 앞으로 이동시킬 수가 있다. 그러나 이러한 이동이 (15b) 의 예문에서 보듯이 언제나 가능한 것은 아니다. 빈칸은 앞으로 이동한 표현이 원래 있었던 자리를 표시한다. (16) 에서도 비슷한 현상을 볼 수 있다.

(15) a. The red book, I read ___ several times.
b. *Detective stories, I wonder if the professor likes ___ .

(16) a. Where does the professor live ___ ?
b. *Where do you wonder if the professor lives ___ ?

(15) 는 강조를 위해 문장의 일부를 앞으로 이동시킨 주제화 구문*Topicalization*이고, (16) 에서는 의문문을 만들기 위해 의문사구를 앞으로 이동시킨 의문사구 의문문*Wh-Question*이다. 만약에 A라는 문법이 (15) 와 (16) 의 이동현상을 두 개의 규칙으로 설명했다면 관찰적 타당성을 지닌 문법이라 할 수 있다. 즉 주제화 구문을 위해서는 어떤 표현을 문장 앞으로 이동시키고, 의문문을 형성하기 위해서는 의문사구를 문장 앞으로 이동시킨다는 규칙이 각각 있으면 그 문법은 관찰적 타당성을 갖는다. 그러나 B라는 문법이 두 개의 이동현상을 하나의 통일된 원리로서 설명한다면 이 문법은 기술적 타당성을 지녔다고 본다. 문법 B가 위의 두 개의 구문에서 어떤 표현이 앞으로 이동해 갈 때 그것이 어떤 구문이든 간에 지켜야 할 이동에 대한 원리를 가지고 있다면 이는 기술적 타당성이 있다. 가령, 주제화 규칙이든 또는 의문사구 이동규칙이든 간에 종속절이 의문문인 간접의문절(예, if절) 에서는 어떤 요소를 이동시킬 수 없다는 원리를 가지고 있으면 그 문법은 기술적 타당성을 가지고 있다고 할 수 있다.

마지막으로 **설명적 타당성**을 지닌 문법은 기술적 타당성을 지녔을 뿐만 아니라 다음의 세 가지의 특성이 있어야 한다고 촘스키는 주장한다.

(17) 설명적 타당성의 조건
a. 보편성
b. 최대의 제약성
c. 심리적 현실성

첫째로 설명적 타당성이 있는 문법은 한 언어가 아닌 여러 언어를 설명할 수 있는 **보편성***universality*을 가지고 있어야 한다는 것이다. 즉 어떤 원리가 있으면 그 원리는 여러 개의 언어, 궁극적으로는 인간의 모든 언어를 설명할 수 있어야 설명적 타당성이 있다는 것이다. 이는 인간이 어떠한 언어도 습득할 수 있다는 점을 설명해야 하기 때문이다. 둘째로 **최대의 제약성**이란 설명적 타당성이 있는 문법은 최대한 제약되어 있다는 것인데, 이는 문법이 유한수의 규칙들로 되어 있기 때문이다. 만약에 언어의 규칙이 무한수라면 어린이는 배울 수 없을 것이다. 마지막으로 **심리적 현실성***psychological reality*이 있는 문법은 인간의 언어가 인간의 두뇌에서 작용하는 뇌신경학적인 원리에 기반하고 있다는 점을 설명해야 한다는 것이다. 인간의 언어는 일반적으로 두뇌의 좌반구*left hemisphere*가 담당하고 있다고 뇌신경 학자들이 말한다. 그래서 이 부분이 교통사고 등으로 손상되면 실어증*aphasia*이나 언어장애가 발생한다(제2장 쉼터이야기 2 참조). 설명적 타당성이 있는 문법은 언어가 생물학적인 신경체계에 기반하고 있다는 것을 설명해야 한다는 것이다. 생물학적인 기반을 가진 인간언어는 인간이 만든 인공 언어, 가령 컴퓨터 언어와는 다른 특성을 가지고 있다는 점도 설명되어야 한다. 컴퓨터는 2^{100}을 쉽게 계산할 수 있지만 인간의 두뇌는 그렇지 못하다. 이에 반해 인간은 다음 두 문장에서 재귀대명사 *herself*가 가리키는 대상을 쉽게 알아낸다.

(18) a. Mary appeared to Sally to like herself.
  b. Mary appealed to Sally to like herself.

(18a)에서 *herself*는 *Mary*이고 (18b)에서 *herself*는 *Sally*이다. 이 두 문장은 매우 유사한 형태의 구문이지만 그 의미는 다르다는 것을 인간의 두뇌는 쉽게 알아내지만 컴퓨터에게는 쉽지 않은 일이다.

이와 같이 (17)에 있는 세 가지의 특성을 가지고 있는 문법이 설명적 타당성이 있는 문법이다. 그리고 이 설명적 타당성을 가지고 있는 문법이 바로 문법학자들이 추구해야 할 문법이라는 것이 촘스키의 주장이다.

2.5 보편문법과 언어습득

여러 언어를 연구하여 모든 언어가 공통적으로 가지고 있을 속성을 찾아내는 것이 **보편문법**_Universal Grammar_에 대한 연구이다. 한편 어느 특정 언어만을 연구하여 그 언어의 문법적 특성을 찾고자 한다면 그것은 **개별문법**_Particular Grammar_에 대한 연구이다. 만약 연구대상의 언어가 영어라면 영문법이 될 것이고, 한국어라면 한국어문법(국문법)이 될 것이다. 보편문법을 하기 위해서는 개별문법의 연구가 선행되거나 적어도 여러 언어에 대한 개별문법이 동시에 진행되어야 보편문법의 연구가 가능할 것이다.

좋은 문법이론, 즉 설명적 타당성을 가진 문법이론은 어린이의 **언어습득**_language acquisition_도 설명할 수 있어야 한다. 어린이는 매우 짧은 시간 내에 그리고 매우 적고 불완전한 입력을 가지고도 완벽하게 언어를 습득한다. 부모는 아이들에게 모든 언어입력을 주지도 않으며, 그리고 주는 언어입력도 불완전하다. 그럼에도 불구하고 그 어린이는 짧은 기간 내에 완벽하게 언어를 습득한다. 더 나아가 어린이는 어떠한 종류의 인간언어라도 습득할 수 있다. 이러한 언어습득을 관찰한 언어학자들은 인간은 처음부터 언어능력을 생득적으로 또는 내재적_innate_으로 가지고 태어난다는 가설을 주장하게 되었다. 이러한 유전적인 언어능력을 **언어습득장치**_Language Acquisition Device_(간단히 LAD)라고 명명하였다. 이러한 능력을 가지고 태어난 아이가 언어를 습득하는 것은 마치 우리가 숨쉬는 것을 배우는 것이나, 또는 아이가 두 개의 팔을 갖게 되는 것과 같다고 말한다. 적절한 입력만 주면 어린아이는 마치 정해진 일정표를 따르는 것같이 언어를 자연스럽게 습득하는 것이다.

➡ 제2장에서는 현대언어학에서 사용하는 중요한 개념으로 언어능력, 언어수행, 문법성, 문법의 타당성, 창조성 등을 살펴보았다. 촘스키가 주창한 변형생성문법 이론은 언어를 인간 두뇌의 작용으로 보고, 언어능력을 선천적이고 유전적인 능력으로 본다. 이 유전적인 능력이야말로 바로 촘스키가 추구하는 보편문법이다. 우리가 앞으로 배울 영어통사론도 이 보편문법의 한 분야이다.

제2장 쉼터이야기

1. Wug

심리학자 Berko는 아이들의 언어습득을 관찰하기 위한 실험을 하였다. 아래의 동물에 Wug(영어에는 없는 단어임)란 명명을 하고, 두 마리의 Wug가 있는 그림을 보여준 후에 아이들이 이 단어의 복수형을 발화하도록 유도하였다. 이때, 아이들은 처음으로 쓰는 단어인 Wugs를 발화하였다. 이는 어린아이들이 언어를 규칙적으로 습득하고 있으며, 그리고 이 규칙성을 가지고 있다는 것은 언어를 창조적으로 사용한다는 것을 말해준다.

Berko(1958), *The Child's Learning of English Morphology*

2. 언어는 왼쪽 뇌가 담당한다

우리 주위에서 말을 아주 잘하던 사람들이 병이나 사고로 인해서 뇌를 다치면 말을 못하는 경우를 볼 수 있다. 말을 하다가 말을 못하게 되는 증상을 실어증 *aphasia*이라고 한다. 실어증은 뇌가 언어를 담당하고 있음을 보여주는 증거이다. 뇌의 언어 기능에 대한 연구는 1864년 프랑스의 외과의사인 브로카 Broca에 의해 처음으로 보고되었다. 브로카는 뇌의 어느 특정부위를 다친 환자들은 발음을 하는 데 매우 힘들어하며, 아주 천천히 말하고 문법적으로는 틀린 말을 하는 것을 관찰하였다. 이런 환자들을 브로카 실어증 환자 *Broca aphasics*라고 하고, 이런 환자들이 다친 뇌의 부분을 브로카 영역 *Broca's area*이라고 한다. 10년 뒤인 1874년에는 다른 종류의 실어증 환자가 워니키 Wernicke에 의해 보고되었다. 워니키는 브로카 영역과는 다른 뇌의 영역을 발견하였다. 이 영역은 워니키 영역*Wernicke' area*이라고 명명되었는데, 이 부분을 손상하면 말은 아주 유창하게 하지만 의미가 통하지 않고 심지어는 상대방의 말을 이해하지 못한다. 이 두 실어증은 뇌의 부분 중에서 언어의 각 기능 가령, 발음과 의미를 담당하는 부분이 서로 다르다는 것을 보여준다.

20세기 후반에 들어와서 뇌에 대한 연구가 많이 진행되었다. 가장 큰 발견은 뇌는 국지화*localization*되어서 각기 다른 기능을 담당하고 있다는 것이다. 가장 크게는 좌뇌 *left hemisphere*가 언어와 분석적 판단을 하는 기능을 하고, 그리고 우뇌 *right hemisphere*는 운동기능이나 감성기능을 담당한다고 알려져 있다. 물론 이것은 오른손잡이의 경우로 왼손잡이의 경우에는 이 국지화는 분명하지 않다고 한다. 시각에 대해서는 위치, 방향, 색깔 등을 서로 다른 뇌의 부분이 담당하고 있다고 알려져 있다. 그렇다면 긍정문, 부정문, 의문문을 담당하는 뇌의 부분도 다를까?

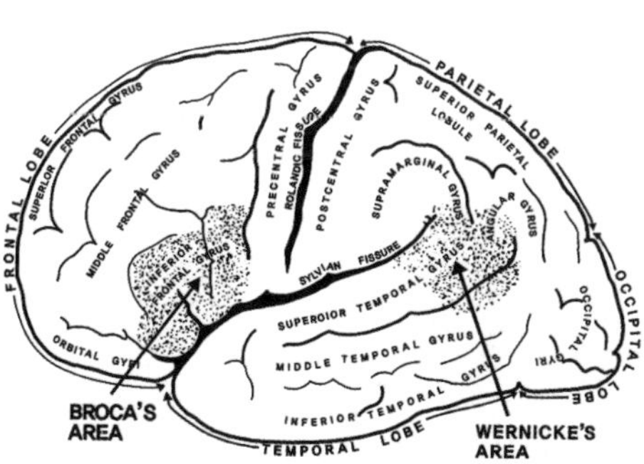

Fromkin (2003), *An Introduction to Language*, p. 37.

제2장 확인학습

1. 책의 내용에 근거하여 다음 진술이 옳으면 ○표, 틀리면 ×표를 하시오.
   ( ) 1) 언어능력은 관찰이 가능하다.
   ( ) 2) 같은 언어를 사용하는 모든 화자의 직관은 동일하다.
   ( ) 3) 언어의 창조성은 모방에서 나온다.
   ( ) 4) 촘스키의 보편문법은 기술적 타당성이 없다.
   ( ) 5) 인간이 만든 컴퓨터언어도 보편문법 원리로 설명이 가능하다.
   ( ) 6) 언어습득장치(LAD)는 주로 학습으로 형성된다.

2. 현대문법이론의 연구 대상이 언어능력이라면 언어수행은 왜 필요한가?

3. 어떤 문장이 '문법적*grammatical*'라는 것과 '옳다*correct*'는 것은 어떤 차이가 있는가?

4. 여러분이 여러 언어의 통역 프로그램을 개발하는 컴퓨터 프로그램의 책임자라고 하자. 이 컴퓨터 프로그램을 개발하기 위해 여러 언어의 문법을 개발해 달라고 언어학자들에게 연구 프로젝트를 주었다. 언어학자들이 제출한 문법 중에서 가장 좋은 문법모델을 선택할 때 어떤 기준을 사용하겠는가? 앞에서 배운 보편문법의 조건과 관련지어서 생각해 보자.

Chapter 2 Syntactic Argumentation in English

■ Answer the following in English.

1. What differences can you find between human (natural) languages and artificial (computer) languages?

2. (i) Why can't imitation account for language acquisition? (ii) What role, if any, does imitation play in language acquisition?

3. How can you show or prove that language is creative? Include some English data or examples to support your statements.

Model Answers

1. Human languages are natural languages which are not made but given to humans genetically. The language faculty is a biological part of the brain and the human brain has various limitations such as memory; For example, we do not usually process a long sentence with forty or fifty words. On the other hand, a computer language does not have these kinds of limitations. But a computer (or a computer language) may have difficulty finding the antecedent of the reflexive *herself* in the examples below:

   a. Mary appeared to Sally to like herself.

   b. Mary appealed to Sally to like herself.

In sentence (a) *herself* refers to *Mary* and in sentence (b) *herself* refers to *Sally*. English native speakers do not have any difficulty finding the relation between the noun phrases.

2. (i) If we acquire language by imitation, then the sentences we

understand and produce must be the ones we have heard or seen. But there are many sentences that we have never heard or seen but can understand and produce.

(ii) Language learners need to be exposed to input (data) and need to practice to comprehend and produce forms (structures and vocabulary). At the beginning stage learners need to imitate what other speakers (usually parents) say.

3. Language creativity means that language users can understand and produce what they have never heard or seen. Consider the examples below:

(i) a. The man worked carefully.

b. The man fell down carefully.

(ii) a. The boat was sunk by the enemy.

b. The boat sank by the enemy.

As for the examples above, English native speakers will tell immediately that the two sentences in (a) are grammatical but those in (b) are not, even if they see them for the first time. This shows that human's language ability or language is creative.

▮제 3 장▮

영어 문장의 기본성분

〈핵심용어〉

문법범주, 단어층위, 구층위, 수형도, 문법기능, 구성소, 앞이동, 뒤이동, 생략대답, 등위접속, 대형태, 동사구 생략

제3장은 문장의 기본성분이 무엇이며 그 성분들이 어떻게 문장을 형성하고 있는지를 살펴본다. 그리고 두 개 이상의 단어가 모여서 하나의 성분(구성소)을 형성할 때 이 성분성에 대한 여러 가지 테스트를 살펴본다.

3.1 구조의 기본요소

우리가 쓰는 문장의 기본요소는 단어(어휘)이다. 영어를 이해하고 말하기 위해서는 영어의 단어를 많이 알아야 할 것이다. 그러나 단순히 단어만 많이 알고 있다고 해서 많은 문장을 이해하거나 만들 수는 없다. 수많은 단어를 가지고 문장을 체계적이고 효과적으로 형성하기 위해서는 단어들도 어떤 체계를 가지고 있어야 할 것이다. 가령, 우리가 알고 있는 단어가 10만 개라고 가정할 때, 그 단어들을 서로 아무 관련이 없는 10만 개의 단어로 알고 있다면 그렇게 쉽게 문장을 만들 수는 없을 것이다. 문장 속에서의 단어의 기능을 고려해서 단어들이 분류되어 있다면 훨씬 체계적일 것이다. 다음의 (1)의 문장의 괄호 속에 들어갈 단어를 (2)에서 선택해 보자.

(1) a. (   ) 는/은 열심히 공부를 했다.
b. 철수는 보라를 (   ).

(2) a. 철수, 나, 동생, 내 친구, 그 학생
b. 기억한다, 미워한다, 만난다, 보았다

(1a) 에는 (2a) 의 단어들이, (1b) 에는 (2b) 의 단어들이 들어가면 좋은 문장을 이룬다. 그러나 (1a) 에 (2b) 의 단어가 들어가거나, (1b) 에 (2a) 의 단어가 들어가면 비문법적이 된다. 다음은 비문법적인 예들이다.

(3) a. * (기억한다) 는 열심히 공부를 했다.
b. *철수는 보라를 (동생).

이와 같이 단어들 중에는 같은 속성을 가진 단어들이 있고 그렇지 않은 단어들이 있다. 즉 (2) 에 있는 두 부류의 단어들은 같은 종류끼리는 공통의 속성을 가지고 있다. 이렇게 단어들은 문장 속에서 특정한 환경에만 **분포** *distribution*한다.

우리가 단어를 습득할 때에 단순히 단어의 의미만을 습득하는 것은 아니다. 위의 예에서와 같이 그 단어가 나타나는 문장 속에서의 문법적 기능까지도 알아야 한다. 우리가 영어 단어를 어떻게 알고 있는지를 살펴보기 위해 다음 문장을 보자.

(4) Morrie closed his eyes.

위 문장은 네 개의 단어로 이루어져 있다. 그러나 영어화자는 위 단어를 단순히 네 개의 어휘로 이해하고 있지 않고 일정한 종류의 **범주** *category*로 분류해서 이해하고 있다.

(5) *Morrie* : 명사(Noun)
closed : 동사(Verb)

his : 지정어(Determiner)
eyes : 명사(Noun)

이러한 단어의 범주는 문장의 구성을 쉽게 해준다. 즉 (4)의 문장에서 *Morrie*는 명사이기 때문에 다른 명사가 그 자리를 대신할 수 있다. 그러나 동사나 지정어가 *Morrie*의 자리를 대신할 수는 없다.

(6) a. David closed his eyes.
b. *Read closed his eyes.
c. *His closed his eyes.

(6)에서 명사 *David*가 (4)에서의 *Morrie* 자리를 대신할 수 있지만 동사인 *read*나 지정어인 *his*가 대신할 수는 없다. 이것은 같은 종류의 범주가 같은 자리에 나타날 수 있음을 말해주는 것이며, 더 나아가 모든 단어는 이와 같은 범주가 있다는 것을 말해 준다. 영어를 말하는 화자라면 이와 같은 단어의 범주에 대한 지식을 가지고 있어 (6)의 문장이 좋은지 또는 안 좋은지를 알 수 있다.

어느 영어화자가 일만 개의 단어를 알고 있다는 것은 각각의 단어의 범주 정보도 알고 있다는 것을 말한다. 물론 이 지식을 명시적으로 표현할 수 있는 것은 아니어도 어떤 단어가 어느 자리에 있으면 좋은지 안 좋은지를 알 수 있다는 것이다. 이렇게 모든 단어는 특정한 **문법범주***grammatical category*에 속해 있다.[1] 그런데 문법범주의 수는 매우 제한되어 있다. 단어의 수는 수십만 개일 수 있지만, 문법범주의 수는 대개 열 개 내외이다.

주요 문법범주는 다음과 같다.

(7) a. 명사(noun) : man, desk, boy
b. 동사(verb) : write, love, send

1) 전통문법학자들은 문법범주를 **품사***parts of speech*라고 불렀다.

c. 형용사(adjective) : nice, pretty, happy
d. 부사(adverb) : very, carefully, probably
e. 전치사(preposition) : in, at, on
f. 접속사(conjunction) : and, but, or
g. 지정어(determiner) : the, a, these

다음 절에서는 이러한 문법범주의 자세한 내용과 문법범주가 문장을 체계적으로 형성하기 위해서 필수적이라는 것을 공부할 것이다.

3.2 문법범주의 정의

문법범주는 어떻게 정의하는가? 가령, 전통문법이나 학교문법에서는 명사를 '사물의 이름'을 나타내는 품사로, 동사를 '동작/행위'를 나타내는 품사 등으로 정의한다. 그러나 '동작/행위'를 나타내는 명사도 있기 때문에 이러한 정의는 문제에 직면한다. 가령 *South Korea wants talks*란 문장에서 *talks*는 명사이지만 의미적으로는 '행위'를 나타낸다. 따라서 최근의 문법학자들은 의미에 근거한 정의보다는 단어가 출현하는 자리, 즉 단어의 분포에 근거한 정의를 사용한다. 다음에는 각 문법범주에 대한 **분포적** *distributional* 정의를 소개한다.

■ 명사

명사*Noun*는 다음과 같은 위치에 출현 또는 분포한다.

(8) a. The ___ can be dangerous.
b. I can't understand the strange ___.

(8)의 빈칸에 출현할 수 있는 단어로는 다음과 같은 것들이 있다.

(9) man, research, movement, theory, love

(9) 에는 구체적인 개체는 물론 추상적인 개념까지 있다. 그런데 (8) 의 빈 자리에는 (10) 에 있는 다른 종류의 범주는 출현할 수 없다.

(10) write, that, and, could, happily, into

그러므로 (10) 에 있는 단어들은 명사가 아니다.

■ 동사

동사*Verb*라는 범주도 그 분포에 의해 다른 범주와 구별된다. 다음의 (11) 에서 빈칸의 위치는 동사만이 출현하는 자리이다.

(11) They could ___ .
 a. work, swim, read, run
 b. the, boy, happy, at, and

(11a) 의 단어는 (11) 의 문장에 나타날 수 있어 동사이지만, (11b) 의 단어들은 나타날 수 없기 때문에 동사라 할 수 없다.

이와 같이 분포에 의해서 동사 범주를 다른 범주와 구별하기도 하지만, 형태적으로도 동사는 다른 범주와 구별된다. 가령, 동사만이 과거형일 때 *-ed*가 붙거나 또는 불규칙적인 과거형을 취한다. 영어에서 명사, 형용사, 전치사, 접속사 등은 과거형이 없다.

■ 형용사와 부사

형용사*Adjective*도 그 출현 위치에 의해 다른 범주와 구별된다. 다음 (12) 의 빈 자리에는 형용사만이 출현할 수 있다.

(12) The kids were very ___ .
 a. happy, sad, excited
 b. boys, those, looked, on, or

(12a)의 단어들은 (12)의 빈 자리에 출현할 수 있지만 (12b)의 단어들은 출현하지 못한다. (12a)에 있는 단어들의 문법범주는 형용사이다.

많은 형용사는 형태적으로 비교급(*-er*, *more*)이나 최상급(*-est*, *the most/best*) 형태를 취할 수 있다는 점에서 다른 범주와 구별된다. 물론 부사*Adverb*도 비교급과 최상급을 취한다는 점에서 형태적으로는 형용사와 유사하다. 그러나 형용사와 부사는 출현하는 위치가 다르다.

(13) a. John drives his car ___ .
 b. Mary dances ___ .
(14) a. well, slowly, carefully
 b. good, slow, careful

(13)의 빈칸의 자리에는 (14a)의 부사는 올 수 있으나 (14b)의 형용사는 올 수 없다. 즉 (13)의 빈 자리는 부사만이 나타날 수 있는 자리이다.

■ **전치사**

'바로'라는 의미의 *right* 다음에 오는 단어는 **전치사***Preposition*이다. 다음 예를 보자.

(15) a. Go *right* up the ladder.
 b. Oscar fell *right* down the stairs.
 c. Karen arrived *right* on time.
(16) a. *The man *right* disappeared.
 b. *The country *right* can be aggressive.

(15)와 (16)에서 보듯이 *right* 다음에 밑줄 친 자리에 올 수 있는 단어는 전치사뿐이다. (16)에서처럼 *right* 다음에 동사나 조동사가 오면 비문법적이다.

■ **접속사**

접속사*Conjunction*는 *and*, *or* 그리고 *but*과 같은 단어로 전통문법에서 말하는 등위접속사이다. 분포적으로 접속사는 그 양쪽에 동일한 요소가 와야 한다.

(17) a. <u>Cathy and Maggie</u> are taking English Syntax.
b. Jude may take <u>English Syntax or English Phonology</u>.
c. The professor is <u>young but very strict</u>.

(17) 에서 접속사인 *and*, *or* 그리고 *but*은 이들 접속사 양쪽에 오는 단어들에 대하여 여러 가지를 요구한다. 한 가지 요구 조건은 이들 양쪽에 오는 단어가 동일한 범주이어야 한다는 것이다. 가령, (17a, b) 에서 *and*와 *or*의 양쪽에 오는 단어는 모두 명사구이어야 한다. 그리고 (17c) 에서는 모두 형용사구이어야 한다.[2)]

한편 전통문법에서는 접속사로 취급하나 현대(변형/생성) 문법에서는 전치사로 취급하는 단어들이 있다. 다음의 예에서 *after*와 *before*를 보자.

(18) a. They finally went home after they finished the job.
b. The teacher came in before the bell rang.

(18) 의 *after*나 *before*를 전통문법에서 접속사(종속접속사) 의 한 종류로 본다. 그러나 생성문법에서는 이들을 전치사로 취급한다. 생성문법에서는 전치사를 명사구(예 : after the breakfast) 나 또는 (18) 에서처럼 절을 취하는 범주로 취급한다.

위에서 언급한 문법범주 이외에 조동사 *Auxiliary Verb*, 지정어*Determiner*, 그리고 대명사*Pronoun*가 있다. **조동사로는** *can*, *may*, *will*, *could*, *might*, *would* 등이 있고, **지정어에는** 관사*Article*인 *the*, *a*(*n*) 와 소유대명사 *his*,

---

2) 등위접속에 대한 요구조건은 3장 4절에서 자세히 논의된다.

my 등이 있다. 대명사에는 *he*, *she*, *they* 등이 있다.

문법범주와 혼동하기 쉬운 용어로 **문법기능***grammatical function*이 있다. 우리가 자주 사용하는 '주어'와 '목적어'라는 용어가 바로 문법기능이다. 주어와 목적어는 문장 속에서의 기능이다. 그리고 명사와 동사 등은 각 단어가 갖는 문법범주이다. 명사는 문장 내의 기능에 따라 주어나 목적어가 될 수 있다.

3.3 문장의 구성성분

앞 절에서 언급한 문법범주들은 문장을 이루는 하나의 구성소 또는 단위가 된다. 앞으로 이들을 편의상 다음과 같은 약자로 표시한다.

(19) a. 명사(Noun) : N
b. 동사(Verb) : V
c. 형용사(Adjective) : A
d. 부사(Adverb) : Adv
e. 전치사(Preposition) : P
f. 접속사(Conjunction) : Conj
g. 조동사(Auxiliary verb) : Aux
h. 지정어(Determiner) : D
i. 문장(Sentence) : S

아래 문장의 각 단어를 위에서 언급한 문법범주로 표시해 보자.

(20) a. The boy and the girl played with a red ball.
D N Conj D N V P D A N
b. The old man suddenly looked happy.
D A N Adv V A

이렇게 단어를 문법범주로 분류하면 문법을 간소화할 수 있다. 가령, (20)의 두 문장에서 사용된 단어의 수는 모두 16개(10+6)이다. 그러나 사용된 문법범주는 모두 7개(D, N, Conj, V, P, A, Adv) 뿐이다. 문장의 수가 더 늘어날수록 단어의 수는 늘어나지만 문법범주의 수는 거의 변동이 없다. 만약에 문법범주만 사용하여 문장의 구조를 분석할 수 있다면 매우 간단한 분석을 기대할 수 있다.

이제부터는 문법범주는 변하지 않으면서 더 큰 표현이 되는 구성방법을 공부한다. 즉 어떤 단어에 수식어가 붙으면 더 큰 표현이 되지만 이 큰 표현은 계속해서 그 중심 단어의 범주를 유지한다. 그리고 이들 범주가 어떻게 문장의 구조를 형성하는지도 살펴보자.

다음의 예에서 명사가 어떻게 점점 큰 표현으로 형성되는지를 보자.

(21) a. boys
b. the boys
c. the tall boys
d. the tall handsome boys
e. the tall handsome boys with long hair

(21) 에는 명사인 *boys*가 있다. 그리고 (21b-e) 에는 이 명사에 다른 수식어가 붙어 있다. 그러나 수식어가 많이 나타나더라도 이 표현의 범주는 언제나 명사이다. (22) 는 (21) 에 있는 각각의 표현들이 주어자리에 출현하는 것을 보여준다.

(22) a. [Boys] are nice to girls.
b. [The boys] are nice to girls.
c. [The tall boys] are nice to girls.
d. [The tall handsome boys] are nice to girls.
e. [The tall handsome boys with long hair] are nice to girls.

(22a) 에서 보면 명사 *Boys*는 문장의 주어자리에 나타난다. 그리고 이 명사에 수식어가 붙은 다른 표현도 모두가 주어자리에 나타난다. 이것은 분

포적으로 이 모든 표현들이 동일한 범주라는 것을 말한다. 이렇게 단어인 명사에 다른 수식어가 붙은 표현을 **명사구***Noun Phrase*라 한다. 명사에는 지정어나 형용사, 또는 전치사가 수식어로 붙을 수 있다. 형용사나 전치사가 명사에 수식어로 붙어도 그 명사는 원래 명사라는 자신의 문법범주는 유지하고, 단어*word*에서 구*phrase*로 층위*level*만 바뀐다. 명사구를 NP*Noun Phrase*로 표기하면 명사구의 구성성분은 다음과 같이 표기할 수 있다.

(23) a. NP → D N (the boys)
b. NP → D A N (the tall boys)

(23a)는 명사구(NP)가 지정어(D)와 명사(N)로, (23b)는 명사구가 지정어(D), 형용사(A), 명사(N)로 이루어져 있음을 표시한다.

한편 (22a)에서 수식어가 없는 명사인 *Boys*도 주어 역할을 하고 있어 수식어가 없어도 명사구 기능을 한다고 할 수 있다. 즉 (22a)에 있는 주어 명사는 수식어가 없지만 언제든지 수식어를 취할 수 있는 능력 또는 자리를 가지고 있다고 본다. 그래서 수식어가 없는 명사도 명사구라고 할 수 있다. 이를 다음과 같이 나타낼 수 있다.

(24) NP → N (boys)

(24)가 의미하는 것은 *boys*라는 명사 앞뒤에 다른 수식어가 올 수 있는 빈 자리를 가지고 있기 때문에 명사는 혼자서 명사구 역할도 한다고 할 수 있다.

명사에 수식어가 붙어서 명사구가 되더라도 그 중심 의미와 명사구 전체의 기능은 명사일 때와 동일하다. 가령, (22e)의 주어에 수식어가 아무리 길게 붙어 있어도 핵심적 의미는 *boys*이다. 이 명사가 명사구에서 핵심이라는 것은 수*number*에 있어서 명사 *boys*의 수를 따르기 때문이다. 이것은 (22)에서 수식어에 관계없이 동사가 언제나 복수형인 *are*로서 주어 명사(*boys*)의 수에 일치*agree*하는 데에서 알 수 있다. 명사구에서 이런 중심적인 문법적 정보를 가지고 있는 명사를 **핵***head*이라고 한다. 그리고 명사와 명사구를 구분하는 것은 **층위***level*인데, 명사는 **단어층위***word level*에 속하고, 명사구는 **구층위***phrasal level*에 속한다.

한편 동사도 다른 요소와 합쳐서 **동사구***Verb Phrase*가 될 수 있다. 다음을 보자.

(25) a. They 〔ate〕.
　　b. They 〔ate lunch〕.
　　c. They 〔ate lunch in the cafe〕.

동사 *ate*는 목적어를 취할 수도 있고 때로는 다른 수식어구를 취할 수 있다. 동사가 목적어나 수식어구를 취하면 동사구가 된다. 동사구는 VP*Verb Phrase*로 표기하며 (25)에 있는 동사구를 차례대로 (26)과 같이 나타낼 수 있다.

(26) a. VP → V
　　b. VP → V NP
　　c. VP → V NP PP

(26a)는 동사구(VP)가 동사(V) 하나로, (26b)는 동사(V)와 명사구(NP)로, (26c)는 동사(V), 명사구(NP), 전치사구(PP)로 이루어져 있음을 표시하고 있다.

동사구에서 핵심적인 문법 정보를 가지고 있는 핵*head*은 동사이다. 이는 (26b)에서 동사(V)와 명사구(NP)가 합쳐서 명사구가 되지 않고 동사구가 되는 이유이기도 하다. 가령, (26b)에서 *ate* 혼자서도 동사구의 기능을 하지만, 그 목적어가 합쳐져 *ate lunch*가 되어도 역시 동사구의 기능을 한다. 만약 *ate lunch*가 동사구가 아닌 명사구가 된다면 주어가 될 수 있어야 한다. 그러나 *ate lunch*는 주어가 될 수 없다. 즉 이 표현은 주어자리에 나타날 수 없다.

명사나 동사와 마찬가지로 형용사도 **형용사구***Adjectival Phrase*(AP)가 될 수 있다. 다음의 예를 보자.

(27) a. The boy was [happy].
b. The boy was [very happy].

(28) a. He was a [happy] boy.
b. He was a [very happy] boy.

(27)과 (28)에서 형용사는 그 앞에 정도를 나타내는 수식어를 취하여 형용사구(AP)가 된다. 이를 다음과 같이 나타낼 수 있다.

(29) a. AP → A
b. AP → Adv A

형용사구(AP)에서의 핵은 형용사(A)이다. 부사가 형용사에 붙은 형용사구의 문법범주는 여전히 형용사이다. 형용사는 단어층위에 속하고, 형용사구는 구층위에 속한다.

전치사*Preposition*는 일반적으로 그 다음에 오는 명사구 또는 절을 취하여 **전치사구***Prepositional Phrase*(PP)가 된다. 다음의 예를 보자.

(30) a. Put the book [on the shelf].
b. The husband arrived [before his wife came in].

(30a)에서 전치사 *on*은 그 다음에 명사구*the shelf*를 취하여 전치사구(PP)를 형성하고, (30b)에서는 전치사 *before*는 절을 취하여 전치사구를 형성한다. 이를 다음과 같이 나타낼 수 있다.

(31) a. PP → P NP
b. PP → P S

마지막으로 부사*Adverb*도 다른 부사를 취하여 **부사구***Adverbial Phrase*(AdvP)를 형성할 수 있다. 다음의 예를 보자.

(32) a. He works [very slowly].
b. The mechanic looked into the car [very carefully].

(32)에서 부사 *slowly*와 *carefully*는 수식어인 *very*를 취하여 부사구를 형성한다. 이를 다음과 같이 나타낼 수 있다.

(33) AdvP → AdvP Adv

(33)에서 핵은 부사(Adv)이고 그 앞의 부사구(AdvP)는 수식어이다. 즉 *very slowly*에서 *slowly*가 핵이고 *very*는 수식어로 AdvP에 해당한다. *very*(AdvP)와 *slowly*(Adv)가 합쳐서 부사구(AdvP)를 형성하고 있다. 여기에서 *very*를 부사로 보지 않고 부사구로 보는 것은 그 자리에 부사구가 나타날 수 있기 때문이다(가령, *so terribly slowly*).

그 밖의 범주인 **접속사***Conjunction*와 **조동사***Auxiliary*는 일반적으로 구*Phrase*로 취급하지 않고 단어로 취급한다.[3] 그리고 문장도 구로 취급한다.

이제까지 명사구, 동사구, 형용사구, 전치사구, 부사구의 내부구조를 살펴보았다. 이제 이들 성분으로 형성된 절의 구성을 살펴보자. 다음의 절을 보자.

(34) The student met the professor.

---

3) 학자에 따라서 접속사를 구로 취급하는 학자도 있다.

위의 문장은 (35) 와 같이 단어층위의 문법범주로 분석할 수 있다.

(35) 〔$_{D}$ The〕〔$_{N}$ student〕〔$_{V}$ met〕〔$_{D}$ the〕〔$_{N}$ professor〕.

(35) 를 다시 더 큰 성분인 구 *phrase* 층위의 문법범주로 분석한 것이 (36) 이다.

(36) 〔$_{NP}$ 〔$_{D}$ The〕〔$_{N}$ student〕〕〔$_{VP}$ 〔$_{V}$ met〕〔$_{NP}$ 〔$_{D}$ the〕〔$_{N}$ professor〕〕〕.

(36) 은 한 문장의 구조를 보여주고 있다. (36) 의 문장구조를 쉽게 볼 수 있도록 바꾼 것이 (37) 이다.

(37)

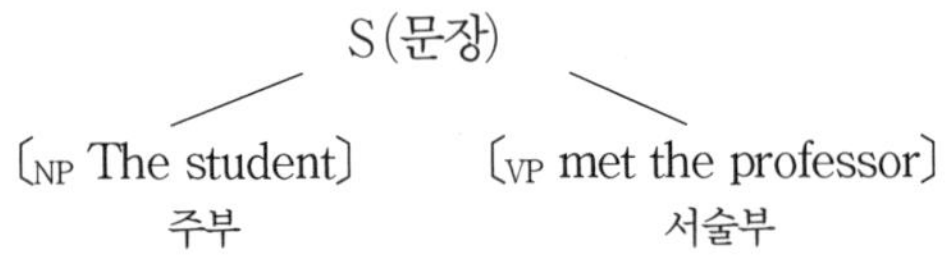

(37) 에서 문장은 두 성분인 주어 명사구인 *the student*와 동사구인 *met the professor*로 이루어져 있다. 이 두 성분은 전통문법에서부터 오랫동안 사용해 왔던 주부 *Subject*와 서술부 *Predicate*의 구분과 동일하다. (37) 의 구조는 다시 더 세분된 성분으로 (38) 처럼 표시할 수 있다.

(38)

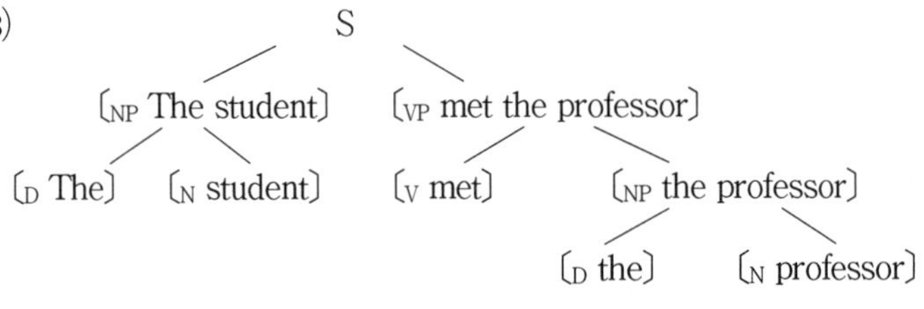

(38) 의 구조는 실제로 (39) 처럼 간단하게 표현한다.

(39)

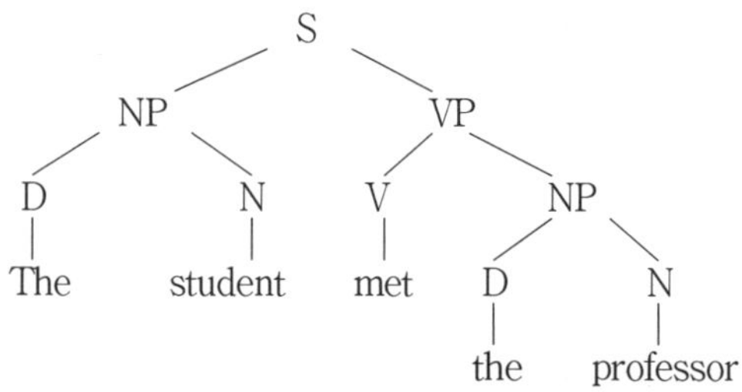

(39)의 그림은 한 문장의 구조를 자세히 보여주는데 이를 **수형도***tree diagram*라 한다. 수형도는 거꾸로 된 나무의 가지 모양을 하고 있어 붙여진 이름이다. 수형도는 시각적으로 구조를 아주 쉽게 이해할 수 있도록 보여주고 있어 통사론에서는 아주 많이 이용하는 표현수단이다. 그리고 이 책에서도 아주 중요하게 이용하게 될 구조의 표현수단이다.

(39)는 문장 *The student met the professor*의 구조를 아주 분명하게 보여준다. 즉 문장은 명사구(NP)와 동사구(VP)로 구성되어 있고, 동사구는 다시 동사(V)와 명사구(NP)로, 그리고 명사구(NP)는 지정어(D)와 명사(N)로 이루어져 있음을 보여준다. 이와 같은 수형도는 많은 구조적 정보를 제공하고 그 구조를 쉽게 보여준다. (39)가 많은 정보를 가지고 있다는 것은 (39)를 (40)과 비교하면 쉽게 알 수 있다. (40)은 평면구조*flat structure*로 한 문장이 다섯 개의 단어로 형성되어 있다는 정보와 각 단어에 대한 문법범주의 정보만을 보여준다.

(40)

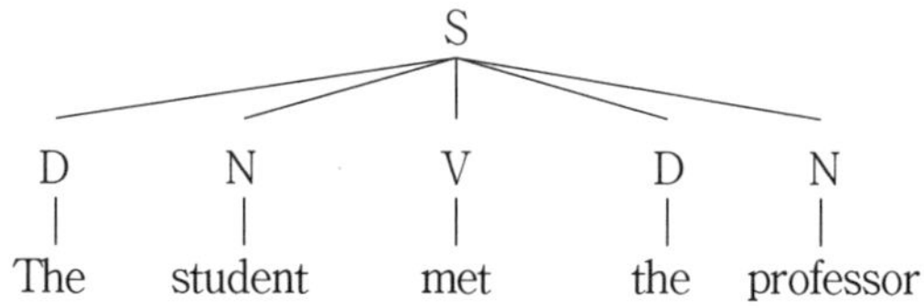

(39)와 (40)을 비교할 때, (39)에서는 *The*와 *student*는 합쳐서 명사구(NP)를 형성한다는 정보를 가지고 있는 반면에, (40)은 이러한 정보를 가지고 있지 않다. 오히려 이 두 단어가 하나의 단위를 형성하지 못한다는

잘못된 정보를 가지고 있다. 그리고 더 나아가 (40) 에는 목적어 명사구(NP), 그리고 동사구(VP) 에 대한 정보가 없다. 결국 (40) 은 잘못된 정보를 가지고 있고, 또한 가지고 있어야 할 옳은 정보도 가지고 있지 않다.

이제까지 문장과 각 구성성분은 문법범주로 형성되어 있다는 점을 살펴보았다. 문장 구조에 대한 구체적인 증거의 제시와 분석은 제4장부터 시작한다. 구성성분이라는 명칭을 이제부터는 간단히 **구성소***constituent*라고 하겠다.

3.4 구성소 테스트

앞 절에서 영어에 여러 가지의 문법범주가 있고 이 문법범주가 구와 절을 형성하고 있음을 살펴보았다. 하나의 구를 형성한다는 것은 구조적으로 하나의 구성 요소 즉 **구성소**가 될 수 있고, 그리고 구성소가 된다는 것은 하나의 단위가 된다는 것을 말한다. 이는 통사적으로 매우 중요한 의미를 갖는다. 하나의 단어나 구가 구성소가 된다는 것은 쉽게 알 수 있지만, 어떤 두 개 또는 그 이상의 단어가 하나의 구성소를 형성하는지를 알아보기 위해서는 테스트가 필요하다. 즉 구성소 또는 하나의 단위로 행동한다는 것이 어떤 것인지를 알아보자.

■ 이동

영어의 문장에서 어떤 내용을 강조하고자 할 때에는 그 표현을 문장의 맨 앞으로 **앞이동***Preposing* 시킨다. 다음 예를 보자.

(41) I don't like your heavy smoking.

(42) a. Your heavy smoking, I don't like ___.

b. *Heavy smoking, I don't like your ___.

c. *Smoking, I don't like your heavy ___.

d. *Your, I don't like ___ heavy smoking.

(41)의 문장에서 목적어 명사구 전체를 문두로 앞이동 시킨 것이 (42a)이다. 그러나 명사구의 일부분만을 이동한 (42b, c, d)는 비문법적이다. 이것은 문장의 앞으로 이동하고자 할 때는 명사구 전체를 이동시켜야지 명사구의 일부만을 이동해서는 안 된다는 것을 뜻한다. 위의 자료는 이동하기 위해서는 하나의 구성소가 되어야 하고, 이동하는 것은 단어층위가 아닌 구층위의 구성소가 되어야 함을 말한다. 여기서 구층위의 구성소란 명사구와 더불어, 동사구, 전치사구, 형용사구도 포함한다.[4)]

영어 문장에서 어떤 부분을 문장의 뒤로 이동시킬 수도 있다. 이런 이동을 **뒤이동***Postposing* 이라고 한다. 뒤이동 중에서 빈번히 나타나는 경우는 매우 긴 부분을 문장의 뒤로 이동시키는 경우이다.

(43) a. The player who came from Korea earned his 100th major league win.

b. The player earned his 100th major league win <u>who came from Korea</u>.

(44) a. Alex explained the fact that the earth is round to the children.

b. Alex explained to the children <u>the fact that the earth is round</u>.

(43b)와 (44b)에서 밑줄 친 부분의 절이 문장의 맨 뒤로 이동하였다. 영어에서는 절을 문장의 중간보다는 끝에 갖다 놓는 경향이 있다. 이때 이동하는 구성소는 절이고 절은 구*phrase*층위의 구성소이다. 만약에 (45)에서처럼 절 전체가 아닌 어느 일부분만 뒤이동하면 문장이 비문법적이 된다.

(45) a. *The player <u>who came from</u> earned his 100th major league win <u>Korea</u>.

b. *The player <u>who came</u> earned his 100th major league win <u>from Korea</u>.

4) 모든 구층위의 요소가 언제나 이동이 가능한 것은 아니다. 앞이동하는 요소가 구층위이어야 한다는 것은 여러 제약 중의 하나이다.

(45) 에서는 절 전체가 이동하지 않고 일부를 남기고 이동하고 있어 비문법적이다.

이상으로 본 앞이동과 뒤이동은 구층위의 구성소에 대한 테스트이다. 그래서 앞이동 또는 뒤이동 된 부분은 하나의 구성소라고 확실히 말할 수 있다.

■ **생략대답**

어떤 물음에 대하여 대답을 할 경우에 완전한 문장이 아닌 필요한 부분만으로 대답하는 경우가 있다. 다음의 예를 보자.

(46) A: Where is the player from?
B: From Korea.

(46) 에서 A의 질문에 B는 완전한 문장 *He is from Korea* 대신에 *From Korea*라고 간단히 대답하고 있다. 즉 나머지를 생략하고 묻는 내용만을 대답한다. 이것을 **생략대답** *Sentence-fragment*이라고 한다. 이때 중요한 것은 대답하는 부분이 하나의 구성소를 이루고 있어야 한다는 것이다. 다음 예에서 이를 확인해 보자.

(47) A: What did the boy pick up?
B: A coin. (cf. He picked up a coin.)
C: *Up a coin. (cf. He picked up a coin.)
D: *Coin.

(47) 에서 B의 대답은 문법적이지만 C와 D의 대답은 비문법적이다. 이것은 *a coin*은 하나의 구성소인 명사구를 형성하지만 *up a coin*은 하나의 구성소를 이루지 못하기 때문이다. 생략대답은 구층위의 구성소에 대한 테스트이다. D의 대답은 구층위의 대답이 아니기 때문에 비문법적이다.

■ **등위접속**

영어에서 두 요소를 접속하고자 할 때는 *and*, *or*, *but*을 사용하여 두 요소를 연결한다. 이런 접속사를 사용한 접속을 **등위접속**Coordination이라고 한다. 다음 예를 보자.

(48) a. George and his friend saw the movie *English Patient*.
b. They liked the characters and the background in the movie.
c. The movie was very interesting but sad.

(48)에서는 두 개의 명사구 *George*와 *his friend*, 그리고 *the characters*와 *the background*, 그리고 두 개의 형용사구 *very interesting*과 *sad*가 접속되어 있다. 두 요소가 등위접속되기 위해서는 접속되는 두 요소가 갖추어야 할 조건이 있다. 첫째 조건으로 두 요소가 각각 구성소를 이루고 있어야 한다. (48)에서 등위접속된 요소들은 각각 모두 구성소가 되고 있다. 구성소가 안 되면 등위접속이 안 된다. 아래의 (49)와 (50)의 접속문을 비교해 보자.

(49) a. My dog ran up the hills and down the hills.
b. My dog ran up and down the hills.
(50) a. The politician ran across his opponent and ran him down in front of people.
b. *The politician ran across his opponent and him down in front of people.

(49a)에서는 두 전치사구가 등위접속되고, (49b)에서는 두 전치사가 등위접속되고 있어 접속되는 두 요소가 모두 구성소를 이루고 있다. 그런데 (50a)에서는 두 동사구가 등위접속되어 문법적이나 (50b)에서는 접속되는 부분이 하나의 구성소를 이루지 못하여 등위접속이 안 된다.

등위접속되기 위해서는 구성소가 되어야할 조건 외에 등위접속하는 두 요소가 동일범주*identical category*이어야 한다. 다음의 예를 보자.

(51) a. The family ate and slept after they arrived at the hotel.
b. The people were silent but angry.
c. Dad drives a car very nicely and very carefully.

(51)에서는 동사(V), 형용사(AP)구, 그리고 부사구(AdvP)인 두 동일범주가 접속되고 있어 문법적이다.5) 이제 다음의 예를 자세히 살펴보자.

(52) a. The priest said prayers and a phrase that he used repeatedly.
b. The priest said to the mother and to the father.
c. *The priest said prayers and to the mother.
d. *The priest said to the father and prayers.

(52a)에서는 명사구가, (52b)에서는 전치사구가 등위접속되고 있어 문법적이나, (52c, d)에서는 동일범주가 아닌 범주가 등위접속되고 있어 비문법적이 된다.6)

등위접속에 대한 세 번째 조건은 접속하는 두 요소의 층위*level*가 동일해야 한다는 것이다. 등위접속하는 두 요소는 단어층위*word level*일 수도 있고, 구층위*phrasal level* 일 수도 있다. 다음의 예를 보자.

(53) a. The back and forth to the bathroom was difficult for the patient. (Noun)

---

5) (51b)는 형용사(A)의 등위접속 구문일 수도 있다.
6) Huddleston & Pullum(2005)과 같은 학자는 등위접속의 동일범주 제약을 다음과 같은 예를 제시하면서 반대한다.
a. I'll be back [$_{NP}$ next week] or [$_{PP}$ at the end of the month].
b. He acted [$_{AdvP}$ selfishly] and [$_{PP}$ with no thought for the consequences]. – Huddleston & Pullum(2005), p. 228.

b. The boy knew how to throw and catch the ball. (Verb)

c. The young man from Seoul was honest and reliable. (Adjective)

d. The church was there before and after the terrorist attack. (Preposition)

e. The woman bought these and those clothes. (Determiner)

(54) a. The old professor and his wife came to see the doctor. (Noun Phrase)

b. Andrew worked for newspapers and freelanced for magazines. (Verb Phrase)

c. The man died with courage and with humor. (Prepositional Phrase)

d. Mike drove the car very easily and very nicely. (Adverb Phrase)

(53)에서는 단어층위의 두 단어들이 등위접속하고 있고 (54)에서는 구층위의 구들이 등위접속되어 있다. 만약에 등위접속에서 한 부분이 단어층위 명사(N)이고 다른 부분이 구층위의 명사구(NP)라면 비문법적이 된다.[7)]

■ **대형태**

대화나 문장에서 앞에 나온 표현을 그대로 쓰기보다는 간단한 **대형태** *proform*로 쓰는 경우가 있다. 다음 예를 보자.

(55) A : Did you see the soccer match last night?

B : Yes, I did. It was very exciting.

---

7) 등위접속과 다른 형태의 접속으로 공유접속 *Shared Constituent Coordination*이 있다.

a. John walked, and Mary ran, up the hill.

b. Jon denied - but Fred admitted - complicity in the crime.

c. John will, and Mary may, go to the party.

— Radford(1988), *Transformational Grammar*, Cambridge University Press, p. 77.

위 접속은 접속된 두 성분에서 공유되는 구성소가 오른쪽으로 이동되어서 나온 형태이다.

(55)의 B의 대답에서 나오는 *It*은 앞에 나온 명사구 *the soccer match*를 대신한다. 이렇게 어떤 표현을 대형태로 바꾸어 쓴다는 것은 원래의 표현이 하나의 구성소임을 뜻한다. 즉 (55)에서 *the soccer match*는 하나의 구성소가 된다는 것이다. 전통적으로 명사구에 대한 대형태를 대명사*Pronoun*라고 명명해 왔으나 대명사*Pronoun*는 실제로 명사구*Noun Phrase*를 대신하지 명사*Noun*를 대신하지는 않는다. 다음 예를 보자.

(56) a. Have you seen the pretty new comer?
 b. No, I haven't seen <u>her</u>.
 c. *No, I haven't seen the <u>her</u>.
 d. *No, I haven't seen the pretty <u>her</u>.
 e. *No, I haven't seen the pretty new <u>her</u>.

(56)의 예를 보면 대명사 *her*는 명사구 전체인 *the pretty new comer*만을 대신할 수 있지 그 일부분은 대신하지 못한다. 즉 대명사는 구층위의 명사구를 대신한다. 이런 점에서 대명사*Pronoun* 란 명명은 잘못된 것으로, 옳게 명명하자면 대명사구*pro-Noun Phrase*여야 한다. 그러나 '대명사'란 용어는 워낙 오랫동안 써 온 명칭으로 이 책에서도 그대로 쓰기로 한다.

대명사 *it*은 명사구만이 아니라 문장도 대신한다. 다음의 예를 보자.

(57) a. Do we have to read the long chapter about noun phrases?
 b. Yes, you have to read <u>it</u>.

(58) a. Do you know that our teacher is leaving?
 b. I don't want to believe <u>it</u>.

(57)에서 *it*은 명사구를, (58)에서는 *it*은 문장을 대신하고 있다.

한편, 명사구뿐만 아니라 다른 범주도 대형태가 대신할 수 있다.

(59) A : I put the key on the table.

B : I couldn't find it there. (Prepositional Phrase)

(60) The father could develop his own culture and so could the son. (Verb Phrase)

(61) The man was believed strong before death, but he was not found so. (Adjectival Phrase)

(59)의 *there*는 전치사구를, (60)의 *so*는 동사구를, (61)의 *so*는 형용사구를 대신한다. 모두가 각각의 구에 대한 대형태들이다.

구층위의 범주를 대신하고 있는 대형태는 그 부분이 하나의 구성소라는 증거가 된다. 그러나 단어층위의 구성소를 대신하는 대형태는 없다.

■ 동사구 생략

마지막으로 보게 될 구성소에 대한 증거는 **동사구 생략** *Ellipsis*이다. 다음의 예를 보자.

(62) A : The boy won't do his homework.

B : I think he will ___ if he is allowed to watch his favorite TV program.

(63) Daddy wants to go to the bookstore, but I don't want to ___ .

(62)에서는 *do his homework*가 *will* 다음에, (63)에서는 *go to the bookstore*가 *to* 다음에 생략되어 있다. 이때 생략된 부분은 모두 동사구로서 하나의 구성소를 이룬다. 그러나 구성소가 아닌 부분은 생략이 불가능하다. (64)의 예를 보자.

(64) a. Andrew won't put onions into the hamburger, but David will ___.

b. *Andrew won't put onions into the hamburger, but David will put ___.

c. *Andrew won't put onions into the hamburger, but David will put onions ___.

d. *Andrew won't put onions into the hamburger, but David will put onions into ___.

(64a)에서 생략된 부분은 동사구이고 (64b, c, d)에서는 동사구가 아니다. (64b)가 비문법적인 것은 생략된 부분이 구성소가 아니고, (64c, d)가 비문법적인 것은 동사구가 아니기 때문이다. 이와 같이 동사구 생략은 생략된 부분이 구성소임을 말해준다.

이상으로 살펴본 앞이동, 뒤이동, 생략대답, 등위접속, 대형태, 동사구 생략은 구성소에 대한 테스트로 사용된다. 어떤 형태가 구성소인지를 테스트할 때 위의 여러 가지 테스트 중에서 한 가지만 허용해도 구성소가 된다고 할 수 있다.

구성소를 테스트할 때에는 테스트의 대상을 정확히 파악해야 한다. 다음의 예를 보자.

(65) A : Who will fight against the big company?

B : The Union will.

(65)에서 B의 대답을 생략대답*Sentence-Fragment*으로 보느냐 또는 동사구 생략*Ellipsis*으로 보느냐에 따라 분석이 달라질 수 있다. (65)의 B는 동사구 생략이지 생략대답은 아니다. 만약 생략대답으로 본다면 *The Union will*이 하나의 구성소라는 잘못된 분석을 하게 될 것이다.

➡ 제3장에서는 문장의 기본 성분인 문법범주와 그리고 이들 범주와 수식어구로 함께 형성된 구의 구조를 공부하였다. 구는 문장을 형

성하는 기본 구성성분이다. 가령, 문장은 명사구와 동사구로 되어 있고, 명사구는 지정어와 명사, 그리고 동사구는 동사와 명사구 등으로 구성되어 있을 수 있다. 이러한 구성성분은 하나의 단위, 즉 구성소를 이루어 통사적 단위가 되기 때문에 이에 대한 확실한 테스트가 필요하다. 구성소 테스트 방법으로 이동, 등위접속, 대형태와 같은 여러 가지 현상을 공부하였다.

제3장 쉼터이야기

1. 언어의 결정적 시기

어린이는 영어를 쉽게 배우는데 어른은 그렇지 못한 경우를 종종 본다. 가령, 한 가족이 미국에서 5년 동안 살다가 오면 아이들은 영어를 아주 잘하는데 그 부모는 그렇지 못한 경우가 많다. 이에 대하여 학자들은 언어를 배우는 데에 결정적 시기 *critical period*가 있고 그 시기는 약 2세부터 사춘기(약 12-13세) 이전까지라고 주장하였다〔Lenneberg(1967), *The Biological Foundations of Language*〕. 언어습득에 결정적 시기가 있음을 보여주는 다음의 실화가 있다.

▪ 늑대소년

1799년에 숲 속에서 늑대들과 같이 생활하고 있던 늑대소년이 발견되었다. 이 소년은 약 11살이나 12살로 추정되었다. 그 소년은 사람들에게 발견된 뒤로 사람들과 함께 살면서 언어 훈련을 받았다. 그 늑대소년은 인지적이고 사회적인 여러 가지 기술은 터득했지만 언어는 얼마 안 되는 수의 단어만 사용할 수 있었다고 한다. 즉 이 늑대소년은 결정적 시기가 지나서 언어를 배우기 시작했기 때문에 언어습득에 실패했다고 본다.

▪ 지니

언어습득이 실패한 예로 지니Genie도 잘 알려져 있다. 지니는 1970년에 13살의 나이에 발견되었다. 발견되기 전까지 지니는 가족들로부터 가혹한 학대를 받았다. 생후 20개월부터 지니를 의자에 묶어 놓았고 밤에는 천으로 덮어 놓았다. 음식은 죽지 않을 정도로 주었고 지니에게 아무도 말을 하지 않았다. 지니가 외부인에 의해 발견되었을 당시 13세인 지니의 지적 수준은 약 15개월 된 아기 수준이었다. 지니가 발견되고 나서 지니는 많은 보호와 훈련으로 인지적 수준은 약 6-8세 수준으로 발달했으나 지니의 언어 수준은 수년간의 훈련에도 불구하고 2살 반의 수준에서 그 성장이 멈추었다. 실제로 지니는 약 10년 동안 유명한 언어학자 프롬킨Fromkin에 의해 연구되었다. 지니는 결정적 시기가 지나서 언어습득이 시작되었기 때문에 실패했다고 본다.

▪ 이사벨

늑대소년이나 지니와는 달리 결정적 시기 이전의 나이에 발견된 아이로 이사벨Isabelle이 있다. 1940년대에 발견되기 전까지 이사벨은 거의 돌보아지지 않았고 누구도 이사벨에게 말하는 사람이 없었다. 6세 때에 발견된 이사벨은 인지적 수준이 2살 아래였고, 말은 전혀 하지 못했다. 발견된 후로 1년 지나서 이사벨은 정상적으로 말을 할 수 있었고 다른 아이들과 함께 학교생활을 할 수 있었다고 한다. 이사벨은 결정적 시기 이내에 발견되었기 때문에 언어습득이 성공했다고 볼 수 있다.

2. 등위접속 양팔저울

〈그림 1〉 NP와 NP

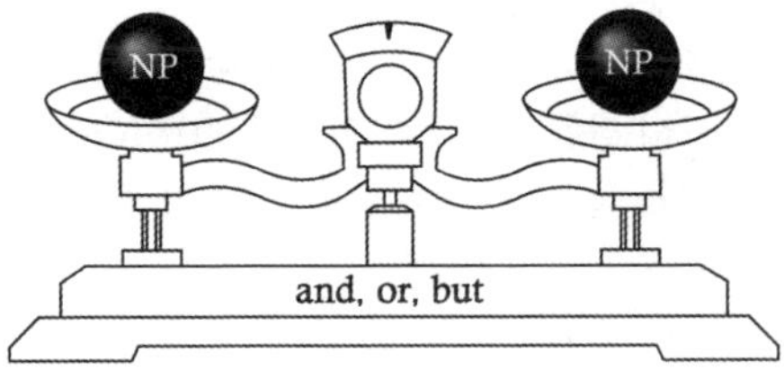

〈그림 2〉 NP와 S

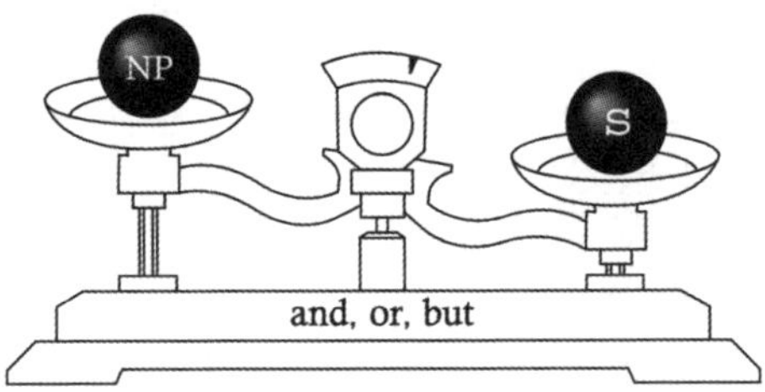

〈그림 3〉 NP와 N

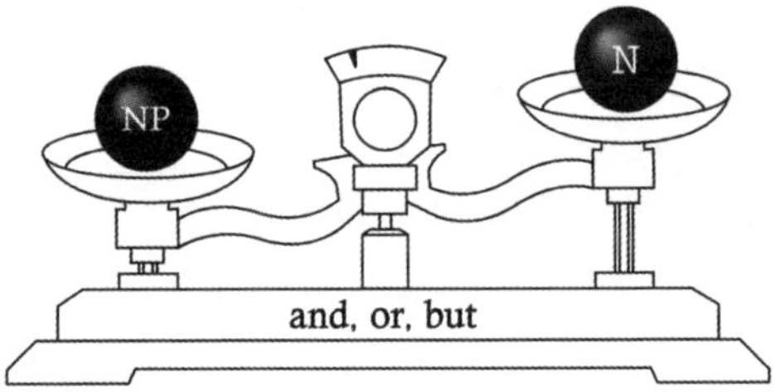

제3장 확인학습

1. 책의 내용에 근거하여 다음 진술이 옳으면 ○표, 틀리면 ×표를 하시오.
   ( ) 1) 영어에서 단어층위의 표현을 등위접속할 수 없다.
   ( ) 2) 영어에서 이동은 앞으로만 가능하다.
   ( ) 3) '생략대답'은 생략된 부분이 구성소가 된다는 테스트이다.
   ( ) 4) 'it'은 명사구와 절을 대신할 수 있는 대형태이다.
   ( ) 5) 주어와 동사는 목적어를 제외하고 구성소가 될 수 있다.

2. 다음 문장에 각 단어의 문법범주(N, V, A, P 등)를 표시하고, 그 다음에는 구층위의 문법범주(NP, AP, VP, PP 등)를 표시하시오.
   a. My daddy reads a newspaper in the evening.
   b. The student found his wallet and money in his bag.
   c. The poor student worked in a very small factory.

3. 대형태인 대명사*pronoun*가 대신하는 범주는 무엇인가? '대명사*pronoun*'란 용어가 왜 정확하지 않은가?

4. 다음 문장이 왜 비문법적인지를 설명해 보시오.
   a. *The sports car is in the garage and expensive.
   b. *Sam loved the pretty her.
   c. *Dr. Wall will put his bag into the trunk, but Mrs. Wall won't put.
   d. *Peter will give a present to Cindy and Paul will do so to Jessica.
   e. *John's, Mary purchased __ house.

5. 다음 문장 중에서 밑줄 친 부분이 구성소가 아닌 것은?
   a. The teacher <u>met his students</u>.
   b. I was annoyed by <u>your heavy smoking</u>.
   c. I picked <u>up a gold key</u>.
   d. My dog ran <u>up the hill</u>.
   e. I bought them <u>his and her</u> towels for their anniversary.

6. 다음에서 밑줄 친 부분을 앞으로 또는 뒤로 이동할 수 있는 문장은?

   a. The dog did put the food in his house.
   b. I saw the pretty student from Korea.
   c. The tall student who I met yesterday was absent.
   d. a and b
   e. a and c

Chapter 3 Syntactic Argumentation in English

■ Answer the following in English.

1. In what way can categories help children learn languages?

2. (i) What is the critical period hypothesis? (ii) What implications does the hypothesis have in English teaching or learning? (iii) Do you think that adults cannot learn a new language?

Model Answers

1. A category in language is a type the members of which behave in the same way, or play the same grammatical functions. For example, the members of the category, noun, can play the function of subject or object. If children know categories of words, they will know where they are placed.

2. i) The critical period hypothesis (CPH) states that some early years of life constitute a time during which language acquisition is successful and after which (puberty) it is much more difficult and ultimately unsuccessful. Since the nervous system (the brain) is so sensitive to certain stimuli (language input) during this period, language will develop successfully if it receives the appropriate stimuli; if it does not, language will not develop successfully.

   ii) If the CPH is correct, learning English before the period is over will be effective, which is believed to be around the age of 12 or 13.

   iii) Unlike child learners of language, most adult learners of English (or a foreign language) don't achieve native-like fluency, which seems to support the CPH. However, the phenomena of adult learners' foreign/second language acquisition is not so simple; there are some adults who speak almost like a native speaker of the target language, though they learned it after the period.

제3장 임용고사 기출문제

다음 글에서 밑줄 친 단어들을 신조어로 가정할 때, 그 단어들의 품사(parts of speech)와 판단 근거를 우리말로 쓰시오. (2005, 전국)

Our longevity is affected by many factors. Some of these factors, such as gender, <u>quinka</u>, and heredity, are unchangeable. However, other factors are changeable. We can take two extremely <u>gistorical</u> measures to improve our health: for example, get exercise and sleep 8 hours every night.

1. quinka
   a. 품사 :
   b. 근거 :

2. gistorical
   a. 품사 :
   b. 근거 :

제3장 임용고사 기출문제 예상답안

1. a. 품사: 명사
   b. 근거: *quinka*가 명사구인 *heredity*와 등위접속되고 있고, 등위접속은 동일한 품사들만이 허용되므로 *quinka*는 명사(구)이다.

2. a. 품사: 형용사
   b. 근거: 이 단어는 앞에 있는 *extremely*와 하나의 구성소(형용사구)를 이루어 뒤에 오는 명사 *measures*를 수식한다. 명사 앞에서 명사를 수식하는 품사는 형용사이므로 이 단어의 품사는 형용사이다.

▌제 4 장▌

문장의 기본규칙

〈핵심용어〉

구구조 규칙, 핵, (중)괄호규약, 수의적, 수형도, 교차제약, 마디, 어머니 마디, 딸 마디, 자매관계, 직접구성소, 계층, 관할, 국부적, 회귀성

제4장은 구와 문장을 형성하게 해주는 구구조 규칙에 대해서 자세히 고찰한다. 구구조의 성격과 제약, 그리고 구구조가 생성한 문장의 구조가 갖는 여러 가지 구조적 특성에 대해서 공부한다.

4.1 구구조 규칙

앞 장에서 문장은 단순한 단어들의 집합이 아니고 구조를 가지고 있는 조직적 구성체임을 보았다. 각 단어는 어떤 문법범주에 속하고 이 단어는 더 큰 성분을 형성하고 이 성분들이 모여서 문장을 형성하는 것을 공부하였다. 본 절에서는 문장의 구성에 대한 규칙성을 논하고자 한다.

절의 주요 구성 성분은 구*phrase*이고 구는 내부구조를 가지고 있다. 그리고 각 구의 구조는 공통적인 규칙에 의해 형성된다. 이러한 구구조에 대한 규칙을 **구구조 규칙***phrase structure rule*이라고 한다. 구구조 규칙은 문법범주에 근거하고 있어 영어의 주요 범주에 해당하는 구구조를 살펴본 후에 문장의 구조를 살펴보겠다.

구구조의 기본단위는 단어이고 단어는 몇 개의 범주로 구분됨을 앞 장에서 살펴보았다. 다음은 그 예이다.

(1) a. N(명사) : boy, desk, water, dog, love
b. V(동사) : walk, arrive, read, give, put
c. A(형용사) : pretty, happy, fond, awake
d. P(전치사) : at, in, on, after, before
e. Adv(부사) : carefully, quickly, completely
f. Conj(접속사) : and, or, but
g. Aux(조동사) : can, will, may, would, should

위에 있는 단어들은 **단어층위**_word level_의 범주이다. 이런 단어들은 다른 표현들과 합쳐져서 더 큰 단위인 **구층위**_phrasal level_의 **구**_phrase_가 된다. 다음은 구의 예이다.

(2) a. NP(명사구) : the boy, small desks, the dogs in the house
b. VP(동사구) : walk slowly, read a book, put the book on the desk
c. AP(형용사구) : very pretty, fond of my dog
d. PP(전치사구) : at the station, before the gate
e. AdvP(부사구) : very carefully, so quickly
f. S(문장) : The girl walks gracefully.

(2)에서 각 구에는 단어층위의 **핵**_head_이 있다. 명사구의 핵은 명사이고, 동사구의 핵은 동사이다. 핵을 수식하거나 핵의 의미를 보충하는 표현들이 핵과 합쳐서 구_phrase_가 된다. 그리고 문장(S)도 구로 취급된다. 한편 **접속사**(_and_, _or_, _but_)와 **조동사**(_can_, _will_, _may_)는 일반적으로 구층위를 못 이루는 단어층위의 범주로 취급된다. 즉 구가 없는 핵 단어들이다.

우리는 앞 장에서 각 구(명사구, 동사구, 형용사구, 전치사구)가 형성되는 과정을 간단히 살펴본 바 있다. 이 장에서는 이들 구의 형성에 대한 규칙을 차례대로 살펴보겠다.

■ 명사구의 구구조 규칙

우리는 앞 절에서 명사구는 핵 명사를 중심으로 주위에 다른 요소들로 이루어질 수 있음을 보았다. 다음의 명사구가 어떻게 형성되는지를 살펴보자.

(3) a. dogs
b. the dogs
c. pretty dogs
d. the pretty dogs

(3) 에 있는 명사구의 형성을 보기 위해 (3) 에 있는 명사구의 구조를 다음과 같은 문법범주로 각각 나타낼 수 있다.

(4) a. NP → N (dogs)
b. NP → D N (the dos)
c. NP → A N (pretty dogs)
d. NP → D A N (the pretty dogs)

(4) 에 있는 표현들은 명사구를 생성하는 규칙들로서, (4a) 는 명사구(NP) 가 명사로, (4b) 는 지정어(D) 와 명사(N) 로, (4c) 는 형용사(A) 와 명사(N), (4d) 는 지정어(D), 형용사(A), 명사(N) 로 이루어져 있음을 보여준다. 명사구(NP) 에서는 명사(N) 가 핵 *head*이므로 명사구에서는 명사인 핵이 반드시 있어야 한다. (4) 에 있는 표현을 명사구 구조의 **구구조 규칙***phrase structure rule* 이라 한다.[1)]

이들 구구조 규칙은 명사구 구조를 형성 또는 **생성***generate* 하는 규칙이다. 규칙에서 화살표의 왼쪽에 있는 것을 **입력***input*이라고 하고 오른쪽에 있는 것을 **출력***output*이라고 한다. 그리고 이들 규칙은 명사구가 어떤 구성성분으로 이루어져 있는지를 말해주기도 한다. 즉 이 규칙들은 명사구

---

1) (4) 의 규칙들을 다시쓰기규칙 *rewrite rules*이라고도 한다.

를 분석할 때에 쓰일 수도 있다.

그런데 (4) 의 규칙들을 잘 분석해 보면 서로 중복적인 면이 있다. 가령, (4a) 와 (4b) 의 차이는 지정어(D) 의 유무에 있다. 이런 유사성을 포착하고 규칙을 간단히 하기 위하여 다음과 같은 **괄호규약***parenthesis convention*을 사용하여 두 규칙을 하나로 합칠 수 있다.

(5) NP → (D) N

(5) 에서 괄호 "( )"는 그 안의 요소가 출현하는 경우와 출현하지 않는 경우를 모두 포함한다. 즉 (5) 에서 지정어 D는 출현할 수도 있고 출현하지 않을 수도 있다. 이렇게 출현할 수도 있고 출현하지 않을 수도 있는 요소를 **수의적***optional* 요소라 한다. 즉 명사구에서 지정어(D) 는 수의적 요소이다. (5) 에서 괄호 안에 있는 요소가 출현하지 않는 경우는 (4a) 이고, 출현하는 경우는 (4b) 이다. 한편 꼭 출현해야 할 요소는 **필수적***obligatory* 요소라고 한다. 가령 명사구에서 명사는 필수적이다.

이 괄호규약은 더 확대 적용할 수 있다. 이 규약을 (4a) 와 (4c) 에도 적용하면 두 규칙을 다음과 같은 하나의 규칙으로 만들 수 있다.

(6) NP → (A) N

(6) 에서 형용사(A) 가 출현하지 않으면 (4a) 가 되고, 형용사가 출현하면 (4c) 가 된다.

한편 (4c) 와 (4d) 의 차이도 지정어의 유무이다. 그래서 이 두 규칙에 괄호규약을 적용하면 두 규칙을 다음과 같이 하나로 통합할 수 있다.

(7) NP → (D) A N

이제 간소화된 규칙인 (5), (6), (7) 을 다시 보자.

(8) a. NP → (D) N =(5)
b. NP → (A) N =(6)
c. NP → (D) A N =(7)

(8) 에 있는 규칙들에는 아직도 중복적인 내용이 있다. 이들 세 규칙을 다음과 같이 다시 하나로 통합할 수 있다.

(9) NP → (D) (A) N

(9) 의 간소화된 규칙은 (8) 또는 (4) 에 있는 여러 개의 규칙을 모두 포함한다. 이와 같이 괄호규약을 사용하면 복잡한 구구조 규칙을 간단하게 통합할 수 있다.

이렇게 규칙을 단순화하는 것은 매우 의미 있는 일이다. 왜냐하면 우리가 언어를 배울 때 매우 쉽게 습득했다면 그 언어에 있을 규칙도 매우 단순해야 한다는 것이 우리의 가정이기 때문이다. 즉 이러한 규칙의 간소화는 보편문법에 한 발 더 다가서는 과정이다.

이제 (9) 의 명사구 규칙이 다음 (10) 의 명사구를 어떻게 생성할 수 있는지를 생각해 보자.

(10) a. the pretty dogs in the house
b. the pretty dogs with long hair

(10) 의 명사구는 (9) 의 규칙으로 다룰 수 없는 전치사구가 출현하고 있다. (10) 에 있는 명사구는 뒤에 전치사구가 더 붙어 있다. 이런 경우를 위해서는 (9) 는 다음과 같이 수정되어야 할 것이다.

(11) NP → (D) (A) N (PP)

전치사구(PP)는 꼭 출현해야 하는 것은 아니므로 괄호 속에 표기되어 있다. 전치사구가 출현하면 (10)과 같은 명사구를 생성하고, 전치사구가 출현하지 않으면 (3)의 명사구들을 생성할 것이다. 우리는 이렇게 괄호 규약을 사용하여 여러 가지의 명사구 규칙을 간소화할 수 있다.[2)]

■ 형용사구의 구구조 규칙

이번에는 명사구를 수식하는 형용사와 형용사구의 구조를 살펴보자.

(12) a. a pretty dog
 b. a very pretty house

(12)에 있는 형용사구인 *pretty*와 *very pretty*는 그 앞에 오는 부사 *very*의 출현 유무에 그 차이가 있다. 이들 두 개의 형용사구를 괄호규약을 사용하여 하나의 규칙으로 표시할 수 있다.

(13) AP → (AdvP) A

(13)은 부사가 없는 (12a)의 경우(AP → A)와, 부사가 있는 (12b)의 경우(AP → AdvP A)를 둘 다 포함한다. 형용사는 부사와 함께 형용사구가 될 수 있고, 또한 형용사가 혼자 출현하더라도 형용사구가 될 수 있다.

형용사구의 구구조 규칙 (13)을 명사구 규칙에 통합하면 규칙 (11)은 (14)로 수정되어야 한다. 즉 A가 AP로 바뀌어야 한다.

(14) NP → (D) (AP) N (PP)

(14)의 명사구 규칙은 명사로만 된 명사구 (15a)는 물론, 형용사구와 전치사구까지 포함한 (15b)와 같은 긴 명사구도 생성할 수 있다.

---

2) (11)의 명사구에 대한 구구조 규칙은 제7장에서 다시 수정된다.

(15) a. dogs

b. the very pretty dogs with very long hair

한 가지 명심할 것은 명사구에서 핵인 명사(N)는 결코 생략할 수 없기 때문에 수의적 요소를 표시하는 괄호 안에 나타날 수 없다는 점이다.

■ **동사구의 구구조 규칙**

이번에는 동사구를 살펴보자. 다음에 있는 밑줄 친 동사구의 예와 그리고 그에 상응하는 구구조 규칙을 생각해 보자.

(16) a. We <u>laughed</u>.

b. We <u>laughed loudly</u>.

(17) a. We <u>read the instructions</u>.

b. We <u>read the instructions very carefully</u>.

(18) a. VP → V

b. VP → V AdvP

(19) a. VP → V NP

b. VP → V NP AdvP

(18)과 (19)에 있는 동사구 구구조 규칙을 보면 모두 핵인 동사를 중심으로 구성되어 있다. (18)의 두 규칙을 잘 살펴보면 중복적인 내용이 있으므로 이에 괄호규약을 적용하면 한 개의 규칙으로 만들 수 있다.

(20) VP → V (AdvP)

(20)의 규칙은 (18)의 두 개의 규칙을 모두 포함하고 있어 (16)에 있는 두 개의 동사구를 모두 생성할 수 있다.

한편 (19)의 두 규칙도 괄호규약을 사용하여 (21)의 규칙으로 통합할 수 있다.

(21) VP → V NP (AdvP)

그리고 다시 (20) 과 (21) 이 중복적인 내용을 가지고 있으므로, 이 두 규칙을 다시 (22) 와 같이 통합할 수 있다.

(22) VP → V (NP) (AdvP)

이제 (22) 의 동사구 구구조 규칙은 (18) 과 (19) 의 동사구를 모두 생성할 수 있다.

동사구의 다른 예를 살펴보자. 다음에 쓰인 동사구와 그 구구조 규칙을 생각해 보자.

(23) a. John believed his father.
b. John believed his father was rich.

(24) a. VP → V NP
b. VP → V S

(24) 에 있는 두 개의 구구조 규칙은 중복적인 내용이 있지만 어떤 요소의 출현 여부에 의한 변화가 아님을 알 수 있다. 즉 앞에서 사용했던 괄호규약을 (24) 에는 사용할 수가 없다.

(24) 의 두 개의 규칙의 중복적인 내용을 간소화하기 위해 새로운 규약을 만든다. 이런 경우에는 **중괄호규약***curly bracket convention*을 사용하는데 그 표기는 중괄호 "{ }"이다. 중괄호규약을 적용하면 (24) 의 두 규칙을 (25) 로 간소화할 수 있다.

(25) $VP \rightarrow V \begin{Bmatrix} NP \\ S \end{Bmatrix}$

중괄호 규약은 중괄호 속에는 두 개 이상의 요소가 나타날 수 있고, 이 요소들 중에 한 요소가 출현하면 다른 요소는 출현하지 못하고, 중괄호 속에 있는 요소는 한번은 꼭 출현해야 한다. 즉 중괄호 "{ }"는 "either A or B"의 뜻으로 해석된다. (25)에서 명사구(NP)가 출현하면 (23a), 문장(S)이 출현하면 (23b)가 된다.

■ **전치사구의 구구조 규칙**

이번에는 전치사구의 구조를 보기 위해 다음 예에서 밑줄 친 전치사구를 보자.

(26) a. Haven't we met <u>before</u>?

b. We always met <u>in the cafe</u>.

c. The girl left <u>before her boyfriend came in</u>.

(27) a. PP → P

b. PP → P NP

c. PP → P S

위의 예에서 보듯이 전치사는 홀로 출현할 수도 있고, 또는 전치사 뒤에 명사구나 절이 올 수도 있다. (27)에 있는 구구조 규칙에도 중복적인 내용이 있어 괄호규약과 중괄호규약을 사용할 수 있다. 우선 (27a, b)와 (27a, c)는 (28)과 같이 괄호규약으로, 그리고 (27b, c)는 (29)와 같이 중괄호규약으로 간소화할 수 있다.

(28) a. PP → P (NP)

b. PP → P (S)

(29) $PP \rightarrow P \begin{Bmatrix} NP \\ S \end{Bmatrix}$

(28) 과 (29) 도 중복적인 내용이 있어 이를 다음과 같이 하나로 통합할 수 있다.

(30) $PP \rightarrow P \; (\begin{Bmatrix} NP \\ S \end{Bmatrix})$

(30) 은 두 가지의 규약을 동시에 사용하고 있다. 우선 괄호규약은 그 안에 있는 요소가 수의적임을 표시하여 전치사(P) 다음에 어떤 요소가 올 수도 있고 안 올 수도 있음을 나타낸다. 즉, 괄호규약에 의해 중괄호 내용 전체가 수의적 요소이다. 만약 그 내용이 출현한다면 중괄호규약에 의해 두 요소(NP, S) 중에서 하나가 출현한다. 그래서 (30) 은 (27) 의 세 가지 경우를 모두 포함하며, (26) 에 있는 모든 전치사구를 생성할 수 있다.

■ 문장의 구구조 규칙

이제까지 문장의 주요 구성소인 명사구, 형용사구, 동사구, 전치사구의 구조와 이들을 생성하는 구구조 규칙을 살펴보았다. 이제는 이들 구가 생성하는 문장의 구구조 규칙을 생각해 보자. 다음 문장의 구조를 생각해 보자.

(31) a. The girl was nice.
b. The couple saw the movie.
c. My father drove the car very carefully.

우선 (31a) 를 생성하는 구구조 규칙은 (32) 와 같다.

(32) a. NP → D N (*The girl*)
b. VP → V AP (*was nice*)
c. AP → A (*nice*)
d. S → NP VP (*The girl was nice*)

(32a, b, c)는 이미 앞에서 보았던 구구조 규칙들이다. (32b)의 경우는 *be* 동사와 형용사가 합쳐서 동사구가 될 수 있음을 보여준다. 처음 나오는 규칙은 (32d)의 문장의 구구조 규칙이다. 문장(S)은 명사구와 동사구로 되어 있다.

(31b, c)의 문장 구조도 (31a)와 동일하게 분석할 수 있다. 즉 문장은 S → NP VP로 분석될 수 있다. 다만 (31b, c)가 (31a)와 다른 점은 동사구의 내용이 다음과 같이 다르다는 점이다.

(33) a. VP → V NP (saw the movie)
b. VP → V NP AdvP (drove the car very carefully)

(33)과 같은 동사구에 대한 구구조 규칙만 있으면 문장의 구구조 규칙인 S → NP VP를 계속 유지할 수 있다.[3)]

4.2 구와 문장의 생성

이제 구구조 규칙이 문장을 생성하는 과정을 살펴보자. 다음의 구구조 규칙이 생성하는 구조를 생각해 보자.

(34) a. S → NP VP
b. NP → (D) N
c. VP → V (NP)

(34)에 있는 구구조 규칙이 생성하는 구조를 다음과 같은 수형도*tree diagram*로 표시할 수 있다. (35)는 (34a)에, (36)은 (34b)에, (37)은 (34c)에 상응한다.

---

3) (33)의 두 개의 동사구 규칙은 괄호규약을 사용하면 하나로 줄일 수 있다.

VP → V NP (AdvP)

(35) 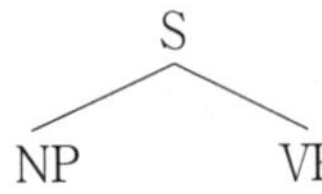

(36) 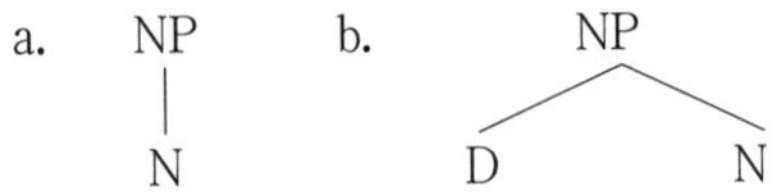

(37) 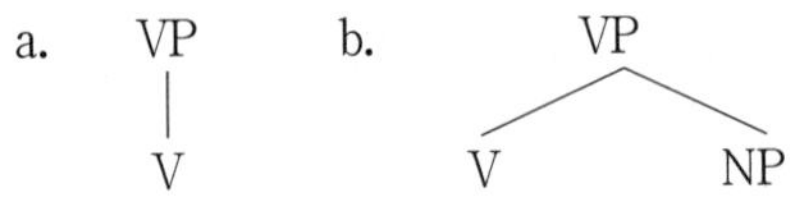

(35), (36), (37)의 수형도를 통합하여 생성할 수 있는 문장구조 중의 하나는 (38)이다.[4)]

(38) 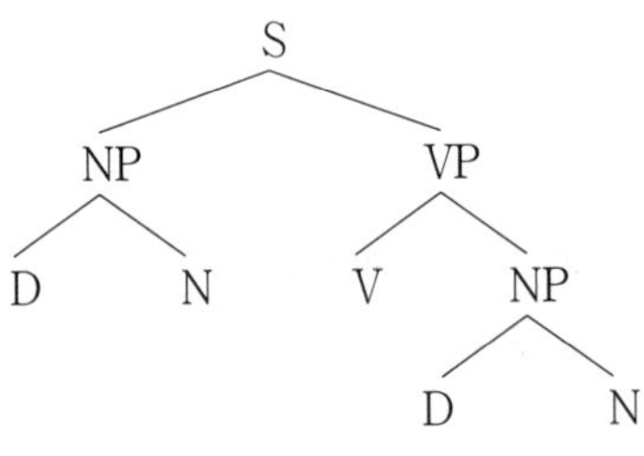

(38)은 문장의 구조이나 우리가 실제로 보는 단어는 없다. 이 문장의 구조에 각 문법범주에 알맞은 단어가 삽입되어야 우리가 말하고 들을 수 있는 실제의 문장이 된다. 그 예로 다음과 같은 문장이 있다.

---

4) (35), (36), (37)은 다른 문장구조를 생성할 수 있다. 즉 (36a)나 (37a)를 적용하면 다른 구조가 생성된다.

(39) a.

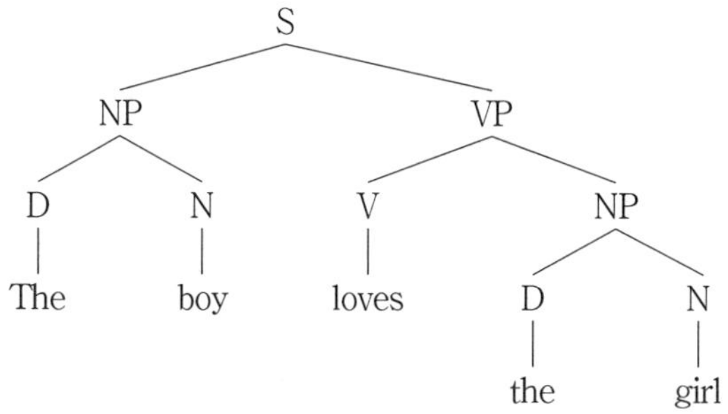

b.

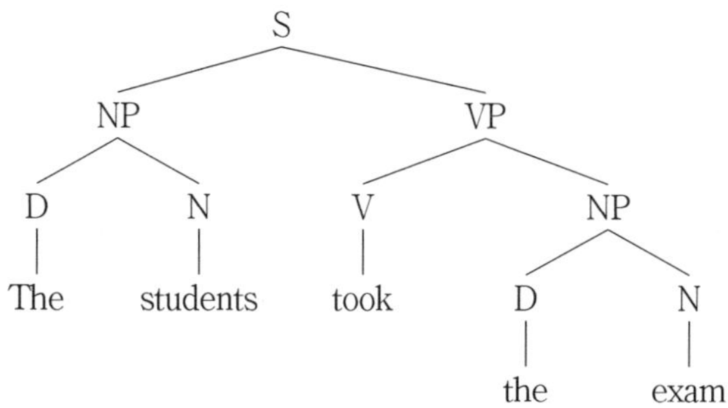

한편 조동사(Auxiliary)가 나타나는 문장도 있어서 이 문장의 구조를 다루기 위해서는 문장의 새로운 구구조 규칙이 추가되어야 한다.

(40) a. The student can enjoy English novels.
b. S → NP (Aux) VP

(40b)의 규칙에는 조동사가 수의적으로 문장에 나타날 수 있음을 표시하고 있다. 그리고 (40b)의 규칙은 다음과 같은 수형도에 대응된다.

(41) a.

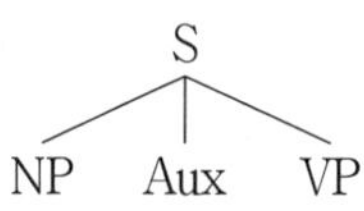

b.

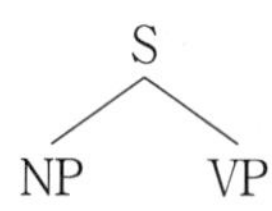

4.3 구구조 규칙의 제약

이제까지 우리는 구조와 문장을 생성하는 구구조 규칙들을 공부하였다. 그러나 이런 규칙들을 아무런 제약이 없이 임의적으로 만들 수는 없다. 이 절에서는 구구조 규칙에 대한 제약에 대해서 공부한다. 앞에서 보았던 규칙들을 다시 보자.

(42) a. NP → (D) N
b. VP → V (NP)
c. AP → (AdvP) A
d. PP → P (NP)

우선 구구조 규칙은 문법범주가 기본 단위이다. (42)에 있는 구구조 규칙을 보면 각 구에는 핵이 있다. 가령, 명사구에는 명사가 핵*head*이고, 동사구에는 동사가 핵이다. 이것은 모든 구구조에서 핵에 해당하는 요소가 필수적임을 의미한다. 그래서 다음과 같이 핵이 없는 규칙은 허용이 안 된다.

(43) a. *NP → A VP
b. *AP → AdvP V
c. *VP → AdvP NP

(43)의 규칙에는 왼쪽의 구*phrase*의 핵에 해당하는 요소가 오른 쪽에 없기 때문에 옳은 구구조 규칙이 아니다. 물론 이때 해당하는 핵의 범주만 고려해야 한다. 즉 (43a)는 명사구(NP)에 대한 규칙이므로 핵인 A는 명사구와 아무런 관계가 없다.

구구조 규칙에 대한 두 번째 제약은 구구조 규칙의 왼쪽에 있는 범주는 반드시 오른쪽에 있는 핵 범주보다 그 계층이 높은 층위이어야 한다는 것이다. 즉, 오른쪽의 핵 범주의 층위가 단어 층위라면 왼쪽의 범주는 구층위*phrasal level*이어야 한다. 다음 명사구 규칙에서 명사에 대한 층위를 생각해보자.

(44) a. NP → N
b. NP → AP N

왼쪽에 있는 명사구(NP)는 구층위이고 오른쪽에 있는 명사(N)는 단어층위이다. 이 층위가 반대로 되는 아래의 규칙은 허용이 안 된다.

(45) a. *N → AP NP
b. *V → VP AdvP

(45)에서 왼쪽의 범주는 단어층위(N, V)인데 오른쪽에 범주의 층위는 구층위(NP, VP)이다. 이런 구구조 규칙은 허용이 안된다.

구구조 규칙에 대한 세 번째 제약은 구구조에서 화살표의 왼쪽에 있는 입력은 반드시 하나의 범주만 있어야 한다는 것이다. 즉 다음과 같은 구구조 규칙은 허용이 안 된다.

(46) a. *NP VP → S
b. *VP NP → VP

구구조 규칙에 대한 규약으로서 왼쪽의 요소를 전체 구를 대표하는 구성소로 약정했기 때문에 (46)과 같은 규칙은 허용되지 않는다.

이번에는 수형도에 대한 제약을 살펴보자. 수형도는 앞에서 보았듯이 나무를 거꾸로 세워 놓은 형상이다. 실제의 나무와 다른 것은 나무가 거꾸로 된 것 이외에 한 가지 더 있다. 수형도에서는 나뭇가지가 절대로 서로 교차해서는 안 된다. 실제의 나무에서는 공간적으로 나뭇가지가 교차할 수 있으나 수형도에서는 이를 허용하지 않는다. 즉 다음과 같은 수형도는 허용되지 않는다.

(47)

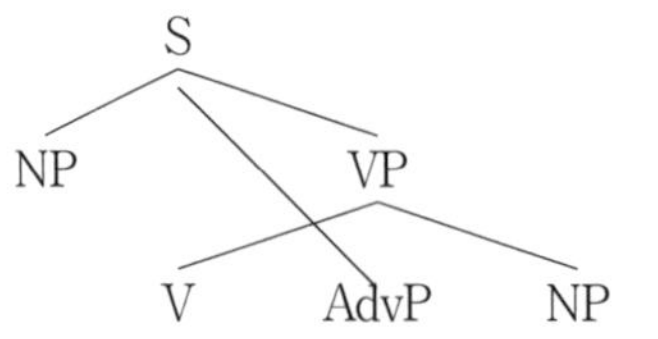

(47) 에서 부사구(AdvP)가 S마디에 연결되는데 동사(V)와 동사구(VP) 사이의 연결선을 교차하고 있다. (47) 은 문장부사가 동사와 목적어 명사구 사이에 출현할 수 없음을 설명할 수 있다(* Jackson loves obviously the girl from Seoul). 이 제약을 다음과 같이 정리한다.

(48) 교차제약
수형도에서 나뭇가지는 서로 교차할 수 없다.

(48) 은 하나의 규약*convention*이다. 즉 문법학자들끼리 이론적으로 제정한 약속이다.[5]

4.4 구조의 계층

이제까지 우리는 여러 구와 문장을 생성하는 구구조 규칙을 살펴보았다. 이 절은 구조의 계층과 이와 관련된 주요한 개념과 용어를 소개한다.

이제까지 배운 구구조 규칙과 수형도를 사용하면 문장의 구조를 아주 쉽게 볼 수 있다. 다음은 (31) 에 있는 문장들의 구조를 수형도로 나타낸 것이다.

5) 교차제약은 문법이론에 따라서 허용하는 이론도 있다. 그러나 수형도에서 교차를 허용하면 (47) 의 구조가 왜 비문법적인지를 다른 방식으로 설명해야 한다.

(49)

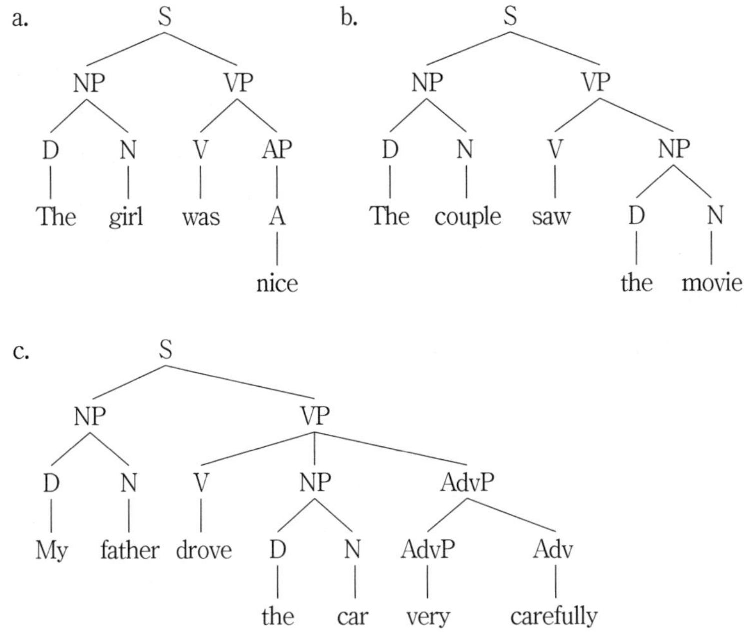

(49) 에 있는 구조표시를 **수형도***tree diagram*, 또는 **구구조 표지***phrase structure marker*, 또는 **구성소 구조***constituent structure*라고도 한다. 거꾸로 선 나무모양의 수형도에서 제일 꼭대기 있는 S를 **뿌리***root*라고 하고, 그리고 문법범주로 표지된 각 구성소를 **마디***node*라고 한다. 이 마디들은 서로 **나뭇가지***branch*를 형성하고 있다. 맨 마지막에 있는 마디를 **끝마디***terminal node*라고 하고, 뿌리마디와 끝마디 사이에 있는 마디를 **중간마디***non-terminal node*라고 한다. (49a) 의 수형도에서 이들을 찾아보자.

(50) a. 뿌리마디 : S
b. 중간마디 : NP, VP, AP
c. 끝마디 : D, N, V, A

그리고 (49a) 에서 뿌리마디 S, 중간마디 NP, VP는 각각 두 개의 가지를 가지고 있고 AP는 하나의 가지를 가진다.

문장이나 구의 구조를 표시해 주는 수형도는 통사론에서 매우 중요한 표현방법이다. 수형도는 통사론에서 필요로 하는 매우 중요한 정보를 자세히 보여주고 있기 때문이다. 가령, (49b) 의 수형도에서 주어 명사구(NP) 와 목적어 명사구(NP) 는 그 계층적 위치가 다른 것을 알 수 있다. 즉 주어 명사구는 뿌리인 S에서 가깝지만 목적어 명사구는 S에서 상대적으로 멀다. 따라서 주어 명사구가 목적어 명사구보다 그 지위가 더 높다고 할 수 있다. 이렇게 수형도는 문장 구조의 **계층***hierarchy*을 보여주고 있다. 이 계층성은 수형도가 아닌 단어로 연결되어 있는 문장에서는 볼 수 없다.

계층관계를 표시하는 용어로 **관할***domination*이 있다. 수형도에서 어떤 마디가 계층적으로 위에 있을 때 그 마디는 그 아래에 있는 마디를 관할한다*dominate*고 한다.[6] 관할하는 마디는 관할당하는 마디와 아래를 향하여 끊기지 않고 선으로 연결될 수 있어야 한다. 가령, (49a) 에서 마디 S는 최상의 위치에 있기 때문에 그 아래에 있는 모든 마디를 관할할 수 있다. 그리고 주어 명사구 NP는 그 아래의 D와 N을 관할한다. 그러나 주어명사구 NP가 동사구 VP를 관할할 수 없다. 왜냐하면 주어명사구 NP에서 동사구 VP로 가려면 위에 있는 마디 S로 올라갔다가 내려 가야하기 때문이다. 그리고 동사구 VP 마디는 그 아래의 모든 마디(V, AP, A) 를 관할한다. 관할 중에서 바로 아래에 있는 마디를 관할하는 것을 **직접관할** *immediate domination*이라고 한다. 가령, 주어 NP 마디는 D 마디와 N 마디를 직접관할한다. 그러나 S마디는 주어 NP 마디 아래의 D와 N을 관할은 하지만 직접관할하지는 않는다.

한편 수형도는 계층관계, 또는 관할관계와 더불어, 단어의 어순, 또는 **선행관계***precedence*도 보여준다. 가령, 수형도는 주어 명사구 NP가 목적어

---

6) 관할*domination*과 유사하지만 내용이 다른 용어로 지배*government*가 있다. 이 둘은 서로 다른 전문용어이다.

명사구 NP보다 선행하고 있다는 정보도 갖고 있다.

수형도에서 선행관계와 관할관계는 동시에 성립할 수 없다. 즉 마디 A가 마디 B를 선행한다면 A와 B사이에는 관할관계가 성립하지 않고, 또한 A와 B사이에 관할관계가 성립하면 선행관계는 성립하지 않는다. 이렇게 서로 동시에 성립할 수 없는 두 관계는 서로 배타적인 관계에 있다고 한다. 다음의 예를 보자.

(51)

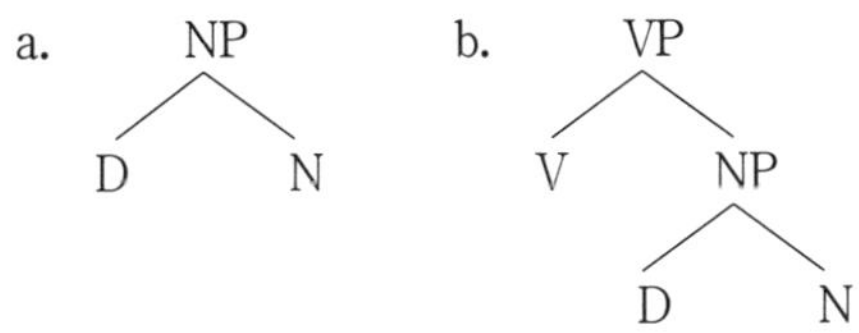

(51a) 에서 NP는 D와 N을 관할한다. 그러나 NP는 D나 N을 선행할 수는 없다. 한편 D는 N을 선행하므로, 이 둘은 관할관계에 있을 수 없다. 그리고 (51b) 에서 V는 D를 선행하고 있어서 이 둘은 관할관계에 있을 수 없다. 그리고 VP는 NP를 관할하고 있어 선행할 수 없다.

문장이나 구의 계층관계는 수형도로 표시할 수도 있지만 꺾쇠괄호 "〔 〕"를 사용하여 표시할 수도 있다. 가령, (49a) 의 수형도를 다음과 같이 표시할 수도 있다.

(52) 〔$_{S}$ 〔$_{NP}$ 〔$_{D}$ The〕 〔$_{N}$ girl〕〕 〔$_{VP}$ 〔$_{V}$ was〕 〔$_{AP}$ 〔$_{A}$ nice〕〕〕〕

(52) 를 **표지꺾쇠괄호** *labelled bracketing* 표기라고 한다. (52) 는 지면의 경제성이나 편집상의 용이성으로 자주 사용되나, 독자가 그 내부의 계층구조를 한눈에 쉽게 볼 수는 없다.

수형도의 계층관계를 쉽게 이해하기 위하여 가족관계 용어를 사용한다. 앞에서 본 수형도를 다시 보면서 이들 가족관계 용어를 소개하겠다.

(53)

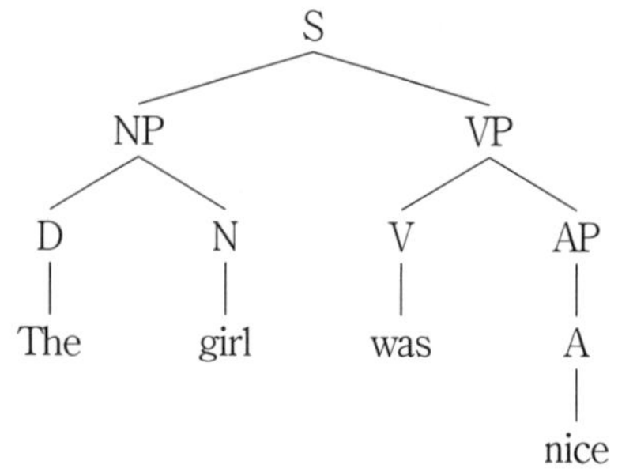

(53) 에서 뿌리인 S는 주어 명사구인 NP의 **어머니 마디***mother node*라 하고, 주어 NP는 S의 **딸 마디***daughter node*라 한다. 이 모녀관계는 S와 VP에도 동일하게 적용된다. 즉 VP는 S의 딸 마디이다. 딸 마디는 어머니 마디의 **직접구성소***immediate constituent*라고도 한다. 가령, (53) 에서 S의 직접구성소는 NP와 VP이고, 주어 NP의 직접구성소는 D와 N이다. 그리고 어머니 마디는 딸마디를 직접관할한다.

한편 주어 명사구 NP와 동사구 VP는 **자매관계***sisterhood*에 있다. 이들 두 구성소는 각각 서로에게 **자매***sister*가 된다. 그러나 그 이상의 친족관계에 대한 용어는 사용하지 않는다. 즉 할머니마디, 또는 손녀마디란 용어는 사용하지 않는다. 이것은 통사론에서 가까운 관계, 즉 **국부적***local*인 관계를 중요시하기 때문이다.

이러한 구조의 계층관계는 통사론에서 매우 중요하다. 어머니마디가 딸마디보다 계층적으로 높다는 정보는 물론 주어 명사구가 목적어 명사구보다 더 높다는 정보(가령, 이모관계) 도 고급통사론에서는 사용한다.

구조에 바탕을 둔 개념을 사용하면 **문법기능***grammatical function*을 용이하게 설명할 수 있다. 문법기능이란 주어, 목적어(직접목적어, 간접목적어)를 말한다. 이 용어들은 친근하고 편리하기 때문에 자주 사용된다. 그러나 주어나 목적어가 무엇인지를 설명하기는 쉽지 않다. 하지만 구조적 개념을 사용하면 이 문법기능을 보다 정확하게 정의를 내릴 수 있다. 다음의 정의를 보자.

(54) a. 주어 : S마디가 직접 관할하는 NP
b. 목적어 : VP마디가 직접 관할하는 NP

(54)의 정의는 다음에 있는 수형도를 보면 쉽게 이해가 된다.

(55)

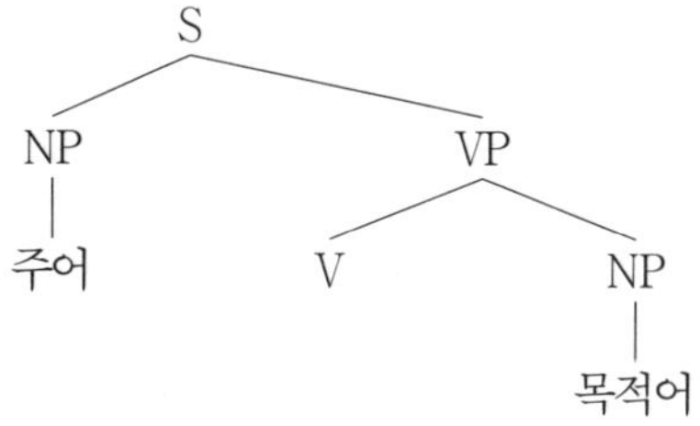

(54)의 정의는 구조적인 정의로 매우 명료하다. (54)에서 NP를 S로 바꾸면 주어절 또는 목적절도 포함할 수 있다.

이상으로 살펴본 명사구, 형용사구, 동사구, 전치사구, 그리고 문장의 구조는 매우 간단한 경우들이다. 더 복잡한 구조는 제6장부터 자세히 논의하며, 여기에서 언급이 안 된 다른 구조들도 그 때 함께 논의할 것이다.

4.5 구구조 규칙과 언어의 창조성

앞 절에서 논의한 **구구조 규칙***phrase structure rule*은 문장(또는 언어)의 생성 기능과 관련하여 언어의 매우 중요한 특성들을 보여준다. 가령, 구구조 규칙은 언어의 창조성을 설명하는 특성을 가지고 있다.

언어의 속성 중의 하나는 무한성*infiniteness*이다. 한 언어를 습득한 어린 아이는 그 언어의 문장을 무한하게 만들어 낼 수 있다. 그 무한한 수의 문장은 같은 말을 되풀이하는 것은 아니다. 어린 아이가 보고 들은 입력은 유한한데, 그 아이가 생성하는 출력은 무한하다. 이러한 언어의 무한성은 구구조 규칙에 의해 설명된다. 이 구조규칙은 매우 적은 숫자이지만 무한한 문장을 만들어 낼 수 있는 속성이 있다. 인간은 모든 문장을 습득하는 것이 아니고 유한한 구구조 규칙을 습득한다고 볼 수 있다. 간단한 구구조 규칙이 어떻게 언어의 무한성, 즉 창조성을 설명할 수 있는지를 살펴보자.

앞 절에서 보았던 구구조 규칙들의 일부를 다시 보자.

(56) a. NP → D N PP
b. PP → P NP

(56)에 있는 두 개의 규칙을 적용하여 생성되는 수형도를 생각해 보자.

(57)
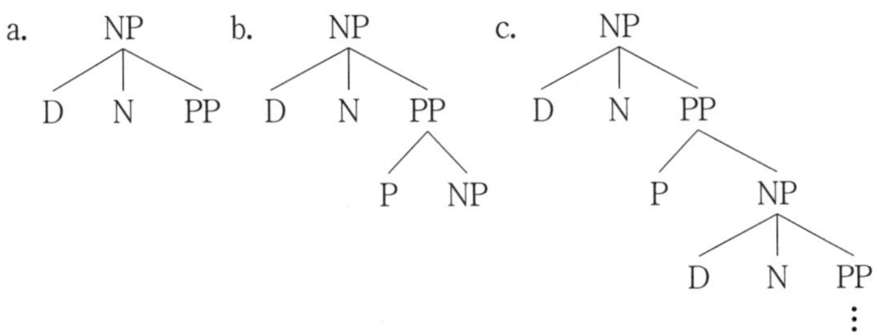

(57a)는 (56a)의 규칙으로 생성된 수형도이고, 그리고 (57b)는 (57a)에 (56b)의 규칙을 적용하여 합친 것이다. 그리고 (57c)는 (57b)에 다시 (56a)의 규칙이 적용되어 생성된 구조이다. 이러한 규칙의 적용은 무한히 계속될 수 있다. (57b, c)의 각각의 구조에 해당하는 실제 예는 (58a, b)이고, (58c)는 (57c)에 (56a)가 한 번 더 적용된 경우이다.

(58) a. the man in the house
b. the man in the house near the park
c. the man in the house near the park with a swimming pool

(58a)에서 PP인 *in the house*는 명사(N)인 *man*을 수식한다. 그리고 (58b)에서 PP인 *near the park*는 앞 전치사구 속의 명사(N)인 *house*를 수

식하고 있다. 그리고 다시 명사인 *park*를 수식하는 다른 수식어가 나올 수 있다. 이러한 수식은 이론적으로 무한하다. 실제로 인간들이 세 개나 그 이상의 수식어를 잘 사용하지 않는 것은 인간의 기억력*memory*이나 문장분석*parsing* 능력이 그에 따르지 못하기 때문이다.

이렇게 명사구에서 무한한 표현이 가능한 것을 (56)에 있는 두 개의 구구조 규칙으로 설명된다. 이 두 개의 규칙의 특징은 (56a)에 있는 규칙의 입력과 이 규칙에 이어서 적용될 수 있는 (56b) 규칙의 출력에 동일한 범주기호가 있다는 것이다. 즉 (56a)의 입력인 NP와 (56b)의 출력인 NP가 동일하다. 이것은 두 개의 규칙이 계속해서 반복적으로 적용되어 무한한 명사구를 생성해 낼 수 있게 해준다. 이렇게 규칙의 입력과 출력이 동일해서 반복적으로 적용될 수 있는 규칙의 속성을 **회귀성***recursion*이라 한다. 또는 그 규칙을 **회귀적***recursive*이라고 한다.

구구조 규칙의 회귀성은 명사구에만 있는 것은 아니고, 문장 층위에서도 적용된다. 다음의 구구조 규칙을 보자.

(59) a. S → NP VP
b. VP → V S

(59)에서도 규칙의 입력과 출력에 동일한 범주가 있다. 즉 (59a)의 입력 S와 (59b)의 출력 S가 동일하다. 이것은 두 개의 규칙을 계속해서 적용할 수 있다는 것을 말하며 (60)은 이를 보여준다.

(60)

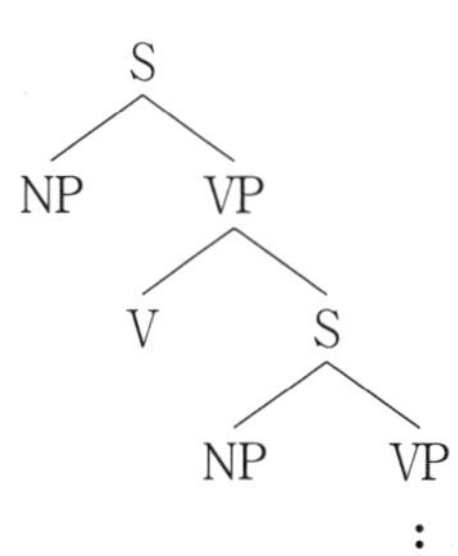

(60) 은 (59) 의 두 개의 규칙이 회귀적으로 적용되는 수형도를 보여주고 있다. 그리고 (60) 의 실제 예는 다음과 같다.

(61) a. I believe that my student is smart.
b. I believe that John thinks that my student is smart.
c. I believe that Mary doesn't know that John thinks that my student is smart.

(61) 에서 보는 바와 같이 문장은 한없이 길어질 수 있다. 우리가 그렇게 긴 문장을 사용하지 않는 것은 앞에서 언급했듯이 우리의 기억력과 문장 분석 능력의 한계 때문이다.[7] 이와 같이 몇 개의 구구조 규칙으로 어렵지 않게 언어의 무한성을 설명할 수 있다. 이것은 우리가 개개의 문장을 습득한다기보다는 문장의 형성규칙을 습득한다는 것을 말한다. 그리고 이 규칙은 구조에 기반을 둔 규칙이라는 점이 매우 중요하다.

⇨ 제4장에서는 문장을 형성하는 구에 대한 규칙을 자세히 살펴보았다. 구구조 규칙에 의해 생성되는 문장은 구조가 있고, 그 구조는 수형도에 의해 쉽게 볼 수 있다. 구구조 규칙에 괄호규약과 중괄호 규약을 적용하여 규칙의 체계를 단순화시킬 수 있었다. 간단한 구구조 규칙으로 언어의 무한성과 창조성을 설명할 수 있음을 보았다. 구구조에 바탕을 둔 문장의 구조에는 계층이 있었고 이에 관련된 여러 가지 용어가 설명되었다.

---

7) (61) 에서 종속절 앞에 나오는 *that*이 있다. 이 요소는 아직 배우지 않았으나 종속절을 유도하는 보문소 *complementizer*라고 하며, 이는 제10장에서 소개될 것이다.

제4장 쉼터이야기

영어에서 가장 긴 단어는?

우리는 제4장에서 언어의 속성 중의 하나로 언어의 창조성을 보았다. 인간은 언제나 새로운 문장을 만들 수 있고 이해할 수 있다는 것이다. 이것은 무한한 수의 문장을 만들 수 있는 언어 규칙의 회귀성에 바탕을 두고 있다. 문장처럼 무한한 수는 아니지만 단어의 생성도 매우 생산적이다. 아래에서 단어가 생성되는 양상을 보자.

a. tooth
b. toothbrush
c. toothbrush-holder
d. toothbrush-holder fastener
e. toothbrush-holder fastener box
f. toothbrush-holder fastener box seller

위 단어 중에서 가장 긴 (f) 의 단어에서 여전히 다시 새로운 단어가 생성될 수 있다. 위의 예는 단어의 생성도 매우 생산적임을 보여준다. 이러한 방식으로 생성된 단어를 합성어 *compounds*라고 한다. 이와는 달리 접사*affix*(접두사와 접미사)가 부가되어 생성되는 단어를 파생어*derived words*라고 한다(예 : read-able, un-pack, move-ment). 다음은 파생된 단어로 29자나 되는 매우 긴 영어 단어이다.

floccinaucinihilipilification (29자)

옥스퍼드 사전Oxford English Dictionary에 기록된 위 단어의 뜻은 “the categorizing of something as worthless or trivial”이다. 그런데 위의 단어는 아직도 더 긴 단어를 파생시킬 수가 있다.

floccinaucinihilipilificational : pertaining to the categorizing of something as worthless or trivial
floccinaucinihilipilificationalize : to cause something to pertain to the categorizing of something as worthless or trivial
floccinaucinihilipilificationalization : the act of causing something to pertain to the categorizing of something as worthless or trivial

—Pinker(1994), *The Language Instinct*에서

위의 파생 단어 중에서 세 번째의 단어는 38자나 된다. 영어단어의 파생이 매우 생산적인 것을 고려한다면 더 긴 단어는 얼마든지 새롭게 만들어질 수 있다. 위의 단어보다 더 긴 단어로 45자인 다음의 의학용어도 발견된다.

pneumonoultramicroscopicsilicovolcanoconiosis

제4장 확인학습

1. 책의 내용에 근거하여 다음 진술이 옳으면 ○표, 틀리면 ×표를 하시오.
   (　) 1) 명사구는 명사만으로 형성될 수 있다.
   (　) 2) 명사구에서 지정어는 수의적이다.
   (　) 3) 동사구에서 목적어 명사구는 필수적이다.
   (　) 4) 문장의 수형도에서 주어 명사구는 목적어 명사구를 관할한다.
   (　) 5) 문장의 수형도에서 S마디는 동사(V)를 직접관할한다.
   (　) 6) 언어의 창조성은 구구조규칙의 회귀성으로 설명이 가능하다.

2. 다음의 표지꺾쇠괄호 구조를 수형도로 그려 보시오.

   〔$_S$ 〔$_{NP}$ 〔$_D$ The〕 〔$_N$ professor〕〕 〔$_{VP}$ 〔$_V$ speaks〕 〔$_{AdvP}$ 〔$_{Adv}$ slowly〕〕〕〕

   위 문장의 수형도에서 VP가 관할하는 모든 마디를 말해 보시오. 그리고 VP가 직접관할하는 마디를 모두 말해 보시오.

3. 다음 예에서 동사구를 생성하는 구구조 규칙을 만들고 이 규칙들을 (중)괄호 규약을 사용하여 그 규칙의 수를 최소한으로 줄여 보시오.
   a. The government changed.
   b. The government changed suddenly.
   c. The government changed the policy.
   d. The government changed the policy suddenly.

4. 다음 세 문장을 생성하기 위하여 필요한 구구조 규칙을 모두 만들어 보시오.
   a. The young man worked very hard.
   b. The man spoke English well.
   c. The man met the president of the company.

5. 문제 4에서 만든 규칙들을 (중)괄호규약을 사용하여 통합하시오.

6. 문제 4에 있는 문장의 수형도를 그려보시오.

7. 다음 구구조 규칙에서 잘못된 규칙을 찾아내고 잘못된 이유를 설명해 보시오.
   a. N → AP NP
   b. P NP → PP
   c. VP → NP AP

8. 다음의 구구조 규칙이 생성할 수 없는 동사구는 어느 것인가?

VP → V (NP) (PP)

a. The children ran in the park.
b. One of the children got a slight bruise.
c. The parents worried about the child.
d. They applied a bandage to the wound.
e. He got up and started to walk slowly.

Chapter 4 Syntactic Argumentation in English

■ Your answers should be written in English.

1. Prove that humans can create an infinite number of sentences, by using phrase structure rules.

Model Answers

1. Recursion can account for an infinite number of sentences. Consider the phrase structure rules below:
   a. NP → D N PP
   b. PP → P NP

   NP appears both in the input of the first rule and in the output of the second rule, which enables us to apply the rules repeatedly. Applying the rules repeatedly, we get noun phrases as follows, the number of which is infinite:

   c. [$_{NP}$ the house [$_{PP}$ in the park]]
   d. [$_{NP}$ the house [$_{PP}$ in [$_{NP}$ the park [$_{PP}$ near [$_{NP}$ the wood]]]]]
   e. [$_{NP}$ the house [$_{PP}$ in [$_{NP}$ the park [$_{PP}$ near [$_{NP}$ the wood [$_{PP}$ in [$_{NP}$ the city]]]]]]]
   ⋮

제4장 임용고사 기출문제

1. Read the passage and follow the directions.
(2008, 서울인천/경기/부산 등)

Nominalization has the effect of changing the categorial status of the verb *destroyed* into the noun *destruction*, of the noun phrase *the enemy* into the prepositional phrase *by the enemy*, and of the noun phrase *the city* into the prepositional phrase *of the city* in (1) below.

(1) a. They reported that the enemy had destroyed the city.
    b. They reported the destruction of the city by the enemy.

Not all grammatical functions of the sentence need be realized in derived nominals, as in (2a), and the grammatical function expressed by an *of*-phrase can be marked by a genitive noun, as in (2b). Occasionally, a specific preposition selected by a derived noun must be used, as in (3).

(2) a. the destruction of the city
    b. the city's destruction

(3) a. The war was widely opposed.
    b. wide opposition (①) the war

The nominalization process allows several simple sentences to be combined into one, and increases the density of information transmitted.

(4) a. Dr. Manning discovered something.
b. Bacteria exist in the mouth.
c. This is what Dr. Manning discovered.
d. Someone reported this event last month.

(5) (②) discovery of (③) in the mouth was reported last month.

The four sentences in (4) are condensed into one, reducing the number of words from twenty one to fifteen, but at the expense of introducing the abstract noun *discovery* and increasing the syntactic complexity of the resulting sentence in (5).

Fill in blank ① with one word, and blanks ② and ③ with one phrase each, that best completes the passage.

Answers ① ______________________

② ______________________

③ ______________________

제4장 임용고사 기출문제 예상답안

① to

② Dr. Manning's

③ the existence of bacteria

▌제 5 장▐

구조와 의미의 만남

〈핵심용어〉

논항(구조), 술어, 부가어, 동사교체, 의미역, 하위범주화, 의미선택제약, 어휘사전, 투사원리

제5장에서는 각 단어가 가지고 있는 어휘정보를 살펴보고 이 어휘정보가 어떻게 통사구조와 연결되는지도 살펴보겠다. 어휘정보란 각 단어가 가지고 있는 문법정보(발음, 통사, 의미)를 말한다. 가령, 어떤 동사가 목적어를 몇 개 취하느냐 또는 목적어가 명사구이냐 또는 절이냐 하는 것은 통사적 어휘정보이다.

5.1 동사의미와 문장구조

우리가 매일 사용하는 문장에는 서술어로서 동사나 형용사가 반드시 있다. 이들 서술어의 의미가 문장 전체의 구조 결정에 중요한 역할을 한다. 가령, 동사에는 자동사와 타동사가 있다. 자동사는 목적어가 없고 타동사는 목적어가 있다. 그런데 목적어가 있고 없고는 동사의 의미가 결정한다. 다음 동사들의 의미를 생각해 보자.

(1) a. run, walk, laugh, die
  b. read, invent, love, believe

(1a) 에 있는 자동사들은 의미상으로 목적어를 필요로 하지 않는다. 가령, '달린다'라는 의미의 *run* 동사는 목적어를 필요로 하지 않는다. 이에 반해 (1b) 의 타동사들은 동사 의미상 목적어를 필요로 한다. 동사 *read*는 읽는 대상인 목적어가 있어야 한다. 한편, (1) 에 있는 자동사나 타동사는 모두 주어를 필요로 한다. 이렇게 모든 동사는 자신이 갖고 있는 의미에 따라 주어, 또는 주어와 목적어를 요구한다. 이를 다음과 같이 표시하자.

(2) a. run : | 주어 |

b. read : | 주어 | 목적어 |

동사 *run*은 주어만 필요하고, 동사 *read*는 주어와 목적어를 필요로 한다는 것이다.

한편 어떤 동사는 목적어를 두 개 요구하고, 또 어떤 동사는 장소구도 요구한다. 다음 예를 보자.

(3) a. The man gave her a gift.

b. The lady put the gift on the table.

동사 *give*의 의미는 주어와 두 개의 목적어를 필요로 하고('누가 무엇을 누구에게 주다'), 동사 *put*의 의미는 주어와 목적어 그리고 장소구를 요구한다('누가 무엇을 어디에 놓다'). 이렇게 동사가 자신의 의미실현을 위해서 꼭 필요한 요소를 **논항***argument*이라 한다. 이 논항들은 문장 속에서 주어나 목적어와 같은 문법기능의 역할을 한다. 아래에는 *give*와 *put*의 논항이 표시되어 있다.

(4)

	논항 1	논항 2	논항 3
a. give :	논항 1 (주어)	논항 2 (목적어 1)	논항 3 (목적어 2)
b. put :	논항 1 (주어)	논항 2 (목적어)	논항 3 (장소구)

위에서와 같이 각 동사가 갖는 논항에 대한 정보를 동사의 **논항구조***argument structure*라고 말한다. 모든 동사는 자기 고유의 논항구조를 갖는다. 가령 동사 *run*은 하나의 논항을, 동사 *read*는 두 개의 논항을, *give*는 세 개의 논항을 갖는다. 한편 *believe*나 *think*와 같은 동사는 절을 논항으로 취하기도 한다.

논항은 꼭 동사만이 요구하는 것은 아니다. 형용사도 논항을 요구한다.

(5) a. The teacher is happy.
  b. The teacher is proud of his students.

(5)에서 형용사 *happy*와 *proud*는 각각 하나의 논항과 두 개의 논항을 요구한다.[1] 이렇게 논항은 동사나 형용사, 즉 **술어***predicate*가 요구하는 요소이다. 동사와 형용사는 물론 부사, 명사, 전치사도 술어가 될 수 있다.[2]

(2)와 (4)에서 각 동사가 요구하는 요소를 주어 또는 목적어로도 표시하였지만, 실제로 이 용어들은 앞 장에서 배운 문법기능*grammatical function*을 나타낸다. 문법기능은 구조에 의해 결정될 수 있으므로, 동사가 요구하는 것은 실제로 구조적인 자리*place*이다. 그래서 논항이란 자리를 뜻한다. 그리하여 자동사는 하나의 자리를 요구하여 **1항술어***one-place predicate*, 타동사는 두 자리를 요구하여 **2항술어***two-place predicate*라고 한다. 그리고 *give*나 *put*은 **3항술어***three-place predicate*라고 한다.

---

1) (5)에서 *be* 동사는 의미적으로 아무런 기여를 하지 않는 계사*copula*이다.
2) 다음은 술어가 명사인 경우이다.

His father is a doctor.

위 문장에서 *a doctor*는 술어명사로 하나의 논항을 필요로 한다. 즉 술어 *a doctor*(의사라는 속성)는 *His father*라는 논항을 가지고 있다. 한편 전치사도 논항을 갖는데, 가령 전치사 *at*은 의미적으로 '무엇이 어디에 있다'는 뜻으로 두 개의 논항을, 전치사 *between*은 '무엇이 무엇과 무엇 사이에 있다'는 뜻으로 세 개의 논항을 필요로 한다.

각 술어가 갖는 논항구조는 단어의 형태가 바뀌면서 변화할 수 있다. 다음 예에서 밑줄 친 단어들의 논항구조를 비교해 보자.

(6) a. David wrote the story.
 b. The story was written (by David).

(7) a. Solomon read the story.
 b. The story was readable.

(6)에서 동사 *write*은 원래 두 개의 논항을 취하는 2항술어이나, 수동동사 *written*이 되면서 1항술어가 된다. 그리고 (7)의 동사 *read*도 원래는 2항술어이나, 접미사 *-able*이 붙은 형용사 *readable*은 1항술어가 된다. 이와 같이 술어는 단어형태가 변하면서 논항구조가 변할 수 있다.

한편 문장에는 각 술어가 요구하는 논항뿐만 아니라 다른 요소도 나타난다. 다음 예문을 보자.

(8) a. The player runs *very fast*.
 b. I read the novel *last year*.
 c. The man gave her a gift *at the party*.
 d. *Obviously* the man managed to drive through the heavy storm.

위 문장에서 이탤릭체로 표시된 *very fast*, *last year*, *at the party*, *obviously*는 각 동사의 의미상 꼭 필요한 요소는 아니다. 이런 요소들은 있어도 되고 없어도 되는 부가적인 요소이다. 이런 요소를 수식어*modifier* 또는 부가어*adjunct*라 한다. 이후로는 부가어란 용어를 쓰겠다.

5.2 논항과 부가어

논항과 부가어의 구분은 문장의 구조 분석에서 매우 중요한 역할을 한다. 어떤 요소가 논항이냐 또는 부가어이냐에 따라 서로 다른 구조를 갖기 때문이다. 이 구조적 차이에 대해서는 제6장에서부터 본격적으로 논의할 것이다. 그러나 논항과 부가어에 대한 구별을 먼저 알아야 구조를 부여할 수 있으므로 이 구별에 대해 좀 더 살펴 볼 필요가 있다.

앞에서 이미 언급한 의미적 방법이 논항과 부가어를 구별하는 가장 좋은 방법이다. 즉 술어의 의미를 생각하여 몇 개의 요소가 필요한지를 판단하는 것이다. 자동사는 의미적으로 주어만 요구한다. 가령, *run*('달리다'), *walk*('걷다'), *laugh*('웃다') 등의 자동사는 행위자 하나만 있어도 그 의미가 완성된다. 그리고 그 논항은 주어가 된다. 한편, *read*('읽다'), *invent*('발명하다'), *love*('사랑하다') 등의 타동사는 주어와 목적어를 요구하여 주어와 목적어가 논항이 된다. 다음 예문을 보자.

(9) a. Jackie danced beautifully.
b. The visitor bought a mug at the campus shop.
c. They watch TV for 5 hours every Sunday.

위의 예문에서 동사 *dance*는 하나의 논항을, 동사 *buy*와 *watch*는 두 개의 논항을 취하며, 나머지 요소는 부가어에 해당된다.

논항과 부가어를 구별하는 두 번째 방법으로는 논항이 의미상 필수적 요소임을 이용하는 것이다. 논항이 출현하지 않으면 대개 그 문장이 비문법적이 된다. 가령, (9)의 문장에서 필수적인 요소가 빠진 (10)의 문장을 살펴보자.

(10) a. *Danced beautifully.
b. *The visitor bought at the campus shop.
c. *They watch for 5 hours every Sunday.

(10)의 문장은 주어나 목적어가 없기 때문에 비문법적이다. 이 방법은 한국인이 사용하기에는 쉽지 않다. 가령, (10b)의 문장이 좋은 문장인지

아닌지를 판단할 수 있는 직관이 한국인에게는 없기 때문이다.[3] 논항과 부가어의 구별이 쉬운 경우도 있지만 그렇지 않은 경우도 있다.

논항과 관련된 두 가지 사항을 추가하고자 한다. 어떤 동사는 한 가지 이상의 용법이 있어, 자동사로도 쓰이고 타동사로도 쓰일 수 있다. 다음의 예를 보자.

(11) a. The student opened the door.
 b. The door opened.

(12) a. The teacher can read Latin.
 b. The kid can read.

(11)과 (12)에 있는 동사 *open*과 *read*는 타동사로서 두 개의 논항을 취할 수도 있고, 자동사로서 한 개의 논항을 취할 수도 있다. 이러한 현상을 동사교체*verb alternation*라고 하는데 영어의 많은 동사에서 교체가 일어난다. 두 동사의 차이는 *open*의 경우에는 타동사의 목적어가 자동사의 주어에 해당되나, *read*의 경우에는 자동사 용법에서 타동사의 목적어 논항이 생략되었다. 모든 동사가 이렇게 자동사와 타동사의 두 용법이 가능하지는 않으며, 특정한 동사들만이 교체가 가능하다.

논항과 관련된 동사의 다른 용법을 보자.

(13) a. The man wrote a letter to his mother.
 b. The man wrote a letter.
 c. The man wrote to his mother.

(13a)에서처럼 동사 *write*는 의미상 세 개의 논항을 취하나, 모든 논항이 나타나지 않을 수도 있다. (13b, c)에서 *to his mother*와 *a letter*가 각각 보

---

3) 한국어에서는 논항이 문맥 속에서는 흔히 생략된다. 가령, '너 밥 먹었니?'라는 질문에 '응 먹었어'라는 대답에는 주어와 목적어의 논항 두 개가 생략되어 있다. 논항의 출현에 있어서 한국어와 영어가 차이가 있다.

이지 않는다. (13b, c)에서 보이지 않는 논항을 논항이 아니라고 하기보다는 논항이 생략되었다고 보거나 또는 보이지 않는 잠재논항*implicit argument*이 있다고도 한다. 그러나 이런 논항의 생략도 모든 동사에서 가능하지 않고 매우 한정된 동사에서만 가능하다.

이러한 술어의 논항 정보는 문장의 형성을 제약해 주는 역할도 한다. 가령, 다음과 같은 문장이 왜 비문법적인지를 생각해 보자.

(14) a. *Jack laughed Rose.
 b. *The captain saw me the ship.

위의 문장들이 비문법적인 이유는, *laugh*는 자동사로서 하나의 논항을 요구하는데 (14a)에는 두 개가 나왔고, 동사 *see*는 두 개의 논항을 요구하는데 (14b)에서는 세 개가 나왔기 때문이다. 이렇게 술어의 논항 정보는 문장의 문법성에 대한 제약으로서 역할을 한다. 이것은 술어의 의미, 즉 논항구조가 문장 구조에 반영된다는 것을 말해준다.

5.3 의미역

앞 절에서 술어는 정해진 논항을 갖는다고 하였다. 그리고 술어의 논항은 구조적 자리라고 하였다. 즉 자동사는 주어자리만 제공하고 타동사는 주어자리와 목적어자리를 제공한다. 그런데 술어는 단순히 자리만 제공하는 것이 아니라 그 사리에 의미적 내용도 제공한다. 다음 예문을 보자.

(15) a. Jane drinks coffee every day.
 b. Jason cut the cake.

동사 *drink*의 주어자리에 오는 논항(명사구)은 '마시는 자'로서 어떤 행위를 하는 자이어야 하고, 그리고 그 목적어자리에 오는 논항은 '마시는 대상'이어야 한다. 그리고 동사 *cut*은 주어 논항이 '자르는 자', 목적어 논항이 '잘리는 대상'이어야 한다. 이렇게 모든 술어는 자신의 논항에 대한 의미적 내용도 제공한다.

모든 술어가 자신의 고유의 의미적 내용을 요구하지만, 많은 경우에 그 의미적 내용은 공통적인 특성을 가지고 있다. 가령, (15a, b)에서 주어자리에 오는 논항은 모두 '행위자*Actor*' 또는 '행위주*Agent*'라는 공통의 특성이 있다. 그리고 목적어자리에 오는 논항은 어떤 행위를 겪는 대상, 즉 피험체*Patient*라는 공통점이 있다. 이런 현상은 형용사에서도 찾아볼 수 있다.

(16) a. Jane is very happy today.
　　 b. Jason is proud of his father.

(16a, b)에서 형용사의 주어자리에 오는 논항(*Jane*, *Jason*)은 모두 어떤 느낌을 가질 수 있는 개체, 즉 심리경험주라는 공통점이 있다.

이렇게 여러 논항들이 공통적으로 갖는 의미적 내용을 문법학자들은 의미역*semantic/thematic roles*이라고 한다. 즉 동사 *drink*와 *cut*은 주어 논항과 목적어 논항에 각각 행위주와 피험체라는 의미역을 제공한다. 그리고 (16)의 형용사들은 주어 논항에 심리경험주*Experiencer*란 의미역을 제공한다.

다음은 여러 가지 의미역에 대한 간단한 정의와 그 예이다.[4]

(17) a. **행위주***Agent, Actor* : 술어가 기술하는 행위를 의도적으로 일으키는 개체
　　 b. The professor wrote the famous book.
　　 c. The girls danced.

(18) a. **피험체***Patient/Theme* : 술어가 기술하는 행위에서 상태변화를 겪는 개체
　　 b. The boys moved the stone.

---

4) 어떤 학자는 피험체*Patient*와 피동체Theme(어떤 행위에서 움직여진 것)를 구별하기도 한다.

c. The lady peeled <u>the apple</u>.

(19) a. 심리경험주*Experiencer* : 술어가 기술하는 정신적 상태를 겪는 개체

b. The thunder frightened <u>the baby</u>.

c. <u>The mother</u> was happy when the baby came back.

(20) a. 도구*Instrument* : 술어가 기술하는 행위에서 사용되는 도구

b. We cut the bread <u>with the knife</u>.

c. <u>The rock</u> shattered the mirror.

(21) a. 장소*Locative* : 술어가 기술하는 상태/상황이 위치하는 장소

b. Mary put the book <u>on the table</u>.

c. They live <u>in Seoul</u>.

(22) a. 목표*Goal* : 술어가 기술하는 행위가 향해지는 곳

b. John gave the book <u>to his friend</u>.

c. The president presented <u>the old scholar</u> with the award.

(23) a. 근원*Source* : 술어가 기술하는 행위에서 어느 개체가 움직여 온 곳

b. The teacher came <u>from Canada</u>.

c. <u>The sun</u> emits radiation.

(24) a. 수혜자*Benefactive, Beneficiary* : 술어가 기술하는 행위의 수혜자

b. The husband bought the ring <u>for his wife</u>.

c. Harry helped <u>Sam</u>.

d. <u>The lawyer</u> received a telegram.

의미역의 정의는 대부분이 자명하다. 그러나 어떤 의미역은 의미상 서로 중복되는 경우도 있다. 가령, 목표*Goal*와 수혜자*Benefactive*는 상황에 따라 같을 수도 있다(예 : The king gave <u>the poor</u> food and clothes). 이러한 부정확한 정의 때문에 문제가 있기도 하지만 의미역은 그 용어의 쉬운 뜻 때문에 많이 사용하고 있다.[5)]

---

5) 다음 예에서 밑줄 친 논항의 의미역은 위의 정의에는 없다.

a. Bill loved <u>the girl</u>.

b. <u>The news</u> annoyed the president.

다음은 각 술어가 가지고 있는 논항과 의미역을 함께 보여주고 있다.

(25) a. give :

논항구조	논항 1	논항 2	논항 3
의미역	행위주	목표	피험체

b. put :

논항구조	논항 1	논항 2	논항 3
의미역	행위주	피험체	장소

c. dance :

논항구조	논항 1
의미역	행위주

이와 같이 모든 술어는 통사적 자리의 숫자에 대한 논항정보를 가지고 있고, 그리고 그 자리에 채워질 의미적 내용인 의미역 정보도 가지고 있다.

5.4 하위범주화

각 술어는 앞에서 언급한 논항구조와 의미역 정보뿐만 아니라 논항의 문법범주에 대한 정보까지 가지고 있다. 다음의 예를 보자.

(26) a. The old professor put the plant in his study.
　b. The short man wondered why everybody can't play a guitar.

위 예에서 동사 *put*과 *wonder*는 다음과 같은 문법범주를 취한다.

(27) a. put :

NP	NP	PP

b. wonder :

NP	S

즉, 동사 *put*은 주어 NP, 목적어 NP, 그리고 장소구 PP를 취하고, 동사

---

c. The young man owns several companies.
d. I believe that North Korea will join the six-nation talks.

위의 경우를 위해서 새로운 의미역이 제시되기도 하지만 여기에서는 더 이상 논하지 않겠다.

*wonder*는 주어 NP와 목적절 S를 취하고 있다. 이 정보가 일치하지 않는 문장은 비문법적이 된다.

(28) a. *The old professor put the plant his study.
b. *The old professor put beautiful in his study.

(29) a. *The short man wondered everybody.
b. *The short man wondered in the guitar.

(28a)가 비문법적인 이유는 문장 마지막에 PP가 아닌 NP(*his study*)가 왔고, (28b)는 목적어자리에 명사구(NP)가 아닌 형용사구(AP)가 왔기 때문이다. (29)의 문장에도 동사 *wonder*가 요구하는 문법범주가 오지 않아서 비문법적이 되고 있다.

(28)과 (29)의 문장들은 논항구조상으로는 아무런 문제가 없다. 이들 동사들은 각자의 논항구조에 맞는 논항을 갖고 있는데, 동사 *put*은 세 개의 논항을, 그리고 동사 *wonder*는 두 개의 논항을 취하고 있다. 이들 문장이 비문법적인 이유는 동사가 요구하는 문법범주가 오지 않고 있기 때문이다(주 : 의미역적으로도 문제가 될 수 있다). 이렇게 술어가 특정 문법범주를 요구할 때, 술어는 특정 문법범주를 **하위범주화***subcategorization*한다고 말한다. 일반적으로 술어의 하위범주화는 주어(논항)를 제외한 동사구 내의 논항에 대한 요구라고 본다. 그래서 (27)에서 굵은체로 된 부분의 문법범주가 각 술어의 하위범주화이고, 이는 (30)에 다시 제시되어 있다.[6)]

---

6) 술어의 하위범주화에 주어논항을 포함시키지 않는 것은 주어가 술어의 직접적인 영향을 받지 않는다고 보기 때문이다. 가령, 어떤 술어는 주어논항이 없는데 이런 경우에 주어자리에는 허사(가주어)인 *it*이 나올 수 있다. 주어자리에 대한 자세한 논의는 제10장에 있다. 그런데 어떤 학자들은 주어까지도 하위범주화로 본다. 다음 예에서 술어는 주어자리에 절을 요구한다.

i) That Dorothy missed the lecture was *regrettable*.
ii) For Jacob to remove the motor is *unnecessary*.
iii) That Carol sign the deed is *mandatory*.

(30) a. put : | NP | PP |
b. wonder : | S |

이러한 하위범주화는 형용사에도 있다.

(31) a. The engineer is fond of jazz.
b. The students are proud that their school won the first prize.

(32) a. fond : | PP |
b. proud : | S |

(32)에서 *fond*는 PP를, *proud*는 S를 하위범주화한다.

어떤 술어는 두 종류의 하위범주화를 취할 수도 있다. 가령, 형용사 *proud*는 (31b)에서 절(S)을 취하지만, 아래의 예에서는 전치사구(PP)를 취한다.

(33) The students are proud of their school.

이제까지 논의된 논항구조, 의미역, 그리고 하위범주화는 모두 어휘 술어가 가지고 있는 어휘정보이다. 다음은 이 모든 정보를 함께 보여주고 있다.

---

iv) How much money Gordon spent is *unclear*.
—Baker(1996), *English Syntax*, MIT Press, p. 132.

위에 있는 술어 *regretable, unnecessary, mandatory, unclear*는 주어에 절(S)이 오는 것을 요구한다. 더 구체적으로는 각각의 술어는 주어절이 시제절, 비시제절, 또는 의문절일 것을 요구한다.

(34) a. give[7] :

논항구조	논항 1	논항 2	논항 3
의미역	행위주	목표	피험체
하위범주화		NP	NP

b. put :

논항구조	논항 1	논항 2	논항 3
의미역	행위주	피험체	장소
하위범주화		NP	PP

c. dance :

논항구조	논항 1
의미역	행위주
하위범주화	

(34) 에서 주어 논항에 대한 하위범주화는 없다고 본다. 여기에서 의미역과 하위범주화는 모두 논항에 대한 요구사항이지 부가어에 대한 요구는 아니다.

술어가 취하는 문법범주인 하위범주화는 어순과도 관계가 있다. 우리가 일반적으로 알고 있는 영문법 상식으로 동사와 목적어 사이에는 부사가 끼지 못한다는 것이 있다. 이를 다시 말하면 술어인 동사와 그 하위범주화된 목적어 명사구 사이에 다른 요소가 끼지 못한다고 할 수 있다. 이것은 동사의 하위범주화된 명사구(NP)는 동사 바로 옆에 인접해서 출현해야 한다는 요구이다. 이를 **동사-목적어 인접조건**이라 명명하자.

(35) 동사-목적어 인접조건
하위범주화된 명사구는 동사 바로 옆에 출현해야 한다.

다음의 예는 (35)의 조건이 어떻게 작용하는지를 보여준다.

---

7) 동사 *give*는 (34a)에 제시된 하위범주화 외에 다음을 취할 수 있다.

논항 2	논항 3
NP	PP

(36) a. David joined [$_{NP}$ us] [$_{PP}$ in the party].

b. *David joined [$_{PP}$ in the party] [$_{NP}$ us].

(37) a. Solomon changed [$_{NP}$ his voice] [$_{AdvP}$ suddenly].

b. *Solomon changed [$_{AdvP}$ suddenly] [$_{NP}$ his voice].

(36) 와 (37) 에서 전치사구와 부사구가 동사와 목적어 명사구 사이에 오는 것이 허용되지 않는 것을 볼 수 있다.

동사-목적어 인접조건에서 목적어는 명사구(NP) 이어야 한다. 만약 명사구가 아닌 다른 범주라면 이 조건이 지켜질 필요는 없다. 다음의 예에서는 동사의 논항이 명사구가 아니고 전치사구와 절이다.

(38) a. Jane talked [$_{PP}$ about her boyfriend] [$_{PP}$ with Cathy].

b. Jane talked [$_{PP}$ with Cathy] [$_{PP}$ about her boyfriend].

(39) a. We believed [$_{S}$ that Mr. Kim was a wonderful doctor].

b. We believed [$_{AdvP}$ seriously] [$_{S}$ that Mr. Kim was a wonderful doctor].

(38) 에서 동사 *talk*은 두 개의 전치사구를 하위범주화하고 있다. 그런데 이 두 개의 전치사구는 그 어순에 아무런 제약도 없다. 그리고 (39) 에서 동사 *believe*에 의해서 하위범주화된 절과 동사 사이에 부사가 오는 것은 허용된다.[8] 이것은 목적어가 명사구가 아니면 동사에 꼭 인접할 필요는 없다는 것을 말한다.

한편 어순과 관련하여 절에 대한 제약이 있다. 영어에서 문장 내의 절은 문장의 맨 끝으로 가는 경향이 있다. 다음 예를 보자.

(40) a. The doctor told [me] [that I need to take the medicine everyday].

---

8) 동사-목적어 인접조건에 대한 근본적인 이유를 설명하기 위해서는 격*Case* 이론이 도입되어야 하므로 여기에서 논하지 않겠다.

b. *The doctor told 〔that I need to take the medicine everyday〕 〔me〕.

(41) a. Jack said 〔to Rose〕 〔that they would survive〕.

b. *Jack said 〔that they would survive〕 〔to Rose〕.

동사 *tell*과 *say*구문에서 절은 문장의 맨 뒤에 온다. 물론 (40) 에서 명사구 목적어는 동사-목적어 인접조건 때문에 (40a) 의 어순만이 가능하다. 그러나 (41) 에서는 동사-목적어 인접조건과 관계없이 목적어 절이 문장의 끝에 배치되어야 문장이 문법적이다.

다음의 예에서 목적어자리에 명사구와 절이 나타나는 경우를 비교해 보자.

(42) a. The teacher made 〔the test〕 〔difficult〕.

b. Joe considered 〔the payment〕 〔insufficient〕.

(43) a. Joe made 〔it〕 〔clear〕 〔that the money had vanished〕.

b. Dorothy considered 〔it〕 〔unlikely〕 〔that the problem is solvable〕. *Baker(1996), *English Syntax*, MIT Press, p.136.

(44) a. *Joe made 〔that the money had vanished〕 〔clear〕.

b. *Dorothy considered 〔that the problem is solvable〕 〔unlikely〕.

(42) 과 (43) 에서 명사구는 동사 바로 옆에 나타날 수 있다. 그러나 (44) 에서처럼 동사 옆에 절이 나타나면 비문법적이 된다. (43) 에서는 가목적어 *it*를 사용하여 목적어 명사구 자리를 채우고 그 절은 문장의 맨 뒤에 온다. (44) 에서처럼 절 목적어를 문장의 중간에 배치하면 비문이 된다. 이것은 절이 문장의 맨 뒤에 와야 한다는 조건이 필요함을 말한다.

한편, 절이 주어자리에 오는 경우는 술어에 따라 상황이 달라진다. 다음의 술어는 주어자리에 절이 오는 것을 허용하지 않는다.

(45) a. John seems to be happy.
b. It seems that John solved the problem
c. *That John solved the problem seems.

(46) a. Mary appears to be very calm.
b. It appears that Mary is very calm.
c. *That Mary is very calm appears.

위와 같이 동사 *seem*과 *appear*는 주어에 절이 오는 것을 허용하지 않으나, 아래의 술어는 주어절을 허용한다.

(47) a. 〔That Jane sold her car〕 surprised Jack.
b. It surprised Jack 〔that Jane sold her car〕.

(48) a. 〔For you to keep the money〕 is desirable.
b. It is desirable 〔for you to keep the money〕.

위의 동사 *surprise*와 형용사 *desirable*은 주어자리에 절 또는 명사구 *it*이 오는 것을 둘 다 허용한다.

명사구 목적어가 동사에 바로 인접해야 하는 것은 절대적인 조건으로 볼 수 있지만 절이 문장의 맨 뒤나 또는 맨 앞에 와야 하는 것은 모든 경우에 적용되는 절대적인 조건으로 보기는 어렵다.

5.5 의미선택제약

술어가 논항구조, 의미역, 하위범주화의 정보를 제공하는 것을 앞에서 살펴보았다. 그런데 술어는 그 이상의 정보도 제공한다. 다음 예를 보자.

(49) a. Solomon laughed.
b. Solomon drank milk.

(49)에서 동사 *laugh*와 *drink*는 각각 한 개와 두 개의 논항을 취하는 자동사와 타동사이다. 그리고 (49a, b)에서 주어 논항은 행위주 의미역을, (49b)에서 목적어 논항은 피험체 의미역을 가지고 있다. 그런데 각 술어가 제공하는 논항에는 의미역 이상의 정보가 요구된다. 즉 논항자리에 아무 명사구가 오지는 못한다. 다음 예를 보자.

(50) ?The book laughed.

(51) a. ?Solomon drank the tree.

b. ?The tree drank milk.

(50)과 (51)의 문장에서 술어의 논항구조 정보는 문제가 없다. 즉 동사 *laugh*는 자동사로 하나의 논항만 요구하고, 그리고 동사 *drink*는 두 개의 논항을 요구하는데 위 문장에서는 이런 요구조건이 모두 만족되고 있다. 그러나 위의 문장들은 모두 좋은 문장이 아니다(문두의 ?는 문장이 이상하다는 표시이다). 그 이유는 (50)에서 책 *The book*이 웃을 수는 없기 때문이다.[9] 이것은 *laugh* 동사가 주어자리에 오는 명사구는 적어도 감정이 있어서 어떤 상황에서 웃을 수 있는 개체가 되어야 함을 요구하기 때문이다. (51)에서도 마찬가지로 동사 *drink*는 주어 논항은 '마시는 자', 목적어 논항은 '마실 수 있는 물체'가 되어야 함을 요구한다. 이렇게 술어는 자신의 논항에 특정 의미 내용을 요구하는데 이것을 **의미선택제약***semantic selectional restriction*이라고 한다. 또는 간단히 **선택제약***selectional restriction*이라고도 한다.[10]

---

9) 물론 동화나 어떤 상상의 이야기에서는 (50)이나 (51)의 문장이 좋을 수 있다. 그런 경우에는 책이나 나무가 의인화되어서 웃거나 행동을 할 수 있다고 가정되어 있기 때문이다.

10) 의미역과 의미선택제약은 중복되는 점이 있는데, 의미선택제약이 더 구체적이다.

5.6 의미에서 구조로

우리는 제4장에서 영어의 구와 문장의 구조를 대략적으로 살펴보았고, 제5장의 앞 절에서는 각 술어가 가지고 있는 여러 가지 어휘정보(논항구조, 의미역, 하위범주화, 의미선택제약)를 공부하였다. 이제 이러한 어휘정보가 어떻게 구조에 반영되는지를 살펴보자.

우선 각 단어의 어휘정보는 어휘부에 모두 수록되어 있다. 어휘부란 우리가 쉽게 구할 수 있는 영어사전도 그 일종이지만 더 정확한 의미는 모든 어휘에 대한 모든 어휘정보를 가지고 있는 이상적인 사전을 말한다. 다음은 어휘부에 있는 어휘정보의 일부이다.

(52) 어휘정보

어휘	발음	문법범주	논항구조	의미역	하위범주화	…
read	/rid/	V	〈논항1, 논항2〉	〈행위주, 피험체〉	〔_ NP〕	
the	/Θə/	D				
novel	/nɔvəl/	N				
boy	/bɔy/	N				
buy	/bay/	V	〈논항1, 논항2〉	〈행위주, 피험체〉	〔_ NP〕	
car	/kɑr/	N				
⋮						

(52)에서 동사 *read*는 발음, 문법범주, 논항구조, 의미역, 하위범주화에 대한 정보를 가지고 있으나 실제로는 더 많은 어휘정보를 가지고 있다.[11)]

한편, 어휘정보와는 별도로 구구조 규칙에 의해서 생성된 다음과 같은 문장의 구조를 생각해 보자.

11) 단어의 어휘정보는 위에 있는 정보뿐만 아니라 더 많은 정보가 있다. 가령, 명사 *boy*는 명사라는 정보뿐만 아니라 의미적으로 〔+male, +young〕, 〔+countable〕이라는 정보도 있을 것이다.

(53)

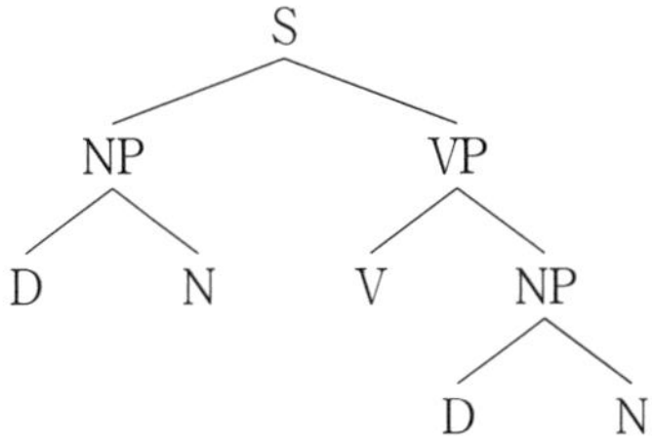

그런데 (53) 의 수형도는 우리가 듣거나 말하는 문장은 아니다. 이 구조가 우리가 실제로 듣고 말하는 문장의 구조가 되기 위해서는 실제의 단어(어휘) 가 있어야 한다. 즉 구조에 어휘를 삽입하거나, 또는 구조와 어휘와의 연결이 필요하다.

문장에서 제일 중요한 정보를 가지고 있는 것은 그 문장의 술어이다. (53) 의 구조에서 동사는 주어와 목적어 명사구를 갖는다. 그래서 주어와 목적어 논항이 있고 목적어 명사구(NP) 를 하위범주화하는 동사를 어휘부에서 찾아 삽입해야 한다. (52) 에서 동사 *read*는 그런 요구를 충족시키고 있어 (53) 의 동사(V) 자리에 나타날 수 있다. 그 다음에는 수형도에서 각 문법범주와 일치하는 어휘를 찾아 삽입할 수 있다. 그렇게 해서 생성되는 예로 다음 문장이 있다.

(54)

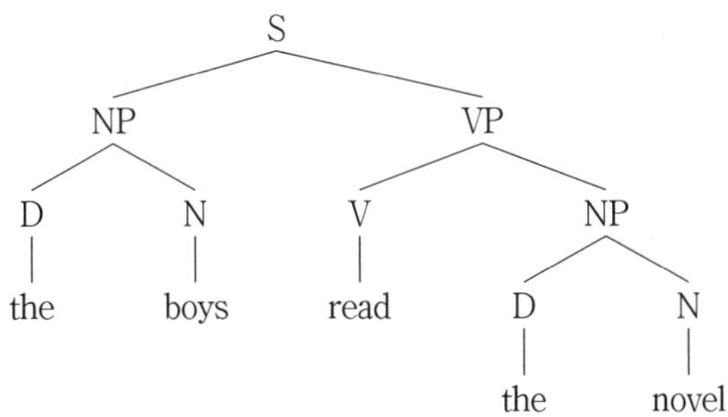

(54) 의 문장뿐만이 아니라 어휘부에 있을 어휘를 이용하면 (55) 와 같이 더 많은 문장이 가능하다.

(55) a. The girl read the novel.

b. The boy bought (buy) the car.

c. The girl bought (buy) the car.

더 많은 어휘와 더 많은 구구조를 이용하면 수많은 문장의 생성이 가능하다. 이렇게 문장의 구조와 어휘정보는 서로 연결된다.

어휘정보로서 타동사는 목적어 논항을 가지고 있고, 자동사는 목적어 논항이 없다. 이런 어휘정보인 논항구조에 의해 이들 동사가 나타나는 문장의 구조가 달라진다. 즉 타동사의 문장에는 목적어자리가 마련되고, 자동사의 문장에는 목적어자리가 없다. 이렇게 어휘정보가 통사구조에 반영되는 것은 (56)의 **투사원리** *Projection Principle* 때문이다.

(56) 투사원리

어휘적 정보는 통사구조에 투사된다.

어휘정보란 논항구조, 하위범주화 등으로 각 어휘가 가지고 있는 정보를 말한다. 특히 통사구조와 직접적으로 관련된 것은 논항구조와 하위범주화이다. 자동사와 타동사의 통사구조는 다르며, 하위범주화에 의해 논항이 명사구인지 또는 절인지가 투사된다. 이렇게 투사원리는 어휘정보를 통사구조에 연결시켜 주는 역할을 한다.

동사의 어휘정보에는 논항이 하나인데 그 통사구조에는 논항자리가 두 개나 세 개가 있다면 이는 투사원리를 어기는 것이다. 반대로 동사 논항의 숫자가 세 개인데 통사구조에서 자리가 하나만 있어도 역시 투사원리를 어기고 있는 것이다. 다음의 예를 보자.

(57) a. *John smiled Mary.

b. *Mary gave.

동사 *smile*은 논항이 하나이다. 그런데 (57a)의 통사구조에는 논항자리가 두 개가 있다. 이 문장구조는 투사원리를 어기고 있다. 또한 (57b)의 동사 *give*는 어휘정보로서 논항이 세 개가 있는데 위의 통사구조에는 하나밖에 없어 역시 투사원리를 어기고 있다.

➡ 제5장은 어휘의 의미가 어떻게 통사구조에 반영되는지를 보여준다. 언어가 의미와 형태간의 체계적인 관계인 것을 감안한다면 의미의 구조적 반영은 매우 바람직하고 당연한 것이라고 생각된다. 어휘정보는 통사구조에 투사된다는 투사원리에 의해 술어의 어휘정보인 논항구조, 의미역 정보, 하위범주화, 의미선택제약 등이 문장에 반영되는 것을 보았다.

제5장 쉼터이야기

1. 언어의 전달

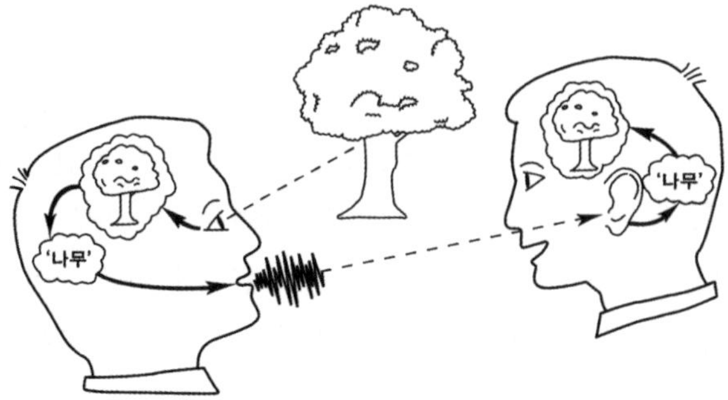

2. 바벨탑과 보편문법

성경(창세기 11:1-9)에 의하면 세상에 하나의 언어만이 있었다. 그런데 인간들이 하늘로 올라가는 탑을 쌓자 하나님은 이 사람들을 흩어지게 하였다. 그리하여 사람들은 여러 언어를 사용하게 되고 서로를 이해하지 못하게 되었다고 한다.

현재 지구상에 사용되는 인간의 언어는 약 4,000에서 6,000여 개로 추정된다. 그리고 이 모든 언어는 각기 나름대로의 서로 다른 규칙을 가지고 있다. 그런데 어떻게 인간이면 어떤 언어라도 습득이 가능한 것일까? 촘스키에 의하면, 화성에서 온 과학자가 있다면 그는 지구인들이 서로 이해할 수 없는 어휘를 사용하지만 하나의 언어를 사용한다고 결론 내릴 것이라고 하였다. 촘스키는 모든 인간이 가지고 있는 문법은 하나라고 가정한다. 그는 모든 인간들이 가지고 있을 언어의 규칙체계를 보편문법이라고 하였다. 보편문법이 있기에 인간이 사용하는 모든 언어를 어렵지 않게 배울 수 있다고 추정한다.

그렇다면 촘스키는 성경에서 말하는 바벨 탑 이전에 존재했던 하나의 언어를 추구하고 있는 것인가? — 그것은 알 수 없다. 다만 촘스키는 언어학자로서 여러 가지 증거를 가지고 모든 인간이 가지고 있을 언어의 문법은 동일하다고 가정하는 것이다. 이 세상에 존재하는 수많은 언어가 소리나 형태나 어순이 다를지라도 추상적인 차원에 있는 근본적 언어원리는 같아야만 된다고 그는 주장하고 있다.

제5장 확인학습

1. 책의 내용에 근거하여 다음 진술이 옳으면 ○표, 틀리면 ×표를 하시오.
   ( ) 1) 모든 논항은 하위범주화된다.
   ( ) 2) 의미선택제약은 문장의 문법성을 결정한다.
   ( ) 3) 하위범주화된 절과 동사 사이에 부가어인 부사구가 올 수 있다.
   ( ) 4) 의미역은 부가어에는 없고 논항에만 있다.
   ( ) 5) 어휘부는 구구조규칙을 포함한다.

2. 다음 문장에서 논항과 부가어를 말해보시오.
   a. Barbara talked for two hours.
   b. They explained the theory to me.
   c. The news shocked me seriously.

3. 문제 2에 있는 논항의 각각의 의미역을 말해 보시오.

4. 문제 2에 있는 동사의 하위범주화를 말해 보시오.

5. 다음 문장이 왜 비문법적인지 또는 왜 어색한지를 설명하시오.
   a. *Tracey slept the bed.
   b. *They hated.
   c. *Laura explained me the theory.
   d. ?The writer wrote the desk.

6. 다음 술어 중에서 절을 하위범주화하는 술어를 모두 고르시오.
   a. proud b. wonder c. put d. frighten e. persuade

Chapter 5 Syntactic Argumentation in English

■ Answer the question in English.

1. The two sentences below violate some constraints. How can you explain the grammaticality difference; one is ungrammatical and the other is marginal?
   a. *The man gave the book.
   b. ?The tree laughed.

Model Answers

1. a. The verb *give* requires three arguments but one of them is missing in the given sentence. It does not satisfy the lexical (or syntactic) requirement (the Projection Principle) of the verb. (Alternative answer: Not all the subcategories required by the verb *give* [_ NP PP] or [_ NP NP] appear in the sentence, leaving the verb's lexical requirement unsatisfied).

   b. The sentence violates the semantic selectional restriction required by the verb *laugh*. The single argument of the verb *laugh* must be an entity that can laugh, but a tree cannot laugh in our real world. (It would be acceptable in an imagined world like a fairy tale.)

제5장 임용고사 기출문제

1. 다음을 읽고, 물음에 답하시오.

> The yellow fog that rubs its back
> upon the window-panes,
> The yellow smoke that rubs its muzzle
> on the window-panes,
> Licked its tongue in the corners of the evening,
> Lingered upon the pools that stand in drains,
> ...

위의 예문들은 의미상 변칙적*anomalous*이나, 비유적 표현으로 쓰이고 있다. 이런 쓰임을 밑줄 친 동사들의 주어 선택제약*selectional restriction*과 관련하여 설명하시오. (2002, 전국)

2. Consider the following sentences :
   (a) The man foolishly destroyed his brand new car.
   (b) His brand new car was foolishly destroyed by the man.
   (c) *The avalanche foolishly destroyed his brand new car.

Given the contrast above, first state the restriction that must be placed on the use of *foolishly*, and then explain why (c) is ungrammatical. (우리말이나 영어로 답하시오. 1999)

3. Read the passage and fill in each blank with ONE word from the passage. Write your answers in the correct order. 〔2 points〕. (2014)

Every predicate is associated with an argument structure, which specifies the number of arguments it requires. The predicate assigns its arguments thematic roles including the following:

- Agent: the instigator of the action
- Theme: the entity affected by the action or state
- Experiencer: the entity experiencing the psychological state
- Instrument: the means by which the action or event is carried out

Thematic roles do not have a one-to-one relationship with grammatical functions such as the subject, the object, and so on. For example, the argument *the ball* is the object in (1a) and the subject in (1b), but it retains the same thematic role, Theme, in both sentences. Other examples can be seen in (2).

(1) a. David kicked the ball.
    b. The ball was kicked by David.
(2) a. A brick smashed the window.
    b. They expected the ship to sink.
    c. David opened the door slowly.
    d. Bob cut the tree with a saw.

The subject in (2a) and the object of the preposition in (2d) carry the role of ___①___, whereas the subject of the subordinate clause in (2b) and the object in (2c) have the role of ___②___.

제5장 임용고사 기출문제 예상답안

1. 밑줄 친 동사들(*rub, lick, linger*)의 주어는 의미상 어떤 의도를 갖고 하는 행위자, 즉 사람이나 동물이어야 하는 선택적제약이 있다. 그러나 선택적 제약은 문학이나 시에서 문학적 효과를 높이기 위해서 무생물을 사람으로 비유하면서 종종 위배된다.

2. i) The adverb *foolishly* is used only when the external (underlying subject) argument of the verb is sensible; The external argument may appear in subject position of an active sentence or in the *by* phrase in a passive.
   ii) The subject *the avalanche* in sentence (c) is not an entity that can be sensible and thus it cannot be used with the adverb *foolishly*.

3. ① Instrument ② Theme

제 II 부

영어의 핵심구조

제 6 장 새로운 구조의 발견

제 7 장 명사구 구조의 패턴

제 8 장 동사구 구조의 패턴

제 9 장 형용사구와 전치사구의 구조 패턴

제10 장 문장의 구조

제11 장 절의 종류

제II부에서는 제I부의 기초적인 내용에서 더 나아가 영어의 핵심구문에 대해 구체적인 영어의 구조를 공부한다. 그 주요한 내용은 구구조에서 구층위phrasal level와 단어층위word level의 사이에 새로운 중간층위가 있다는 것이다. 그리고 명사구, 동사구, 형용사구, 그리고 전치사구 등에 모두 적용되는 공통의 구조 패턴을 찾아 제시하고, 이 구조 패턴의 특성을 연구한다.

▌제 6 장▌
새로운 구조의 발견

〈핵심용어〉
중간층위, 보어, 부가어

제6장에서는 구층위와 단어층위 중간에 중간층위를 설정하고 그 근거를 제시한다. 그리고 그 층위를 바탕으로 새로운 개념인 보어와 부가어를 도입한다. 이 개념과 그 구조는 향후 모든 구조에서 사용되므로 매우 중요하다. 제6장의 논의는 학습의 편의상 명사구를 중심으로 전개한다.

6.1 새로운 층위

우리는 앞 장에서 명사구의 구조를 살펴본 바 있다. 앞에서 보았던 명사구와 그 수형도를 다시 보자.

(1) a. the car
b. 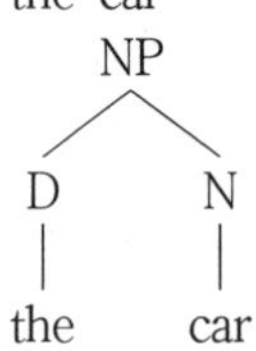

(1b) 의 구조는 명사구가 지정어(D) 와 명사(N) 로 이루어져 있음을 보여준다. 그리고 이 두 요소 외에 전치사구가 있는 경우에는 다음과 같은 구조를 상정하였다.

(2) a. the owner of the car

b.

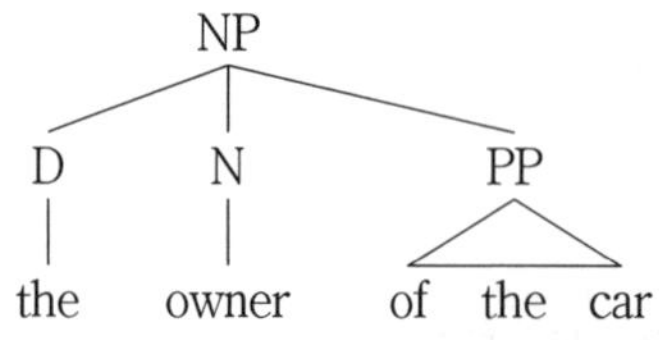

(2b) 의 구조는 명사구가 지정어(D), 명사(N), 그리고 전치사구(PP) 로 형성되어 있음을 보여준다.

그러나 (2b) 의 구조는 명사구 (2a) 에 대한 여러 가지 가능한 구조 중의 하나이다. (2a) 의 구조는 (3) 에서처럼 논리적으로 세 가지가 가능하다.

(3) a.

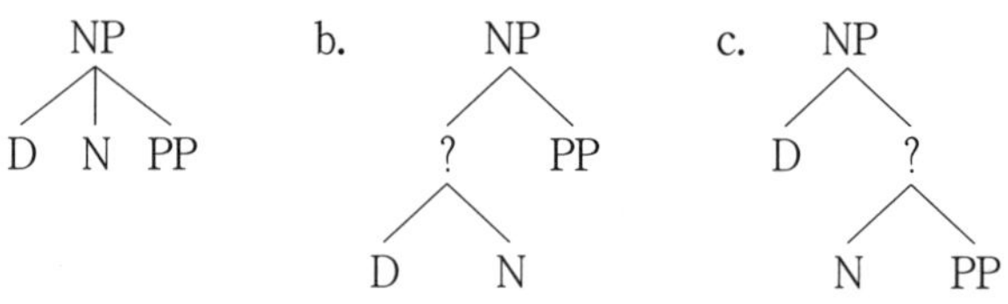

(3a) 가 (2b) 에 해당한다. 그러나 (2a) 의 구조로 (3a) 외에 (3b) 와 (3c) 도 가능하다. (3b) 에서는 D와 N이 하나의 구성소(단위) 를 이루고 있고, (3c) 에서는 N과 PP가 하나의 구성소를 이루고 있다. (3b, c) 에서 물음표(?) 는 해당 중간 범주를 알 수 없어서 임시로 표기한 것이다. 세 가지의 분석 중에서 우리는 어떤 구조가 옳은지를 선택해야 한다. 그리고 어느 구조를 선택을 할 경우에는 그에 대한 증거가 필요할 것이다.

(3) 의 세 가지 구조는 서로 배타적이다. 만약 명사구의 구조가 (3a) 라면 (3b, c) 는 될 수 없고, 만약 명사구의 구조가 (3b, c) 중에 하나라면

(3a)는 될 수 없다. 왜냐하면 (3b, c)는 D와 N, 또는 N과 PP가 하나의 구성소를 형성하는 구조인 반면에, (3a)는 그 두 요소가 구성소를 형성하지 않는 구조이기 때문이다. 마찬가지로 (3b)와 (3c)도 서로 배타적이다. 만약 N과 PP가 하나의 구성소라면 (3c)가 맞고 (3b)는 틀린 구조이다.

(3)에 있는 세 가지 분석 중에서 우리는 (3c)를 택하고 그 증거를 제시할 것이다. (3c)에서는 D와는 별도로 N과 PP가 하나의 구성소를 이루고 있다. 여러 가지 구성소 테스트 중에서 N과 PP가 하나의 구성소를 형성하는 증거를 찾는다면 (3c)를 택하는 근거가 될 것이다. 그리고 이 근거는 동시에 (3a)와 (3b)의 구조가 옳지 않다는 증거가 된다.

맨 먼저 (3c)의 구조에서 해결해야 할 것은 물음표(?)에 해당하는 명사구 층위가 무엇이냐 하는 점이다. 이 층위에 대한 가능성으로 세 가지가 가능하다. 첫 번째로 가능한 층위는 구층위의 NP이다. 두 번째로 가능한 층위는 단어층위의 N이다. 세 번째로 가능한 층위는 NP와 N이 아닌 그 새로운 중간층위를 설정하는 것이다. 이 세 가지 가능성 중에서 우리는 세 번째의 방법을 택한다. 첫 번째와 두 번째의 방법을 택하지 않는 이유를 하나씩 고찰해 보자.

첫째로 중간층위가 NP인 경우를 생각해 보자. 만약 중간층위가 NP라면 (3c)는 (4)와 같은 구조가 되고, 이 구조는 (5)의 구구조 규칙에 의해 생성될 것이다.

(4)

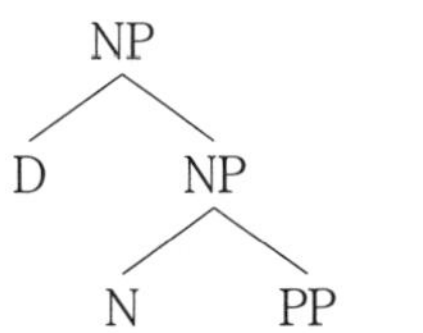

(5) a. NP → D NP
b. NP → N PP

이 구조의 문제점은 (5a)에 있다. 이 규칙은 D와 NP가 합쳐서 다시 NP를 생성한다. 이것은 회귀적 규칙으로 동일 규칙이 반복적으로 적용될 수 있다. 이 규칙을 두 번만 적용해도 (6) 에서와 같이 두 개의 지정어(D)가 생성된다.

(6)

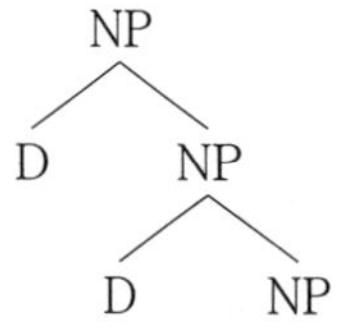

그런데 실제로 영어에서 지정어(*the*, *a*)가 하나만 나오지 두 개 이상 나오는 경우는 없으므로, (5a) 와 같은 규칙은 영어에 맞지 않는 규칙이다. 따라서 우리는 이 규칙을 택하지 않는다.

두 번째로 생각할 수 있는 방법은 중간층위가 N인 경우이다. 그러한 경우의 수형도와 구구조 규칙은 아래와 같다.

(7)

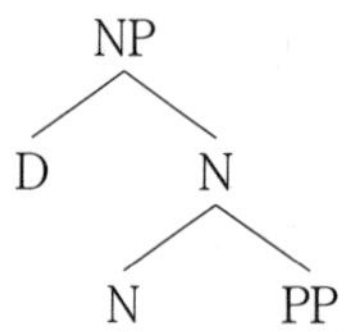

(8) a. NP → D N
b. N → N PP

위 구조의 문제는 (8b) 에 있다. (8b) 에서 N과 PP가 합쳐서 N이 생성되고 있다. 문제는 단어층위 N과 구층위 PP가 합친 표현이 다시 단어층위의 N이 될 수 없다는 것이다. 단어(N) 와 구(PP) 가 합하면 적어도 단어층위 이상의 구성소가 되어야 한다. (8b) 의 구조는 이론적으로 불가능하고 실제의 언어 현상에서 찾아볼 수 없는 경우이다.[1)]

1) 언어학에서 이런 가능성을 완전히 배제하지는 않는다. 가령 영어의 관용어구 *take advantage of*는 단어 *take*와 명사구 *advantage*, 그리고 단어 *of*가 합쳐서 다시 단어층위의 합성동사를 형성한다고 본다. 그러나 이는 매우 예외적인 경우이다.

이제 남아 있는 것은 세 번째의 방법으로 NP와 N의 중간에 새로운 층위를 설정하는 방법이다. 즉 명사(N) 보다는 더 높은 층위이나 명사구(NP) 층위보다는 낮은 층위를 새로이 설정하는 방법이다. 즉 명사구의 계층을 단어 층위의 N과 구층위의 NP의 이분법이 아닌 삼분법으로 구분하는 것이다. 언어학자들은 이 방법을 택하였고 이 중간층위의 표기로 다음과 같은 여러 가지 표기를 제시하였다.

(9) 명사의 층위 표기법

a. N^0 N^1 N^2
b. N^0 N' N''
c. N^0 $\bar{N}$ $\bar{\bar{N}}$

(9) 에서 N^0는 단어층위에 해당되고, N^2, N'', $\bar{\bar{N}}$는 명사구인 NP에 해당된다. 그리고 N^1, N', $\bar{N}$는 N과 NP 사이의 중간층위이다. 표기의 차이는 별로 중요하지 않다. 중요한 것은 단어층위와 구층위 사이에 중간층위의 구성소가 있다는 것이다. 우리는 위의 세 가지 표기법 중에서 쓰기에 가장 편리한 (9b) 의 표기법을 사용하기로 한다. 그리고 N^0 대신에 편의상 N을, 그리고 N''는 NP와 병용하기로 한다. N' (N-bar) 는 '엔바' (또는 엔원바), N''는 '엔투바'라고 읽는다.

(9) 에 있는 중간층위를 도입하면 명사구의 구조는 새롭게 표현된다. 즉 (2b) 에 있는 명사구는 다음과 같은 수형도로 표시된다.[2)]

(10)

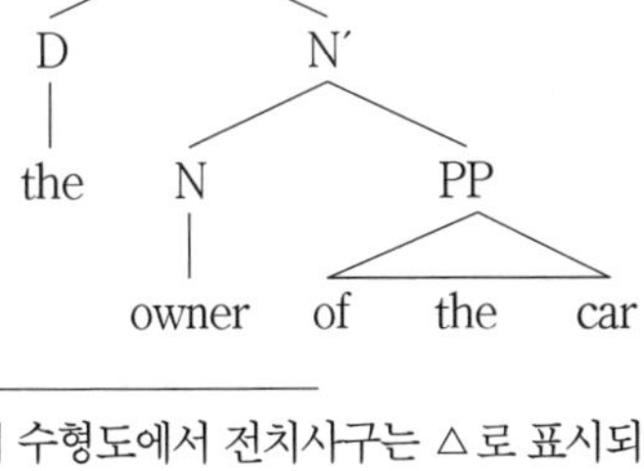

2) (10) 의 수형도에서 전치사구는 △로 표시되어 있다. 이 표시는 내부의 구조를 밝힐 필요가 없는 구성소를 간단히 표시하는 방법이다.

(10) 에 있는 수형도에서 *owner of the car*가 하나의 구성소를 이루고 있다는 것이 새롭고 매우 중요한 정보이다.

한편 논의를 미루어 왔던 (3b) 의 구조를 검토해 보자. (11) 은 (3b) 의 구조이다. 중간층위 ?를 N′로 대치하였다.

(11)

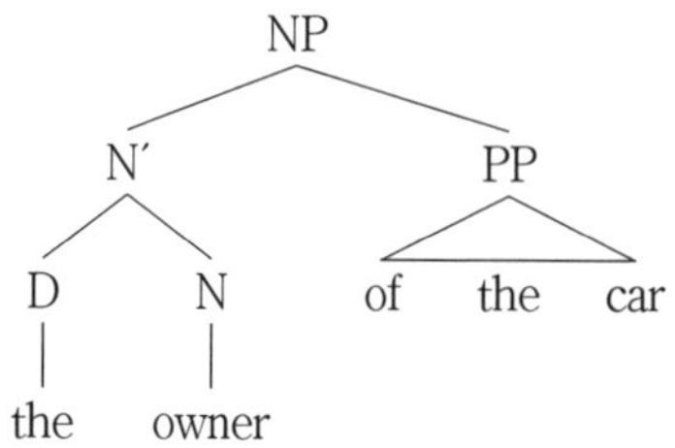

(11) 의 수형도에서는 *of the car*를 제외하고 *the owner*가 하나의 구성소를 이루고 있어 (10) 의 구조와는 다르다. (10) 의 구조와 (11) 의 구조 중에서 어느 것이 옳은 구조인지를 선택하기 위한 증거를 찾아보자.

제3장에서 구성소에 대한 여러 가지 테스트를 공부하였다. 그 중에서 등위접속과 대형태*Pro-form*의 경우를 명사구 중간층위에 대한 테스트로 사용해 보자. 다음의 등위접속 구문을 보자.

(12) Who is the 〔owner of the car〕 and 〔friend of the girl〕?

(12) 의 예에서 *owner of the car*와 *friend of the girl*이 등위접속되고 있다. 등위접속이 된다는 것은 이들이 각각 하나의 구성소를 이루고 있고 또한 동일한 범주에 속한다는 것을 말해준다. 이것은 *owner of the car*가 하나의 구성소로서 명사구의 중간층위를 형성하고 있다는 증거이다. 이 자료는 (11) 의 구조가 옳지 않고 (10) 의 구조가 옳다는 증거가 된다.

한편 (12) 의 등위접속된 명사구는 다음과 같은 수형도로 나타낸다.

(13)

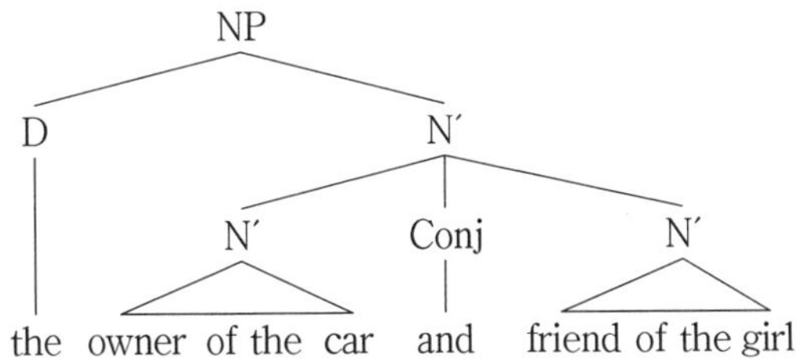

(Conj = Conjunction)

(13) 의 수형도가 보여주는 것은 *owner of the car*가 하나의 구성소, 즉 N′이고 그리고 이 요소는 또 다른 N′인 *friend of the girl*과 합쳐서 더 큰 N′를 형성하는 구조가 된다. 그리고 등위접속된 N′가 D와 합쳐서 NP를 형성하고 있다.

(13) 의 등위접속 구조에서 특이한 점은 N′가 또 다른 N′와 합쳐서 NP가 되지 않고 다시 N′가 된다는 점일 것이다. 이것은 등위접속 구문의 특징으로 다음과 같은 구구조 규칙이 필요하다.[3]

(14) N′ → N′ Conj N′

(14) 의 특징 중의 하나는 입력과 출력의 범주 층위가 동일하다는 점이다. 이 특성은 모든 구구조 규칙에 해당되는 것으로 후에 더 논의가 될 것이다.

이제 *owner of the car*가 명사구의 중간층위를 형성하는 두 번째 증거를 보자. 다음의 예문에서 대형태 *one*이 무엇을 지시하는지를 생각해 보자.

(15) a. The present 〔owner of the car〕 is more careful than the last <u>one</u>.

3) 다른 학자들은 (14) 와 같은 등위구조 대신에 아래의 등위구조를 제안한다. 아래 구조에서 N′ 대신에 X, X′, XP로 대치하면 일반화된 등위구조가 된다.

a. ConjP -> N′ Conj′
b. Conj′ -> Conj N′

b. *The 〔owner〕 of the car hates the <u>one</u> of the truck.

(15a) 의 문장에서 *one*이 지시하는 것은 〔*owner of the car*〕이다. 대형태가 지시할 수 있다는 것은 이 부분이 하나의 구성소라는 증거이다. (15b) 는 *one*이 단어층위(*owner*) 를 지시할 수 없음을 말해준다. 즉 *one*은 명사 *owner*를 지시할 수 없는데 이것은 *one*이 N′만을 지시하기 때문이다.[4]

이렇게 해서 우리는 (3) 의 세 가지 구조 중에서 (3c) 가 옳은 구조임을 보았다. (3c) 가 옳은 구조이면 (3a) 와 (3b) 는 틀린 구조가 된다. 즉 N과 PP가 구성소이기 때문에 그렇지 않은 정보를 가지고 있는 (3a) 와 (3b) 는 틀린 구조가 된다.

이제까지 명사구의 중간층위 N′에 대한 두 가지의 증거를 살펴보았다. 그래서 우리는 NP와 N 사이에 하나의 층위가 더 있고 그 층위로 N′를 설정하였다. N′는 하나의 구성소로 문법적 기능을 하고 있음을 알았다.[5] 이 층위에 대한 더 많은 증거와 문법적 속성에 대해서는 이후에 더 논의할 것이다.

6.2 보어와 부가어

명사구에 중간층위(N′) 를 설정한 것은 그 동안 설명할 수 없었던 영어

---

4) 참고로 대형태 *one*은 명사구(NP) 를 지시할 수도 있다. 다음의 예를 보자.

(i) a. I wanted to buy a newspaper, but I couldn't find one.
 b. One may wonder why they invaded the country.

(ia) 에서 대형태 *one*은 앞에 나온 명사구 *a newspaper*를 지시하고 (ib) 에서 *one*은 '일반인'을 지시한다. 위의 두 예문에서 *one*이 대신하는 범주는 명사구(NP) 이다.

5) 중간층위에 대한 표기가 N′이냐 또는 다른 표기이냐는 중요하지 않다. 중요한 것은 지정어(D) 를 제외한 N과 그 보어 PP가 하나의 구성소를 형성한다는 점이다. 어떤 학자(Baker, 1996) 는 중간층위를 CNP(Common Noun Phrase) 로 표기한다.

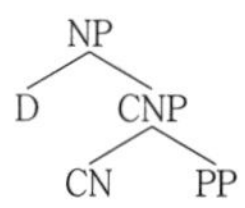

의 여러 가지 현상을 체계적으로 설명할 수 있는 이론적 도구를 제공해 준다. 본 절에서는 매우 중요한 새로운 개념으로 보어*Complement*와 부가어*Adjunct*를 소개한다.

앞에서 보았던 명사구와 그 구조를 다시 보자.

(16) a. the owner of the car

b. (= 10)

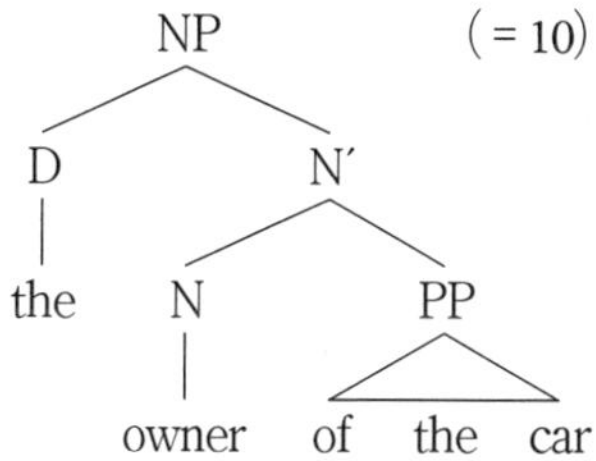

(16b)에서 PP *of the car*는 N *owner*의 자매이고 이 둘은 합쳐서 N′를 형성한다. 이렇게 구조적으로 핵*head*인 N과 자매관계*sisterhood*에 있고, 그 자매와 합쳐서 더 큰 범주 N′를 형성하는 구성소를 보어*Complement*라고 한다. 즉 (16b)에서 PP인 *of the car*가 N *owner*의 보어이다. 그리고 보어는 그 핵의 논항이다. 다음은 보어가 나오는 예들이다.

(17) a. the giver of life
b. a translator of the old language
c. the writer of the book
d. the destroyer of the village
e. a student of linguistics

위의 예에서 명사 핵 뒤의 밑줄 친 전치사구는 모두 명사의 보어이다.

보어는 핵의 논항이므로 그 핵의 의미 실현상 꼭 필요한 요소이다. 그러나 꼭 필요하지 않은 요소가 명사구에 출현할 수도 있다. 다음 예를 보자.

(18) the owner with sunglasses

(18) 에서 전치사구 *with sunglasses*는 명사 *owner*의 의미상 꼭 필요한 요소가 아니므로 명사 핵 *owner*의 논항이 아니다. 이 전치사구는 보어가 아니나 명사를 수식하고 있다. 이렇게 보어가 아니면서 핵을 수식하는 요소를 부가어*Adjunct*라 한다. 다음은 부가어의 예들이다.

(19) a. a tree in the garden
b. a mother with a baby
c. a book about roses
d. the car with two doors
e. the girl with long hair

(19) 에서 밑줄 친 전치사구는 모두 부가어로 앞의 명사를 수식한다.

보어와 부가어는 함께 한 명사구에 나타날 수도 있다. 다음 예를 보자.

(20) the owner of the car with sunglasses

(20) 에서 보어인 *of the car*와 부가어인 *with sunglasses*가 함께 출현하고 있다. (20) 의 명사구의 구조는 (21) 과 같다.

(21)

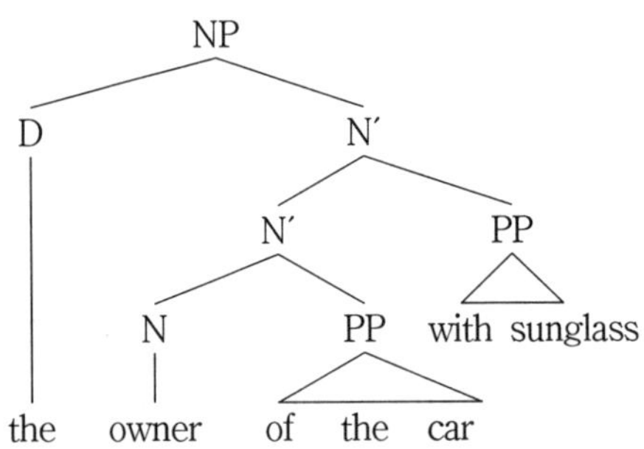

(21) 에는 두 개의 전치사구(PP) 가 있다. 하나는 명사의 보어인 *of the car*

이고, 다른 하나는 부가어인 *with sunglasses*이다. 보어나 부가어의 어머니마디*mother node*는 N′이다. 그러나 보어 PP(of the car)의 자매는 핵인 N이지만 부가어 PP(with sunglasses)의 자매는 N′이다. 이 점이 보어와 부가어의 구조적 차이이다. 보어와 부가어의 구조적 차이는 매우 중요하여 다음 장(7장, 8장, 9장)에서 계속해서 핵심적 역할을 하므로 명심해야 할 사항이다.

(21)의 구조는 아래의 구구조 규칙에 의해 생성된다.

(22) 명사구 구구조 규칙 (제1판)

a. NP → D N′ (지정어 규칙)

b. N′ → N′ PP (부가어 규칙)

c. N′ → N PP (보어 규칙)

(22a)의 규칙은 지정어*Determiner*를 생성하고, (22b)는 부가어*Adjunct*를 생성하고, (22c)는 보어*Complement*를 생성한다. (22)의 규칙이 생성하는 구조를 일반화하여 나타낸 것이 (23)이다.

(23)

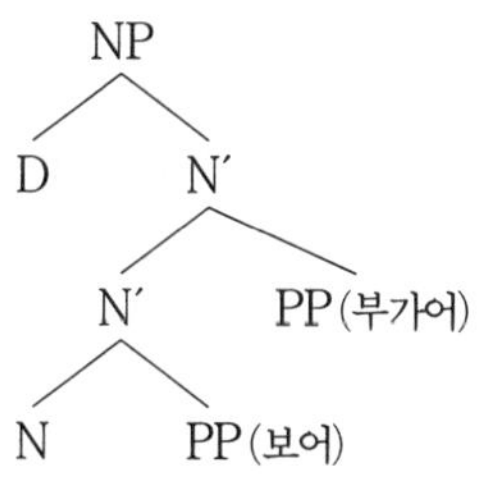

우리는 (22)와 (23)에서 명사구는 명사 핵을 중심으로 지정어, 보어, 그리고 부가어를 가질 수 있음을 보았다. 그런데 명사구에서 이들 요소는 모두 수의적*optional*이다. 즉 핵인 명사를 제외한 요소들은 안 나타날 수도 있다는 것이다. 다음의 예를 보면서 이 특성을 생각해 보자.

(24) a. owners (N)

b. the owners (D N)

c. the owners of the cars (D N $PP_{\text{보어}}$)

d. owners of the cars (N $PP_{\text{보어}}$)

e. the owners of the cars with sunglasses (D N $PP_{\text{보어}}$ $PP_{\text{부가어}}$)

f. the owners with sunglasses (D N $PP_{\text{부가어}}$)

(24) 에서 밑줄로 표시된 핵을 제외한 모든 요소가 수의적이다.

이러한 요소들의 수의성은 괄호규약을 사용하면 위의 현상을 동시에 포착할 수 있다. 다음 (25) 는 (22) 의 명사구 구구조 규칙에 괄호규약을 적용한 것이다.

(25) 명사구 구구조 규칙 (제2판)

a. NP → (D) N′ (지정어 규칙)

b. N′ → N′ (PP) (부가어 규칙)

c. N′ → N (PP) (보어 규칙)

명사구에서 지정어, 보어, 또는 부가어가 모두 수의적이라는 것은 이들 요소가 없어도 명사구(NP) 가 가능하다는 것이다. 다시 말해서 (24) 에 있는 모든 표현이 명사구이다. 혹자는 명사 핵만 있는 (24a) *owners*는 명사구(NP) 가 아니라 명사(N) 라고 생각할지 모르나 이 생각은 옳기도 하지만 틀리기도 하다. (24a) 의 수형도인 (26) 을 보면 이를 이해할 수 있다.

(26)

(26) 에서 표현 *owners*는 N이 되기도 하지만 N′도 되고 또한 NP도 된다. 즉 이 표현은 모든 층위의 역할을 수행할 수 있다는 뜻이다. 명사가 지정어가 없이 보어나 또는 부가어와 나타난 경우도 명사구가 된다.

(27)

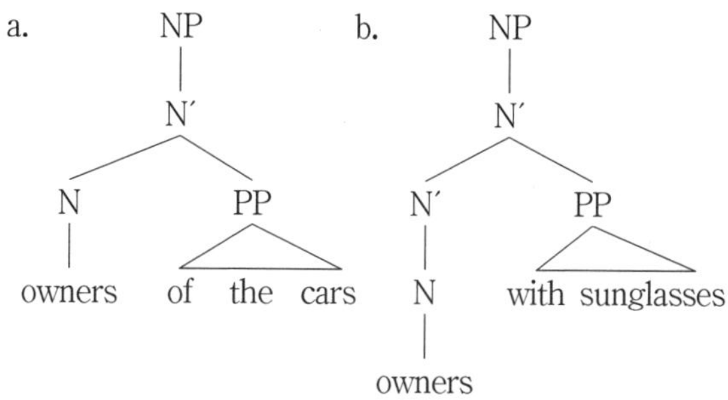

결국 명사구에서 지정어, 보어, 부가어는 모두 수의적인 요소로 이들이 없이 명사만 있어도 명사구가 될 수 있다.

(25) 의 규칙들은 명사를 제외한 지정어, 보어, 그리고 부가어가 수의적임을 보여준다. 이때 수의적 요소가 출현하지 않은 경우에도 이들이 과연 명사구 NP 역할을 하는지 의심할 수 있다. 다음의 예는 그러한 의문에 대한 답을 제공한다.

(28) a. Two cities will not have baseball teams next season if owners get their way.
b. Owners say that they have the right to eliminate teams.

(28a, b) 에서 보듯이 *owners*는 혼자서 주어 역할을 하는 NP이고, 또한 (28b) 에서 대형태인 대명사 *they*가 *owners*를 대신하고 있으므로 *owners*가 NP라는 것을 알 수 있다.

(28) 에서 *owners*만이 NP역할을 하는 것이 아니라 다른 수의적인 요소가 나타나는 경우에도 모두 NP가 될 수 있음을 아래의 예에서 확인할 수 있다.

(29) a. The website is made for whom? Owners of the special houses. (생략대답)

b. Owners in cities, this plant will please. (앞이동)

c. The website is made for owners of the special houses ; they waited for it for a long time. (대형태)

위의 예에서 밑줄 친 명사구는 생략대답, 앞이동, 대형태 등이 가능하므로 독립된 NP임을 확인할 수 있다.

여기서 한 가지 유의할 점은 명사의 보어가 수의적으로 출현하는 것은 특이하다는 것이다. 보어는 논항이므로 의미적으로 꼭 필요한 요소이다. 그럼에도 불구하고 명사의 보어는 출현하지 않을 수도 있다는 점이 특별하다. 이와는 대조적으로 동사의 보어는 그 출현이 의무적이다. 동사의 보어에 대해서는 제8장에서 자세히 논의할 것이다.

➩ 제6장은 영어통사론의 본격적인 시작이다. 제일 중요한 내용은 명사구와 명사 층위 사이에 중간층위를 설정한 것이다. 이 층위의 설정에 의해 보어와 부가어란 구조적 개념을 창출하였고, 이 구조에 대한 구조적인 증거도 제시하였다. 가령, 중간층위 N′를 대신하는 대형태 *one*의 용법이라든가 또는 명사구 내의 등위접속 구문 등이 있었다.

제6장 쉼터이야기

1. 동물의 결정적 시기

우리는 제3장의 쉼터이야기에서 인간에게는 언어습득에 대한 결정적 시기가 있다는 것을 보았다. 그렇다면 동물에게도 결정적 시기가 있는가? 물론 동물은 언어가 없기 때문에 언어가 아닌 행위에 대한 것을 살펴보아야 할 것이다. 만약에 동물이 어린시기에 배우지 못하면 결국에는 하지 못하는 행위가 있는가? 그러한 예가 보고된 바 있다. 잘 알려진 예가 거위새끼들의 '각인*imprinting*'이다. 동물행동학자인 로렌츠Lorenz는 갓 태어난 거위새끼들 주위에서 어미를 대신해서 거위처럼 행동했는데(거위와 비슷한 소리를 내거나 거위의 몸짓) 그 새끼들은 그렇게 행동한 사람을 어미처럼 따라다녔다. 거위새끼들이 갓 태어난 후의 특정 시기에만 주위의 그런 행동이 거위새끼들에게 각인*imprint*되고, 그 시기가 지나면 그런 각인 작용이 없다고 한다. 이것은 동물에게도 결정적 시기가 있다는 예이다.

또 다른 예는 고양이의 경우이다. 가혹한 실험이지만 갓 태어난 고양이 새끼의 한 쪽 눈을 첫 3개월 동안 헝겊으로 가려놓으면 그 눈은 영원히 시력을 잃는다고 한다. 고양이가 갓 태어난 후의 시기는 눈으로 들어오는 시각적 내용을 전달하고 처리하는 시신경이 발달하는 시기이다. 그런데 한 쪽 눈으로 들어오는 내용이 없으면 그 쪽 눈을 담당하는 시신경은 발달이 안 되고 그 시기가 지나면 제 기능을 하지 못한다는 실험이다. 이 역시 결정적 시기를 지지하는 예이다.

결정적 시기가 작용하지 않는 경우도 있다. 뻐꾸기는 자신의 알을 다른 새의 둥지에 몰래 낳아 놓는다. 그러면 그 다른 새는 자신이 낳은 알과 뻐꾸기 알을 구분하지 못하고 모든 알을 열심히 품어서 모든 새끼들이 부화한다. 그런데 뻐꾸기 새끼는 그 둥지에서 자신의 생모가 아닌 다른 새의 울음소리를 들으면서 자라지만 결코 그 새의 울음소리를 배우지 않고 뻐꾸기의 원래 울음소리를 낸다. 뻐꾸기가 울음소리를 습득하는 것은 결정적 시기와는 관계없이 유전적 요인이 작용하는 것으로 볼 수 있다.

2. *You*의 복수형은?

현대영어에서 2인칭 대명사 *you*는 단수와 복수가 동형이다. 즉 한 가지 형태가 두 가지 용도(단수와 복수)로 다 쓰인다. 많은 언어에서 2인칭 대명사는 단수와 복수형태가 구별되기 때문에 영어의 이 형태는 특이하다고 할 수 있다. 가령, 불어의 2인칭 대명사의 단수형은 *tu*이고, 복수형은 *vous*이다. 그리고 독일어의 2인칭 대명사의 단수형은 *du*이고 복수형은 *ihr*이다. 한국어에도 2인칭 대명사의 단수형은 '너(당신)'이고 복수형은 '너희(당신들)'이다. 영어에는 2인칭 대명사에 단수와 복수의 구별이 없지만, 영어를 사용하는 사람들은 실제 상황에서 단수와 복수를 구분할 필요가 생긴다. 그래서 최근에 와서 사람들은 *you*의 복수형을 새롭게 만들어서 쓰고 있다. *you*의 복수형의 후보자로 나오는 형태로, *you guys*, *you folks*, *you'all*이 있다. *you guys*는 주로 젊은 층의 사람들이나 격식이 없는 사이에서 쓰이고, *you folks*는 *you guys*보다는 조금 더 격식이 있는 상황에서, 그리고 *you'all*은 텍사스 지방에서 많이 쓰인다. 이들은 모두 구어체에서 쓰이는 표현들이나 미래에 이 표현 중에 어느 한 형태가, 또는 그 변이형태가 2인칭 복수형태로 표준 영어에서 자리를 잡을 수도 있다. 이러한 새로운 대명사의 출현은 영어의 역사에서 그리 놀란 만한 일은 아니다. 원래 고대 영어에서 2인칭 대명사는 세 가지 형태로, 단수, 양수(2인), 복수형이 있었다. 이 세 가지 형태가 중세 영어(약 14세기경)에 와서 *you*로 모두 대치되었다. *you*는 중세영어에서 '존경을 나타내는 복수형'의 대격형(목적격)과 여격형 형태였다. 중세영어 이후로 이 용법의 형태가 현대영어까지 단수와 복수의 구분이 없이 주격, 대격 그리고 여격의 형태로 쓰이고 있다. 이제 영어 사용자들은 이 형태를 다시 나누고 싶어 하는 것 같다.

제6장 확인학습

1. 책의 내용에 근거하여 다음 진술이 옳으면 ○표, 틀리면 ×표를 하시오.
   ( ) 1) 대형태 *one*은 단어층위의 표현을 대신하지 못한다.
   ( ) 2) 명사의 보어는 부가어보다 핵에 더 가까이 출현한다.
   ( ) 3) 명사의 보어는 그 출현이 필수적인 요소이다.
   ( ) 4) 명사의 부가어는 항상 보어와 함께 출현한다.
   ( ) 5) 부가어의 어머니 마디와 자매 마디는 동일한 층위이다.

2. 다음의 명사구에서 (a)의 명사구 수형도를 그려보고 그 구조에 근거해서 (b)의 비문법성을 설명해 보시오.
   a. the student 〔of linguistics〕 〔with yellow hair〕
   b. *the student 〔with yellow hair〕 〔of linguistics〕

3. 다음 문장이 왜 비문법적인지를 설명하시오.
   a. *The student of English loves the one of French.
   b. *The boss likes the students of English and of the city.

4. 다음 명사구의 수형도를 그려보시오.
   a. a student of zoology with a cap
   b. a student with a cap

5. 다음 명사구는 중의성*ambiguity*이 있다. 두 가지의 의미를 생각해 보고, 각각의 의미에 따른 수형도를 그려보시오.
   a. the man with a dog with a hat
   b. the doctor of animals with the problem

6. 단어에도 구조가 있다. 다음은 두 형용사 *readable*, *unhappy*의 구조이다.

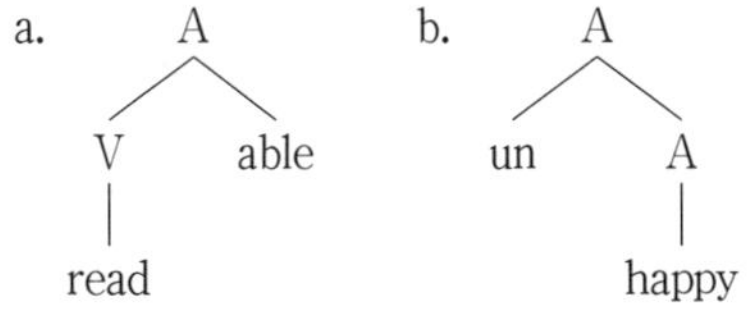

접미사 *-able*은 동사에만 붙는 접미사이다. 그리고 접두사 *un-*은 두 가지 용법이 있는데, 부정의 의미로 쓰인 *un-*은 형용사에만 붙고(예 : *unhappy, unable, unacceptable* 등), 역행의 의미로 쓰인 *un-*은 동사에만 붙는다 (예 : *undo, unzip, uncover, unarm, unbend, unclose, unfasten*). 이를 참조하여 다음 단어의 구조를 수형도로 그려 보시오.

c. undesirable (un-desire-able)
d. unfriendliness (un-friend-ly-ness)

7. 밑줄 친 부분이 대형태 one으로 대치가 가능한 것을 모두 고르시오.

a. the maker of the computers
b. the writer from Russia
c. the students of economics from Seoul
d. the teachers with sunglasses
e. the translator of the book

Chapter 6 Syntactic Argumentation in English

■ Write your answer in English.

1. Consider the structure of the underlined noun phrase in (a) based on the phrase structure rules in (25) in this chapter. Suppose that one student suggests its tree diagram in (b):

a. Look at <u>the girl with a hat from Seoul</u>.

b.

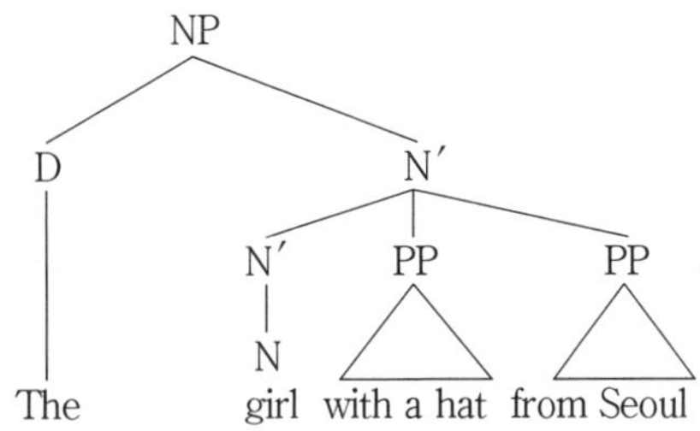

(i) Explain whether the tree diagram is correct or not and why it is or not. (ii) Now consider the underlined pro-form *one* in sentence (c) below. Explain whether the pro-form is evidence for or against the structure in (b).

c. I know the girl with a hat from Shanghai but not the one from Seoul.

Model Answers

1. (i) The tree diagram is not correct since it has a structure N′ → N′ PP PP which is not generated by any rules in (25). Even if we add the new rule, N′ → N′ PP PP, it cannot account for some multiple (eg. three or five) adjuncts.

(ii) The pro-form *one* in (c) replaces *girl with a hat* in (a). But this replaced part does not form a constituent in (b). Therefore, the pro-form is evidence against the structure in (b), indicating that the structure in (b) is not correct.

제6장 임용고사 기출문제

다음 물음에 우리말이나 영어로 답하시오.
(1999년, 유사내용 2008 대전/충북/충남)

1. Consider the following paradigm of words :

unfair, unhappy, unfriendly, unnatural	undo, untie, undress, unhook

Given the paradigm above, first identify the two meanings (or uses) of the affix *un-*.

2. The word *undoable* is ambiguous, and one of the meanings is represented as below.

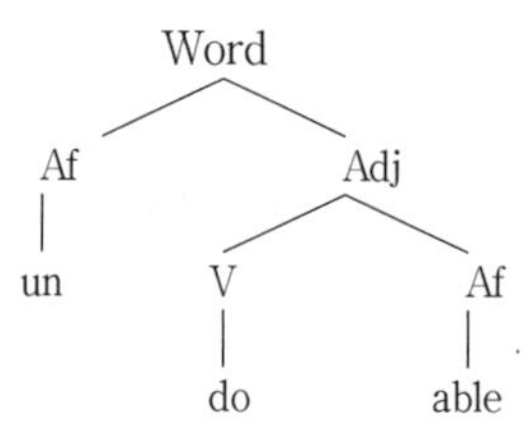

① State first which meaning of *undoable* the above tree diagram represents.
② Draw a tree diagram that represents the other meaning.

제6장 임용고사 기출문제 예상답안

1. 접두사 *un-*에는 두 의미가 있다. 하나는 형용사와 결합하여 어근 형용사의 의미를 '부정'한다(예, *unfair*, *unhappy* 등). 다른 하나는 동사와 결합하여 어근 동사의 의미를 '역행'하게 하는 의미를 갖는다(예, *undo*, *untie* 등).

2. ① *undoable*의 단어구조에서 두 형태소가 합친 *do-able*은 '무언가 할 수 있는' 의미의 형용사이고, 이에 접두사 *un-*이 결합한 *un-do-able*은 부정의 의미인 '무언가 할 수 없는' 의미의 형용사이다.

   ②

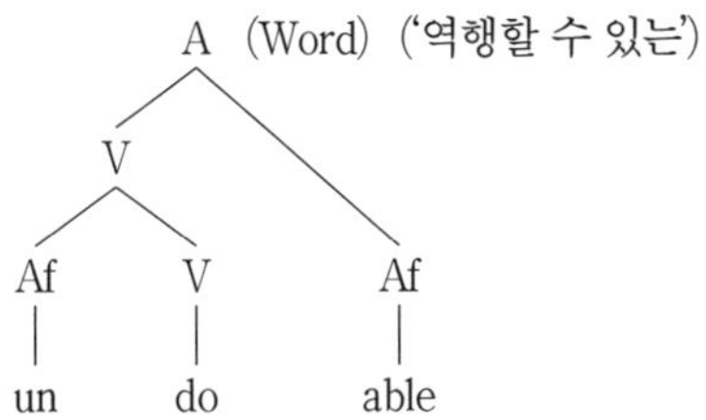

▌제7장▌

명사구 구조의 패턴

〈핵심용어〉

중의성, 이분지 가지, 명사구 구조, 지정어 규칙, 보어 규칙, 부가어 규칙

제7장의 목표는 제6장에서 제시된 명사구의 구조를 자세히 분석하고 증거를 제시하여 일반화된 명사구 구조의 패턴을 찾는 것이다. 명사구 규칙에서 보어와 부가어의 구조가 결정적인 역할을 한다.

7.1 보어와 부가어의 구조

우리는 앞 장에서 명사의 보어와 부가어의 구조적 차이를 밝혔다. 즉 보어의 자매는 N이고 부가어의 자매는 N′이다. 다음 (1)의 수형도는 이러한 차이를 다시 보여준다. (2)는 이 구조를 생성하는 구구조 규칙들이다.

(1)

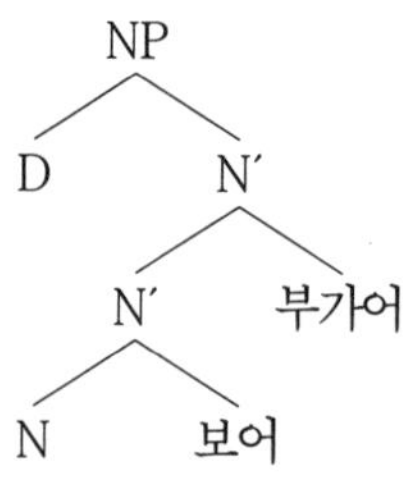

(2) a. NP → (D) N′

b. N′ → N′ (PP)

c. N′ → N (PP)

이제부터 우리는 (1)의 구조와 (2)의 규칙에 대한 추가적인 증거와 그 규칙이 예측하는 현상이 맞는지를 검증하겠다. 우선 (1)의 구조에 대한 증거 및 예측이 맞는지를 보자. 첫째, (1)의 구조는 구조상 보어가 부가어보다 명사 핵에 더 가까이에 오는 어순*word order*을 예측한다. 이 예측은 다음의 예에서 확인된다.

(3) a. the owner 〔of the car〕 〔with sunglasses〕
b. *the owner 〔with sunglasses〕 〔of the car〕

(3a)에서처럼 보어가 부가어보다 핵에 가깝게 나타나야 문법적이 되고, 만약 (3b)에서처럼 부가어가 보어보다 핵에 더 가까이에 나타나면 비문법적이 된다.

둘째로, (1)의 구조는 명사(N)와 보어(PP)가 합쳐서 구성소 N′를 형성한다는 정보와 이 N′가 부가어 PP와 합쳐서 다시 새로운 N′를 형성한다는 정보를 가지고 있다. 즉 *owner of the car*가 하나의 구성소이고, 또한 *owner of the car with sunglasses*도 하나의 구성소라는 것이다. 제6장에서 보았듯이 대형태 *one*의 용법이 이를 입증한다. 다음 예에서 *one*이 가리키는 표현을 생각해보자.

(4) a. This 〔owner of the car〕 is taller than that one.
b. The 〔owner of the car〕 with sunglasses is taller than the one with a T-shirt.
c. This 〔owner of the car with sunglasses〕 is taller than that one.

(4a, b)에서는 *one*이 꺾쇠괄호 부분인 *owner of the car*의 N′를 지시하고 있고, (4c)에서는 *one*이 *owner of the car with sunglasses*를 지시하고 있다. (5)에 있는 명사구의 수형도를 보면 *one*이 지시하는 부분을 분명하게 볼 수 있다.

(5)

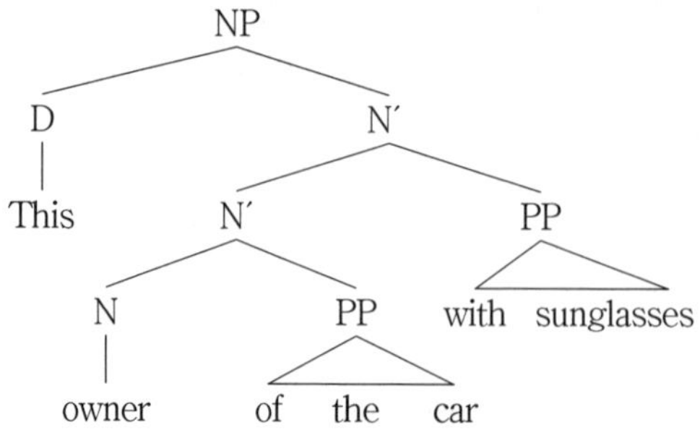

(4a, b)에서는 *one*이 핵 명사와 보어를 포함한 N′(owner of the car)를 지시하고, (4c)에서는 *one*이 보어와 부가어를 포함한 N′(owner of the car with sunglasses)를 지시하고 있다. 이러한 *one*의 용법은 (5)의 구조에 대한 증거가 된다.

(5)의 구조에 대한 증거는 등위접속 구문에서도 찾을 수 있다. 우리는 제3장에서 등위접속 구문은 접속사(*and*나 *or*) 양쪽에 출현하는 요소에 대하여 구성소, 동일범주, 동일층위를 요구하는 것을 보았다. 이 등위접속 구문의 요구사항을 이용하면 (5)에서 중간층위 N′가 과연 두 개가 존재하는지를 테스트할 수 있다. 이 중간층위에 대한 등위접속의 테스트는 제6장에서 확인한 것이지만 다음의 다른 예에서 이 중간층위를 한 번 더 확인해 보자.

(6) a. the [manufacturers of the computers] and [consumers of the products]
  b. the [manufacturers with websites] and [consumers with information]
  c. the [manufacturers of the computers] and [consumers with information]

(6a) 에서는 명사와 그 보어가 구성소를 이룬 후에 등위접속이 되고 있으며, (6b) 에서는 명사와 그 부가어가 구성소를 이룬 후에 등위접속되고 있다. 재미있는 것은 (6c) 이다. 접속사의 앞 부분은 명사와 보어가 합친 구성소이고 뒷부분은 명사와 부가어가 합친 구성소이다. 아래 (7) 의 수형도는 (6c) 의 그 구조를 보여주고 있다.

(7)

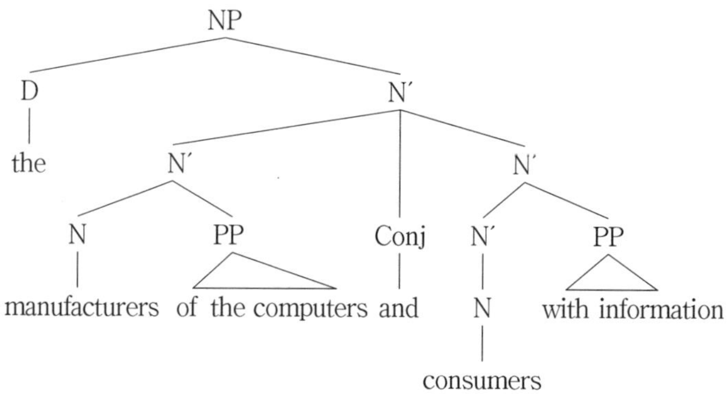

(7) 에서 흥미로운 것은 접속사 *and*의 양쪽의 요소가 동일범주 그리고 동일층위가 오지만 한쪽은 보어를 그리고 한쪽은 부가어를 포함하고 있다는 점이다. 이 등위접속 구조는 우리가 상정하고 있는 명사구 구조의 중간층위에 대한 확실한 증거가 되고 있다.

이제는 (2) 에 있는 구구조 규칙들이 명사구 구조에 대하여 예측하는 점을 살펴보자. 이 규칙에 의하면 지정어와 보어는 하나만 올 수 있다. 지정어와 보어를 도입하는 규칙이 한번만 적용될 수 있기 때문이다. 이 규칙들을 다시 한번 살펴보자.

(8) a. NP → (D) N′ (= 2)
b. N′ → N′ (PP)
c. N′ → N (PP)

(8a)를 보면 입력이 NP이고 출력이 (D) N′이어서 이 규칙은 한번만 적용되므로 지정어 D는 명사구에서 하나만 나올 수 있다. (8c)에서 보어의 경우도 마찬가지이다. 아래에 있는 각각의 수형도를 보면 이를 확인할 수 있다.

(9)
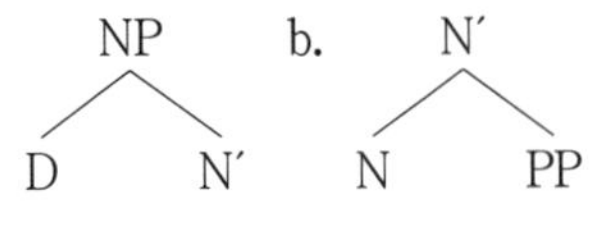

다만 보어의 경우에는 핵 명사에 따라서 하나 이상의 보어를 취할 수도 있다. 가령, 명사 *exchange*는 두 개의 보어를 취할 수 있다(예 : their exchange of cotton with sugar). 그리고 보어의 문법범주는 일반적으로 전치사구(PP)이지만 어떤 명사는 절(S)인 보어를 취하기도 한다. 가령, 명사 *fact*의 보어는 절이다(예 : the fact that the earth turns around the sun). 다음은 두 개의 보어와 절을 보어로 취하는 명사의 구구조 규칙과 그 수형도이다.

(10) a. N′ → N PP PP
b. N′ → N S

(11) a.
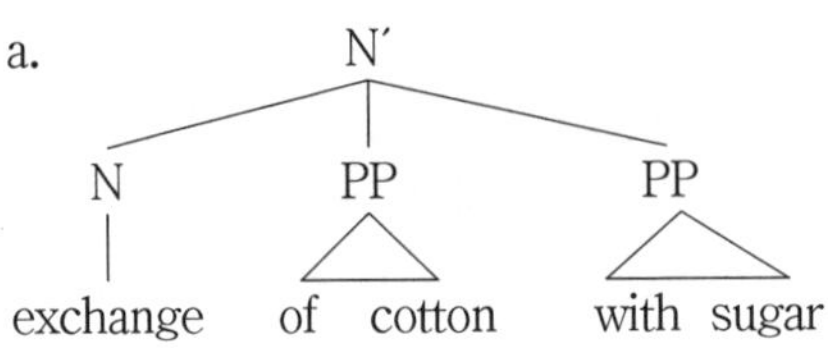

b.
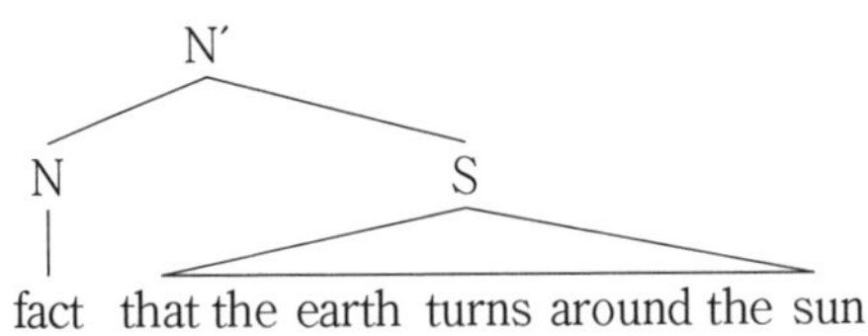

위의 규칙들도 단 한 번만 적용된다. 이것은 보어 규칙의 특징이다.

재미있는 규칙은 부가어 규칙인 (8b) 이다. 이 규칙의 특징은 입력과 출력에 동일한 범주와 동일한 층위(N′) 가 있다는 점이다. 이 규칙을 수형도로 나타내면 다음과 같다.

(12)

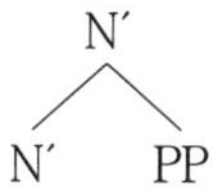

(12) 의 수형도에는 어머니마디와 동일한 범주와 동일한 층위의 딸마디 N′가 있으므로 동일 규칙이 다시 적용될 수 있다. 다시 한번 규칙이 적용되면 (13a) 가, 그리고 세 번 적용되면 (13b) 가 생성된다.

(13) a.

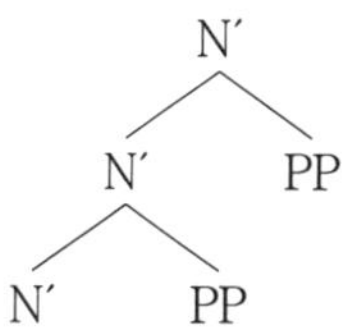

b.

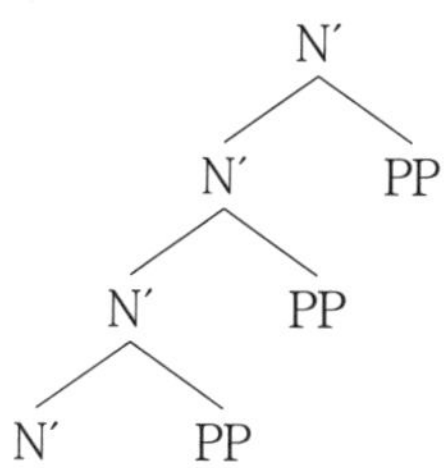

이렇게 부가어 규칙은 반복적으로 적용이 가능하고 그 결과는 여러 개의 부가어 PP가 생성될 수 있다. 이러한 부가어 규칙의 특성을 우리는 앞에서(4장 5절) 회귀성 *recursion*이라고 하였다.

이렇게 부가어 규칙이 예측하는 여러 개의 부가어가 출현하는 명사구의 예는 다음과 같다.

(14) a. the owner with sunglasses
b. the owner with sunglasses with long hair
c. the owner with sunglasses with long hair at the gate

(14) 에서 부가어 PP의 추가는 규칙에서 예측된 것이고 실제 영어의 자료

에서 검증이 되는 구문이다. 이렇게 부가어는 반복적으로 추가될 수 있다.

우리가 실제로 듣거나 보는 명사구에는 보어와 부가어가 다양하게 나타난다. 다음의 예를 보자.

(15) a. the director of the movie from a country in East Asia
    b. the writer of the book about Korean culture
    c. the dog with a puppy with black spots

(15) 에 있는 명사구의 수형도를 그려보면 그 구조를 쉽게 볼 수 있다. 다음은 (15b) 의 수형도이다.

(16)

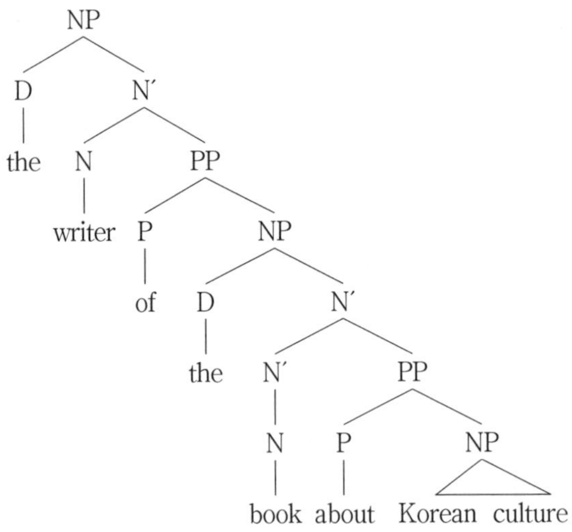

(16) 의 수형도에서 명사 *writer*는 그 뒤에 오는 전치사구(PP)를 보어로 취하고, 명사 *book*은 그 뒤의 전치사구 *about Korean culture*를 부가어로 취한다. 위의 구조에서 보어의 자매는 N이고 부가어의 자매는 N′이다.

한편, (15c) 의 명사구는 의미가 두 가지이다. 그리고 이 두 가지의 의미에 따라 명사구는 서로 다른 구조를 갖는다.

(17) a.

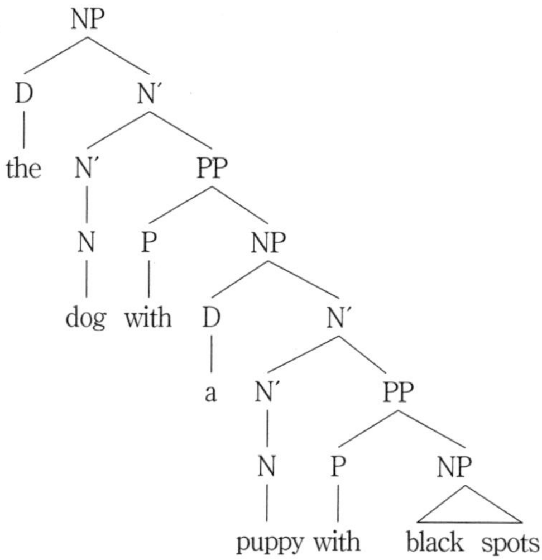

b.

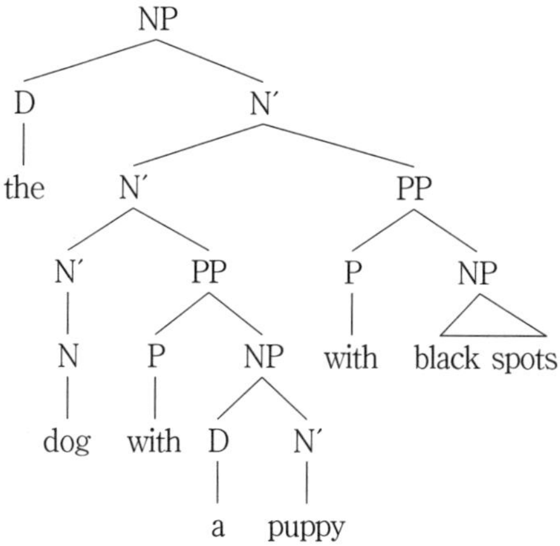

(17a)의 구조는 '검은 점의 강아지를 데리고 있는 개'의 의미이다. 이때 PP *with black spots*는 명사 *puppy*의 부가어이다. (17b)의 구조는 PP *with black spots*가 명사 *dog*의 부가어인 경우로 '강아지를 데리고 있는 검은 점의 개'의 의미이다. 이렇게 두 개의 의미를 갖는 것을 **중의성***ambiguity*이 있다고 하며, 위와 같이 구조가 두 개가 있는 경우를 **구조적 중의성***structural ambiguity*이 있다고 한다.[1)]

보어와 부가어에 대한 구조적 차이는 분명하다. 그러나 실제의 경우에 있어서 그 구별이 쉽지 않다. 다음의 예에서 보어와 부가어를 구별하여 보자.

(18) a. a girl with a bag
b. a student in the room
c. a desk with a shelf
d. the clothes with buttons
e. the lady by a car
f. a man with a gun

(19) a. their attack on the President
b. his anger at her remark
c. my interest in syntax
d. our love of the country
e. your reply to my letter
f. a mother of two sons

(18)과 (19)에서 명사 뒤에 오는 PP가 보어인지 부가어인지는 판단하기 쉽지는 않다. 그러나 어떤 의미적 패턴의 차이가 있음을 알 수 있다. 즉 (18)의 명사는 뒤에 오는 전치사구를 의미적으로 요구하지 않고 이 전치사구는 앞에 있는 명사를 수식하고 있다. 반면에 (19)의 전치사구는 앞에 있는 명사가 의미적으로 요구하는 요소임을 알 수 있다. 우리가 배운 용어를 사용하면 (19)의 전치사구는 명사의 논항이자 보어가 되고, 반면에 (18)의 전치사구는 명사를 수식하는 부가어이다.

이러한 의미관계 때문에 보어 전치사구는 앞의 명사가 요구하는 일정한 요소만이 가능한 반면에 부가어 전치사구는 그런 제한이 별로 없다.

---

1) 구조적 중의성과 대비되는 개념으로 어휘적 중의성*lexical ambiguity*이 있다. 가령, 단어 *bank*는 '돈을 찾고 맡기는 곳'의 의미와 '강가에 있는 둑'의 의미가 있어서 이 단어는 어휘적 중의성이 있다고 한다.

가령, (19) 에서 출현하는 전치사구 대신에 다른 종류의 전치사구로 대치하면 비문법적이 되거나, 또는 보어로는 해석이 곤란하다.

(20) a. their attack on/*in the President
b. his anger at/*to her remark
c. my interest in/*with syntax
d. your reply to/?with my letter

(20) 에서는 특정한 명사 핵이 특정한 보어 전치사구를 요구하고 있다. 보어와는 대조적으로 부가어에 대한 요구는 엄격하지 않다.

(21) a. a boy with sunglasses
b. a boy in the shop
c. a boy on the bus
d. a boy from Seoul

(21) 에서 명사 핵인 *boy*는 여러 종류의 부가어 전치사구와 어울릴 수 있다. 이것은 부가어에 대한 핵의 요구가 거의 없다는 것을 말한다.[2)]

또한 보어는 핵 명사가 요구하는 논항이므로 그 문법범주도 제한되어 있다. 이것은 바로 우리가 앞에서 배운 하위범주화 조건이다. 하위범주화는 보어에 대한 조건이지 부가어에 대한 조건은 아니므로, 보어의 문법범주는 일정하게 정해져 있는 반면에 부가어의 문법범주는 다양하다. 다음의 예에서 보어와 부가어의 범주를 생각해 보자.

---

2) 다음 예는 동일한 전치사구가 여러 종류의 명사 핵과 어울리는 것을 보여 준다.

a. a boy with sunglasses
b. a teacher with sunglasses
c. an owner with sunglasses
d. a mother with sunglasses

위의 예들도 핵과 부가어의 관계가 매우 소원함을 보여준다.

(22) a. their insistence [S that the country should abandon nuclear weapons]
b. the demand [S for the chair to resign]
c. the question [S whether we give up the plan]

(23) a. the president of Korea [PP in the future]
b. the president of Korea [AP tired from the political attacks]
c. the president of Korea [S who has ideal goals]

(22)에서 꺾쇠괄호 부분은 보어로서 그 문법범주는 절(S)이다. 각 명사는 절을 하위범주화하고 더 나아가 특정한 절의 유형(한정절, 비한정절, 의문절)까지도 요구할 수 있다. 이에 반해 (23)에서 꺾쇠괄호 부분은 부가어로 그 문법범주는 보어에 비해 비교적 자유롭고 다양하다. 이것은 핵과 보어, 그리고 핵과 부가어의 의미적 관계를 생각하면 예상할 만한 현상이다.

7.2 명사 앞의 보어와 부가어

이제까지 우리가 공부한 보어와 부가어는 모두 명사 뒤에 오는 경우였다. 그러나 명사 앞에 오는 경우도 있다. 이 절에서는 명사 앞에 나타나는 보어와 부가어를 살펴보겠다. 다음의 두 명사구에서 보어를 찾아보자.

(24) a. the owner of the car
b. the car owner

(24a)에서는 보어인 PP가 명사 뒤에 온다. 그러나 (24b)에서는 같은 의미적 관계에 있는 요소가 명사 앞에 나타나고 있다. 우리는 이 두 명사구의 구조를 다음과 같은 수형도로 나타낸다.

(25)

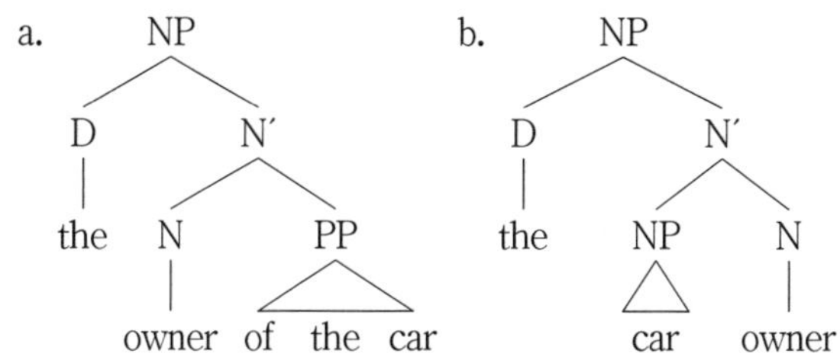

(25a, b) 에서 보어는 핵 앞에 오나 또는 뒤에 오나 핵 명사(N) 와 자매 관계에 있다. 두 구조에서 보어의 차이는 어순과 범주이다. (25a) 에서는 보어가 명사 뒤에 오고 그 범주가 PP이나, (25b) 에서는 보어가 명사 앞에 오고 그 범주가 NP이다. 다음 예는 보어가 명사 앞에 오는 다른 예들이다.

(26) a. the car makers
b. the English teachers
c. the movie producers
d. the house builders

이제는 명사 앞에 오는 부가어의 경우를 살펴보자.

(27) a. the tall owners
b. the tall car owners

(27) 에서 형용사 *tall*은 뒤에 오는 명사 *owner*를 수식하고 있다. 전통적으로 이런 형용사를 한정 수식어 또는 속성 수식어*attributive*라 하였다. 우리는 이제 이 형용사 수식어가 명사를 수식하는 부가어임을 알 수 있다. 부가어는 구조적으로 N′와 자매가 되므로 (27) 의 명사구는 (28) 의 수형도로 각각 나타낼 수 있다.[3] 그리고 그 수형도를 생성하는 구구조 규칙은 (29) 와 같다.[4]

3) (28) 의 수형도에서 N'_a와 N'_b를 사용하는 것은 두 개의 N′를 구별하기 위한 것이다.

(28)

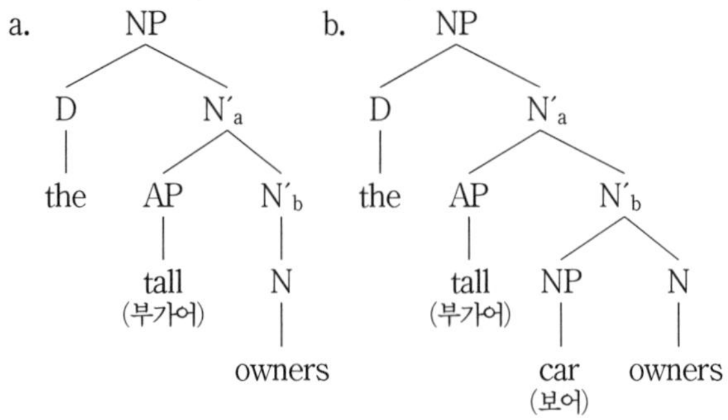

(29) a. NP → (D) N′ (지정어 규칙)

b. N′ → (AP) N′ (부가어 규칙)

c. N′ → (NP) N (보어 규칙)

(29b, c)의 규칙은 새로운 규칙으로 보이나 실제로는 어순만 다를 뿐 앞에서 공부한 부가어 규칙, 보어 규칙과 같은 내용의 규칙들이다. 즉 보어의 자매는 N이고, 부가어의 자매는 N′라는 관계는 계속 유지되고 있다.

이제 우리가 앞 절에서 공부했듯이 (28)의 구조를 확인해 주는 증거를 찾아보자. 과연 앞에 오는 보어와 부가어도 중간층위 구성소 N′를 형성하는 지를 점검할 필요가 있다. 맨 먼저 대형태 *one*의 용법으로 이를 점검해 보자.

(30) a. There are two [tall owners] who want to sell their cars. Do you want to talk to this <u>one</u> or that <u>one</u>?

b. You mean, the two [tall car owners]? That <u>one</u> wants to sell his car.

먼저 (30a)의 *one*이 대신하는 명사구의 부분은 *tall owner*이다. 그리고

---

4) (27b)는 또 다른 의미와 구조를 가질 수 있다. 즉 구조적 중의성이 있다. 형용사 *tall*이 *owner*를 수식하지 않고 *car*를 수식할 수 있다. 이때의 의미는 '(차체가) 높은 차의 주인'이라는 뜻이다.

(30b) 에서 *one*이 지시하는 부분은 *tall car owner*이다. 그래서 (30a) 의 *one*은 (28a) 에서 위에 있는 N'_a를 대신하고 있고, (30b) 의 one은 (28b) 에서 위에 있는 N'_a를 대신하고 있다. 따라서 위의 예는 중간층위인 N'_a가 존재함을 보여준다.

다음의 예는 (28b) 의 수형도에서 아래의 N'_b를 대신하는 *one*의 용법이다.

(31) There are two 〔car owners〕 over there and the tall one wants to sell his car.

(31) 에서 대형태 *one*은 *car owner*를 대신한다. 그래서 이 *one*은 (28b) 의 수형도에서 아래의 N'_b를 대신하고 있다. 이렇게 (28) 의 구조는 문법적으로 실제 존재하는 구조임을 확인할 수 있다.

(28) 의 구조에 대한 또 다른 증거는 등위접속 구문이다. 다음의 등위접속 구문을 보자.

(32) a. the 〔tall owner〕 and 〔good painter〕
b. the 〔tall owner of a company〕 and 〔good painter〕

(32) 에서 꺾쇠괄호 부분은 모두 (28) 의 N′에 해당한다. (32a, b) 의 등위접속 구조를 수형도로 나타내면 다음과 같다.

(33)

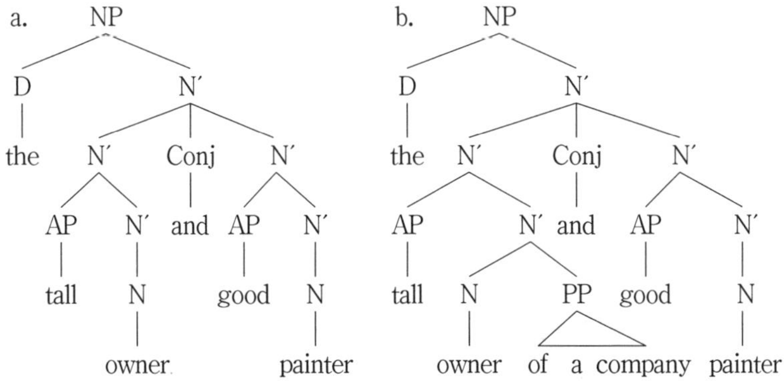

(33) 의 구조는 (32a, b) 에서 꺾쇠괄호 부분이 모두 하나의 구성소라는 것을 분명하게 보여준다. 그리고 (33) 에서 N′로 된 부분은 적합한 문맥에서 대형태 *one*으로 대치될 수 있다. 물론 대형태 *one*은 그 밖의 부분, 가령 N에 해당하는 부분은 대신할 수 없다.

다음으로는 (29) 의 규칙들이 예측하는 현상을 생각해 보자. (29) 의 규칙들을 다시 살펴보고 이 규칙들이 생성하는 구조를 보자.

(34) a. NP → (D) N′ (지정어 규칙)
b. N′ → (AP) N′ (부가어 규칙)
c. N′ → (NP) N (보어 규칙)

(35)

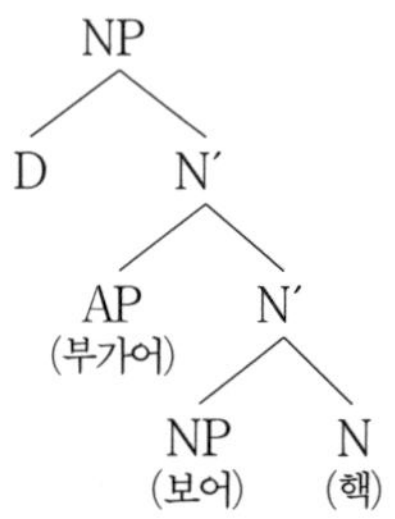

(35) 의 구조에 의하면 보어가 핵에 더 가까이에 있어야 하고 부가어는 핵에서 좀 더 떨어져 있다. 만약에 보어가 있다면 부가어는 그 보어와 핵 사이에 나타날 수 없다. 이 예측은 다음 예에서 확인할 수 있다.

(36) a. the tall car owner
b. *the car tall owner

즉 부가어가 보어보다 핵에 더 가까이에 나타난 (36b) 는 비문법적이 된다.

한편, (34b) 의 부가어 규칙은 회귀적이다. 회귀적 규칙의 특성은 앞에서 논의한 바와 같이 이 규칙은 여러 개의 부가어를 생성할 수 있다. 다음 예에서 이 사실을 확인해 보자.

(37) a. the tall land owner

b. the tall kind land owner

c. the tall kind rich land owner

(37) 에서 형용사 부가어는 계속해서 추가될 수 있다. 이 때 유의할 점은 (37b) 의 옳은 수형도는 (38a) 이지 (38b) 는 아니라는 것이다.

(38) a.

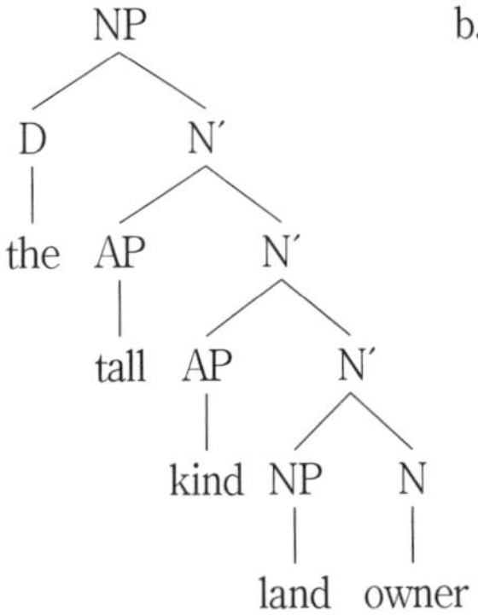

b.

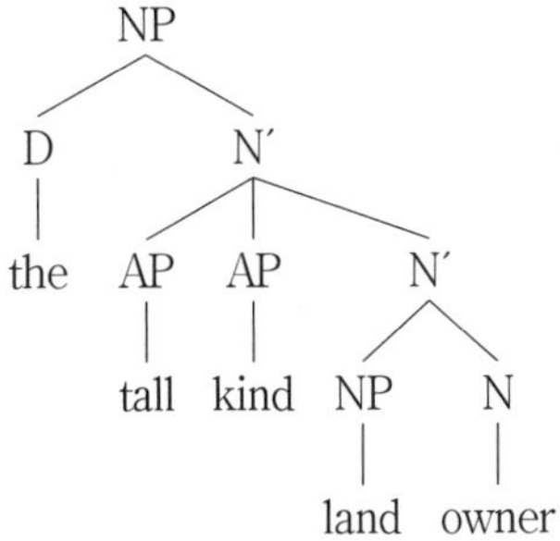

(38a) 와 (38b) 의 차이를 보면 (38a) 의 수형도는 가지*branch*가 언제나 두 개인 반면에 (38b) 는 가지가 세 개인 경우가 있다. (38a) 와 같이 수형도에서 가지가 두 개인 구조를 **이분지 구조***binary branching*라고 하고, 가지가 세 개인 구조를 **삼분지 구조***ternary branching*라고 한다. (38b) 의 삼분지 수형도를 허용하지 않는 것은 이 수형도, 또는 이런 구조를 생성하는 구구조 규칙이 없다는 것이다. 우리가 제시한 (34b) 의 규칙은 이분지 구조만을 생성한다. 그리고 실제로 (38b) 의 구조는 옳지 않다. 왜냐하면 *kind land owner*를 대형태 *one*이 대신할 수 있는데(the tall one) (39b) 에서는 이 표현이 하나의 구성소가 아니기 때문이다. 한편 이분지 규칙의 장점은 모든 종류의 삼분지 구조를 대체할 수 있고 또한 간결하다는 점이다. 보어 규칙의 경우에는 삼분지를 허용하는데 조금 후에 논의하기로 하자.

한편 명사 앞의 보어나 부가어는 구층위이다. 이것은 보어나 부가어가 자신의 수식어를 가질 수 있기 때문이다. 다음 예를 보자.

(39) a. a foreign car owner
b. the very tall owner

(39)에서 *foreign*과 *very*가 수식하는 것은 명사구 전체의 핵 명사(*owner*)가 아니라 바로 뒤에 오는 단어(*car*, *tall*)를 수식한다. (39)는 다음의 구조를 갖는다.

(40)
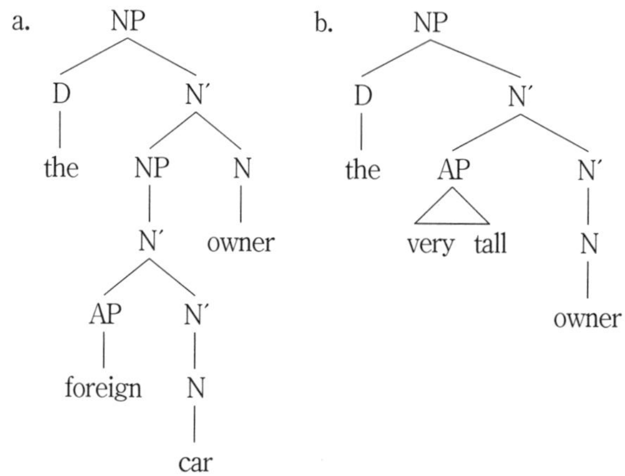

(40)에서 보듯이 *foreign*과 *very*는 명사구 전체의 핵명사인 *owner*에 대한 수식어가 아니고 바로 뒤의 명사 *car*와 형용사인 *tall*의 수식어이다. 이러한 이유 때문에 핵 명사 앞의 보어나 부가어는 구층위의 범주이다.

이제까지 명사 핵 앞에 오는 보어와 부가어가 있는 명사구의 구조를 자세히 살펴보았다. 그런데 보어와 부가어가 명사 앞에 오거나 또는 뒤에 오거나 그 구조적 관계는 동일하다는 점이 발견된다. 아래의 (41)은 앞과 뒤에 오는 보어와 부가어의 구조〔(1)과 (35)〕를 통합한 것이다.

(41)

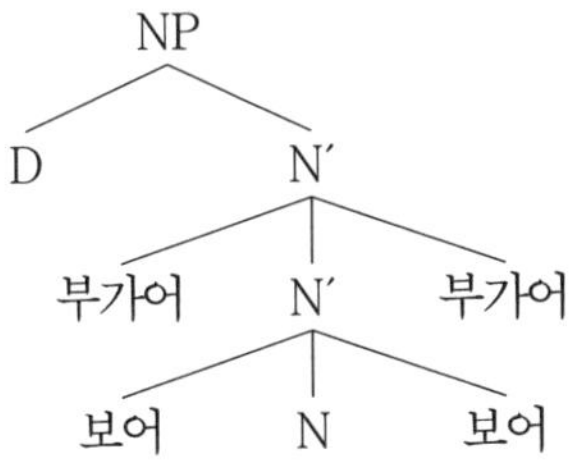

여기에서 우리는 보어나 부가어의 구조는 그들의 어순보다는 구조적 관계에 의해 결정되는 것을 알 수 있다. 즉 보어의 자매는 언제나 N이고, 부가어의 자매는 N′이다.

보어와 부가어가 명사 앞에 올 때와 뒤에 올 때에는 몇 가지의 문법적 차이는 있다. 먼저 문법범주의 차이가 있다. (42)는 보어의 경우이고 (43)은 부가어의 경우이다.

(42) a. the owner [$_{PP}$ of a foreign car]
b. the [$_{NP}$ foreign car] owner

(43) a. the demonstration [$_{PP}$ on the open street]
b. the [$_{NP}$ open street] demonstration

위에서 보듯이 명사 뒤에 오는 보어나 부가어는 전치사구(PP)로 나타나지만, 명사 앞에 올 경우에는 명사구(NP)로 나타난다.

또 다른 차이는, 보어나 부가어가 명사 앞에 오는 구조는 그 의미가 중의적일 수가 있다는 사실이다. 가령, (42a)의 구조는 하나의 의미만 있으나 (42b)의 의미는 두 가지가 가능하다. 즉 *foreign*이 *car*를 수식할 수도 있고 *owner*를 수식할 수도 있다. 이것은 (43b)에서도 마찬가지이다. *open*이 *street*를 수식할 수도 있고 *demonstration*도 수식할 수도 있다. 그러나 (42a)와 (43a)는 의미가 하나이다. 그래서 의미를 분명히 하고자 할 때에는 보어나 부가어를 명사 뒤에 놓아야 할 것이다.

명사 앞이나 뒤에 오는 보어와 부가어의 또 다른 차이는 명사 앞에 오는 보어나 부가어가 자신의 지정어를 취할 수 없다는 점이다. (40a)의 수형도를 다시 보자. 보어 명사구는 구조적으로 지정어 자리를 가질 수 있지만 실제로 이 구조에서 지정어가 오면 비문법적이 된다.

(44) *the a foreign car owner

(44)의 명사구가 비문법적인 이유는 통사적인 것이 아니고 다른 제약이 있기 때문이다.

한편, 이분지만을 허용하는 부가어 구조와는 달리 보어는 삼분지 구조도 가능하다. 다음은 명사가 두 개의 보어를 가지는 경우이다.

(45) a. the strong influence of Latin upon English
b. the superiority of the nation over its neighbors

(45)의 각 명사구에서 두 개의 전치사구는 앞에 있는 명사의 보어이다. 그 수형도는 다음과 같다.

(46) a.

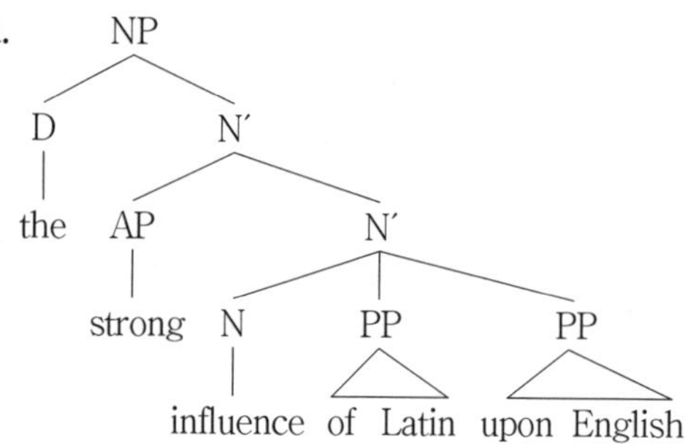

b.

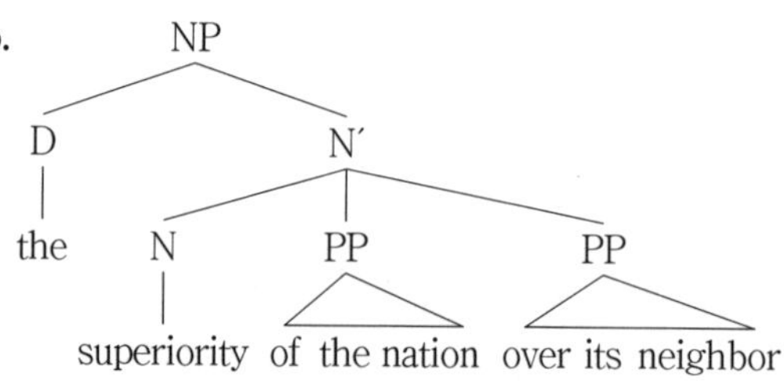

(46) 과 같은 보어 구조를 설명하기 위해서는 다음과 같은 보어 규칙이 필요하다.

(47) N′ → N PP PP

보어의 수는 핵 명사에 의해 결정되며, 일반적으로 보어의 수가 세 개 이상인 경우는 찾기가 힘들다.[5)]

마지막으로 등위접속과 관련하여 한 가지 흥미로운 조건을 추가하고자 한다. 우리는 제3장에서 등위접속 구문에 대한 세 가지 조건을 본 바 있다. 등위접속 구조에서 접속사 양쪽의 요소는 구성소*constituent*이어야 하고, 동일한 문법범주*identical category*이어야 하고, 그리고 동일한 층위*identical level*이어야 한다. 그런데 이 세 가지 조건으로도 설명이 안 되는 다음과 같은 등위접속 구문이 있다.

(48) a. the makers 〔of the computers〕 and 〔of the chips〕
b. the makers 〔with information〕 and 〔with technology〕
c. *the makers 〔of the computers〕 and 〔with information〕
d. *the makers 〔with information〕 and 〔of the computers〕

(48a) 는 보어 전치사구들이 등위접속되고 있고, (48b) 는 부가어 전치사구들이 등위접속되고 있는데 문법적이다. 그런데 보어와 부가어가 섞여서 등위접속이 된 (48c, d) 는 비문법적이다. (48c, d) 의 비문법성은 앞에서 제시된 세 가지 조건으로 설명이 되지 않는다. 즉 구성소, 동일범주, 동일층위의 조건을 모두 만족시키기 때문이다. (48c, d) 가 비문법적인 이유는 보어와 부가어, 즉 핵 명사와 동일한 구조적 관계에 있지 않은 요소들끼리 등위접속되고 있기 때문이다. (48c, d) 에서 보어 *of the com-*

5) 최근의 통사이론에서는 보어의 구조도 이분지를 갖는 구조를 상정한다. 세 개의 보어가 있을 때 이분지의 구조로 표시하기 위해서는 동사의 이동이 요구된다. 이 논의는 고급통사론의 주제로 여기에서는 논하지 않겠다.

*puters*는 그 자매가 N이기를 요구하고, 부가어 *with information*은 그 자매가 N′이기를 요구한다. 이 두 요구는 서로 상충되어서 그 구조가 형성될 수 없다. 구조적 기능이 동일해야 등위접속될 수 있다.

이제 등위접속 구조는 다음의 네 가지 조건을 충족시켜야 한다.

(49) 등위접속 조건
  a. 구성소
  b. 동일한 범주
  c. 동일한 층위
  d. 동일한 기능

이와 같이 등위접속 구문은 문법적으로 매우 유용하고 흥미로운 구문이다.

7.3 명사구 구조의 규칙

우리는 이제까지 명사구 구조의 규칙성을 살펴보았다. 명사구를 구성하는 성분들을 정리해 보면 다음과 같다.

(50) 명사구의 구성성분
  a. 명사구는 핵인 명사가 반드시 있어야 한다.
  b. 명사구 앞에는 수의적으로 지정어가 온다.
  c. 명사구에는 명사의 앞뒤로 보어와 부가어가 수의적으로 올 수 있다.

명사구의 구성은 일정한 규칙성을 가지고 있는데, 이때의 규칙성은 구조적인 것이다. 앞 절에서 배운 명사구의 수형도를 보면 그 규칙성을 확인할 수 있다. 다음은 (41)에서 보았던 명사구의 구조이다.

(51) 명사구의 구조

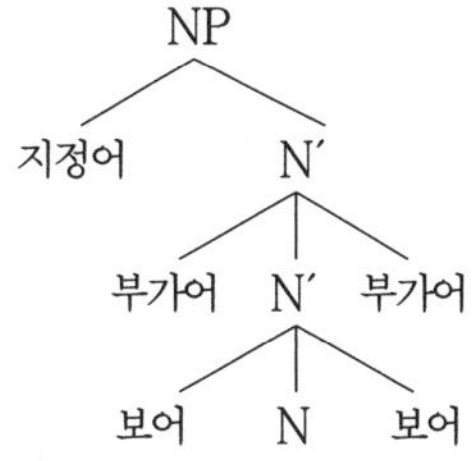

(51) 의 구조는 다음의 구구조 규칙에 의해서 생성된다.

(52) 명사구 구구조 규칙

a. 지정어 규칙 : NP → (D) N′

b. 부가어 규칙 : N′ → (XP) N′, 또는 N′ → N′ (XP)

c. 보어 규칙 : N′ → (YP) N, 또는 N′ → N (YP)

위의 부가어 규칙에서 XP란 PP나 AP 등의 여러 가지의 범주가 대신할 수 있다는 뜻이다. 그리고 보어 규칙에서 YP도 NP나 PP 등이 대신할 수 있다는 뜻이다. 부가어 규칙과 보어 규칙이 각각 두 개씩 있지만 실제로는 어순만 다른 동일한 규칙으로 볼 수 있다.

지정어, 부가어, 보어의 차이는 모두 구조적 관계의 차이이다. 가령, 보어의 자매는 명사 핵 N이고 부가어의 자매는 N′이다. 그리고 우리는 N′라는 중간층위가 존재한다는 것을 여러 가지의 증거를 통해서 확인할 수 있었다. 가령, 대형태 *one*은 중간층위 N′를 문법적으로 대신하는 구성소이고, 또한 등위접속 구문으로도 중간층위의 존재를 확인할 수 있었다.

(51) 의 구조와 (52) 에 있는 규칙은 거의 모든 명사구의 형성을 설명해 줄 수 있다. 이 규칙성은 보편성을 가지고 있어 우리가 앞에서 논의하지 않은 명사구에도 적용이 가능하다. 가령, 우리가 배우지 않은 관계절은 부가어의 일종으로 앞에 오는 선행 명사를 수식한다(the student [$_S$ who studied English Syntax]). 관계절에 대해서는 제14장에서 자세히 논의한다.

⇨ 제7장은 앞 장에서 도입한 중간층위을 이용하여 명사구 내의 다양한 현상을 체계적으로 설명하였다. 보어와 부가어의 구구조 규칙을 소개하여 명사 뒤와 또는 앞에 오는 다양한 수식어를 포함한 명사구 구조의 패턴을 제시하였다.

제7장 쉼터이야기

수화도 언어인가?

소리를 듣지 못하는 청각장애인들은 손짓과 얼굴표정 등으로 자신들의 의사표시를 한다. 이런 표현수단의 언어를 수화*sign language*라고 한다. 그런데 수화도 과연 인간의 언어라고 할 수 있는가? 즉 수화가 촘스키가 주장하는 보편문법의 원리에 의해서 관장되고 창조성과 같은 인간 언어의 속성을 가진 언어 중의 하나인가? 수화에 대한 언어학적 연구는 미국에서 1960년대부터 본격적으로 시작된 후로 수화도 완벽한 인간언어 중의 하나임이 여러 증거를 통해서 밝혀지고 있다. 수화에도 매우 복잡한 형태구조, 통사구조, 그리고 의미구조가 있음이 밝혀지고 있다. 심지어는 구어*spoken language*가 표현하지 못하는 더 복잡한 의미도 수화는 표현할 수 있다고 한다. 우리가 부모한테서 음성 언어를 배웠듯이 청각장애인 어린이는 청각장애인 부모한테서 수화를 아주 자연스럽게 습득한다.

수화를 담당하는 뇌의 부위가 음성언어를 담당하는 뇌의 부위와 같다는 것이 밝혀졌다. 수화를 하는 사람이 좌뇌를 손상한 후에 이 사람은 수화를 하지 못하게 되었다. 언어 담당 뇌가 왼쪽에 있기 때문에 이 사람은 자신의 언어인 수화를 하지 못하게 된 것이다. 그런데 이 사람은 언어의 용도로 손을 움직이지 못하였지만 물건을 들거나 비언어적인 용도로 손을 움직이는 데는 아무런 문제가 없었다고 한다. 이것은 수화가 음성언어와 마찬가지로 좌뇌에 의해서 관장되고 있음을 말해 주는 증거이다. 결국 인간은 처음부터 언어를 할 수 있는 능력을 가지고 태어나는데 어렸을 때 들어오는 입력에 따라 언어를 습득한다. 즉 한국어가 들어오면 한국어를, 영어가 들어오면 영어를, 그리고 수화가 들어오면 수화를 자연스럽게 습득한다고 가정할 수 있다.

Jackendoff (1990), *Patterns in the Mind*, p. 87.

제7장 확인학습

1. 책의 내용에 근거하여 다음 진술이 옳으면 ○표, 틀리면 ×표를 하시오.
   ( ) 1) 명사의 보어는 명사 뒤에만 온다.
   ( ) 2) 명사의 부가어는 보어를 제외하고 명사와 구성소가 될 수 있다.
   ( ) 3) 명사를 제외하고 보어와 부가어가 구성소가 될 수 있다.
   ( ) 4) 일반적으로 부가어는 보어보다 그 문법범주가 더 다양하다.

2. 다음 명사구의 수형도를 그려보시오.
   a. a tall teacher of English
   b. the presentation of the medal to the winner
   c. a close friend of the candidate
   d. the director of the movie from a country in East Asia

3. 다음 명사구의 중의적 의미를 생각해 보고 각각의 의미에 맞는 수형도를 그려 보시오.
   a. a foreign car owner
   b. the big house builders
   c. the happy boys and girls
   d. the professor with a student with sunglasses
   e. the father of a son with blue eyes

4. 명사구 *an English teacher*는 두 가지 의미가 있다. 하나는 '영어를 가르치는 사람*a teacher who teaches English*'이고, 다른 하나는 '영국인 선생*a teacher who is from England*'이다. 각각의 의미에 해당하는 수형도를 그려 보시오. 또한 *a Korean English teacher*와 *an English Korean teacher*의 의미를 비교하고 그 수형도를 그려보시오.

5. 다음의 명사구가 비문법적인 이유를 설명해 보시오. 밑줄 친 명사가 핵이고 전치사구는 이 명사의 보어나 부가어이다.
   a. *the <u>writer</u> in the village of the novel
   b. *the car tall <u>makers</u>
   c. *the <u>professor</u> of English literature and the one of music

Chapter 7 Syntactic Argumentation in English

■ Answer the question in English.

1. Why is the conjoined NP of (a) and (b) ungrammatical?
   a. the rider of the horse
   b. the rider from Texas
   c. *the rider of the horse and from Texas

Model Answers

1. One of the requirements of coordination is that the two conjuncts have the same function; both are either complements or adjuncts. In the examples above, *of the horse* is a complement of *rider*, but *from Texas* is an adjunct. Thus, they cannot be coordinated with the same head, *rider*. That is why (c) is ungrammatical.

제7장 임용고사 기출문제

1. Read the passage and follow the directions. (2006, 서울인천)

> Consider the underlined noun phrases below:
>
> (1) a. Mr. Smith is a teacher of children.
>   b. Mr. Smith is a teacher from America.
> (2) Mr. Smith is a teacher of children from America.
>
> The noun phrase in (2), which is a combination of (1a) and (1b), is ambiguous. The phrase *from America* modifies either the head *teacher* or the head *children*. Thus, the ambiguity results from the possible modification of either head by the phrase *from America*.
>
> However, with the intended meaning 'Mr. Smith teaches children and he is from America,' sentence (3) is ungrammatical:
>
> (3) *Mr. Smith is a teacher from America of children.
>
> The notions of complement and adjunct can be used to explain the ungrammaticality of (3). A complement is a phrase required by the head while an adjunct is its optional modifier; *from America* is an adjunct of the head *teacher* and *of children*, its complement. The noun phrase in (3) is ungrammatical since it does not satisfy the structural requirement that the __(A)__ should come closer to the head than the __(B)__ does.

1) Fill in each blank with ONE word from the passage.

(A) ______________________________

(B) ______________________________

2) The underlined verb phrase below is also ambiguous. Identify the modifier and its two modified heads in the underlined part.

The student <u>read the book on the stool</u>.

(1) the modifier ______________________________

(2) the modified heads ______________________________

2. Read the passage in ⟨A⟩ and the sentences in ⟨B⟩, and follow the directions. 〔5 points〕 (2016)

⟨A⟩

A PP modifier has distinct grammatical functions; it can be either a Complement exemplified by the underlined PP in (1a) or an Adjunct as in (1b).

(1) a. the specialist in phonology
  b. the specialist at the stage

Two types of syntactic phrases can be presented for the structural distinction between PP Complements and PP Adjuncts. First, they are strictly ordered when they both occur as postnominal modifiers, as the contrast in (2) shows.

(2) a. The specialist in phonology at the stage
  b. *The specialist at the stage in phonology

Another syntactic argument can be formulated in relation to *Wh*-movement, as shown in (3): NPs within PP Complements can be preposed, while NPs within PP Adjuncts cannot.

(3) a. What area of linguistics is he a specialist in?
b. *Which place is he a specialist at?

Note: * indicates that the sentence is ungrammatical.

〈B〉

a. He is a contender with a knee injury.
b. He is a contender for the PGA title.

Based on the description in 〈A〉, identify the grammatical function of the underlined PPs in 〈B〉. Then provide two pairs of evidence for your identification, using BOTH sentences in 〈B〉: a pair of NPs and a pair of *wh*-questions, with ungrammaticality marked with an asterisk (*) at the beginning of the evidence.

3. Read 〈A〉 and 〈B〉 and follow the directions. (2009)

〈A〉

The pronouns *one* and *it* are used to refer to nominal expressions. However, they are not only semantically but also syntactically different. Thus, students may misuse them unless they understand their usage. This means that teachers need to have a good knowledge of the principles governing pronominal usage in order to teach their students how to use the pronouns correctly. In relation to their syntactic characteristics, *one* can replace an N′ (not an N), while *it* can replace an NP.

〈B〉

A: I bought a book in this bookstore yesterday.
B: What kind of book did you get?
A: It's a book of poems with a pink cover by Wordsworth.
B: Is it interesting?
A: Yes, very interesting. Why don't you buy a poetry book too?
B: Yes, I'd like to. But I'd like to buy a modern (a) *one* by a different author.
A: Which (b) *one?*
B: I'd like to get a book of poetry by T. S. Eliot.
A: How about that (c) *one* over there?
B: Do you mean the (d) *one* of poetry with a yellow cover? The book on the top shelf? the top shelf?
A: Yes, (e) *one* with a green-colored spine just next to the poetry book by Frost.

Choose all the INCORRECT uses of *one* in 〈B〉 based on 〈A〉.

① a) b) ② a) c) ③ b) c) ④ c) d) ⑤ d) e)

제7장 임용고사 기출문제 예상답안

1. 1) (A) complement
   (B) adjunct
   2) (1) the modifier: *on the stool*
   (2) the modified heads: *read*, *book*

2. i) *with a knee injury* in (a): Adjunct
   for the PGA title in (b): Complement
   ii) Two pairs of evidence:
   1) a. a contender for the PGA title with a knee injury
   b. *a contender with a knee injury for the PGA title
   2) a *What injury is he a contender with?
   b. What title is he a contender for?

3. ⑤

▮제8장▮

동사구 구조의 패턴

〈핵심용어〉

동사구 구조, 평면구조, 보어 규칙, 부가어 규칙

제8장의 목표는 제7장에서 찾은 명사구 구조의 패턴을 동사구에서도 찾는 것이다. 즉 아래의 (1)의 명사구 구조에 상응하는 (2)의 동사구 구조를 탐색하는 것이다.

(1) 명사구 구조

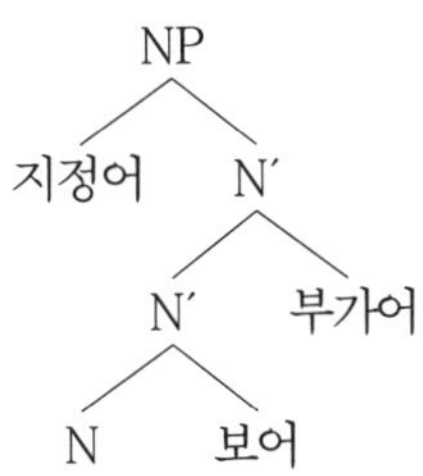

(2) 동사구 구조

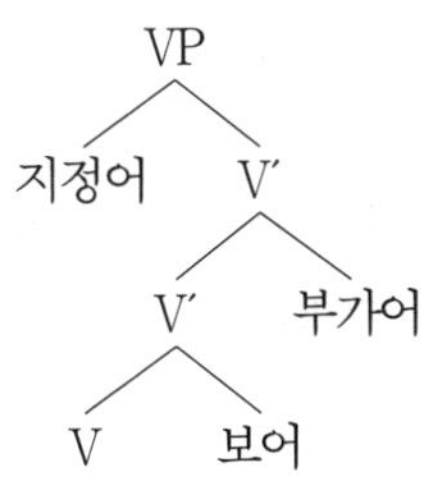

8.1 새로운 층위의 탐색

우리는 제7장에서 명사구(NP)와 명사(N) 사이에 중간층위인 N′가 있음을 발견하였다. 이 중간층위의 발견은 우리로 하여금 보어와 부가어의 구조적 구별을 가능하게 하였고, 명사구 형성의 규칙성을 설명할 수 있게 하였다. 이제 우리는 명사구에서 찾은 구조를 동사구에서도 찾고자 한다.

(1)의 구조에서와 마찬가지로 (2)의 구조에서 중요한 것은 중간층위를 찾는 일이다. 이 중간층위에 대한 증거와 그 문법적 특성을 찾아내고 동사구 구조의 패턴을 찾아보자. 다음 예에서 밑줄 친 두 동사구를 살펴보자.

(3) a. Paul drives his car.
  b. Paul drives his car carefully.

(3)에 있는 동사구에 대한 구조로 제4장에서 다음과 같은 구조를 상정하였다.

(4)
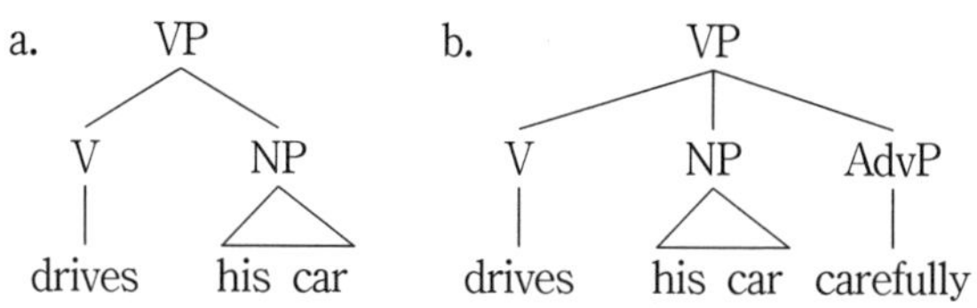

(4)의 구조에서 문제가 되는 것은 보어와 부가어의 구별이 안 된다는 점이다. 우리가 제7장에서 배운 것을 적용한다면 (4b)에서 목적어는 보어이고 부사구는 부가어가 되어야 한다. 그런데 (4b)는 보어와 부가어의 구조적 차이를 보여주지 못하고 있다. 이는 (4a)에서도 마찬가지이다. 즉 (4)의 구조에는 보어와 부가어를 구별하는 구조적 장치가 없다.

동사의 보어란 동사가 의미적으로 꼭 필요로 하는 논항이다. 가령 (3)의 예에서 목적어인 *his car*가 보어이다. 이에 반해 동사의 부가어는 수의적인 요소로 (3b)의 예에서 부사인 *carefully*가 부가어이다.

동사구에서 보어와 부가어를 구별하기 위해서 명사구에서와 마찬가지로 동사구(VP)와 동사(V) 사이에 중간층위를 설정하고 그 표지는 V′로 설정해 보자. (3b)의 구조를 올바르게 표현하는 구조를 찾기 위해 우선 가능한 모든 구조를 상정해 보자.

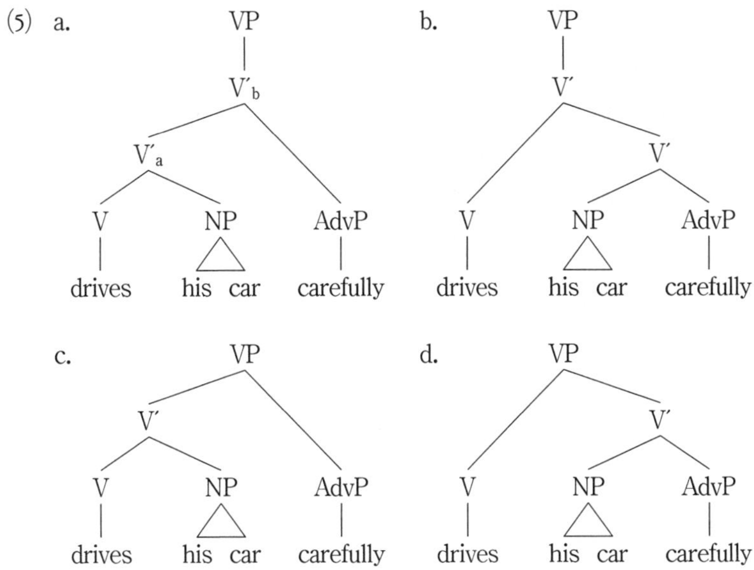

(3b)의 동사구에 대한 (5)의 여러 가지의 구조를 보면 (5a, c)는 동사와 목적어 명사구가 하나의 구성소를 이루고 있고, (5b, d)는 목적어 명사구와 부사구가 하나의 구성소를 이루고 있다. 그리고 (5a, c)의 차이는 부사구의 어머니마디가 다르고, (5b, d)의 차이는 동사의 어머니마디가 다르다.

(5)의 여러 구조 중에서 옳은 구조는 (5a)이다. (5a)에서 명사구(NP) *his car*의 자매는 동사 V이고, 부사구(AdvP) *carefully*의 자매는 V′이다. 다른 구조는 이런 정보를 갖고 있지 않다. (5a)의 구조에 대한 증거를 찾아보면서 왜 다른 구조가 틀린 구조인지를 고찰해 보자. 먼저 (5a)에 설정된 중간층위 V′에 대한 증거로서 대형태 *do so*의 용법을 보자.

(6) a. Paul will 〔drive his car carefully〕 and Peter will do so.
b. Paul will 〔drive his car〕 carefully but Peter will do so dangerously.
c. *Paul will 〔drive〕 his car carefully but Peter will do so his car dangerously.

(6a) 에서 대형태 *do so*는 *drive his car carefully*를 대신한다. 이 대형태는 (5a) 에서 V'_b를 대신하고 있다. 즉 (5a) 의 구조로 (6a) 를 설명할 수 있다. (6b) 에서 *do so*는 *drive his car*를 대신하고 있어 이 대형태는 (5a) 의 V'_a를 대신하고 있다. (6b) 의 용법을 종전의 구조인 (4b) 로는 설명할 수 없으며, 이 대형태의 용법은 동사구에도 중간층위가 있다는 증거가 된다. 그리고 (6c) 는 *do so*가 동사를 대신하지 못하는 것을 보여준다. 이렇게 *do so* 대형태의 용법은 (5a) 의 구조에 대한 증거가 된다.[1] (5a) 에서 목적어 명사구(his car) 는 동사의 보어이고 부사구(carefully) 는 부가어이다. 동사의 보어 구조와 부가어 구조는 명사구에서와 마찬가지로, 보어의 자매는 동사 핵이고 부가어의 자매는 V′이다.

한편, (6b) 에서 *drive his car*가 하나의 구성소를 이루고 있다는 사실은 (5b, d) 의 구조가 잘못된 구조임을 보여준다. (5b, d) 에서 해당 부분이 구성소를 이루지 못하기 때문이다. (5c) 의 구조는 (6) 의 *do so* 용법을 설명할 수 있을까? (5c) 의 구조로 (6) 에 있는 *do so*의 구성소 용법을 설명할 수 있다. 그러나 (5c) 는 부사구의 구조가 문제이다. 동사구에서 부사구는 부가어이어서 그 어머니마디와 자매마디가 동일한 층위의 마디이어야 하는데, (5c) 의 구조는 그 두 마디의 층위가 다르다. 결국 (5c) 는 부가어에 대한 구조가 잘못 설정되어 있어서 틀린 구조이다.

---

1) 이때 (5a) 에서 V′와 VP의 구분이 없으므로 *do so*가 VP를 대신한다고 할 수도 있다. 정확한 구분을 위해서는 VP의 지정어가 있는 동사구를 가지고 테스트를 해야 하나 이 테스트는 고급통사론의 지식이 요구되므로 여기서는 생략하기로 한다. 8장 3절 참조.

대형태 *do so*는 (7)의 **평면구조***flat structure* 분석이 왜 틀렸는지도 설명해 준다.

(7)

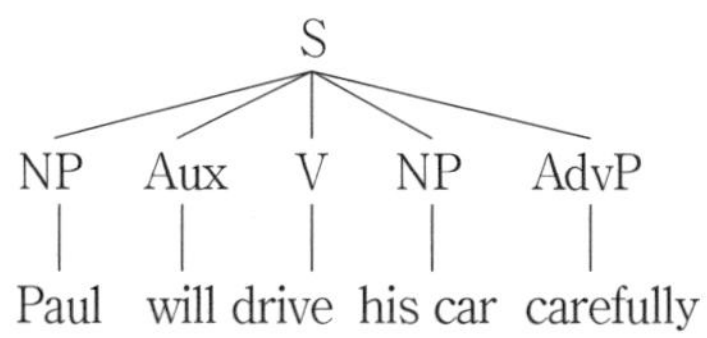

(7)에 있는 문장의 평면구조*flat structure*에는 VP(drive his car carefully)의 구성소가 없고, 더 나아가 이 평면구조에서는 동사와 그 목적어 명사구가 구성소(drive his car)를 이루지 못하고 있다. 그래서 (7)의 구조는 잘못된 구조 분석이다.

*do so*와 유사한 용법을 가진 표현으로 *do the same thing*이 있다. 이 대형태도 중간층위 V′의 존재에 대한 증거이다. 이 표현의 용법을 다음 예에서 보자.

(8) a. Martha 〔put some money in the bank on Friday〕. And Shirley did the same thing.

b. Martha 〔put some money in the bank〕 on Friday. And Shirley did the same thing on Monday.

c. Martha 〔put some money〕 in the bank. *And Shirley did the same thing in her wall safe.

—Baker(1996), *English Syntax*, p. 61-62.

(8)에서 밑줄 친 *do the same thing*은 앞에 나오는 꺾쇠괄호 부분을 대신하는데 (8a, b)에서는 가능하지만 (8c)에서는 불가능하다. 즉 *do the same thing*이 *put some money in the bank on Friday*와 *put some money in the bank*는 대신할 수 있지만 *put some money*는 대신할 수 없다. 이 현상을 설명하기 위해서 다음과 같이 *put* 동사가 취하는 동사구의 구조를 볼 필요가 있다.

(9)

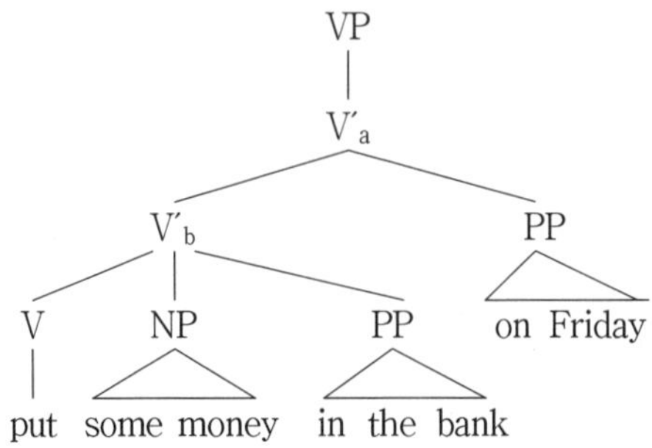

(9) 의 구조에서 *put* 동사는 두 개의 보어인 NP와 PP를 취하고 있다. 이 두 보어는 동사 핵 V와 자매관계에 있다. 그리고 이 동사는 부가어 PP도 취하고 있는데 이 부가어의 자매는 V'_b이다. (8a) 에서 *did the same thing*의 용법은 (9) 의 V'_a의 존재를 입증하고, (8b) 에서의 용법은 (9) 의 V'_b의 구조를 입증한다. (8c) 의 뒤 문장이 비문법적인 이유는 *put some money*가 (9) 에서 보듯이 구성소를 이루지 못하기 때문이다. 결국 (8) 에 있는 *did the same thing*의 용법은 (9) 의 구조가 옳다는 것을 말해준다. (9) 는 동사구와 동사 층위 사이에 중간층위 V′가 있는 구조이다. 그리고 (9) 의 구조가 옳다는 것은 이 구조와 다른 구성소 형태를 가진 구조는 틀리다는 것을 말한다.

만약에 *put* 동사구에 대하여 보어와 부가어의 구분이 없는 아래의 (10) 과 같은 평면구조를 상정했다면 우리는 *do the same thing*의 용법을 설명할 길이 없다.

(10)

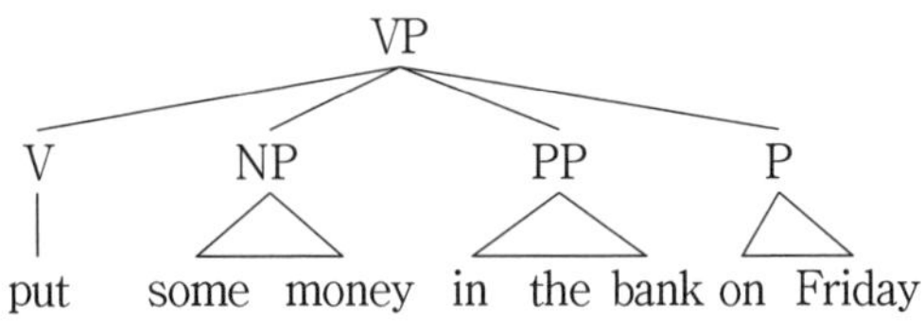

(10) 의 평면구조로는 (8) 에 있는 *do the same thing*의 용법을 설명할 수 없다. 가령 (10) 에서는 *put some money in the bank*가 구성소가 아니어서

(8b)의 용법을 설명할 수 없다.

이렇게 (5a) 또는 (9)의 구조에서 보듯이 동사 핵과 보어가 합쳐서 하나의 구성소 V′를 형성하고 부가어가 있다면 V′는 부가어와 합쳐서 또 하나의 V′를 형성한다. 대형태 *do so*와 *do the same thing*의 용법은 동사구에서 중간층위가 있다는 증거가 되기도 하고, 또한 문장에서 동사구가 하나의 구성소를 이룬다는 증거가 되기도 하다.

8.2 동사구 구조의 규칙

앞에서 공부한 동사구에 대한 구구조 규칙을 생각해 보자. 우선 구조 (5a)는 (11)의 구구조 규칙들에 의해, 그리고 (9)의 구조는 (12)의 규칙들에 의해 생성될 것이다.

(11) drive his car carefully

a. VP → V′

b. V′ → V′ AdvP

c. V′ → V NP

(12) put some money in the bank on Friday

a. VP → V′

b. V′ → V′ PP

c. V′ → V NP PP

위의 두 유형의 구구조 규칙을 종합하면 다음과 같이 일반화된 구조가 나온다.

(13)

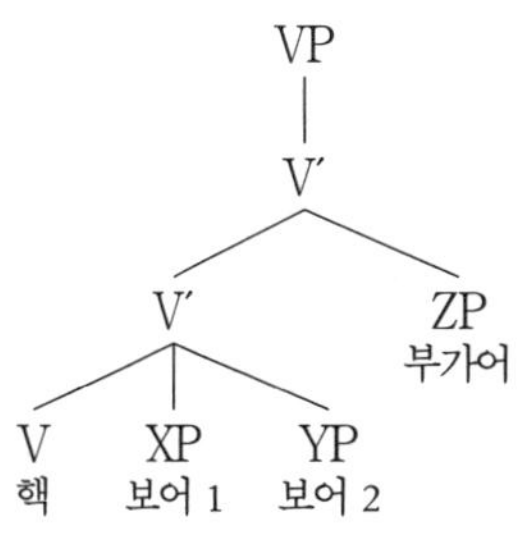

동사의 보어는 동사 핵 V의 자매로 나타나고 부가어는 V′의 자매로 나타난다. 위에서 XP, YP, ZP로 표기한 것은 그 범주가 한 종류가 아니고 다양할 수 있기 때문이다. 여기서 X, Y, Z는 변항*variable*으로 다른 범주로의 대체가 가능하다. 가령, 부가어는 부사구(AdvP)일 수도 있고 또는 전치사구(PP)일 수도 있다. 그리고 보어도 명사구(NP), 절(S), 또는 전치사구(PP)가 올 수 있다. 위의 구조를 (14)와 같이 일반화할 수 있다. (14c)에서 보어 XP*에서 *표시는 보어가 없거나 또는 그 수가 한 개 이상일 수 있다는 표시이다.

(14) a. VP → V′
b. V′ → V′ (XP) (부가어 규칙)
c. V′ → V XP* (보어 규칙)

(14)의 규칙에 의하면 우선 부가어 규칙은 부가어의 출현이 수의적이고 규칙이 회귀적이어서 여러 개의 부가어가 나타날 수 있음을 예측한다. 이 예측은 다음 예에서 검증된다.

(15) a. Sam drove a car.
b. Sam drove a car [$_{AdvP}$ carefully].
c. Sam drove a car [$_{AdvP}$ carefully][$_{NP}$ last year].
d. Sam drove a car [$_{AdvP}$ carefully][$_{NP}$ last year] [$_{PP}$ in his hometown].

동사구에서 부가어는 나타나지 않을 수도 있으나 적절한 의미상황만 주어지면 계속적인 추가가 가능하다.

보어는 동사 핵에 따라 한 개 또는 두 개, 혹은 없을 수도 있다. (14c)의 규칙은 보어가 없는 자동사(예 : jump), 목적어가 하나인 타동사(예 : read), 보어가 두 개인 동사(예 : put, give), 또는 두 개 이상의 보어를 취

하는 동사에 대한 구구조 규칙을 모두 포괄한다.[2)]

한편, (13)의 구조, 또는 (14)의 규칙은 다른 예측도 한다. 즉 보어는 부가어보다 동사 핵에 언제나 더 가까이에 나타나는 어순을 예측한다. 다음 예를 보자.

(16) a. Martha put 〔some money〕 〔in the bank〕 〔on Friday〕.
b. *Martha put 〔some money〕 〔on Friday〕 〔in the bank〕.
c. *Martha put 〔on Friday〕 〔some money〕 〔in the bank〕.
d. *Martha put 〔in the bank〕 〔some money〕 〔on Friday〕.

(16)에서 보듯이 동사 *put*의 보어는 NP인 *some money*와 PP인 *in the bank*이고, 부가어는 PP인 *on Friday*이다. 그런데 부가어가 (16b)에서처럼 보어와 보어 사이에 오거나, 또는 (16c)에서처럼 동사 핵과 보어 사이에 오면 비문법적이 된다. 이러한 어순은 우리가 제시하는 동사구 구조가 예측하는 현상이다. 한편 (16d)가 비문법적인 이유는 동사의 명사구 목적어인 *some money*가 동사에 인접해서 출현하지 않기 때문이다. 이는 제5장에서 설명한 '동사-목적어 인접 조건'을 어기고 있다. 이 조건은 (16c)의 비문법성도 설명할 수 있다.

동사구내의 보어와 부가어의 구별은 수동태에서도 확인할 수 있다. 다음 예를 보자.

(17) a. The director made the film last year.
b. The film was made last year.
c. *Last year was made the film.

(17a)의 밑줄 친 동사구에는 두 개의 명사구 *the film*과 *last year*가 있다. 그런데 이 중에서 *the film*은 (17b)에서처럼 수동문의 주어가 될 수 있으

2) 영어의 동사 중에 3개 이상의 보어를 취하는 동사는 거의 없다.

나, *last year*는 (17c)에서처럼 수동태의 주어가 되지 못한다. 이러한 대조는 수동태에서 동사의 보어만이 수동태 주어가 될 수 있으며 부가어는 될 수 없다는 (18)과 같은 조건을 가정하면 설명이 가능하다.

(18) 수동문 주어 조건
  동사의 보어만이 수동문의 주어가 된다.

(18)의 조건은 수동화에서 보어와 부가어의 구별이 필요한 것을 말해 준다.[3)]

한편, 동사의 부가어는 명사에서와 마찬가지로 핵 동사의 뒤에는 물론 앞에도 출현할 수 있다. 다음의 예를 보자.

(19) a. You can use the electrical appliance after you carefully read the instructions.
  b. You can use the electrical appliance after you read the instructions carefully.

부가어 *carefully*는 (19a)에서는 동사의 앞에, (19b)에서는 동사의 뒤에 출현하고 있다. 이것은 구조적으로 예측이 되는 현상이다. 그래서 동사의 부가어 규칙도 명사의 부가어 규칙과 마찬가지로 아래와 같이 수정되어야 할 것이다.

(20)

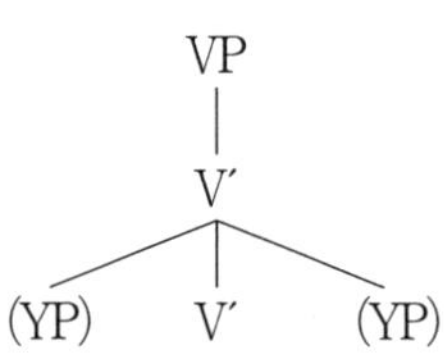

(=14b)

(21) a. V′ → V′ (YP)
  b. V′ → (YP) V′

---

3) (18)의 조건은 제12장에서 수정 보완된다.

(21) 에 있는 두 규칙은 어순만 다를 뿐 구조적으로 동일한 규칙으로, 동사의 부가어는 자매 마디와 어머니 마디가 V′이다.

동사의 보어는 명사의 경우와는 달리 동사 앞에 올 수 없고 항상 뒤에 와야 하며, 그리고 그 출현이 대개 의무적이다. 가령, 동사 *put*의 보어가 생략되면 비문법적이 된다.

(22) a. Martha put some money in the bank.
b. *Martha put some money.
c. *Martha put in the bank.
d. *Martha put.

(22) 에서 보듯이 동사의 보어 중에서 어느 하나가 나타나지 않아도 비문법적이다.

어떤 동사는 한 가지 이상의 보어 규칙을 필요로 한다. 다음 예를 보자.

(23) a. Jack gave a ring to Jane.
b. Jack gave Jane a ring.

(24) a. Alice changed the music.
b. The music changed.

(23) 의 동사 *give*와 (24) 의 *change* 동사는 두 가지 유형의 보어 구조를 취한다. 이를 규칙으로 표현하면 다음과 같다.

(25) give :
a. V′ → V NP PP
b. V′ → V NP NP

(26) change :
a. V′ → V NP
b. V′ → V

위의 규칙을 괄호규약과 중괄호규약을 사용하면 (25)는 (27a)로, (26)은 (27b)로 각각 간략히 할 수 있다.

(27) a. $V' \rightarrow V \ \ NP \begin{Bmatrix} PP \\ NP \end{Bmatrix}$

b. $V' \rightarrow V \ (NP)$

한편, 동사의 보어 종류는 매우 다양하다. 아래에 대표적인 보어의 유형을 예로 들고 그 수형도를 제시한다. 밑줄 친 부분이 해당 동사구이다.

(28) a. Jack <u>gave a ring to Jane</u>.

b.

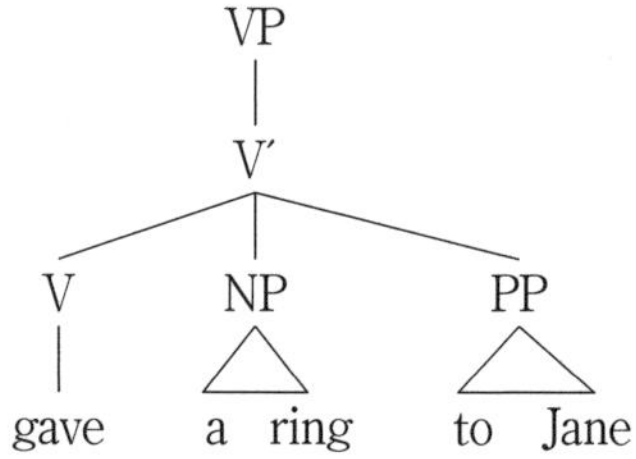

(29) a. Jane <u>looks very satisfied</u>.

b.

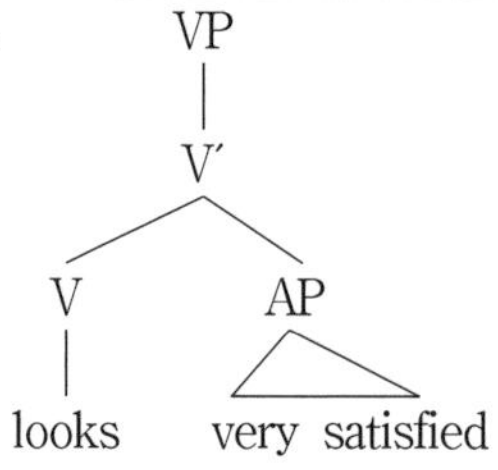

(30) a. I <u>think that Jack loves Jane</u>.

b.

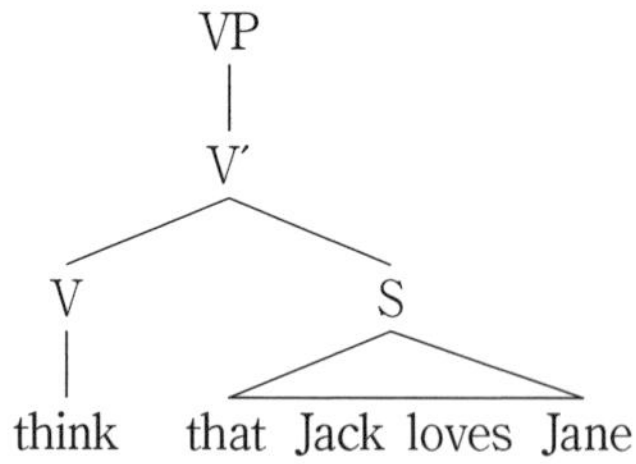

(31) a. Jack is a lawyer.

b. Jack is rich.

(32) a. b.

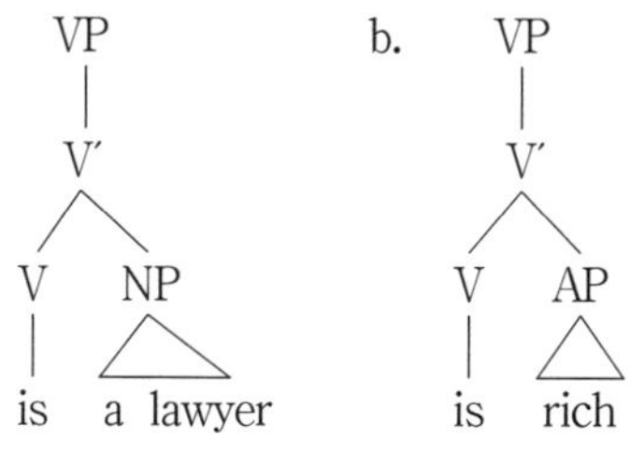

위의 예에서 보듯이 동사의 보어로는 명사구, 전치사구, 형용사구, 절이 출현한다.

8.3 동사구 구조의 특성

이제까지 살펴본 동사구의 구조는 명사구의 구조와 그 규칙의 패턴이 동일하다. 이 절에서는 명사구와는 다른 동사구의 특성을 찾아보자.

동사구가 명사구와 다른 점은 지정어의 유무에 있다. 명사구의 지정어 자리에는 *the*, *a*, *his*와 같은 단어가 올 수 있었다. 그런데 동사구의 지정어 자리는 빈자리로 취급해 왔는데, 실제로 동사구의 지정어 자리에 출현하는 요소를 찾기는 쉽지 않다. 이것은 명사구와는 다른 점이다.

동사구의 지정어 자리에 대하여 최근의 통사론에서는 동사의 주어 논항이 동사구의 지정어 자리에 있다가 문장의 주어자리로 이동해 갔다는 주장을 받아들이고 있다.[4] 다음의 예가 그 증거로 제시된다.

(33) a. All my students can __ get the grade A+.

b. My students can all __ get the grade A+.

(33a) 에서는 주어 *All my students*가 문장의 주어자리에 나타난다. 그러

4) 이러한 주장을 동사구내 주어가설 *VP-internal Subject Hypothesis*이라고 한다.

나 (33b) 에서는 양화사 *all*이 조동사와 동사 사이에 출현한다. 이러한 자료는 주어가 원래 동사구의 지정어 자리에 있다가 주어자리로 이동해 왔다는 증거로 제시된다. 즉 (33a) 에서는 *All my students* 전체가 이동하였고, (33b) 에서는 *my students*만 이동해 왔다는 것이다. 이에 대한 논의는 고급통사론에 속하므로 더 자세히 논하지는 않겠다.

동사구가 명사구와 또 다른 차이점은 동사의 보어는 그 출현이 일반적으로 의무적이라는 것이다. 반면에 명사의 보어는 그 출현이 수의적이다. 다음 예를 보면 이 차이를 알 수 있다.

(34) a. the makers (of cars)
　　b. the investigator (of the murder)

(35) a. *They make.
　　b. *The police investigate.

(34) 의 명사구에서 보어인 전치사구는 그 출현의 여부가 전체 명사구의 문법성에 영향을 주지 않지만, (35) 의 문장은 동사의 보어가 있어야만 문법적이 된다.

동사구와 명사구의 세 번째 차이점은 명사구의 보어는 명사의 앞이나 뒤에 올 수 있으나 동사구에서는 보어는 오직 동사 뒤에만 온다. 다음 예를 보자.

(36) a. the makers of cars
　　b. the car makers

(37) a. They make cars.
　　b. *They cars make.

이러한 차이는 다른 문법원리에 의해서 설명되어야 할 것이다.

마지막으로 논항과 보어, 그리고 부가어의 세 용어에 대한 구별을 해보자. 부가어는 보어에 대조되기도 하지만, 논항에 대조되기도 한다. 부가어는 논항도 될 수 없고 보어도 될 수 없다. 한편 논항과 보어는 중복되는 경우가 있지만 동일한 개념은 아니다. 보어는 통사적 개념이지만 논항은 의미적 개념이다. 논항은 술어의 의미에서 비롯된다. 투사원리에 의해 논항은 보어자리로 투사되지만, 모든 논항이 보어가 되지는 않는다. 가령 주어논항은 보어가 아니다. 그리고 대부분의 보어가 논항이지만, 통사적 기능만 하는 범주, 가령 계사*copula*인 *be* 동사는 논항이 아닌 보어를 가질 수 있다. *John is very happy*란 문장에서 *be* 동사는 보어로 형용사구 *very happy*를 취하지만 이 형용사구는 *be* 동사의 논항은 아니다. (31)에서도 동사의 보어이지만 논항이 아닌 예를 볼 수 있다.

➪ 제8장은 동사구의 구조에도 규칙적인 패턴이 있음을 소개한 장이다. 명사구에서와 마찬가지로 동사와 동사구 사이에 중간층위인 V'를 도입하였다. 이 중간 층위의 설정으로 동사의 보어와 부가어를 구별하여 관련된 다양한 동사구 현상을 설명할 수 있었다. 가령, *do so*와 *do the same thing*과 같은 대형태의 용법은 중간층위의 존재를 확인시켜주었고, 목적어 명사구와 부가어인 부사구의 구조적 차이를 살펴보았다.

제8장 쉼터이야기

영어 화자의 평균 단어 수

우리가 영어를 배우면서 생각해 본 질문 중에 하나는 대체로 우리가 몇 개 정도의 영어 단어를 알고 있어야 하나 하는 질문일 것이다. 그래서 궁금한 것 중의 하나는 영어를 말하는 사람들이 평균적으로 단어를 몇 개 정도를 알고 있는가 하는 것이다. 심리학자 윌리엄 너지William Nagy와 리처드 앤더슨Richard Anderson이 조사한 바에 의하면 미국의 고등학교 졸업자가 알고 있는 단어 수는 약 4만 5천이라고 한다. 이 숫자에는 각 개인들이 알고 있는 고유명사, 외래어, 합성어 등이 제외되어 있는데, 이들을 모두 포함한다면 미국 고등학교 졸업자가 아는 평균 단어 수는 대략 6만 단어라고 추정한다.

그런데 6만 개의 단어는 적지 않은 것이다. 가령, 6만 개의 단어를 배우기 위해서 하루에 배운 단어가 몇 개인지를 생각해 보자. 우선 단어를 배우는 기간을 계산해 보면, 단어를 배우기 시작한 약 1살부터 고등학교를 졸업할 때까지 약 17년이 된다. 17년 동안 6만 개의 단어를 배우려면, 하루에 10개 단어를 습득해야 하고(365×17×10 = 62, 050), 잠자는 시간을 제외하면 거의 매 90분마다 새로운 단어를 하나씩 배운 것이다. 이 계산법으로 한다면 여섯 살 아이는 약 1만 3천 개의 단어를 알고 있는데, 이것은 깨어있는 매 두 시간마다 새로운 단어 하나씩을 배우는 것이다.

—Pinker (1994), *The Language Instinct*에서

제8장 확인학습

1. 책의 내용에 근거하여 영어에 대한 다음 진술이 옳으면 ○표, 틀리면 ×표를 하시오.
   ( ) 1) 동사의 보어는 동사 뒤에만 온다.
   ( ) 2) 동사의 부가어는 동사 앞이나 또는 뒤에 올 수 있다.
   ( ) 3) 보어가 두 개인 동사도 있다.
   ( ) 4) 동사의 보어규칙은 회귀적이다.

2. 다음 문장에서 밑줄 친 동사구의 수형도를 그려보시오.
   a. The children <u>ate their lunch at noon</u>.
   b. They <u>played in the yard</u>.
   c. The parents <u>talked about their kids with their friends</u>.
   d. Pamela <u>watched TV on the sofa</u>.
   e. Alex <u>depends on his parents partly</u>.
   f. Sandra <u>loves and hates the man</u>.

3. 다음 세 문장의 동사구를 서로 비교하고 그 구조를 그려보시오.
   a. Bill put the car in the garage.
   b. Bill owned the car in the garage.
   c. Bill kept the car in the garage.

4. 다음 문장의 동사구는 중의적이다. 두 의미에 해당하는 수형도를 그리시오.
   a. Davy talked with the pretty girl under the tree.
   b. Josh ate the ice cream on the chair.

5. 다음 문장이 비문법적인 이유를 설명하시오.
   a. *The old man drove carefully his car.
   b. *Yesterday was seen my old friend.
   c. Mark talked with the pretty girl. *And Eric did the same thing with an intelligent girl.

Chapter 8 Syntactic Argumentation in English

■ Respond in English.

1. Compare the underlined VPs of English and Korean below. (i) Draw the tree diagrams of the VPs and make the corresponding Phrase Structure Rules. (ii) How does a Universal Grammar proponent explain the word order difference between the two languages? (iii) Do you think the word order differences help or hinder Korean speakers when learning English? Why?

a. Jacob <u>opened the box carefully.</u>
b. 찬호는 <u>조심스럽게 상자를 열었다.</u>

Model Answers

1. i) Tree diagrams and phrase structure rules

English	Korean
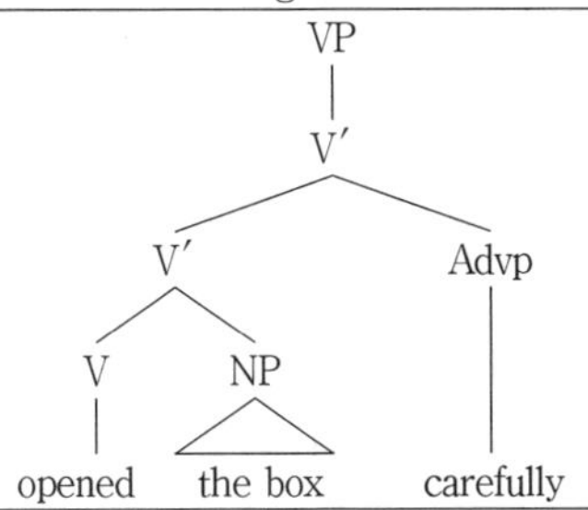	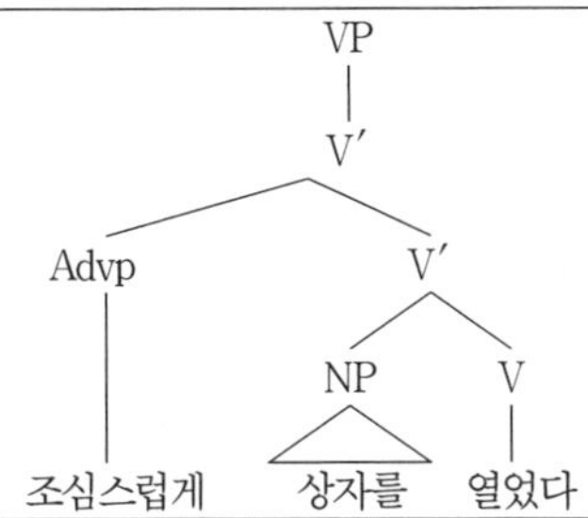
a) VP → V′ b) V′ → V′ AdvP c) V′ → V NP	a') VP → V′ b') V′ → AdvP V′ c') V′ → NP V

ii) The difference shown in the PS rules between the two languages is the head position; in English the head appears on the left of its complements, while in Korean the head appears on the right of its complements. English is called a head-first (-initial) language and Korean a head-last (-final) language. The word order difference between the two languages is systematic; Specifically, the two VP structures are asymmetric and its difference is trivial in the perspective of UG. If a child were born in an English-speaking community and exposed to English, s/he would set the headship to the head-first value; if the child were born in a Korean-speaking community, s/he would set the headship to the head-last value.

iii) It may hinder their learning English. But the difference will not be a serious difficulty for the learners because the difference is systematic or trivial.

제8장 임용고사 기출문제

다음 물음에 우리말이나 영어로 답하시오. (1999년)

1. Consider the following minimal pair of sentences :

(1a) Prof. Lee wrote the beginning paragraph carelessly.
(1b) Prof. Lee worded the beginning paragraph carelessly.

The verbs *write* and *word*, however, are in sharp contrast as shown below :

(2a) Prof. Lee wrote that letter.
(2b) *Prof. Lee worded that letter.

Given the above paradigm, explain the difference between these two verbs in X-bar theoretic terms.

2. Consider further examples.

(a) Prof. Lee wrote the preface carelessly, and so did Prof. Kim.
(b) Prof. Lee worded the preface carelessly, and so did Prof. Kim.

Sentence (a) is ambiguous, but (b) is not. The latter sentence means only that Prof. Lee worded the preface carelessly, and Prof. Kim worded the preface carelessly, too. Given this, show how sentence (a) is ambiguous. Then, explain how the contrast between (a) and (b) supports the answer you have given to Question 1.

제8장 임용고사 기출문제 예상답안

1. The adverb phrase *carelessly* is an adjunct of the verb *write*, but it is a complement of the verb *word*. One of the major properties of adjuncts is optionality; its appearance is optional, as shown in (1a) and (2a), while a complement is not, as in (1b) and (2b). The differences between the two verbs in (1) are shown in the tree diagrams below:

a)

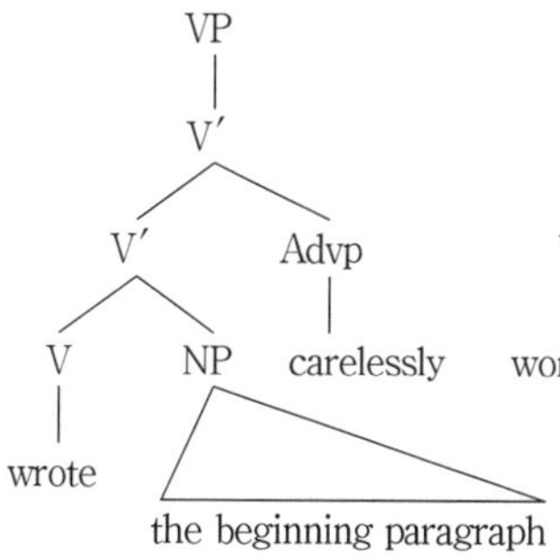

b)

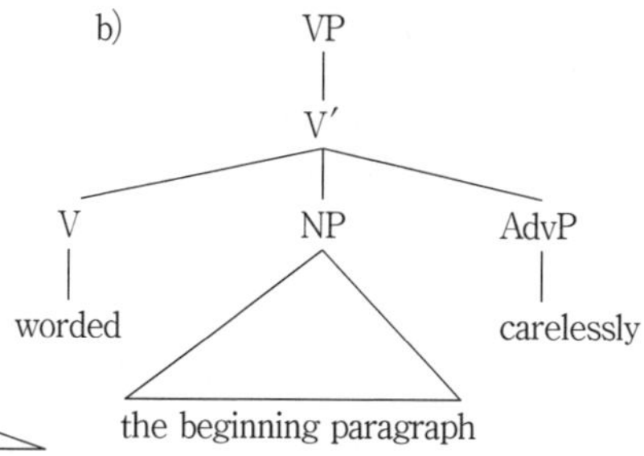

The verb *wrote* in (a) has one complement (NP) but the verb *worded* in (b) has two (NP and AdvP). A complement′s sister is V and its mother is V′, while the sister and mother of an adjunct is V′.

2. i) *Sentence* (a) has two meanings, depending on how the second clause, *so did Prof. Kim* is interpreted. Its first reading is 'Prof. Kim wrote the preface' (one does not know whether its manner is careless or not), and the second reading is 'Prof. Kim wrote the preface carelessly'.

   ii) The ambiguous meanings are represented in the X-bar syntax, the tree diagrams above in (1). The pro-form *do so* replaces a V′ structure; The tree diagram of sentence (a) contains two V′s, each of which can be replaced by *do so* and thus it has two readings, while the tree diagram of sentence (b) has one V′ and thus it has only one reading.

▌제 9 장▐

형용사구와 전치사구의 구조 패턴

〈핵심용어〉

형용사구 구조, 보어 규칙, 부가어 규칙, 부사구 구조, 전치사구 구조, X바구조, 핵후행언어, 핵선행언어, 핵구조, 비핵구조, 소사, 구동사

제9장의 목표는 명사구와 동사구에서 찾은 구구조의 패턴을 형용사구, 그리고 전치사구에서도 찾는 것이다. 이들 범주의 구조에서도 구층위와 단어층위 사이에 중간층위를 찾고 보어와 부가어의 구조를 제시하는 것이다. 즉 다음과 같은 구조를 찾고자 한다.

(1) a. b.

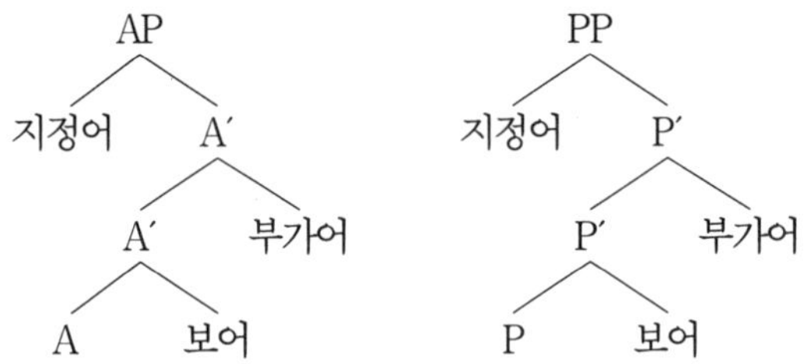

그리고 모든 구(명사구, 동사구, 형용사구, 전치사구)에 적용되는 구조의 패턴, 즉 X바구조를 제시한다.

9.1 형용사구의 구조

다음의 문장에서 밑줄 친 부분의 형용사구를 살펴보자.

(2) Jack is very proud of his parents.

밑줄 친 부분에서 형용사 *proud*를 중심으로 부사인 *very*와 전치사인 *of his parents*가 형용사구를 형성하고 있다. 이 형용사구에 대한 구조로 앞에서 배운 패턴의 구조를 먼저 가정하고 이에 대한 증거를 제시하여 이 구조가 옳은 구조임을 확인해 보자.

(3)

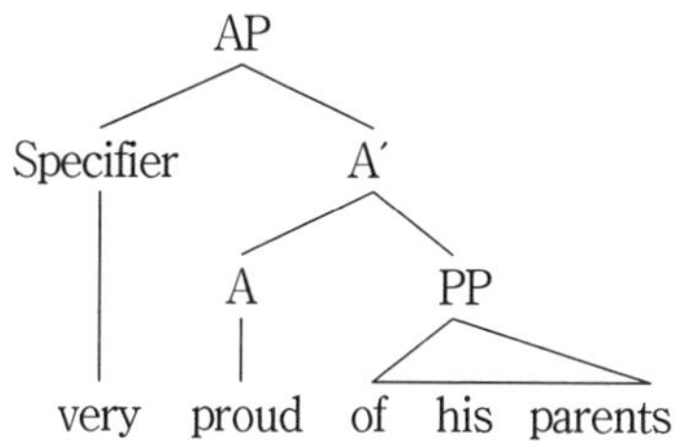

(3) 에서 지정어에 대한 표기로 Specifier를 사용한다. D (eterminer) 는 일반적으로 명사구에 적절한 용어로, 이제부터는 명사구는 물론 동사구, 형용사구, 전치사구 등에 포괄적으로 쓰이는 용어로 Spec (ifier) 을 사용하기로 한다. 한국어로는 그대로 '지정어'란 표현을 사용한다.

(3) 의 구조를 보면 명사구나 동사구에서처럼 단어층위 A와 구층위 AP 사이에 중간층위인 A′가 있다. 이 층위에 대한 증거를 찾아보자. 첫 번째 증거로 대형태 *so*의 용법을 보자.

(4) I am very 〔proud of my parents〕, but my brother is less so.

(4) 에서 대형태 *so*가 대신하고 있는 부분은 꺾쇠괄호 부분인 *proud of my parents*이고, 이 대형태의 존재는 이 꺾쇠괄호 부분이 하나의 구성소라는 증거이다. 즉 지정어인 *very*를 제외한 *proud of my parents*가 하나의 구성소라는 것이다. *less*는 *very*와 마찬가지로 지정어에 해당한다. (4) 에서 *so*의 용법은 (3) 의 구조를 지지하는 증거가 되고, (5) 의 구조가 틀렸다는 증거가 된다.

(5)

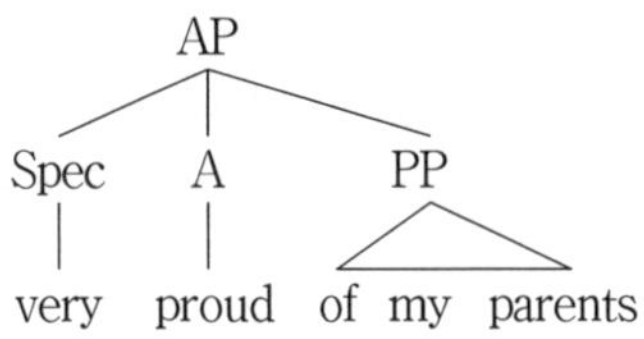

(5) 의 구조에서는 A와 PP가 구성소를 형성하지 않는다.

형용사구의 중간 층위에 대한 두 번째 증거로 등위접속 구문의 예를 보자.

(6) Liz is so proud of her mother and fond of her father.

(6) 은 (7) 에 있는 두 가지의 의미를 갖는다.

(7) a. Liz is [$_{AP}$ so proud of her mother] and [$_{AP}$ fond of her father].
b. Liz is [$_{AP}$ so [proud of her mother] and [fond of her father]].

등위접속 구조에서 접속사 양쪽에 있는 요소가 구성소이어야 한다. 그래서 (7a) 는 다음과 같은 등위접속 구조를 갖는다.

(8)

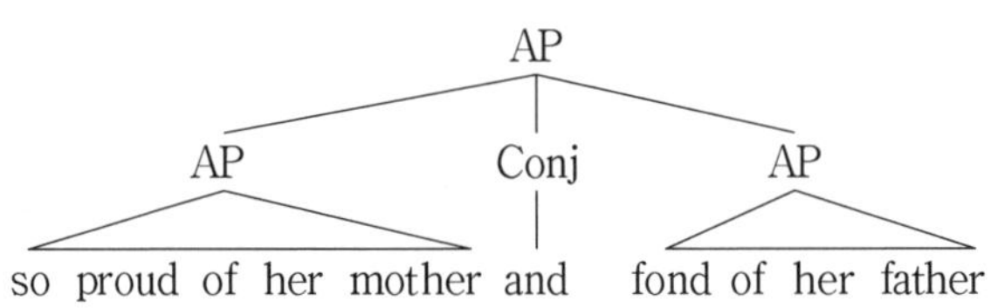

(8) 의 구조의 특징은 지정어 *so*가 앞의 형용사만을 수식한다는 점이다.

한편 (7b) 에서는 *so*가 등위접속된 두 형용사구를 수식하는 의미가 있다. 이 등위접속 구문에서는 *proud of her mother*와 *fond of her father*가 각각 하나의 구성소로서 등위접속되고 있다. 이 등위접속 구문의 구조는 (9) 와 같다.

(9)

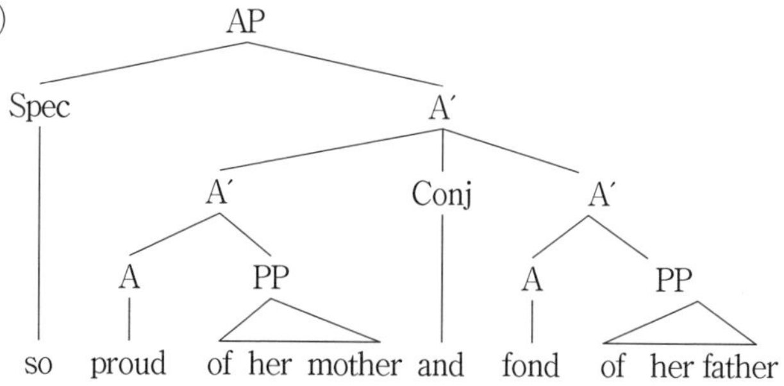

(9)에서 지정어 *so*를 제외한 두 개의 A′가 각각 하나의 구성소로서 등위접속되고 있다. 이것은 형용사구에서 중간층위 A′에 대한 또 하나의 증거이다.

형용사는 다양한 종류의 전치사구와 절의 보어를 취한다. 아래의 예에서 밑줄 친 단어는 핵인 형용사로서 그 다음에 있는 꺾쇠 부분을 보어로 취한다.

(10) a. The teacher was very angry 〔at the student's reply〕.
b. The boys were so interested 〔in the soccer match〕.
c. The baby was very curious 〔about the puppy〕.

(11) a. I'm very proud 〔to have been involved in this project〕
b. I was so proud 〔that my son had been chosen for the national team〕.
c. I am certain 〔that you did the right thing〕.

앞에서 형용사구의 지정어의 예로 *so*와 *very*가 있었다. 이들 이외에 다음과 같은 형용사의 지정어가 있다. 밑줄 친 단어가 형용사의 지정어이다.

(12) a. The boy said, "My horse is this fast."
b. The president's speech was quite good.
c. Thank you. You are too kind.
d. She couldn't be more beautiful.

이제까지 형용사의 보어와 지정어를 살펴보았다. 이번에는 형용사의 부가어를 보기 위하여 다음의 예에서 밑줄 친 형용사와 꺾쇠괄호 부분의 관계를 생각해 보자.

(13) a. The lady is very fond of kids 〔in her quiet way〕.
  b. Ronald likes his brother but is also envious of him 〔in many ways〕.

(13) 에서 꺾쇠괄호 부분은 밑줄 친 형용사의 부가어이다. (14) 는 (13a) 의 구조를 보여준다.

(14)

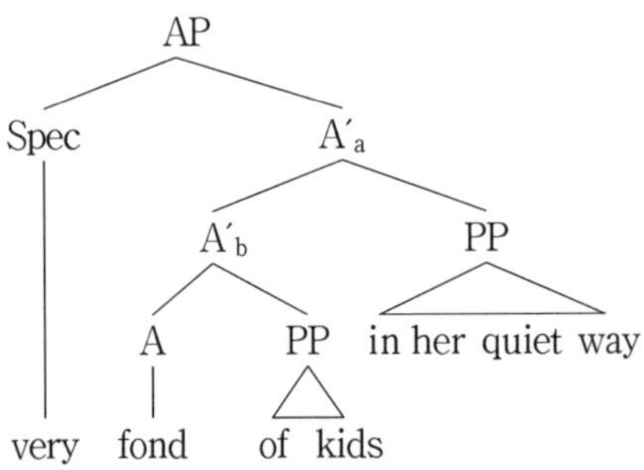

(14) 에서 첫 번째 PP는 형용사 *fond*의 보어이고 두 번째 PP는 부가어이다. 그리고 (14) 의 구조에는 두 개의 A′가 있다. 우리는 앞에서 보어를 포함하는 아래에 있는 A'_b의 구성소에 대해서는 증거를 본 바 있다. 이제 부가어를 포함하는 위쪽의 A'_a의 구성소에 대한 증거를 보자.

(15) a. The lady is very 〔fond of kids〕 in her quiet way, but she is less so in other ways.
  b. The lady was very 〔fond of kids in her quiet way〕, but she is less so than last year.

대형태 *so*는 (15a) 에서는 *fond of kids*를 대신하고, (15b) 에서는 *fond of kids in her quiet way*를 대신한다. 그렇다면 (15a) 의 *so*는 (14) 에서 아래

쪽의 A'_b를, (15b)의 *so*는 (14)에서 위쪽의 A'_a를 대신하고 있다.

(14)의 형용사구 구조에서는 핵인 형용사를 중심으로 지정어, 보어, 그리고 부가어가 모두 출현하고 있다. 이제 우리는 위의 구조에서 아래의 구구조 규칙을 만들 수 있다.

(16) a. AP → Spec A′ (지정어 규칙)
b. A′ → A′ PP (부가어 규칙)
c. A′ → A PP (보어 규칙)

(16)의 규칙은 문법범주만 다르지 구조상으로는 명사구나 동사구의 구조 패턴과 동일하다.

형용사구도 지정어, 보어, 부가어와 관련하여 동사구와 유사한 특성을 가지고 있다. 가령, 어순에서는 〔지정어 - 형용사 - 보어 - 부가어〕의 순서를 지킨다. 만약 이 어순이 아니면 비문법적이 된다.

(17) a. The lady is very fond of kids in a quiet way.
b. *The lady is fond <u>very</u> of kids in a quiet way.
c. *The lady is very <u>of kids</u> fond in a quiet way.
d. *The lady is very fond <u>in a quiet way</u> of kids.

(17)에서 보듯이 밑줄 친 요소가 원래의 어순 (17a)와 다르면 비문법적이 된다.

또한 보어는 대체적으로 생략이 허용이 되지 않지만 지정어나 부가어는 생략이 가능하다.

(18) a. The lady is fond of kids in her quiet way.
b. The lady is very fond of kids.
c. *The lady is very fond in her quiet way.

(18a)에서는 지정어 *very*가, (18b)에서는 부가어 *in her quiet way*가 생략

되었으나 좋은 문장이 되고 있다. 그러나 보어가 생략된 (18c)는 비문법적이다. 이렇게 지정어와 부가어가 생략이 가능하다는 특성을 고려하면 (16)의 규칙은 다음과 같이 수정되어야 한다.

(19) a. AP → (Spec) A′ (지정어 규칙)
b. A′ → A′ (PP) (부가어 규칙)
c. A′ → A PP (보어 규칙)

한편, 형용사는 보어로서 전치사구를 취할 뿐만 아니라 절을 보어로 취할 수도 있다는 것을 (11)에서 보았다. (20a)는 형용사의 보어절 예이고 (20b)는 (19c)의 규칙을 수정한 것이다.

(20) a. The parents were proud that their daughter won the first prize.
b. $A' \rightarrow A \begin{Bmatrix} PP \\ S \end{Bmatrix}$

(20b)는 형용사가 PP나 또는 S를 보어로 취한다는 규칙이다.

이제까지 살펴본 형용사구는 문장의 주어를 서술하는 경우였다. 형용사의 중요한 또 다른 기능은 명사 앞에서 명사를 수식하는 것이다. 이런 용법의 형용사를 다음 예에서 보자.

(21) a. Julie is a pretty girl.
b. Julie has a very smart dog.

(21)에서 *pretty*와 *very smart*는 형용사구로 뒤에 오는 명사를 수식하고 있다. 이들 형용사구의 구조는 다음과 같다.

(22)

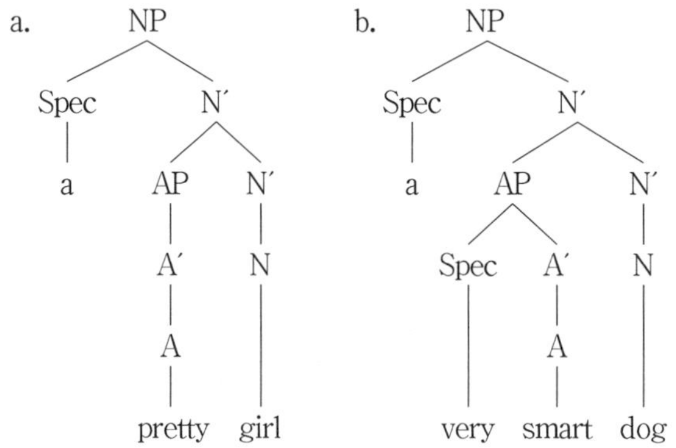

(22)에서 보듯이 명사 앞에서 명사를 수식하는 형용사구도 주어를 서술하는 형용사구와 마찬가지로 중간층위의 구조를 가지고 있다. 그리고 명사를 수식하는 형용사구는 명사의 부가어이다.

형용사구에 출현하는 부가어도 다른 구에서와 마찬가지로 회귀적 특성을 가지고 있다. 아래의 (23)의 규칙에서 보듯이 동일한 층위의 동일한 범주가 화살표의 양쪽에 나타나고 있다. 그리고 다른 구와 마찬가지로 형용사의 부가어도 형용사의 앞에 출현할 수 있다. 아래의 (23b)는 부가어가 형용사 앞에 오는 규칙이다.[1]

(23) a. A′ → A′ (PP) (부가어 규칙) (= 19b)
b. A′ → (AdvP) A′

회귀적 성격의 부가어 규칙은 한 개 이상의 부가어를 예측한다. 다음의 예는 실제로 여러 개의 부가어가 형용사구에 나타날 수 있음을 보여준다.

(24) a. The professor was fond of his students.
b. The professor was <u>personally</u> fond of his students.

---

1) (23)에 있는 형용사의 부가어 규칙에서 부가어의 문법범주를 다음과 같이 일반화할 수 있다.
i) A′→ A′ XP
ii) A′→ XP A′

c. The professor was heartily personally fond of his students.

d. The professor was gently heartily personally fond of his students.

형용사를 수식하는 부사는 없을 수도 있고 한 개 또는 그 이상도 가능함을 위의 예에서 볼 수 있다.

형용사구에서와 마찬가지로 부사구에서도 동일한 구조의 패턴을 찾을 수 있다. 다음의 예에서 부사의 지정어와 부가어를 볼 수 있다.

(25) a. Ryan sleeps very soundly.

b. Robin drives his car too dangerously.

c. Bob wrote his final paper so carelessly.

(26) a. The old man talked very angrily at the moderator.

b. The country will make its own decision independently of the neighbor countries.

(25)에는 부사의 지정어가 출현하고, (26)에는 부사의 지정어와 보어가 출현한다. 부사의 지정어로 *very*, *too*, *so* 등이 있고, 보어로는 전치사구를 취하고 있다. 지정어와 보어를 취하고 있는 부사구의 구조는 다음과 같다.

(27)

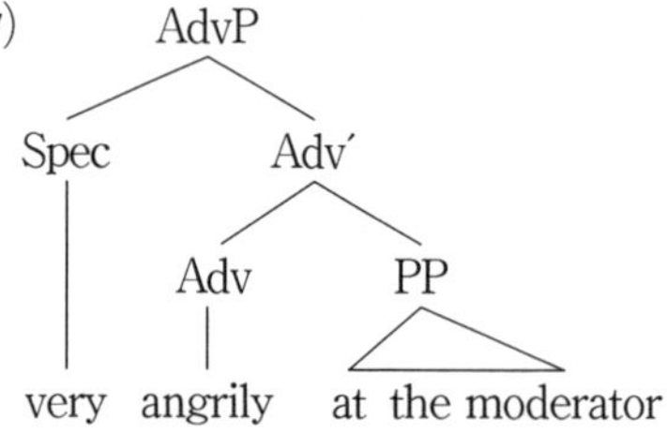

부사구의 구조도 중간층위를 가지고 있음을 볼 수 있다.

9.2 전치사구의 구조

마지막으로 살펴볼 구조는 전치사구로, 우리가 예측하는 것은 전치사도 지정어와 보어, 그리고 부가어를 취하여 앞에서 본 다른 구와 동일한 구조를 취할 것이라는 것이다. 다음의 예를 보자.

(28) a. Squirrels hid themselves just behind the tree.
b. Michael looked right into her eyes.
c. Tony met his teacher right before the classroom.

위의 예에서 전치사 *behind*, *into*, *before*는 각각 지정어와 보어를 취하고 있다. 전치사의 지정어로는 *just*, *right*가 나타나고 있다. (28a) 에 있는 전치사구의 구조는 다음과 같다.

(29)

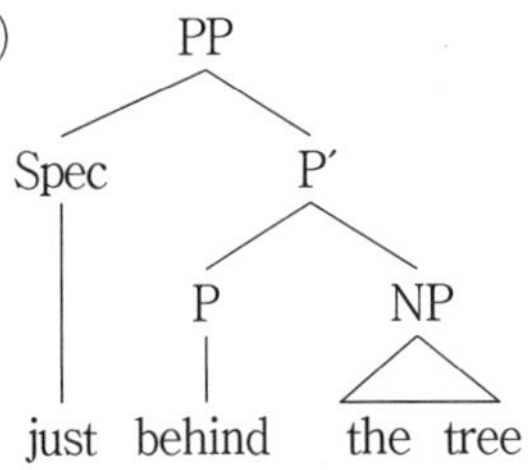

이제 (29) 에 있는 구조에 대한 증거를 찾아보자. 중간층위의 구조에 대한 증거로 우선 대형태 *there*가 쓰인 예를 보자.

(30) a. Kelly met her teacher right before the classroom.
b. Kelly met her teacher right there.

(31) a. Michael looked right into her eyes.
b. Michael looked right there.

(30) 과 (31) 에서 대형태 *there*는 (29) 의 구조에서 P′ 층위를 대신하는 대형태이다. 또 다른 증거로 등위접속 구문을 살펴보자.

(32) a. Michael looked right into her face and into her eyes.
b. Charlie drove his car right into the parking lot and into the corner.

(32)에서 등위접속된 구조는 중간층위인 P′이다. (32a)의 해당부분을 수형도로 표시하면 다음과 같다.

(33)

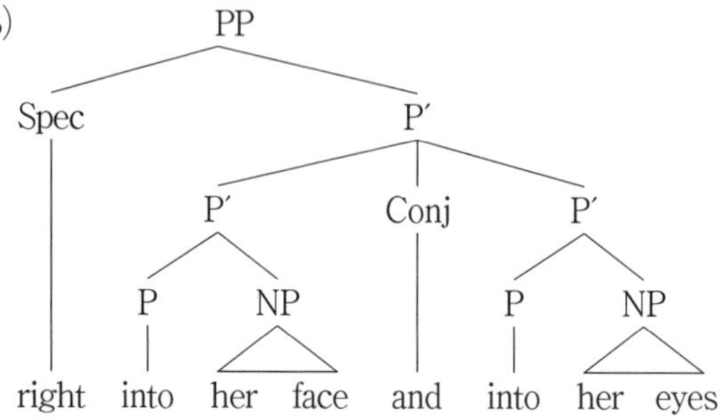

대형태와 등위접속 구문의 증거로 볼 때 전치사구에도 중간층위인 P′가 있다는 것이 확인된다.

이제 다음 예를 보면서 전치사의 부가어를 생각해 보자.

(34) a. The princess was completely out of sight.
b. The princess was completely out of touch with the common people.

(34)에서 전치사 *out*은 보어인 전치사구(*of sight*, *of touch with the common people*)를, 그리고 부가어로 부사구 *completely*를 취하고 있다. (34a)의 전치사구의 수형도는 다음과 같다.

(35)

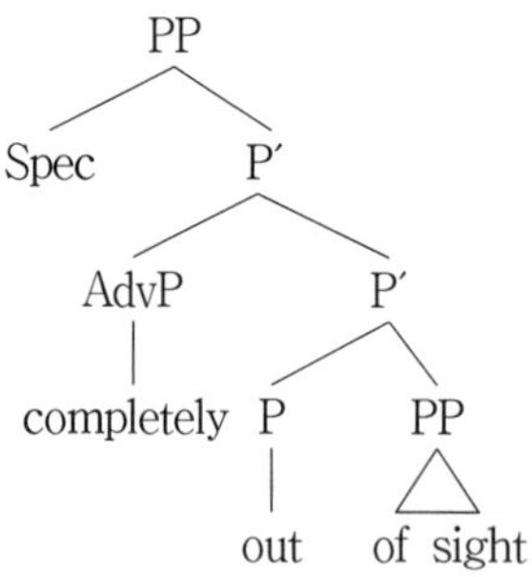

이제 (35)의 수형도에서 다음과 같은 전치사구에 대한 구구조 규칙을 예상할 수 있다.

(36) a. PP → (Spec) P′

b. P′ → (AdvP) P′

c. $P' \rightarrow P \begin{Bmatrix} PP \\ NP \end{Bmatrix}$

전치사의 지정어와 부가어의 수의성에 대한 예는 이미 앞의 예에서 볼 수 있다. 가령, (32)에서 지정어가 없거나 또는 (34)에서 부가어가 없어도 문장의 문법성에는 변화가 없다. 그리고 부가어 규칙의 회귀적 성격으로 부가어가 한 개 이상이 나타나는 것도 예상할 수 있다.

한편, 전치사구는 다양한 범주의 지정어를 취할 수 있다. 다음의 예를 보자.

(37) a. They found the sunken ship <u>two miles</u> under the water. (NP)

b. The watchdog stands <u>really close</u> behind the door. (AP)

c. The boy runs to his work <u>immediately</u> after his class. (AdvP)

d. Last night I saw a strange man <u>out</u> in the yard. (PP)

(37)의 밑줄 친 예에서 전치사구의 지정어로 명사구, 형용사구, 부사구, 전치사구가 출현하는 것을 볼 수 있다. 한편, (36c)에서 보듯이 전치사는 보어로 NP 또는 PP를 취한다.[2)]

2) 전치사가 명사구 NP와 전치사구 PP를 보어로 취하는 것 이외에 절(S)을 보어로 취할 수도 있다.

a. John arrived after his friend left.

b. Mary quit her job because she had to take care of her child.

위 예문에서 전치사 *after*와 *because*는 절을 보어로 취한다.

전치사와 형태는 동일하나 그 구조와 기능이 다른 소사(particle: 불변화사라고도 불림)가 있다. 다음 예에서 이동한 밑줄 친 구의 문법범주를 생각해 보자.

(38) a. John ran up the steep hill.
     b. Up the steep hill John ran.

(39) a. John ran up the enormous bill.
     b. *Up the enormous bill John ran.

(38)에서 *up the steep hill*은 전치사구로서 적절한 문맥에서 이동할 수 있으나 (39)에서 *up the enormous bill*의 이동은 비문을 초래한다. 이러한 문법성의 차이를 초래하는 이유는 그 구조가 다르기 때문이다. 다음은 이들 두 동사구의 구조이다.

(40) a.

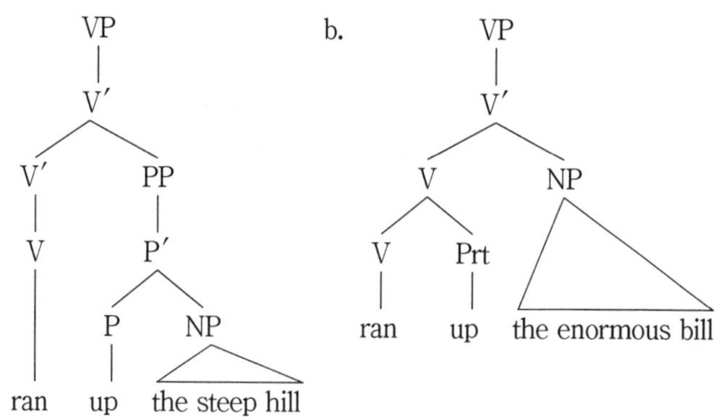

(40a)에서 *up the steel hill*은 하나의 구성소인 전치사구이나 (40b)에서 *up*과 *the enormous bill*은 하나의 구성소를 이루지 않는다. (40a)에서 *up*은 전치사이고 (40b)에서 *up*은 전치사가 아닌 소사(particle)이다. 소사는 동사와 함께 복합동사 또는 구동사(phrasal verb)로 알려진 구조를 형성한다. (40b)에서 *up the enormous bill*은 하나의 구성소가 아니기 때문에

이동이 허용되지 않는다.

영어에는 수많은 동사-소사(구동사, phrasal verbs) 구조가 있다. 다음은 몇 가지 예를 보여준다.

(41) a. John sent off the letter.
b. Mary picked up her mail.
c. The dog tore up the letter.
d. Mary turned on the radio.
e. She handed over cookies to him

소사는 형태상으로 전치사와 동일하기 때문에 형태만 보고는 구별할 수 없고 문법적 현상을 통해서 구별할 수 있다. 소사는 전치사와는 다른 구조를 형성하기 때문에 전치사와는 다른 문법적 특징을 보인다. 우선, 동사-소사 구조는 그 뒤에 오는 목적어 명사구가 동사와 소사 사이에 출현하는 구조를 허용한다. 다음은 (41a, b, c)에 상응하는 구조들이다.[3)]

(42) a. John sent the letter off.
b. Mary picked her mail up.
c. The dog tore the letter up.

그러나 (42)의 구조에서 목적어가 대명사일 경우에는 아래의 예에서 보듯이 반드시 이 대명사가 동사와 소사 사이에 출현해야만 하고 그렇지 않

---

3) (42)의 문장에 있는 동사-소사의 구조가 궁금할 것이다. 동사와 소사가 분리되어 있으므로 동사와 소사가 하나의 구성소를 형성할 수 없다고 보기 때문이다. (41)과 (42)의 구조를 관계를 설명하기 위해 동사이동으로 설명하는 주장이 있다. 즉 원래는 동사와 소사가 하나의 구성소를 이루고 목적어 보어는 이들 동사-소사의 지정어 자리에 있다가, 동사가 굴절소의 자리로 이동해 간다는 주장이다. 이 구조에 대한 주장과 설명은 본 책의 수준을 넘어서기에 이 설명은 생략한다.

으면 비문법적이다.[4)]

(43) a. John sent it off. (*John sent off it.)
b. Mary picked it up. (*Mary picked up it.)
c. The dog tore it up. (*The dog tore up it.)

한편 전치사의 경우에는 전치사의 목적어가 대명사이어도 전치사의 목적어 자리에 출현해야 한다. 그렇지 않으면 비문법적이다. 다음의 예는 이 차이를 보여준다.

(44) a. Jack depends on his wife.
b. Jack depends on her
c. *Jack depends her on.

(45) a. We agree with the people here.
b. We agree with them.
c. *We agree them with.

(44)와 (45)는 소사와 전치사의 차이를 분명히 보여준다.

소사가 전치사와 또 다른 차이는 부사구와 같은 요소가 동사와 전치사 사이에 출현할 수 있지만 동사와 소사 사이에는 출현하지 못한다. 다음의

---

4) 대명사인 경우에 반드시 소사 앞으로 출현해야 하는 것은 담화정보이론의 제약 때문이다. 이 제약은 새로운 정보는 가급적 문장의 뒤에 출현하고 이미 알고 있는 구정보는 가급적 문장의 앞 쪽에 출현해야 한다는 것이다. 두 개의 어순이 가능하다면 그 어순을 결정하는 것은 담화정보로, 대명사는 구정보이므로(화자와 청자가 모두 알고 있는 정보) 문법적으로 가능한 앞쪽 자리에 출현한다. 목적어가 대명사라도 새로운 정보로 강한 강세가 있다면 다음과 같이 소사 뒤에 출현할 수도 있다.

a. John sent off IT (not THIS). (*John sent off it.)
b. The dog tore up THEM. (*The dog tore up them.)

(46) 에는 전치사가, 그리고 (47) 에는 소사가 출현하고 있다.

(46) a. They searched carefully *through* the house.
b. The committee agreed unanimously *on* the new plan.

(47) a. *John turned quickly *off* the radio.
b. *The boy picked quickly *up* the toy.

동사와 소사는 하나의 구성소이므로 그 사이에 부사구가 출현할 수 없으나 동사와 전치사는 구성소가 아니므로 그 사이에 부사구가 출현할 수 있다.[5)]

또 다른 차이로 전치사는 의문문이나 관계절에서 의문사구를 따라서 이동할 수 있으나 소사는 의문사구를 따라서 이동하지 않는다. 아래 (48) 에서는 소사가 (49) 에서는 전치사가 이동하고 있다.

(48) a. *Up what did he pick? (cf. What did he pick up?)
b. *Up what plan did they give? (cf. What plan did they give up?)

(49) a. With whom did you talk? (cf. Who/Whom did you talk with?)
b. He is a person on whom she depends.
(cf. ... who she depends on.)

전치사구는 뒤에 오는 의문사구와 하나의 구성소를 이루어서 함께 이동이 가능하지만, 소사는 그렇지 않기에 함께 이동할 수 없다.

마지막으로 소사와 전치사를 구별하는 방법은 의미적인 것으로, 소사는 전치사적 의미를 온전하게 갖고 있지 않다는 점이다. 그래서 구동사의

---

5) (46) 의 예에서 전치사구가 동사의 보어라면 동사와 보어 사이에 부가어의 삽입이 일반적으로 허용되지 않는다. 그러나 동사(핵) 와 보어 사이에 부가어가 삽입되는 경우가 있는데, 이때는 보어가 길거나 또는 새로운 정보로 강조될 경우에는 문미로 이동했다고 본다. 즉 기저 구조에서는 동사와 보어는 인접해 있었다고 본다. 그러나 동사-소사 구조의 경우에는 그 사이에 부사의 삽입이 허용되지 않는다.

의미는 동사와 소사의 의미를 합친 의미가 아닌 경우가 있다. 앞에서 본 예들을 다시 보자.

(50) a. John ran up the steep hill.
  b. John ran up the enormous bill.

(50a)에서 *up*은 장소이동의 전치사 의미를 갖지만, (50b)의 *up*은 그런 전치사적 의미가 없다. 다음 예에서 소사의 의미는 전치사적 의미와 직간접으로 관련된 것(51a, b)도 있지만 관련이 없어 보이는 경우(50c)도 있다.

(51) a. Mary picked up her child.
  b. The teacher turned on the light.
  c. The police gave up the search.

한편 소사를 보어 전치사와 구별할 필요가 있다. 다음에서 (50a)의 *on*은 전치사이고 (50b)의 *on*은 소사이다.

(52) a. She depended on her husband.
  b. John turned on the light.

이 둘의 차이는 앞에서 이미 보았듯이 대명사를 사용하면 구별할 수 있다.

(53) a. She depended on him.
  b. *John turned on it.

대명사가 그 뒤에 와도 문법적인 것은 전치사이고 비문법적인 것은 소사이다.

9.3 구조의 패턴 : X바구조

이제까지 제9장에서는 형용사구, 부사구, 전치사구의 구조를 살펴보았다. 이들의 여러 구의 구조에는 일정한 패턴이 있음을 확인할 수 있다. 그 구조의 패턴은 제7장의 명사구와 제8장의 동사구에서 보았던 패턴으로 다음과 같다. (54)는 수형도이고 (55)는 상응하는 구구조 규칙이다. 층위를 나타내는 표기로 XP는 X″와 동일하다.

(54) 구구조의 패턴

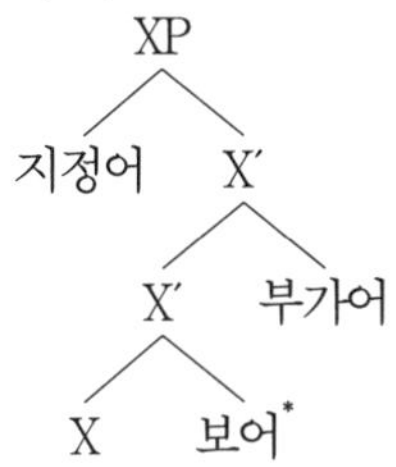

(55) a. XP → (지정어) X′

b. X′ → X′ (부가어)

c. X′ → X 보어*

(54)와 (55)의 구조에서 X는 문법범주에 대한 변항기호로 명사(N), 동사(V), 형용사(A), 부사(Adv), 전치사(P)를 대신한다. X로 표기된 구조마디(X, X′, XP)는 핵*head*이 투사*project*되는 구조이다. 이 핵투사 마디 이외의 구조마디에 각각 지정어, 부가어, 보어가 출현한다. 보어는 핵 X와 자매*sister*관계에 있고, 부가어는 X′와 자매관계에 있다. 그리고 지정어는 X′와 자매관계에 있으나 어머니 마디가 XP이다. 이렇게 개개의 문법범주를 사용하기보다는 일반화된 개념의 기호인 X로 구조를 일반화한 것을 **X바구조**라고 하고, 이 구조에 근거한 통사론을 **X바 통사론***X-bar Syntax*이라고 한다. X바구조에 근거한 원리를 **X바 구조 원리**라 하겠다.

그리고 부가어와 보어의 어순은 품사에 따라 다를 수 있다. 명사의 보어는 명사 핵의 앞이나 뒤에 올 수 있으나 동사의 보어는 동사 뒤에만 온다. 일반적으로 부가어는 핵의 앞이나 뒤에 올 수 있다. 한편 보어와 부가어의 어순은 언어에 따라 다를 수도 있다. 가령, 영어에서는 핵이 보어 앞에 오고 있어 **핵선행언어***head-first language*라고 한다. 불어와 중국어도 핵선행언어에 속한다. 반면에 한국어에서는 핵이 보어 뒤에 오므로 **핵후행언어***head-final language*라고 한다. 일본어도 핵후행언어에 속한다. (55)에 있는 구구조 규칙은 영어와 같은 핵선행언어의 구구조 규칙이고 한국어와 같은 핵후행언어의 구구조 규칙은 (56)과 같다.

(56) 핵후행언어 (예 : 한국어)

a. XP → (지정어) X′

b. X′ → (부가어) X′

c. X′ → 보어* X

다음에 있는 한국어의 동사구에서 어순을 살펴보자.

(57) a. 선경이는 [$_{VP}$ 도서관에서 친구를 만난다]

b.

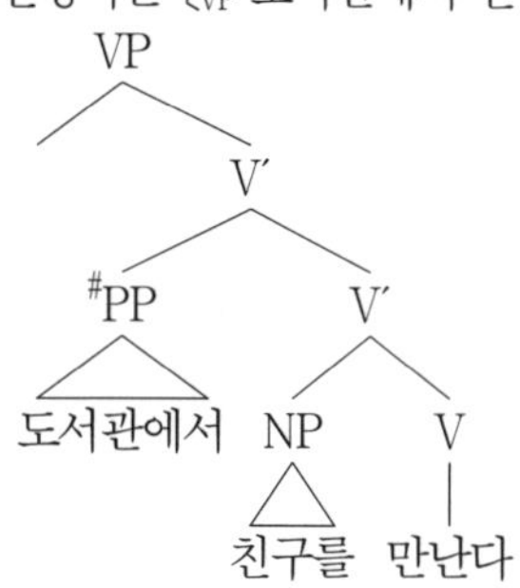

(#PP : Postpositional Phrase)

(57)에서 '도서관에서'는 부가어이고 '친구를'은 보어이다. 한국어 어순은 [부가어-보어-핵]이다. 이에 상응하는 영어 동사구에서의 어순를 생각해 보자.

(58) a. Maggie meets her friend in the library.

b. 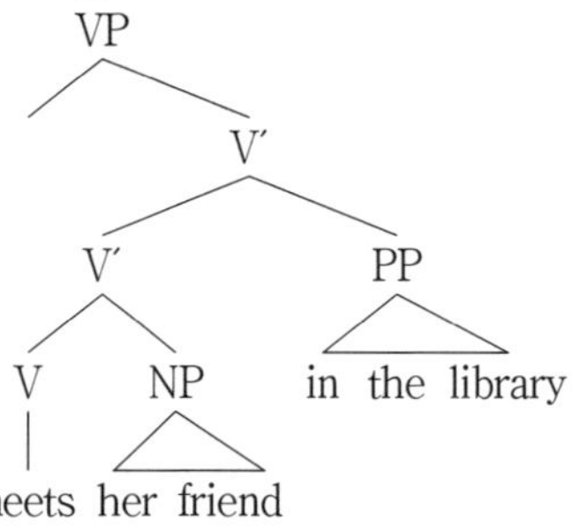

영어의 구조 (58b) 와 한국어의 구조 (57b) 를 비교하면 어순은 다르지만 구조적으로는 두 언어가 서로 대칭적이며, 보어는 핵 V와 자매관계에 있고 부가어는 V′와 자매관계에 있음을 볼 수 있다.[6]

이렇게 개개의 문법범주를 사용하기 보다는 일반화된 개념의 기호인 X를 사용하면 여러 범주에 적용되는 일반화된 패턴이나 원리를 찾아내고 형식화할 수 있는 장점이 있다. 더 나아가 이런 방법으로 언어를 구조적으로 연구하면 여러 언어 간의 차이를 넘어서 언어의 보편적 속성과 원리도 찾아낼 수 있다. 이것이 촘스키가 추구하는 보편문법 *Universal Grammar* 의 언어분석 방법이다. 그러나 보편문법을 추구하기 위해서는 먼저 개개 언어를 연구하는 개별문법 *Particular Grammar*이 선행되고 그 다음에 보편문법으로 나아가야 할 것이다.

(54) 의 구조, 또는 X바 구조는 여러 문법범주와 여러 언어에 적용될 수 있는 장점을 가지고 있을 뿐만 아니라 하나의 원리로서 작용하기도 한다. 첫째, 어떤 구조에는 반드시 핵이 있어야 한다는 점이다. 만약 핵이 명사(N) 라면 그 구조는 그 명사(N) 의 투사구조가 되어야 한다. 아래의 구조

---

6) 한국어는 영어에 비해 어순이 상대적으로 자유롭다. 가령 (57a) 의 표현을 '친구를 도서관에서 만나다'로 어순을 바꾸어도 괜찮다. 한국어는 동사를 제외하고 다른 단어(주어, 목적어, 부사) 는 그 위치가 비교적 자유로우나 기본적인 어순이 있다고 본다. (57) 의 어순이 가장 기본적이라고 보고, 다른 어순은 이동에 의해서 변형된 것으로 볼 수 있다.

에서 (59a) 만 허용되고 (59b, c) 의 구조는 허용되지 않는다.

(59)
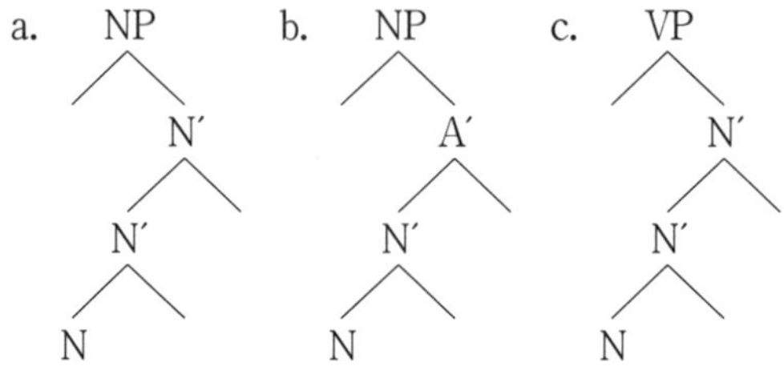

(59a) 는 X바 구조에서 모든 X(X′, X′′) 가 N으로 대체된 경우로 옳은 구조이다. 그러나 (59b, c) 의 구조에는 핵의 투사가 중단되어 있다. (59a) 와 같은 구조를 **핵구조***headed or endocentric construction*라고 하고, (59b, c) 와 같은 구조를 **비핵구조***headless or exocentric construction*라 한다. 비핵구조는 특별한 경우가 아니면 허용되어서는 안 된다는 것을 X바구조 원리는 포함하고 있다.

X바구조 원리는 핵의 투사에는 반드시 계층이 있다는 내용도 포함한다. 즉 투사되면서 X에서 X′, X′에서는 X′ 또는 X′′로 투사되어, 층위가 동등하거나 또는 증가되면서 투사되어야 한다. 층위가 하향으로 투사되는 투사구조는 허용되지 않는다. 아래의 예에서 보듯이 X′′에서 X′로, 또는 X′에서 X로 투사되어서는 안 된다. 다음 예는 투사에서 층위를 어긴 구조로 허용이 안 되는 구조이다.

(60)
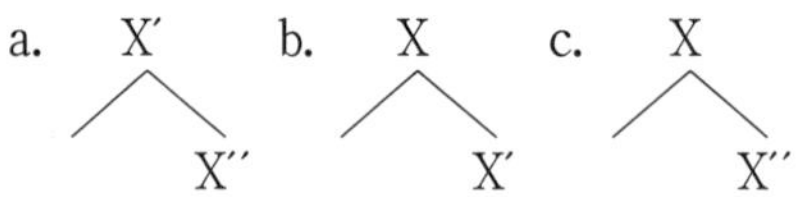

이제까지는 X바구조에서 핵 범주와 관련된 구조원리를 논하였다. 그런데 문장에서 어떠한 범주이든 하나의 범주가 출현할 때는 특별한 조건이 없는 한 그 범주는 **최대투사***maximal projection* 범주이어야 한다. 최대투사 범주란 문법범주가 최대로 투사된 구층위의 범주, 즉 XP(NP, VP 등)를 말한다. 가령, 명사(N) 가 있으면 그 명사는 반드시 명사구(NP) 를 가져야 하고, 동사(V)는 동사구(VP)를, 형용사(A)는 형용사구(AP)를 가져야 한다는 것이다. 이것은 (61)의 X바 통사구조에서 지정어, 보어, 부가어가 모두 최대투사범주이어야 함을 말한다. 즉 아래 (61)의 구조에서 지정어 WP, 부가어 YP, 보어 ZP는 모두 최대투사범주이어야 한다.

(61)

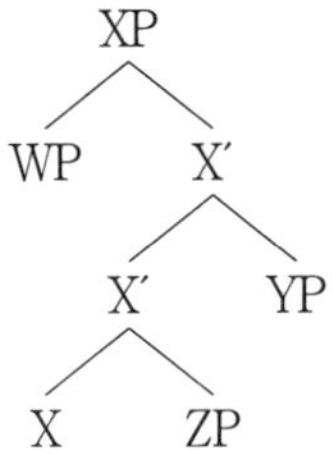

만약 어느 구조에서 명사구 없이 명사만 나온다거나 또는 부사구가 없이 부사만 나온다면 그것은 허용이 안 된다.[7)]

학생들이 자주 범하는 실수 중의 하나는 부사구(AdvP)가 없이 부사(Adv)만 있거나, 형용사구(AP)가 없이 형용사(A)만 있는 수형도를 그리는 것이다. 즉 다음과 같은 구조는 허용되지 않는다는 것을 유념해야 한다.

(62) a.

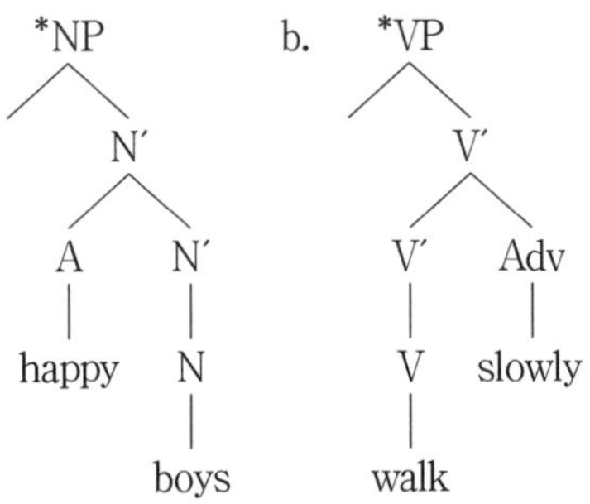

(62)의 구조에서 A(happy)와 Adv(slowly)는 AP와 AdvP인 최대투사 범

7) 이 원리에 의하면 지정어(D)의 범주도 최대투사범주이어야 한다. 최근의 통사론 학자들은 지정어의 범주를 DP로 취급한다. 그리고 제13장에서 배우는 의문사구 의문문에서도 지정어 자리는 최대투사범주의 의문사구가 이동해 오는 자리이다.

주로 투사되지 않은 구조를 가지고 있어 문제가 된다. 이들은 언제든지 very와 같은 그들만의 수식어를 취할 수 있기 때문에 최대투사 범주인 AP나 AdvP의 구조를 가져야 한다.

이제까지 우리는 영어의 여러 구를 조사하여 그 모든 구의 공통되는 구조를 찾았다. 그리고 그 구조는 영어의 여러 문법범주에 적용될 뿐만 아니라 여러 언어에 적용될 수 있는 보편문법적 속성까지도 가지고 있음을 보았다. 이 공통의 구조, 즉 X바구조는 구조를 분석하는 데 사용될 수 있을 뿐만 아니라, 허용이 되어서는 안 되는 구조를 설명하는 원리로 사용할 수 있다. 그리고 이 X바구조는 향후에 논의되는 절의 구조에도 적용되는 매우 기본적이고 보편적인 구조 원리이다.

9.4 문법범주와 보어 명사구의 분포[8)]

각 문법범주는 하나의 핵으로서 다양한 범주의 보어를 취한다. 가령, 동사가 취하는 보어의 범주는 다양하다. 다음 예에서 밑줄 친 보어의 범주를 생각해보자.

(63) a. John met <u>his teacher</u>.
b. John came <u>into his room</u>.
c. John behaved <u>well</u>.
d. John looked <u>happy</u>.
e. John found <u>that his parents were there</u>.

위의 예에서 밑줄 친 동사의 보어의 범주는 명사구, 전치사구, 부사구, 형용사구와 절로 다양하다. 다음은 형용사가 취하는 보어의 범주의 예들이다.

(64) a. Mary was proud <u>of her daughter</u>.

8) 9. 4절과 9장의 〈임용고사기출문제〉 2번은 12장을 학습한 후에 다시 보면 이해가 더 잘 될것이다.

b. Mary was proud <u>that her daughter was a teacher</u>.

c. Mary was eager <u>to succeed</u>.

d. *Mary was proud <u>her daughter</u>.

e. *Mary was eager <u>her success</u>.

형용사는 전치사구와 절을 보어로 취하지만 명사구는 취하지 못한다. 각 술어가 보어로 취하는 문법범주의 범위를 하위범주화(제5장)에 의해 제한할 수 있지만 보편적인 제약이 있다. 가령, 모든 형용사는 명사구를 보어로 취하지 못한다. 다음의 또 다른 예를 보자.

(65) a. Jane was suspicious <u>of his friends</u>.

b. *Jane was suspicious <u>his friends</u>.

(66) a. Jane was envious <u>of his success</u>.

b. *Jane was envious <u>his success</u>.

위의 예에서 형용사는 전치사구 보어를 취하지만 명사구 보어를 취하지 못함을 볼 수 있다. 이 제약은 위의 형용사(*proud*, *eager*, *suspicious*, *envious*)에만 제한된 것이 아니고 모든 형용사에 대한 것이다.

명사구는 보어로서 그 출현에 일반적이 제약이 있다. 동사와 전치사는 명사구를 보어로 취할 수 있지만 형용사와 명사는 명사구를 보어로 취하지 못한다. 다음 예를 보자.

(67) a. He made false claims <u>about the theory</u>.

b. *He made false claims <u>the theory</u>.

(68) a. He adopted Chomsky's claim that <u>language is creative</u>.

b. *He adopted Chomsky's claim <u>language creativity</u>.

명사 *claim*은 전치사구와 절을 보어로 취하지만 명사구는 보어로 취하지 못한다.

동사와 전치사는 명사구를 보어로 취하는 것과는 달리 형용사와 명사는 보어로서 명사구를 취하지 못하는 것은 명사구의 격(Case)과 관계가 있다. 격은 문법적 기능의 표지로 명사구에만 나타난다. 명사구는 동사나 전치사의 보어 또는 목적어의 기능을 한다는 것을 형태적 표지로 표시한다. 마치 한국어에서 주어는 '- 이/가'로 표시하고, 목적어는 '-을/를'로 표시하는 것과 같다. 다만 현대영어에서 명사구의 격은 대명사에만 형태적으로 나타난다. 아래의 예는 대명사에 표시되는 격의 종류를 보여준다.

(69) a. 주격(nominative case) : I love her. You saw the teacher.
  b. 목적격(accusative case) : I love her. The teacher saw him.
  c. 소유격(possessive case) : The teacher loves her dog. You saw his mother.

주격은 주어 자리에 있는 명사구에, 목적격(또는 대격이라고도 함)은 목적어 자리에 있는 명사구에, 소유격은 명사의 지정어 자리에 있는 명사구에 할당된다.

명사구의 격은 명사구가 출현하는 구조적인 자리와 관계가 있다. 아래의 예에서 보듯이 목적어 자리에서는 특정 형태의 대명사만이 허용된다.

(70) a. John loved me/*I/*my.
  b. He sang for me/*I/*my.

대명사의 경우에 그 형태에 따라 그 출현위치(주어, 보어/목적어)에 제한되나 일반 명사구(또는 고유명사)는 그런 제한이 없다. 현대영어에서 일반명사구에는 격이 형태적으로 표시되지 않기 때문에 대명사가 아닌 일반명사구는 목적어 자리에서나 주어자리에서도 형태적으로는 동일하다. 일반명사구에 격표지가 없지만 이론적으로는 대명사를 포함한 모든 명사구에는 격이 있다고 본다. 이에 대해 더 논의해 보자.

명사구의 격(보이거나 또는 보이지 않는)은 그 명사구가 출현하는 구조에 의해 결정된다. 즉 다음과 같이 동사와 전치사의 보어 자리에 있는 명사구만이 목적격을 받는다.

(71) a. 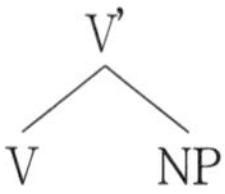

b. 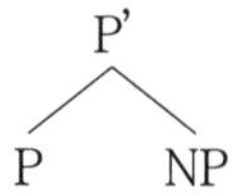

이는 동사와 전치사가 아닌 형용사와 명사는 격을 주지 못하는 것을 말한다.[9] 형용사와 명사가 명사구 보어를 취하면 이들 명사구는 다음의 조건을 위배한다고 본다.

(72) 격 여과(Case Filter) 조건
(눈에 보이는 논항) 명사구는 격을 가져야 한다.

모든 문장구조는 여러 가지 제약과 여과조건을 거쳐서 최종적으로 문법적인 구조로 생성되거나 또는 인허된다. 여과조건 중의 하나가 (72)에 있는 명사구에 대한 조건이다. 모든 명사구가 위 조건을 만족시켜야 하는 것은 아니다. 명사구 중에서도 논항(argument)이고 눈에 보이는(overt) 명사구만이 위 조건에 해당된다. 논항이 아닌 부가어나 눈에 보이지 않는 명사구는 이 조건에 해당되지 않는다. 그래서 다음의 예에서 밑줄 친 명사구는 격여과 조건에 해당되지 않아 격이 없어도 문법적이다.

(73) a. I met him yesterday.
b. He enjoyed the vacation that way.
c. I wanted 〔PRO to talk with him〕.

---

9) 타동사가 수동형(형태소 - *ed*/*en*이 붙은)이 되면 격을 주지 못한다. 격(Case)은 실제로 복잡한 현상으로 여기에서는 주격과 소유격을 포함한 더 깊은 격이론(Case theory)에 대해서는 논의하지 않겠다.

(73a, b)에서 *yesterday*와 *that way*는 부가어이고 (73c)에서 보어절의 주어인 PRO는 눈에 보이지 않으므로 격여과 조건을 만족시키지 않아도 문법성에 문제가 되지 않는다.[10] 그러나 앞에서 보았던 다음의 비문법적인 예는 보어 명사구가 격여과 조건을 위배한다.

(74) a. *Jane was suspicious his past.
b. *Jane was envious his success.
c. *He made false claims the theory.

위의 예에서 밑줄 친 명사구는 모든 눈에 보이고 그리고 형용사와 명사의 논항(보어)이지만 이들은 자신의 보어명사구에 격을 주지 못하기에 이들 명사구는 격여과 조건을 만족시키지 못하여 비문법적이다.

명사구가 아닌 다른 범주는 격여과 조건에 해당되지 않는데, 가령, 절은 격여과 조건에 해당되지 않는다. 다음 예를 보자.

(75) a. I am proud that he is my student.
b. She made a false claim that an adjective takes an NP complement.

(75)에서 형용사 *proud*와 명사 *claim*은 절을 보어로 취하고 있으나 절은 격여과 조건과 무관하여 위 문장은 격여과 조건을 무사히 통과하여 문법적이다. 그래서 형용사와 명사는 보어로 명사구는 취하지 못해도 절이나 전치사구는 취할 수 있다.

➪ 제9장에서는 명사구와 동사구에서 발견했던 중간층위를 형용사구, 전치사구, 부사구에서도 찾아내어 그 구조의 보편성을 확인하였다. 이렇게 하여 모든 구구조에서 적용되는 구구조 규칙, 즉 X바구조를 제시하였다. X바구조는 보편문법으로 나아가는 하나의 단계이다.

---

10) 보이지 않는 명사구 PRO에 대해서는 제10장에서 자세히 설명한다.

제9장 쉼터이야기

1. X′레이 촬영기

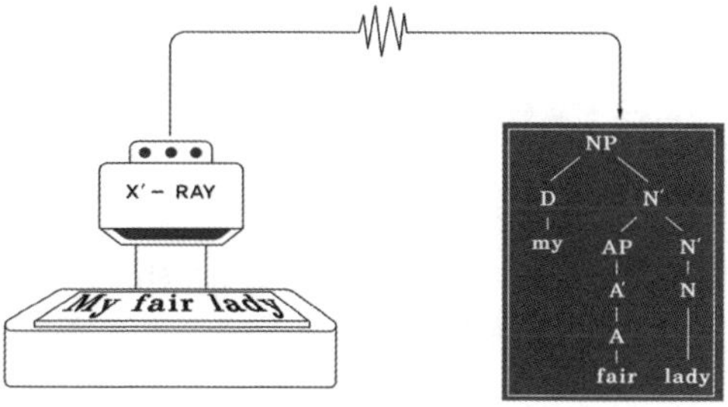

2. 아름다운 언어가 있는가?

흔히들 감미로운 노래로는 프랑스어의 샹송*chanson*을, 가곡으로는 이탈리아어로 된 오페라의 노래를, 그리고 군대에 어울리는 언어로는 독일어를 연상하곤 한다. 이러한 언어와 특정 이미지와의 관계가 언어학적으로 근거가 있는 것일까? 답은 부정적이다. 불어의 샹송이 감미롭게 들리는 것을 불어의 비음(/m/, /n/과 같이 코로 나는 소리) 때문일 수도 있을 것이다. 그러나 어떤 언어가 아름답다고 하는 것은 매우 주관적이다. 그리고 어느 특정 언어를 특정 이미지와 연결시키는 것은 그 언어를 사용하는 사람들, 또는 그 문화와 혼동하기 때문이다. 즉 언어학적으로 특정 이미지가 나오는 것은 아니다. 오페라하면 이탈리아어를 상상하는 것은 오페라의 가곡이 이탈리아에서 많이 발달되어 이탈리어로 많이 불리었기 때문이고, 독일어가 군인들의 언어로 들리는 것은 한때 독일어를 사용하던 독일인들이 군대로 강성했기 때문이다. 즉 특정 언어에 대한 이미지는 그 언어의 언어학적 특성에서 나온 것이 아니라 그 언어를 사용하는 사람들의 특성 또는 문화에서 비롯되는 경우가 대부분이다. 미국에서는 남부지방(조지아 주, 캐롤라이나 주, 앨라배마 주 등)의 방언이 좀 덜 문명화되고 시골적이고 지방적인 이미지가 있는 영어로 인식되고 있다. 그러나 실제로 남부지방의 방언(영어)이 언어학적으로 그런 특성을 가지고 있지는 않다. 즉 타 지역(가령, 북부) 사람들이 그 지역 사람들에 대해 가진 인식이 그러하다는 것이지 실제로 그러한 언어적 특성은 없다.

언어에 대한 미적 판단이 매우 주관적인 것은 그 언어를 사용하는 사람과 환경을 바꾸면 판단이 달라지기 때문이다. 만약에 아주 아름다운 여인이 모차르트의 음악이 조용히 흐르고 호수가 내려다보이는 멋진 레스토랑에서 감미로운 목소리로 자기의 사랑을 독일어로 고백한다면 이 말을 들은 사람은 이 언어를 아름답다고 생각할 것이다. 이에 반해 프랑스 폭력배들이 마약을 탈취하기 위해 사람을 잔인하게 죽이는 영화장면에서 나오는 불어는 매우 폭력적인 언어로 판단될 것이다. 이와 같은 이야기는 결국 회자되는 언어의 미적 기준은 언어학적인 것이 아니라는 점을 말해준다.

—L. Bauer & P. Trugdill. ed. (1998), *Language Myths*, 11장과 17장 참조.

제9장 확인학습

1. 책의 내용에 근거하여 다음 진술이 옳으면 ○표, 틀리면 ×표를 하시오.
   ( ) 1) *very*는 형용사의 지정어가 될 수 있다.
   ( ) 2) 절은 전치사의 보어가 될 수 있다.
   ( ) 3) 영어는 핵선행언어이다.
   ( ) 4) X바구조는 핵구조*headed structure*를 요구한다.
   ( ) 5) X바구조는 보편문법의 일부이다.

2. 다음 밑줄 친 부분의 수형도를 그려보시오.
   a. Your friend is a very pretty girl.
   b. Cathy is very proud of her mother.
   c. Maggie has a very small pretty dog.
   d. He remained so faithful to his God.
   e. Daddy is very fond of my brother and proud of him.
   f. Our discussion started just before you came in.

3. 밑줄 친 부분의 수형도를 그리시오.
   a. My horse is this fast.
   b. The professor is personally fond of his students.
   c. The old man talked very angrily at the moderator.
   d. The princess was completely out of touch with the common people.

4. 다음 밑줄 친 부분은 두 가지의 의미가 있다. 그 두 가지 의미에 상응하는 수형도를 그려보시오.
   a. Audrey was a very young and pretty girl.
   b. The speaker is very fun but sarcastic.

5. 다음에서 밑줄 친 전치사구의 수형도를 그리시오. 다음의 전치사구에는 두 개의 전치사가 연속적으로 출현하고 있어 어느 전치사가 핵인지 또는 전치사의 지정어인지를 우선 결정해야 한다. 핵이라면 생략이 불가능하고 지정어라면 생략이 가능한 점을 고려하시오.
   a. The debate dated from before the war.
   b. I've put your book over in the corner.

—Radford(1988), *Transformational Grammar*, p. 251.

6. 다음 밑줄 친 부분이 구성소*constituent*가 아닌 것을 모두 고르시오.

a. I am very proud of my parents.

b. He was very angry at the news.

c. She has a very small pretty dog.

d. They met right before the class.

e. John looked right into her face and into her eyes.

Chapter 9 Syntactic Argumentation in English

■ Answer the question in English.

1. Which construction, among those that we have studied, does not conform to the X-bar structure? Draw its tree diagram and tell why it does not conform to the X-bar structure. You may examine the structures of NP, VP, AP, PP, AdvP, S, and Coordination.

Model Answers

1. One of the important properties of the X-bar syntax is headedness; it has a head (X) and its projections (X', XP). One problematic construction for the X-bar syntax is coordination. Consider the PS rule of the coordination of two NPs and its tree diagram below:

a) NP → NP1 Conj NP2

b)

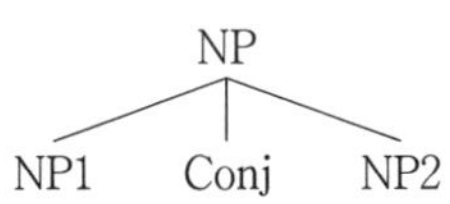

The conjunctor Conj in (b) is a head but it does not have its projected levels such as Conj′ and ConjP. Thus, the rule and structure in (a) and (b) are not headed, not following the X-bar syntax. (It will satisfy the X-bar syntax if we use the headed structures: ConjP → Spec (XP1) Conj′, Conj′ → Conj XP2.)

제9장 임용고사 기출문제

1. 〈A〉를 읽고, 구성 성분 테스트(constituent test)를 이용하여 〈B〉에 주어진 문장의 밑줄 친 부분이 구성 성분(constituent)이 될 수 있는지 없는지를 우리말로 밝히시오. (2006, 전국)

〈A〉

Consider the sentences below.

(1) John will meet his employer at the castle.
(2) a. At the castle, John will meet his employer.
  b. His employer, John will meet at the castle.
  c. Meet his employer at the castle, John will (indeed).
(3) a. *Employer at the, John will meet his castle.
  b. *Meet his, John will employer at the castle.

In each of the sentences in (2) a group of words has been moved to the beginning of the sentence, since it forms a syntactic unit called a constituent. On the other hand, in (3), the preposed words do not form constituents. That is why they are ungrammatical. Only a constituent can be preposed.

〈B〉

① The people can move the sculpture into the museum.
② The people can see the sculpture from the museum.

① ______________________________
② ______________________________

2. Read 〈A〉 and 〈B〉 and follow the directions. 〔2.5점〕 (2010)

〈A〉

Consider the sentences in (1).

(1) a. John is sure that he will succeed.
b. John is sure to succeed.
c. *John is sure <u>his success</u>.

The example (1c) is ungrammatical, though its underlined complement is legitimate. The ungrammaticality of (1c) is attributable to the following constraint on NPs : NPs in sentences should have a case either inherently or through being assigned by finite inflection, a transitive verb, or a preposition. Sentences with a caseless NP are ruled out. In (1c) the underlined complement lacks its case assigner.

〈B〉

a. *The child is difficult to travel alone.
b. *The city's recent dumping the garbage made people upset.
c. *I was pleased my sister to be pregnant.
d. *Not surprisingly did they miss the train.
e. *It turned out the suspect to be innocent.
("*" indicates that the sentence is ungrammatical.)

Choose all the sentences in 〈 B 〉 which have a caseless overt NP.

① a, c, d ② a, c, e ③ b, c, e ④ b, e ⑤ d, e

제9장 임용고사 기출문제 예상답안

1. 1) ①의 문장에서 밑줄 친 부분을 문두로 이동하면 비문법적이기 때문에 (**The sculpture into the museum, the people can move.*) 이 부분은 구성소가 아니다. 동사 *move*가 명사구(*the sculpture*)와 전치사구(*into the museum*)을 각각 보어로 취한다.

   2) ②의 문장에서 밑줄 친 부분을 문두로 이동하면 문법적이므로(*The sculpture from the museum, the people can move.*) 이 부분은 구성소이다. 동사 *see*는 밑줄 친 명사구 전체를 보어로 취한다.

2. ③

설명: (b)의 *The garbage*, (c)의 *my sister*, (e)의 *the suspect*가 격이 없는 것으로 판단된다. (b) 문장의 비문법성은 *dumping*과 같은 동명사(gerund)가 격을 할당하지 않는다는 가정에 근거한다. 그러나 실제로 여러 영어원어민 화자는 문맥에 따라 전치사가 있는 경우(*dumping* 다음에 *of*)와 없는 경우(b의 예문) 둘 다 허용하기도 하고, 서로 다른 문법성의 판단을 보인다. 동명사의 격할당 여부는 이론적으로 논란이 될 수 있다. 동명사와는 대조적으로 수동동사(예, *pleased*)와 인상동사(예, *turned out*)는 이들 다음에 오는 명사구에 격을 할당하지 못한다. (a)와 (d)는 명사구의 격이 아닌 다른 이유로 비문법적이다.

▮제 10 장▮

문장의 구조

〈핵심용어〉

시제, 일치소, 굴절소, 보문소, 국부수형도, 지정어와 핵의 일치, 어휘범주, 기능어범주, 공범주, 재귀대명사 조건, 허사, 확대투사원리

제10장의 주요 목표는 절의 구조에서도 X바구조를 찾는 것이다. 절의 구조를 정확히 분석하기 위하여, 이제까지 보지 못했던 문법범주로 기능어범주인 굴절소 I와 보문소 C를 도입한다. 그리고 완전한 절의 구조를 위해서 보이지 않는 공범주 PRO를 도입하고, 절에는 반드시 주어자리가 있어야 한다는 주어원리도 도입한다.

10.1 문장의 특성

제9장까지 주요 문법범주(명사, 동사, 형용사, 전치사)에 해당하는 구의 내부구조를 살펴보고 그 구조들의 공통적인 패턴을 찾아보았다. 본 장에서는 문장 또는 절을 살펴보는데 문장은 이제까지 살펴본 구*phrase*와는 다른 속성을 가지고 있는 것처럼 보인다. 다음의 두 구조를 비교해 보자.

(1) a. The enemy destroyed the city.

b. The enemy's destruction of the city

(1)에 있는 두 구조는 매우 유사한 의미의 문장과 명사구이다. 그렇다면 두 구조의 차이는 무엇인가? 명사구와 다른 문장의 두드러진 특징은 **시제** *tense*나 수의 **일치소** *agreement feature*를 가지고 있다는 점이다. 가령, (1a)에서 동사 *destroyed*는 과거시제소를 가지고 있다. 시제에는 과거, 현재, 그리고 미래가 있어 이 자질의 표시는 오직 문장에만 출현한다. 만약 (1a)의 문장이 현재형이라면 일치소도 (1c)에서처럼 가시적이 된다.

(1) c. The enemy destroys the city.

(1c)에서 동사 *destroys*는 굴절형 -*s*를 가지고 있는데 이 형태소는 시제(현재)와 일치소(인칭, 수, 성)의 자질을 가지고 있다. 이 일치소는 주어와 동사가 동일한 자질을 가지고 있다는 표시이다. 일치를 하는 자질로는 수 *number*, 성 *gender*, 인칭 *person*이 있는데 영어에는 다른 언어(가령, 불어와 독어)와 비교해서 이런 일치를 표시해 주는 표지가 매우 빈약하다. 주어가 3인칭 단수이고 시제가 현재일 때만 동사에 -(e)*s* 표지가 등장한다.[1] 시제와 일치소가 문장의 속성이지만 이 자질이 반드시 눈에 보이는 것은 아니다. 다음 예를 보자.

(2) a. The soldiers follow the general.
    b. I love my students.

(2)의 동사에는 보이지 않는 시제와 일치소가 있다고 가정한다.

영어에서 시제와 일치소는 동사의 접미사 형태로 출현하는데 이를 동사가 **굴절** *inflect*한다고 한다. 그래서 시제와 일치소를 통틀어 **굴절소** *Inflection*라고 한다.

---

1) 영어에는 다음과 같은 일치소가 있다.

수 *number* : 단수 *singular*, 복수 *plural*
성 *gender* : 남성 *masculine*, 여성 *feminine*
인칭 *person* : 1인칭 *first person*, 2인칭 *second person*, 3인칭 *third person*

한편, 문장에 조동사가 출현하면 동사는 굴절되지 않는다. 다음의 예를 보자.

(3) The enemy can/could destroy the city.

(3)의 문장에서 시제와 일치소는 동사에 나타나는 것이 아니라 조동사에 나타난다고 해야 한다. 조동사가 시제에 따라 형태를 달리하기 때문이다. 가령 조동사 *can*은 과거시제 형태로 *could*가 된다.[2] 그래서 문장에서 조동사가 있으면 시제나 일치소는 조동사에 출현하고 조동사가 없으면 동사에 출현한다. 조동사의 굴절소의 자질 때문에 조동사는 명사구에는 출현하지 않고 절에만 출현하는 요소이다.

10.2 절의 새로운 구조

문장의 구조에 대해서 제4장에서는 다음과 같은 구조를 상정했다.

(4) a. Jack loves Rose.

b.

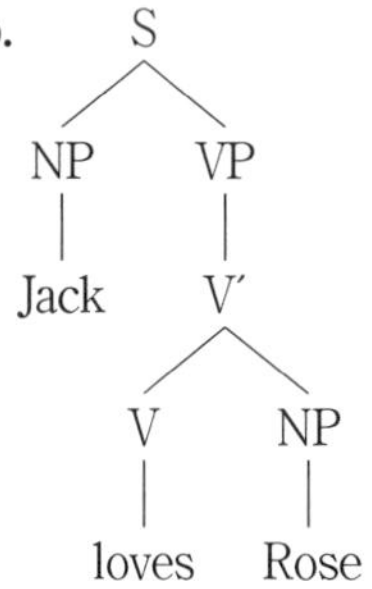

(4b)는 문장(S)이 주어 명사구(NP)와 서술어 동사구(VP)로 형성되어 있음을 보여준다. 그러나 (4b)의 구조는 다음 문장을 설명할 수가 없다.

---

2) 조동사 *could*는 과거와 현재로도 쓰일 수 있다.

a. I can't speak French now, but I could when I was a child. (과거)
b. That could be Sam. (현재)

(5) a. Jack will love Rose.
b. Jack could see Rose before.
c. Jack may miss Rose.

(5)의 문장에는 (4)의 문장에서 볼 수 없는 요소인 조동사(*will*, *could*, *may*)가 나타난다. 또한 (4b)의 구조는 (5)의 문장뿐만 아니라 다음의 문장들도 설명할 수 없다.

(6) a. Jill thinks that Jack loves Rose.
b. I prefer for Jack to love Rose.
c. I wonder if Jack loves Rose.
d. Jill wonders { whether Jack loves Rose. / whether to love Rose. }

(6)의 밑줄 친 종속절에는 (4)에서 볼 수 없는 요소로, 절의 맨 앞에 *that*, *for*, *if*, *whether*가 나타난다. 이 요소들은 **보문소***complementizer*라고 하는데, 주절의 동사가 **보문***complement clause*을 취할 때 보문을 도입하는 요소이다.

문장의 구조를 정확히 규명하기 위해서는 조동사와 보문소까지 포함하는 구조를 고려해야 할 것이다. 우선 보문소가 있는 문장의 구조를 살펴보고, 그 다음에 조동사가 있는 문장의 구조를 살펴보자.

문장의 구조를 살펴보기 위해서 먼저 혼용되는 문장과 절이란 용어를 확실히 할 필요가 있다. **절***clause*이란 의미적으로 주어와 서술부가 있고 구조적으로는 이에 상응하는 구조가 있는 구문이다.[3] **문장***sentence*은 주절*main clause*을 말하고 경우에 따라서는 종속절을 포함하는 절을 문장이라고

3) (6b)에서 밑줄 친 부분은 전통문법에서 부정사구로 알려져 있다. 전통문법의 부정사구에는 주어와 서술부가 있기 때문에 여기에서 정의하는 절에 해당한다. 부정사구에 따라 주어가 표면에 출현할 수도 있고 출현하지 않을 수도 있지만 모두 절에 해당된다. 주어가 보이지 않는 절은 10.4절에서 논의된다.

한다. 이 구별은 정확한 것이 아니고 학자마다 차이가 있을 수 있다. 그런데 문장의 구조는 절의 구조와 동일한 패턴을 가지고 있기 때문에 절과 문장을 구태여 구분할 필요는 없다. 따라서 이 책에서는 절과 문장이란 용어를 호환해서 사용하기로 한다.

(6) 에 있는 절들을 살펴보면 서로 다른 보문소를 가지고 있는데 보문소에 따라 절의 성격이 다른 것을 알 수 있다. 보문소에 따라 각 절의 성격을 다음과 같이 정리할 수 있다.

(7) 절의 특성

	시제자질	의문자질
that 절	+	−
for 절	−	−
if 절	+	+
whether 절	±	+

*that*절은 시제가 있어야 하는데 이때 시제란 일치소의 자질까지 포함된 것이다. 그리고 *that*절은 의문자질이 없어 절대로 의문절이 될 수 없다. 이에 비해 *for*가 유도하는 절은 시제가 없고 *to*가 출현한다. 전통문법에서는 이를 *to*부정사라 하고 이때 '부정'이란 시제 또는 일치소가 없는 것('정해지지 않았다'는 의미) 을 뜻한다. *if*절은 시제가 반드시 있어야 하고, 의문자질이 있어서 의문절이 된다. 한편 *whether*절은 의문절로서 시제가 있을 수도 있고 없을 수도 있다. (6d) 는 시제와 비시제의 *whether*절 예를 보여준다.[4)]

이제까지 보문소*complementizer*의 속성을 살펴보았다. 이제 우리의 주요 관심은 이 보문소가 있는 절의 구조가 어떤 것인가 하는 점이다. (4b) 의 구조로는 더 이상 보문소가 있는 절을 다룰 수 없다. 그렇다면 우선 생각

---

4) 의문자질을 WH자질이라고 한다. 이는 의문자질이 보통 WH단어(*who*, *whose*, *what*, *which*, *when*, *where*, *why*, *how*)로 나타나기 때문이다. 그러나 if절은 이런 WH 단어가 없어도 의문절이다.

할 수 있는 절의 구조로 다음을 고려해 보자. 보문소의 문법범주 기호로서 C(omplementizer)를 사용한다.

(8)

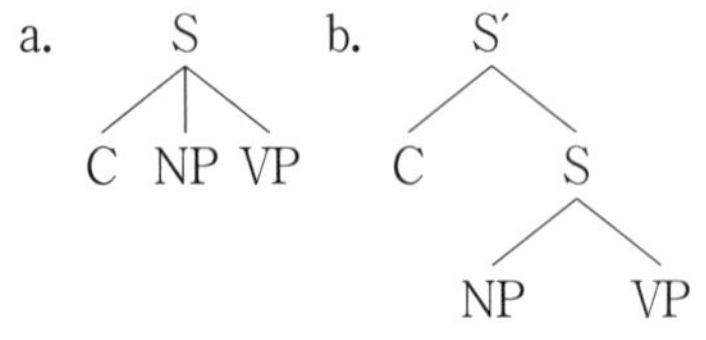

(8a)의 구조는 원래 문장구조(S → NP VP)에다 보문소(C)가 더 첨가된 구조(S → C NP VP)이다. 우리는 (8a)의 구조를 절의 구조로 채택하지 않는다. 그 첫째 이유는 (8a)의 구조가 제9장에서 공부한 X바구조 원리에 맞지 않기 때문이다. 핵이 있다면 그 투사구조로 X, X′, X′′에 상응하는 구조가 있어야 하지만 그런 구조가 (8a)에는 없다. 즉 C나 S의 투사구조가 없다.

(8a)가 절의 구조로 적합하지 못한 두 번째 이유는 주어 NP와 술부 VP가 하나의 구성소를 형성한다는 증거가 있기 때문이다. 다음의 예를 보자.

(9) Regardless of whether <u>you go</u> or <u>I go</u>, he will not accept our offer.

(9)에서 밑줄 친 부분은 각각 절로 분석된다. 그런데 이 두 절은 그 앞의 보문소인 *whether*를 제외하고 등위접속이 되고 있다. 그리고 이것은 보문소 C를 제외한 주어 NP와 동사구 VP가 하나의 구성소를 이루고 있다는 증거이다. 이러한 이유로 (8a)를 절의 구조로 채택하지 않는다.

한편 (8b)는 NP와 VP가 하나의 구성소를 형성한다는 정보는 가지고 있으나 이 구조는 X바구조 원리에 맞지 않는다. 아래 (10)은 (8b)를 이루고 있는 두 개의 **국부 수형도***local tree*이다.

(10) 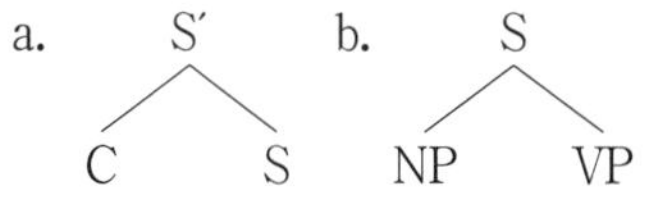

(10a) 의 수형도에서는 S를 핵으로 보고 S′는 그 투사범주로 보면 문제가 되지 않으나 보문소 C가 문제가 된다. 투사되지 않은 핵범주가 홀로 나타나기 때문에 X바구조 원리에 맞지 않는다. C가 있으면 그 투사범주인 C′와 C′′가 있어야 하기 때문이다. (10b) 의 수형도에는 핵이 없기 때문에 역시 X바구조에 맞지 않는다.

보문소를 포함한 절의 구조를 올바로 표시하기 위해서는 새로운 구조가 필요하다. 아래의 (11) 은 X바구조의 원리를 충실히 반영한 절의 부분 구조이고, 주어 NP와 동사구 VP가 하나의 구성소를 이루는 구조이다. (12) 는 (11) 의 구조를 생성하기 위한 구구조 규칙들이다.

(11) 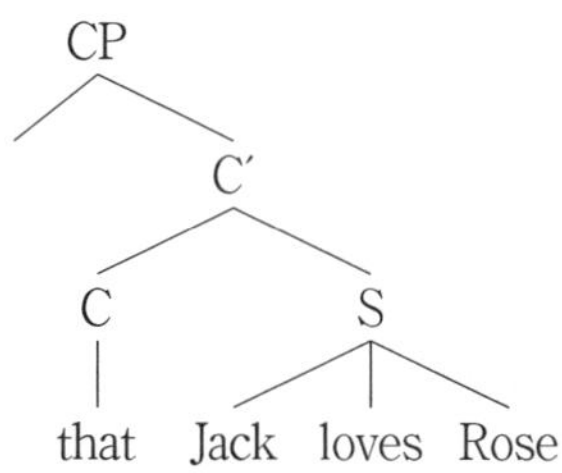

(12) a. CP → Spec C′
b. C′ → C S

(11) 에는 보문소 C가 층위의 순서대로 투사되고 있어(C, C′, C′′) X바구조 원리를 충실히 지키고 있다. *that*이 출현하는 C자리는 다른 보문소인 *for*, *if*, *whether*가 나타날 수 있는 자리이다. CP(= C′′) 의 지정어 자리는 현재 비어 있으나 의문문에서 의문사가 나타날 수 있는 자리이다. 가령, *What can you do?*에서 문두의 의문사 *what*이 (11) 에서 CP의 지정어 자리

에 나타난다. 의문문에 대해서는 제13장에서 자세히 논의할 것이다. 한편 (11)에 있는 S의 내부구조는 다음 절에서 자세히 밝혀진다.[5)]

절의 구조는 특별한 경우가 아니면 항상 CP의 구조를 갖는다. 특히 주절의 경우에는 언제나 CP의 구조를 갖는다. 다만 주절의 경우에는 보문소가 보이지 않는다. 보문소가 보이지 않더라도 우리는 보이지 않는 보문소의 구조를 상정한다. (14)는 (13)의 밑줄 친 절의 구조이다.

(13) a. Jack saved Rose.
b. I believe David loves the story.

(14)

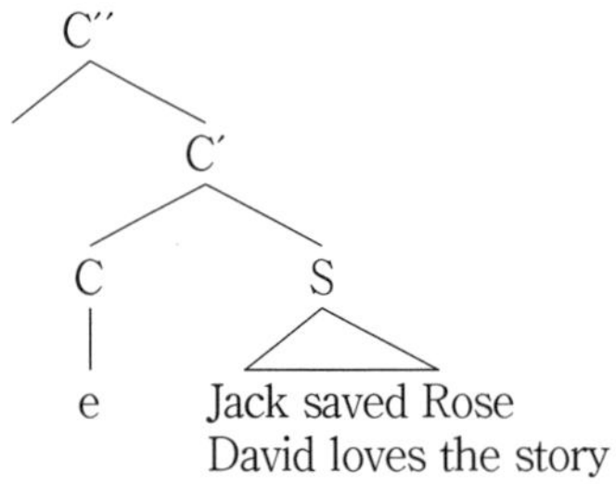

C 밑의 e는 비어 있다*empty*는 표시이다. 요소가 비어 있다고 해도 그 자리는 있다고 본다. 필요하면 어떤 요소가 나타날 수 있기 때문이다.

절의 구조에서 보문소(C)를 맨 상위에 있는 구조적 핵으로 상정했다는 것은 보문소가 절 전체에 영향을 주는 요소임을 말한다. 다시 말해서 보문소의 유형이 절 전체의 속성을 가지고 있다는 것이다. 가령, 보문소 *that*이 유도하는 절은 시제가 있어야 하고 또한 의문절이 될 수 없다. 반면에 보문소 *if*가 유도하는 절은 시제가 있어야 하고 반드시 의문절이어야 한다. 이러한 사실은 보문소가 절의 성격을 대표하는 요소임을 말해 준다.

---

5) *whether*가 보문소 C자리에 나타나지 않고 CP의 지정어 자리에 나타난다는 증거가 제시되기도 한다. 즉 *whether*가 *if*와 같은 속성을 보이지 않고 의문사구(*what, where* 등)와 같은 속성을 보여주는 예들이 있으나 여기서는 이 속성에 대해 논하지 않겠다.

10.3 절의 내부구조

이제 절의 내부구조를 살펴볼 차례이다. 제4장에서 제시했던 절의 내부구조는 다음과 같다.

(15)

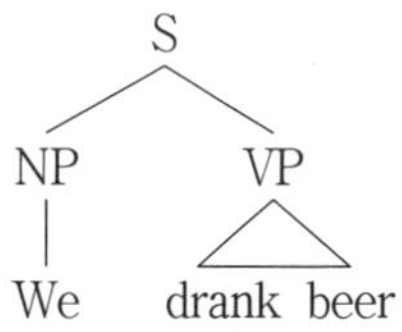

(15)의 절의 구조를 잘 살펴보면 핵이 없는 구조로 X바구조 원리에 맞지 않는다. 더 나아가 (15)의 구조는 아래 (16)의 종속절에서 밑줄 친 조동사*Auxiliary*나 *to*의 자리를 가지고 있지 않다.

(16) a. I believe 〔that Jack will buy a house〕.
b. I prefer 〔for Jack to buy a house〕.

핵이 없는 구조와 새로운 요소(조동사나 *to*)를 다루기 위해서 우리는 새로운 구조를 도입한다. 새로운 구조는 우선 (16)에서 조동사와 *to*에 해당하는 범주를 포함해야 한다. 재미있게도 (16a, b)의 두 개의 종속절에서 *will*과 *to*는 동일한 자리에 위치함을 알 수 있다. *that*과 *for*는 보문소 자리를 차지하고, 그리고 *will*과 *to*를 제외한 다른 요소들이 동일하기 때문이다. 문법학자들은 이 두 요소의 문법범주로 굴절소*Inflection*를 상정한다. 이 굴절소 자리는 절의 시제와 일치소가 굴절되는 곳이다. 조동사가 있으면 조동사에 시제가 출현하지만 *to*부정사가 있으면 이는 시제가 없다는 표시이다. 굴절소를 간단히 Infl 또는 I로 표시한다. 굴절소 I를 절의 구조에 추가한 (17)의 구조를 고찰해 보자.

(17)

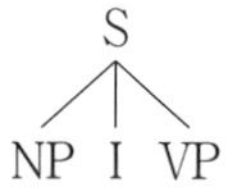

문법학자들은 한때 절의 구조로 (17)을 채택하기도 하였으나, (17)의 구조는 X바구조에 적합하지 않다. (17)에는 핵과 그 투사구조가 없다. 그렇다면 우리는 (17)의 구조에서 핵을 찾아야 한다. 우선 S는 핵이 될 수 없다. S는 구층위의 범주이지 단어 층위의 핵이 될 수 없다. 그리고 문장(S)을 주어 명사구(NP)의 명사가 투사된 구조나, 또는 동사구(VP)의 동사가 투사된 구조로 볼 수는 없다. NP나 VP의 투사구조들은 굴절소 I를 포함할 수가 없다.

절의 핵으로 가장 유력한 후보자는 굴절소(I)이다. 굴절소가 절의 핵이 될 만한 근거는 굴절소가 가지고 있는 시제가 절 전체에 영향을 끼치는 요소라는 점이다. 즉 시제는 주어와 동사구를 포함한 절 전체에 걸치는 내용이다. 굴절소를 절의 핵으로 한다면 (17)의 구조를 바꾸어 (18)과 같은 구조를 제시할 수 있다.

(18)

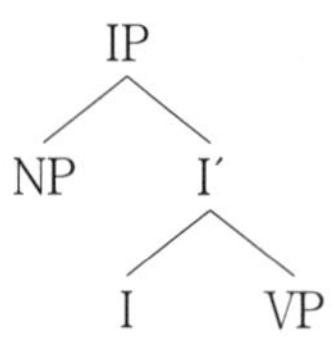

(18)에는 핵으로 I가 있고 I는 보어로 VP를 취한다. 그리고 IP의 지정어는 주어 NP이다. 이 구조는 X바 통사구조에 맞는다. (18)과 (17)을 비교하면 IP는 S에 해당한다. 이제 우리는 (18)을 절의 내부구조로 채택한다.[6]

---

6) (18)에서 VP는 I의 논항이 아니지만 보어가 된다. 이것은 보어가 반드시 논항이 아니라는 점을 보여준다. 보어는 의미적 개념이 아닌 통사적 개념이다(제8장 3절 참조).

(18)의 구조를 절의 구조로 채택하는 첫째 이유는 X바구조 원리이다. 그동안 우리는 명사구, 동사구, 형용사구, 그리고 전치사구에 동일한 통사구조 원리가 적용되고 있음을 보았다. 특별한 이유가 없는 한 동일한 통사구조의 원리가 절에도 적용되면 우리가 기술하는 문법은 매우 체계적일 것이다. (18)의 구조는 X바구조 원리에 적합한 구조이다. 두 번째 이유는 (18)의 구조가 전통문법에서의 주부와 서술부 구별에 상응하는 구조라는 것이다. 즉 IP의 지정어인 NP가 주부에 해당하고, I′는 서술부에 해당한다. 그런데 실제로 서술부인 I′, 즉 (18)에서 I와 VP가 구성소를 이루는 증거가 있다. 다음의 예에서 등위접속 구조를 보자.

(19) Cathy [would finish her work this week] and [could do so].

(19)가 보여주는 것은 (18)에서 I와 VP가 하나의 구성소를 이루고 있음을 보여준다. 아래 (20)의 수형도는 등위접속 구조로서 (18)에서의 I′가 등위접속되고 있다.

(20)

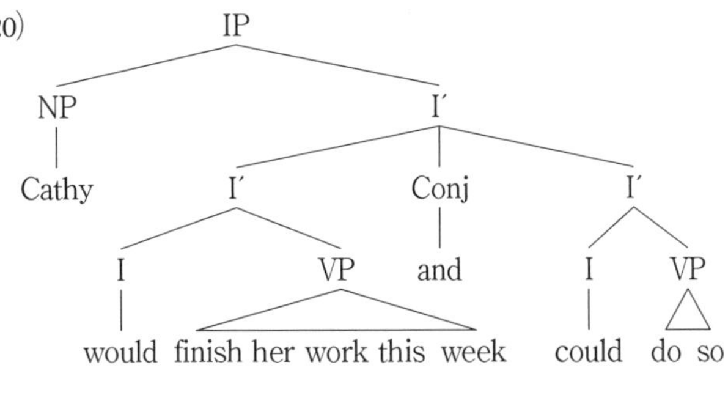

(20)의 구조는 (19)의 구조로써 (18)의 구조가 옳다는 증거가 된다. 만약 우리가 절의 구조로 (17)을 채택한다면 (19)의 등위 접속구조는 설명할 수 없다.

이제 우리는 굴절소를 절의 핵으로 받아들인 (18)을 절의 구조로 택한다. 이제 절 전체의 구조를 보기 위해 앞에서 본 (16a)의 종속절의 구조를 수형도로 보자.

(21) a. I believe [that Jack <u>will</u> buy a house]. (= 16a)

b.

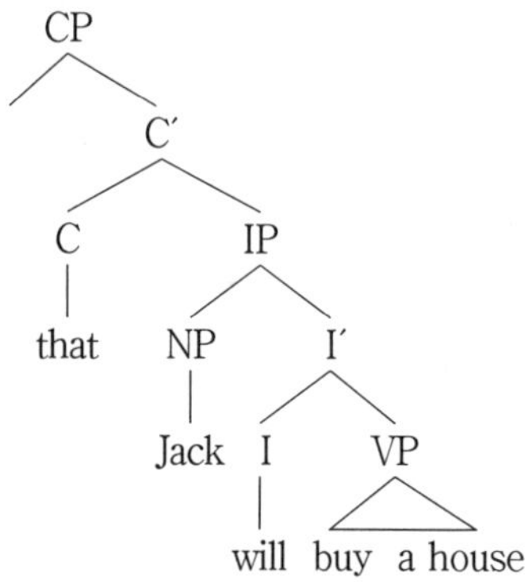

(21b)에서 굴절소 I 마디에는 *will*과 같은 조동사가 나타날 수 있고 또는 부정사 *to*가 나타날 수 있다. IP의 지정어 자리에는 절의 주어가 나타난다. 그리고 굴절소 I의 보어자리에는 동사구(VP)가 온다. (21b)의 구조는 우리가 최종적으로 택하는 절의 구조이다. 이는 보문소, 조동사, *to*의 예들을 모두 다룰 수 있고 X바 통사구조에도 부합되는 구조이기 때문이다.

(21b)의 구조를 생성하는 구구조 규칙은 (22)와 같다.

(22) a. CP → Spec C′
b. C′ → C IP
c. IP → Spec I′
d. I′ → I VP

(22)에는 앞에서 도입했던 CP에 대한 구구조 규칙과 함께 IP에 대한 구구조규칙이 제시되어 있다. 이들 규칙은 CP와 IP 구조를 생성한다. 이들 규칙은 모두 X바구조에 적합한 구조이다. 핵구조*headed structure*이고 모두 핵의 층위가 순서대로 투사되고 있으며 지정어와 보어가 있다. 이제 (22)

와 앞 장에서 배운 명사구, 동사구, 형용사구 등에 대한 구구조 규칙이 있으면 문장의 주요한 부분은 모두 생성이 가능하다.

(21b)의 절 구조를 택하고자 했을 때 혹자는 (23)에서와 같이 굴절소가 동사에 나타나기 때문에 (21b)의 구조에 대해서 의문을 가질 수도 있다.

(23) Sam respects his teacher.

(23)에는 굴절소에 해당하는 요소로 조동사나 *to*가 없고, 대신에 시제와 일치소를 표시하는 -*s*가 동사에 붙어 있다. 그런데 이 굴절소는 I에 나타나야 하나 (23)에서는 동사에 나타나기 때문에 (21b) 또는 (18)의 구조가 안 맞는다고 생각할 수도 있다. 우리는 (23)의 구조로 (24)를 제시한다.[7]

(24)

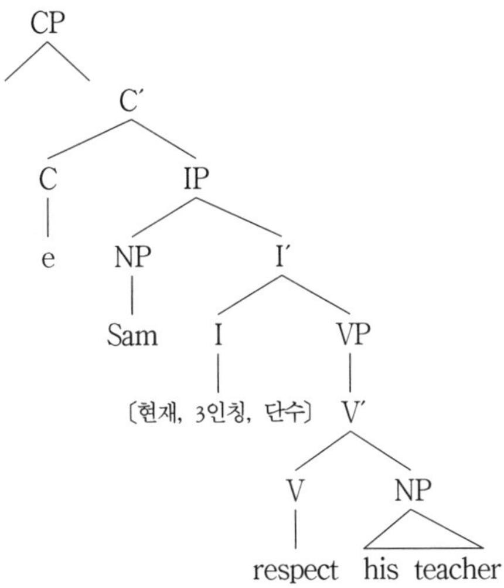

---

7) 각 범주의 지정어 자리인 Spec은 자리명칭이다. 그래서 이 자리에 여러 종류의 범주가 출현할 수 있다. 가령, IP의 지정어 자리인 주어자리에는 명사구나 절이 올 수 있으며, CP의 지정어 자리에는 여러 범주의 의문사구가 올 수 있다. 그래서 지정어 자리를 Spec으로 표기할 수도 있고 또는 구체적인 범주인 NP나 D로 표기할 수도 있다.

(24)의 굴절소 I에는 눈에 보이는 요소는 없지만 대신에 〔현재, 3인칭, 단수〕라는 시제와 일치소 즉, 굴절소가 가지는 의미적 자질이 있다. (23)와 같이 우리가 실제로 볼 수 있고 말하는 문장을 얻기 위해서는 동사 *respect*가 굴절소 I로 이동해 가서 I에 있는 굴절소 자질과 합쳐서 *respects*라는 형태를 취해야 한다. 이러한 동사의 이동에 대해서는 제13장에서 자세히 논의할 것이다.

이제 우리는 절을 포함하여 모든 구에 X바구조 원리의 적용이 가능함을 보았다. 이러한 시도는 추상적이고 이론적으로 보이나 이 구조적 접근은 전혀 관계가 없어 보이던 언어현상들을 하나의 원리로 설명하는 것을 가능하게 한다. 다음의 명사구에서 일어나는 일치현상을 보자.

(25) a. this boy, that lady
b. these boys, those ladies
c. *this boys, *those lady

(26)
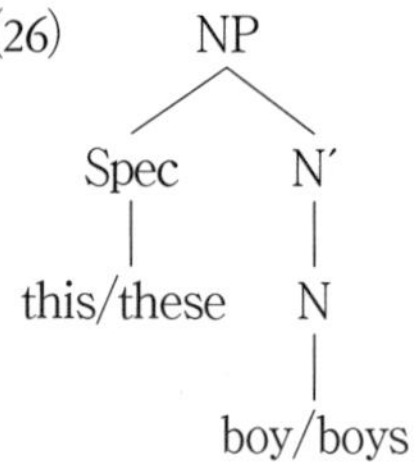

우리는 위의 명사구에서 지정어*Spec*와 핵*head* 사이에 수의 일치가 있음을 볼 수 있다. 만약 일치가 안 되면 (25c)처럼 비문법적이 된다. 그런데 수의 일치 현상은 주어와 굴절소 사이에서도 일어난다.

(27) a. The boy likes the girl.
b. The books are very heavy.
c. *The girl are sad.

(28)

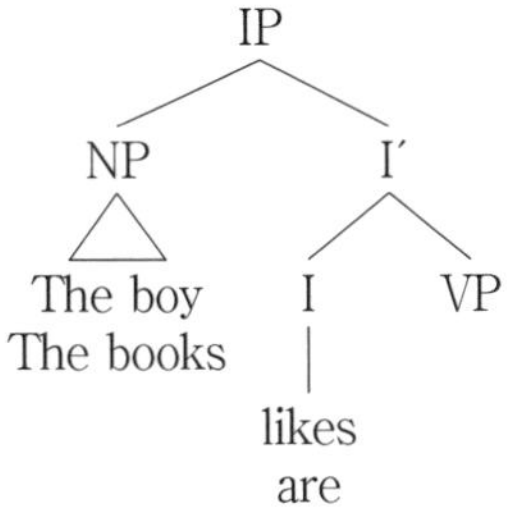

(28) 의 굴절소에 있는 동사들은 동사 자리에서 굴절소 자리로 이동해 와서 굴절소가 원래 가지고 있던 일치소 자질을 받아서 단수나 복수의 형태를 취하고 있다. 그리고 이 굴절소 자리에 있는 동사는 주어와 수의 일치를 보이고 있다. 그런데 매우 흥미로운 것은 이 주어와 굴절소의 수 일치도 지정어*Spec*와 핵의 수일치라는 점이다. 핵인 굴절소와 IP의 지정어인 주어와의 일치라는 점이다. 결국 지정어와 명사 핵의 일치와 그리고 주어와 동사(굴절소) 의 일치는 별개의 현상이 아니라 **지정어와 핵의 일치** *Specifier-Head Agreement*라는 일반화된 원리에 의해서 설명할 수 있다.

(29) 지정어와 핵의 일치

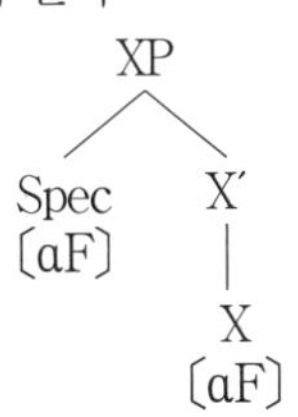

(29) 에서 지정어와 핵에 있는 표기 〔αF〕는 두 요소가 어느 자질 〔F〕에 대하여 동일한 값(α : + 또는 -; 가령 〔+ singular〕 또는 〔- singular〕) 을 갖는다는 것을 표시한다. 즉 두 요소는 어느 자질에 대하여 일치해야 된다는 것이다. 이렇게 X바구조 원리를 사용하면 전혀 관계없어 보이던 현상을 일반 원리로 설명할 수 있다.

이제까지 절의 구조를 위해서 보문소 C와 굴절소 I를 도입하였는데 이들 범주는 동사(V) 나 형용사(A) 등과는 다른 점이 있다. 가령, 동사 *buy*는 논항구조를 가지고 있어 주어(행위주) 나 목적어(피험체) 가 필요하다는 정보를 가지고 있지만, 보문소 C와 굴절소 I는 이런 의미적 내용은 없고 절 전체의 속성, 가령, 의문자질, 시제자질 등을 가지고 있다. 그래서 문법학자들은 다음과 같이 문법범주를 크게 두 가지로 분류한다.

(30) a. 어휘 범주 : V, N, A, Adv, P
　　 b. 기능어 범주 : C, I

어휘 범주*lexical category*에는 그 문법범주가 내용을 가지고 있는 범주로 동사(V), 명사(N), 형용사(A), 부사(Adv), 전치사(P) 가 있다. 그리고 **기능어 범주***functional category*에는 보문소(C) 와 굴절소(I) 가 있다.[8] 그러나 어휘 범주와 기능어 범주는 그들이 출현하는 자리가 서로 다르다. (21) 과 (24) 에서 보면 기능어 범주는 모두 어휘 범주보다 계층적으로 위에 출현한다. 즉 어휘 범주 VP 위에 기능어 범주인 IP와 CP가 나타나고 있다.

10.4 보이지 않는 공범주

앞에서 절의 구조를 모두 제시했지만 아직도 이 구조에 잘 맞지 않는 구조를 발견할 수 있다. (31) 의 두 종속절을 비교해 보자.

(31) a. Jill wonders [whether he should buy a house].
　　 b. Jill wonders [whether to buy a house].

(31) 의 두 종속절의 차이는 주어의 유무에 있다. 우리는 앞에서 조동사와 *to*가 I에 속한다는 것을 보았다. (31a) 에서는 주어로 *he*가 있으나 (31b)

8) 최근의 통사이론에서는 더 많은 기능어 범주를 사용하고 있다. 가령, D(eterminer), T(ense), Agr(eement) 등의 기능어 범주가 사용되기도 한다.

에서는 주어가 보이지 않는다. 그러나 (31b)는 문법적인 문장이고 종속절의 주어는 보이지 않으나 있는 것으로 해석이 된다. 만약에 (31b)에 보이지 않는 주어가 있다면 (31a)와 (31b)의 종속절은 동일한 구조를 가질 것이다. 문법학자들은 실제로 (31b)에 보이지 않는 주어로 PRO라는 공범주 *empty category*를 상정한다. **PRO**('big/large PRO'라고 읽음)는 *pronoun*에서 유추된 개념으로 대명사와 유사한 기능을 한다. 가령, PRO는 선행사가 있어, 그 선행사를 대신하는 기능을 한다. (31b)의 종속절은 (32a)와 같이 분석되고 그 구조는 (32b)와 같다.

(32) a. Jill wonders 〔whether PRO to buy a car〕.
b.

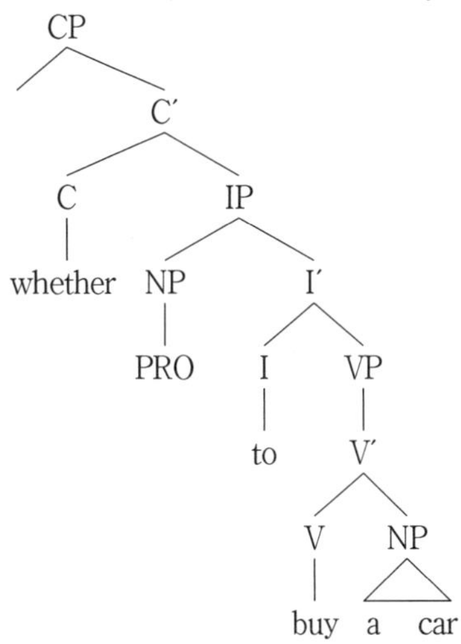

(32a)에서 PRO는 의미적으로 주절의 주어인 *Jill*을 지시한다.

PRO는 보이지 않는 요소이기 때문에 혹자는 그 존재에 대해서 의심할 수도 있다. 보이지 않지만 실제로 문법적 역할을 하는 PRO에 대한 증거를 찾아보자. 다음 예에서 재귀대명사 *reflexive*의 선행사가 어디에 있는지를 생각해 보자. 밑줄 친 부분은 동일한 대상을 지시한다.

(33) a. The parents think that their son doesn't love himself.

b. *The parents think that their son doesn't love themselves.

(33a) 에서 재귀대명사 *himself*는 그 선행사인 *their son*이 동일한 절에 있는 반면에, (33b) 에서 *themselves*는 선행사가 동일한 절에 있지 않고 종속절 밖의 주절에 있다. 재귀대명사는 자신이 속한 동일한 절에서 선행사를 찾아야 한다는 조건이 있다.

(34) 재귀대명사 조건[9]

재귀대명사는 성, 수, 인칭이 일치하는 선행사가 동일한 절에 있어야 한다.

위의 조건에 의해서 (33a) 에서 재귀대명사 *himself*는 그 선행사가 자신이 속한 동일한 종속절에 있기 때문에 좋은 문장이 되나, (33b) 에서는 재귀대명사 *themselves*의 선행사가 동일한 절에 없기 때문에 비문법적인 문장이 된다. 이러한 재귀대명사의 분포에 대한 사실을 염두에 두고, 다음 문장을 보자.

(35) a. Jack wonders whether to love himself.

b. *Jack wonders whether to love themselves.

(35a) 의 문장이 문법적이라는 것은 재귀대명사 *himself*의 선행사가 동일한 종속절에 있다는 것이고, (35b) 가 비문법적이라는 것은 *themselves*의 선행사가 동일한 절에 없다는 것이다. (35) 에서 보이지 않는 주어로 PRO를 설정한다면 이 문제는 쉽게 풀린다.

---

9) (34) 의 재귀대명사 조건은 여기에서 제시되지 않은 더 많은 자료를 설명하기 위해서는 수정되어야 한다. 이 조건은 제11장에서 다시 논의된다.

(36) a. Jack wonders whether PRO to love himself.
b. *Jack wonders whether PRO to love themselves.

(36) 에서 PRO는 *Jack*을 선행사로 취한다. (36a) 에서 재귀대명사 *himself*는 동일한 절에 있는 PRO를 선행사로 취하여 (34) 의 재귀대명사 조건을 만족시킨다. 한편, (36b) 에서 재귀대명사 *themselves*는 동일한 절에서 선행사를 찾지 못하고 있다. (36b) 에서 종속절의 PRO는 주절의 *Jack*을 선행사로 하고 있기 때문에 *themselves*의 선행사가 될 수 없다. 두 명사구, *Jack*과 *themselves*는 수number가 다르기 때문이다. 그래서 (36b) 는 비문법적이 된다. 이와같이 PRO는 보이지는 않지만 문법적 기능을 하고 있다.

우리가 접하는 많은 문장에서 보이지 않는 주어, 공범주 PRO가 나타나는 예를 찾을 수 있다.

(37) a. Dustin doesn't know what PRO to do.
b. I will try PRO to solve the problem soon.
c. It is not easy PRO to love our neighbors.

(37) 에서 공범주 PRO는 주어자리에 출현하는 것을 알 수 있다. PRO는 늘 주어자리에만 출현하고, 목적어자리에는 출현하지 않는다. 특히 PRO는 *to*부정사의 주어로 나타난다.

공범주의 역할은 구조적인 자리는 있으나 보이지 않는 요소를 대신하는 것이다. 보이지 않는다고 해서 구조적인 자리까지 없는 것은 아니다. PRO는 하나의 논항으로서 동사가 할당하는 의미역을 받을 수 있다. 가령 (37a) 에서 PRO는 *do* 동사의 논항으로서 행위주란 의미역을 할당받는다.

깊은 내용의 통사론일수록 보이지 않는 요소에 대한 요구가 많아진다. 그래서 매우 이론적인 논의가 요구된다. 지금까지 보이지 않는 요소로서 PRO가 필요함을 보았고 그 문법적 역할이 확인된바 PRO의 존재 이유는 확실하다. 만약에 PRO를 설정하지 않는다면 PRO를 설정해서 설명할 수 있었던 현상들을 다른 방식으로 설명해야 할 것이다. 촘스키 언어이론을 따르지 않는 문법학자들은 PRO를 설정하지 않고 다른 방법으로 관련된 현상을 설명하기도 한다.

10.5 주어자리

영어의 문장에서 주어자리는 특별하다. 즉 특별한 대우를 받는다고 할 수 있다. 가령, 목적어 자리는 동사에 따라 있을 수도 있고 없을 수도 있다. 그러나 주어자리는 동사의 종류에 관계없이 언제나 마련되어 있다. 즉 절에는 주어자리가 언제나 마련되어 있다. 그렇다면 모든 술어가 주어 논항이 있어 주어자리를 마련하는가? 모든 술어가 주어 논항이 있는 것이 아니다. 다음 예를 보자.

(38) a. It is certain that David will be the first in the class.
  b. It seems that Solomon is good at math.
  c. It is likely that Nikolai visits Seoul this year.

위의 예에서 술어인 *certain*, *seem*, *likely*는 논항으로 보어절을 취한다. 그러나 의미적으로 이들 술어는 주어 논항이 없다. 만약 주어 논항이 없다면 투사원리에 의해 주어자리가 마련될 수 없다. 제5장에서 공부한 투사원리 *Projection Principle*에 의하면 통사구조는 어휘정보를 반영해야 한다. 그러나 (38)의 문장에는 주어가 있다. 술어가 주어 논항이 없는데 어떻게 주어자리가 있을 수 있을까? 이것은 어휘정보와 관계없이 절에는 주어자리가 항상 마련되어 있어야 함을 말한다. 그래서 촘스키는 주어자리를 위한 다음의 원리를 제시한다.

(39) 주어 원리
  절에는 주어가 있어야 한다.

(39) 에서 말하는 주어란 주어자리이다. 이 원리는 투사원리에 의해서 주어 논항 자리가 없더라도 절에는 반드시 주어자리가 마련되어야 함을 말한다. 이 원리 때문에 주어 논항이 없는 술어가 출현하는 (38) 에서도 주어자리는 마련되어 있다. 이 원리는 주어자리를 위한 특별규정이라고 볼 수 있다.

그러나 주어자리는 마련되더라도 술어는 그 자리를 채울 논항이 없는 경우가 바로 (38) 의 경우이다. 이때에 빈 주어자리를 채워주는 요소가 바로 *it*이다. *it*은 의미적으로 논항의 역할을 하지 못하여 허사*expletive*라고 불린다. 허사 *it*은 대명사 *it*(예 : Andrew bought a book and sent it to David) 과는 다르다. 허사 *it*은 언제나 주어자리에만 나타나며, 전통문법에서는 *it*을 가주어라고 부른다.

허사 *it*은 주어 논항이 있는 술어의 경우에도 주어가 너무 길어서 문장의 뒤로 이동하면 그 빈 주어자리를 채우기도 한다.

(40) a. That David won the first prize surprised Andrew.
b. It surprised Andrew that David won the first prize.

(40a) 에서 동사 *surprise*는 두 개의 논항을 갖는다. 그러나 (40b) 에서 주어 논항은 매우 긴 절이어서 문장의 끝으로 이동했다. 그리고 그 빈 주어자리를 허사 *it*가 채우고 있다. 이때 *it*은 *surprise*의 논항이 아니다.

이렇게 허사의 역할은 술어가 제공하는 논항이 없는 주어자리에 나타나서 형식적 주어 역할을 한다. 이런 역할을 하는 허사로 *there*도 있다.

(41) a. There arrived three elephants.
b. There is a bat in the belfry. (cf. A bat is in the belfry)

(41) 의 동사 *arrive*와 *is*는 각각 하나의 논항과 두개의 논항을 취하는 술어이다. 이들 동사들은 존재동사로 주어자리에 허사 *there*를 허용한다.

*there*도 의미가 없는 요소로 주어자리를 채우나 술어의 논항은 아니다.

이렇게 주어자리는 술어의 논항이 투사되지 않아도 마련되어야 한다. 즉 투사원리의 적용을 받지 않고도 그 자리가 마련된다. 이런 특성을 고려해서 (39)의 주어원리를 **확대투사원리** *Extended Projection Principle*라고도 한다. 투사원리가 의미에 바탕을 둔 원리라면 주어원리, 또는 확대투사원리는 의미와는 관계없는 통사적 원리이다.

⇨ 제10장은 절에도 X바구조 원리가 적용될 수 있음을 보여주었다. 절에는 다른 구에는 없는 기능어 범주인 보문소 C와 굴절소 I가 있다. 보이지 않는 주어를 위해 공범주 PRO가 도입되고, 문장의 구조에서 필수적인 주어자리를 위해 주어원리를 도입하였다. 문장의 모든 구조가 X바구조로 설명될 수 있음이 확인되는 중요한 장이다.

제10장 쉼터이야기

미개인의 언어

20세기 초에 사람들은 이 지구의 모든 곳을 다 탐험하였다고 생각하였다. 그러나 1930년 뉴기니 섬에서 약 4천 년 동안이나 외부와 접촉 없이 석기시대를 살아 온 원주민들이 발견되었다. 세계에서 두 번째로 큰 뉴기니 섬은 양쪽 해안에서 보면 섬 안쪽에 큰 산맥이 있어 그 고산지대에는 아무도 가보려고 하지 않았다. 그런데 실제로 그 산맥은 두 개의 산맥으로 그 두 산맥 사이에는 비옥한 고원지대가 있었다. 이 고원지역에 살고 있었던 원주민들은 이 섬의 금을 찾아 나섰던 호주인 리히Leahy에 의해 발견되었다. 그런데 이 호주인이 처음으로 이 원주민을 만났을 때 이들도 말을 하고('jabbering') 있었다고 한다. 즉 이 원주민들도 언어를 가지고 있었다. 이들은 석기시대의 생활을 하고 있었는데〔Pinker, (1994), *The Language Instinct*, Penguin Books〕, 그러면 이들의 언어는 미개언어였을까?

미개언어가 있다고 주장하는 이는 다음과 같은 주장을 할 것이다. 뉴기니 섬에서 석기시대의 생활을 하는 원주민의 언어로 핵물리학이나 줄기 세포 배양에 대한 논의를 할 수 없다. 그러므로 이 원주민들이 사용하는 언어는 미개언어라고 주장할 것이다. 그럴듯한 주장이나 언어학적으로는 전혀 근거가 없다. 현재 핵물리학이나 줄기세포 배양에 관한 논의를 할 수 있고 이에 관한 논문을 쓸 수 있는 언어인 영어를 예로 들어보자. 약 1500년 전에 영국 사람들은 고대영어*Old English*를 사용하였다. 고대영어로 핵물리학이나 줄기세포 배양에 대한 논의를 할 수 있었을까? 이 질문은 뉴기니 원주민의 언어로 핵물리학을 논의할 수 있는가라는 질문과 본질적으로 동일하다. 여기에서 문제가 되는 것은 어느 특정분야에 대한 어휘이다. 현대영어에서는 핵물리학에 대하여 많은 어휘들이 개발되어 있으나 고대영어나 뉴기니 원주민의 언어에는 그런 어휘가 없을 것이다. 이런 어휘가 없기 때문에 과학 분야의 논의가 곤란할 것이다. 뉴기니 원주민의 언어를 미개언어라고 한다면 고대영어도 마찬가지로 미개언어로 보아야 할 것이다. 그러나 어휘는 구조와 비교해서 훨씬 덜 체계적인 분야로 여겨진다. 가령 어휘는 언어의 창조성에 기여하는 바가 거의 없다. 더 중요한 부분은 언어의 구조적 체계이다. 주요한 개념에 대한 어휘만 보충된다면, 고대영어나 뉴기니 원주민의 언어로도 핵물리학뿐만 아니라 22세기의 과학에 대한 논의도 가능할 것이다. 인간이 사용하는 언어 중에는 언어학적으로 미개한 언어는 없다. 인간의 언어는 인간이면 다 배울 수 있고 또 실제로 연구해 보면 모두 다 매우 복잡한 체계를 가지고 있기 때문이다.

제10장 확인학습

1. 책의 내용에 근거하여 다음 진술이 옳으면 ○표, 틀리면 ×표를 하시오.
   ( ) 1) *if*절은 언제나 시제가 있다.
   ( ) 2) PRO는 허사 중의 하나이다.
   ( ) 3) 주어자리는 언제나 술어의 논항이 출현한다.
   ( ) 4) 지정어와 핵의 일치는 기능어범주에만 있는 현상이다.

2. 다음 예에서 밑줄 친 부분의 수형도를 그려보시오.
   a. The girl can speak English.
   b. Do you think that James will marry Kate?
   c. I don't know if I should take this course.
   d. I prefer for you to come to my living funeral.

3. 다음 문장의 수형도를 그려보시오.
   a. The teacher gave a ring to the poor girl very happily.
   b. The young man thought he could drink beer in the cafe.
   c. Lucy wonders whether to study linguistics.
   d. Martin is anxious for you to help him.
   e. It is certain that Zack will be the first in the class.

4. 다음 비문법성을 설명하시오. 학습한 내용에 근거해서 설명하시오.
   a. *I think that Suzy to be a teacher.
   b. *I wonder if to marry the girl.
   c. *They think that I will hate themselves.
   d. *I hates Douglas.

5. 다음 두 예에서 밑줄 친 단어의 공통적인 속성을 말해 보시오. 생략현상과 관계된 구조적 속성에 대해서 말하시오.
   A. a. Can you come to my birthday party?
      b. I want to. But I can't.
   B. a. Will you marry me?
      b. I will.

6. 밑줄 친 단어가 허사*expletive*인 것을 모두 고르시오.

a. It appears that Joe still loves Monica.
b. Have you seen the dog? Yes, it was in the yard.
c. There used to be a tree behind the garage.
d. Where are my car keys? They are there.
e. Chris believes that it is human to err.

7. 빈 자리에 PRO가 출현하지 않는 문장을 모두 고르시오.

a. I want ___ to help you.
b. I don't know how ___ to fix the computer.
c. The mother thinks that her child can read ___ .
d. It is not easy ___ to make money.
e. Jean promised Sara ___ to quit smoking.

Chapter 10 Syntactic Argumentation in English

■ Answer in English.

1. How can you distinguish the expletives *it* and *there* from the referential (non-expletive) *it* and *there* (eg. *I saw it; I put the hat over there*)? You may consider the following criteria and provide an example for each criterion.

i) Can it be an argument?
ii) Can it refer to some entity (things, places)?
iii) Can it get stressed?
iv) Can it appear in a non-subject position?

Model Answers

1. An expletive has the following properties which the referential *it* and *there* do not;

i) It cannot be an argument which is required by a predicate and plays a grammatical function (subject, object, etc.).

a. **It (Jack) is eager to hit the ball.*

b. **There (Jack) is anxious to hit the ball.*

ii) It does not refer to anything (it is meaningless).

a. *It seems that John loves Mary.*

b. *There were three students in the room.*

iii) It does not get any stress.

a. *It (*IT) is believed that Sam loves Mary.*

b. *There (*THERE) was a dog in the old house.*

iv) It appears only in subject position. All grammatical examples earlier contain expletives in subject position.

a. *We love it* (referential) / **it* (non-referential) *so much.*

b. *Sally put the book there* (referential) / **there* (non-referential).

c. *Computers have made* it *possible for more people to work from home.* (Here *it* is in the subject position of the embedded small clause.)

제10장 임용고사 기출문

1. 글 〈A〉를 읽고 〈B〉에서 비문법적인 문장을 찾아 <u>기호</u>를 쓰고, 비문법적인 <u>이유</u>를 〈A〉에 나오는 용어를 이용하여 15단어 이내로 쓰시오. (단, 영어와 우리말 혼용 가능) (2008, 대전/충북/충남)

〈A〉

X-bar theory is a very simple and general theory of phrase structure. Using only three rules, this theory accounts for the distinction between adjuncts, complements, and specifiers.

(1) a. Specifier rule: XP → (YP) X′
b. Adjunct rule: X′ → X′ (ZP) or X′ → (ZP) X′
c. Complement rule: X′ → X (WP)

X is a head, WP is a complement, ZP is an adjunct, and YP is a specifier. Let us think, here, about differences between the complement and adjunct rules. Because the complement rule introduces the head, the complement will always be adjacent to the head. Or more particularly, it will always be closer to the head than an adjunct. This is seen in the following tree:

(2)

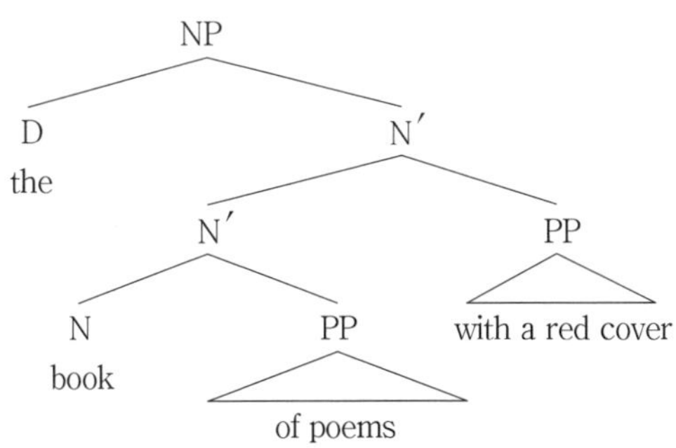

Since the adjunct rule takes an X′ level category and generates another X′ category, it will always be higher in the tree than the output of the complement rule. Since lines can't cross, this means that complements will always be lower in the tree than adjuncts, and will always be closer to the head than adjuncts.

〈B〉

(a) It is very interesting and of great help.
(b) The flower moved of itself and with elegance.
(c) She likes the book of poems and from The MIT Press.
(d) I read the book of poems with a red cover and with a blue spine.

답 : 비문법적인 문장의 기호 : (　　　　　　　　　)
　비문법적인 이유 : ______________________________

제10장 임용고사 기출문제 예상답안

문장의 기호: (c)

이유: X바 구조에서 낮은 위치의 보어 (*of poems*) 와 높은 위치의 부가어 (*from the MIT Press*) 를 등위접속할 수 없다.

(다른 설명: 서로 다른 기능의 보어와 부가어를 등위접속할 수 없다.)

▌제 11 장▌

절의 종류

〈핵심용어〉

보통절, 예외절, 소절, 대격, 대용어조건, 대명사조건, 지시명사구조건

제11장은 제10장에서 공부한 절의 구조와는 다른 유형의 절로 예외절과 소절을 소개한다. 이 절들은 보문소가 없는 구조로 보통절과는 다른 문법적 특성을 보인다. 이 절들의 특성을 논의하고 여러 동사들이 취하는 절들을 살펴본다. 그리고 대용어, 대명사, 지시대명사의 분포를 절을 중심으로 살펴본다.

11.1 예외절

절의 구조에서 기능어 범주로 보문소 C, 굴절소 I가 도입되어야 함을 앞 장에서 공부하였다. 다음 (1a)의 종속절과 그 구조인 (1b)를 살펴보자.

(1) a. I think <u>that the professor will teach English syntax</u>.

b. 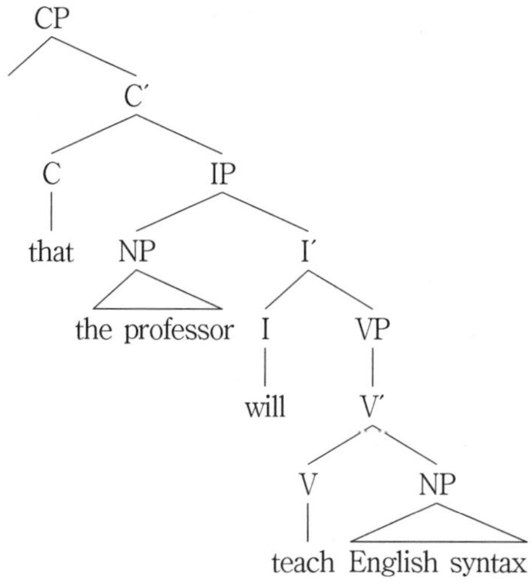

이렇게 일반적인 절의 구조는 보문소 C의 투사구조로 도입되고 있다. 그런데 흥미롭게도 영어에는 보문소가 없는 절을 관찰할 수 있다. 다음 예의 종속절을 보자.

(2) a. Jane expected [him to do the dishes].

b. *Jane expected [for him to do the dishes].

(2)에서 종속절은 보문소와 시제가 없는 절이고 굴절소에는 부정사 *to*가 나타난다. 그러나 *to*와 어울릴 수 있는 보문소 *for*가 출현하면 (2b)와 같이 비문이 된다. (2a)의 종속절은 여러 면에서 앞에서 보았던 절과는 다른 점이 있다. 다음의 두 종속절을 비교해 보자.

(3) a. Jane expected [that he would do the dishes].

b. Jane expected [him to do the dishes].

(3) 에 있는 두 종속절을 구별하기 위해 (3a) 와 같이 보문소 C가 있는 절을 **보통절***ordinary clause*이라고 하고, (3b) 와 같이 보문소가 없는 종속절을 **예외절***exceptional clause*이라고 한다. 예외절은 보통절과 달리 예외적인 속성을 가지고 있기 때문에 문법학자들이 명명한 이름이다. 예외절의 첫 번째 특징은 보문소가 없다는 점이다.

(4) a. The teacher believed 〔her to be the best student〕.
b. *The teacher believed 〔for her to be the best〕.
(5) a. The coach considered 〔him to be the best player〕.
b. *The coach considered 〔for him to be the best player〕.

(4) 와 (5) 에 있는 종속절은 예외절로 보문소 *for*를 취하면 비문이 된다. 이러한 예는 예외절에는 보문소가 없다는 것을 말해 준다.

예외절의 두 번째 특징은 예외절의 주어는 언제나 목적격(또는 대격) 을 취하고 있다는 점이다. **목적격***objective case* 또는 **대격***accusative case*은 보통 동사나 전치사의 목적어자리에 나올 수 있는 명사구의 형태이다. 그런데 예외절의 주어자리에는 **주격***subjective/nominative case*이 아닌 목적격의 명사구가 나타난다. 형태적으로 목적격인 이 명사구는 예외절의 주어이다. 만약에 목적격 대신에 주격의 명사구가 나타나면 아래의 예에서처럼 비문이 된다.

(6) a. *Jane expected 〔he to do the dishes〕.
b. *The teacher believed 〔she to be the best student〕.
c. *The coach considered 〔he to be the best player〕.

예외절의 세 번째 특징은 목적격의 명사구가 수동화가 되면서 주절의 주어가 될 수 있다는 점이다. (7b) 가 이를 보여준다. (7) 과 (8) 을 비교해 보자.

(7) a. Jane expected him to do the dishes.

b. He was expected __ to do the dishes.

(8) a. Jane expected that he did the dishes.

b. *He was expected that __ did the dishes.

예외절의 주어는 수동이 되면서 주절의 주어가 될 수 있지만, 시제가 있는 종속절의 주어는 수동이 되면서 주절의 주어가 될 수 없다.

예외절의 네 번째 특징은 굴절소에 항상 *to*가 온다는 점이다. 다시 말해서 예외절은 시제가 없는 절로서 조동사나 시제가 있는 동사는 오지 않는다. 만약 *to*가 오지 않고 조동사나 시제가 있는 동사가 오면 아래와 같이 비문법적이 된다.

(9) a. *Jane expected him should do the dishes.

b. *Jane expected him did the dishes.

이제 예외절인 (7a)의 구조로서 (10)을 제시한다.

(10)

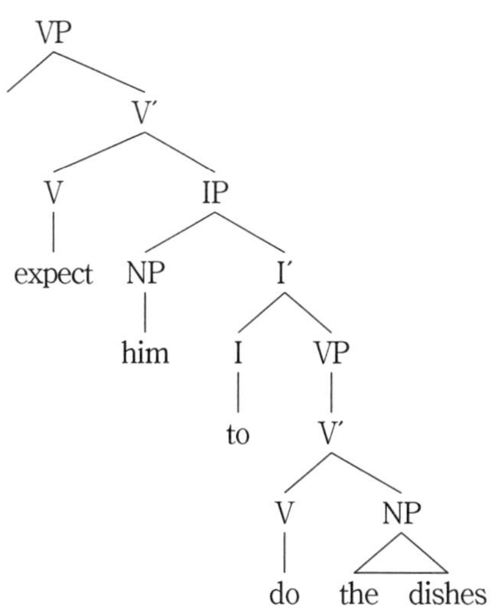

(10)의 구조에서 동사 *expect*는 보어로 보통절의 CP 구조를 취하는 것이 아니라 IP(I′′)를 취하고 있다. 예외절은 보문소를 취하지 않기 때문에 CP 범주가 나타나지 않는다.

예외절은 특정한 동사들의 보어로 출현한다. 종속절이 어떤 종류이냐 하는 것은 그 절을 취하는 동사의 어휘적 속성에 의존한다. 동사는 보어로서 명사구를 취하느냐, 또는 절을 취하느냐, 더 구체적으로는 *that*절, *for*절 또는 의문절 중에서 어느 절을 취하는지에 대한 어휘적 정보를 가지고 있다. 앞에서 본 *expect*, *believe*, *consider*, *know* 등은 예외절을 보어로 취한다. 어떤 동사들은 보어로 예외절도 취하고 보통절도 취할 수도 있다. 가령, *expect*, *believe*, *know*, *consider*는 보통절과 예외절을 둘 다 취한다. (3)이 그러한 예를 보여준다.

한편 예외절과 외관상으로 아주 유사하나 구조적으로는 다른 구문이 있어 주의를 요한다. 다음 예에서 두 종속절을 비교해 보자.

(11) a. Mary expected John to cut the cake.
　　b. Mary told John to cut the cake.

(11)의 두 문장은 외관상으로 동사만 다르고 동일하다. 그렇다면 (11b)의 *tell* 동사도 예외절을 취하는가? *tell* 동사는 *expect*와 달리 예외절을 취하지 않는다. 그 차이를 살펴보자. (11a)의 *expect*가 취하고 있는 보어절은 주어와 목적어를 가지고 있다. 그리고 이 주어와 목적어는 종속절 내에서 수동태가 가능하다.

(12) a. Mary expected [John to cut the cake].
　　b. Mary expected [the cake to be cut by John].

보어절이 능동태인 (12a)와 수동태인 (12b)는 그 의미가 거의 동일하다. 이것은 (12a)에서 [John to cut the cake]이 하나의 절임을 보여준다. 즉 *John*과 *the cake*은 동사 *cut*의 논항이다.[1)]

만약 (11b)의 동사 *tell*이 예외절을 취한다면 (12)와 동일한 현상이 예상될 것이다. 예외절이라고 가정하고 그 수동태를 만들어 보자.

(13) a. Mary told [John to cut the cake].
     b. *Mary told [the cake to be cut by John].

(13a)에서 예외절이라고 가정한 부분을 수동화한 (13b)는 비문이 되고 있다. 이것은 (13a)에서 *tell* 동사의 구조가 *expect* 동사의 예외절과는 다르다는 증거이다. 아래에서 보듯이 *tell* 동사는 논항구조와 하위범주화에서 *expect*와는 다르다.

(14) a. expect, 논항구조 : ⟨논항 1, 논항 2⟩
     하위범주화 : [_ IP]
     b. tell, 논항구조 : ⟨논항 1, 논항 2, 논항 3⟩
     하위범주화 : [_ NP CP]

두 동사의 가장 두드러지는 차이는 논항구조에 있다. *tell* 동사는 세 개의 논항을 취하여 '누가 누구에게 무엇을' 말한다는 뜻이고, *expect*동사는 두 개의 논항을 취하여 '누가 무엇을' 기대한다는 뜻이다. 그래서 *expect*와 *tell* 동사는 다음과 같이 구조적으로 다르게 분석되어야 한다.

(15) a. Mary [$_{VP}$ expected [$_{IP}$ John to cut the cake]].
     b. Mary [$_{VP}$ told [$_{NP}$ John] [$_{CP}$ PRO to cut the cake]].

---

1) 모든 예외절이 수동태가 되는 것은 아니다.

John considered [her to be smart].

위의 예에서 예외절은 목적어가 없어 수동태가 될 수 없다. 수동태가 가능한 경우에만 이 예외절 테스트가 가능하다.

(15a) 에서 *John*은 보어절의 주어이고 (15b) 에서 *John*은 주절 동사의 간접목적어이다. 다시 말하면 (15a) 에서 *John*은 동사 *expect* 보어(또는 논항) 가 아니지만 (15b) 에서 *John*은 *told*의 보어(또는 논항) 이다. 이 구문을 수형도로 보면 그 차이를 더 쉽게 볼 수 있다.

(16) a.

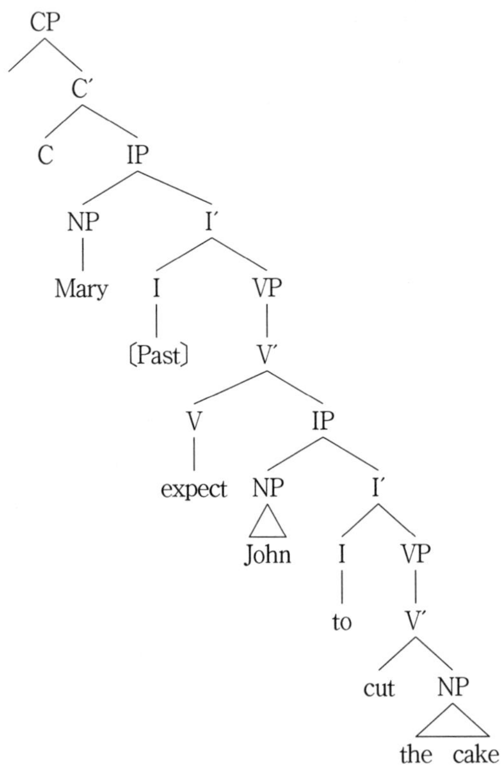

b.

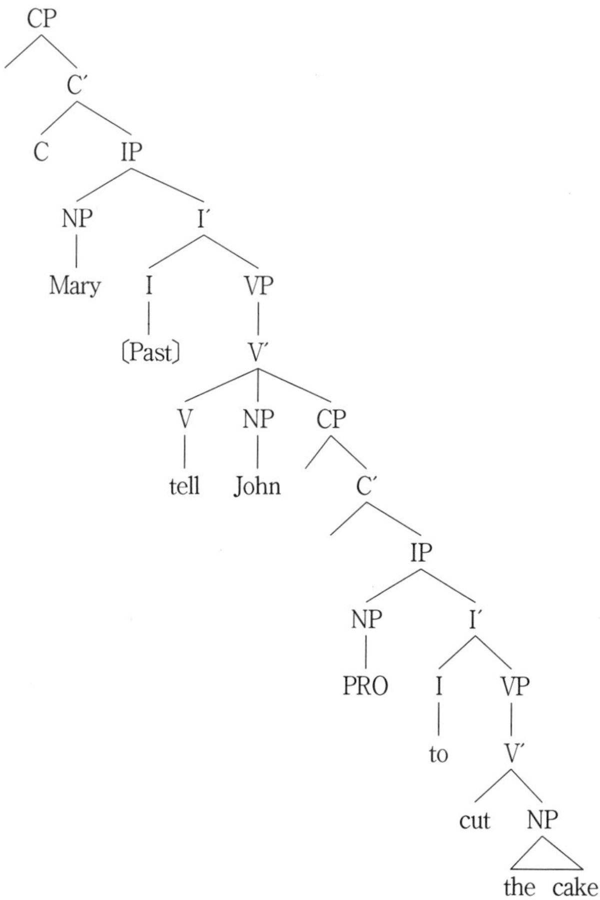

(16b)의 특징은 보어 중에 CP절이 있고 그 절의 주어로 PRO가 나타나는 것이다. 여기서 PRO의 선행사는 *John*이다.[2)]

---

2) 일반적으로 PRO는 바로 앞에 있는 명사구를 선행사로 취하나, 그렇지 않은 경우도 있다.

i) John promised Mary 〔PRO to do the dishes〕.

위의 예에서 PRO는 그 선행사로 주절의 주어인 *John*을 취한다. 이렇게 어떤 PRO는 바로 앞에 있는 명사구를 선행사로 취하지 않고 멀리 있는 명사구를 선행사로 택하기도 한다. 이러한 PRO의 선행사 선택은 대개 주절의 동사에 의해서 결정된다.

(15b) 와 (16b) 에서 *tell* 동사의 보어인 CP절에 대해서 생각해 보자. CP이기 위해서는 보문소는 물론 주어자리도 가지고 있어야 한다. 표면적으로는 〔to cut the cake〕인데 과연 이 구조에 주어가 있는가? 동사 *cut*은 두 개의 논항을 필요로 한다. 그 중에 하나는 NP *the cake*이다. 그리고 나머지 하나는 보이지가 않는다. 의미적으로는 *cut*의 행위주는 *John*이다. 그런데 *John*은 이미 *told* 동사의 논항이다. 어떤 동사의 논항이 동시에 다른 동사의 논항이 될 수는 없다.[3] 그래서 *John*은 *tell* 동사의 논항이므로 *cut* 동사의 논항이 될 수 없다. 그렇다면 *cut* 동사의 행위주 논항은 별도로 있어야 한다. 그런데 *cut* 동사의 행위주 논항은 보이지 않으므로 공범주 PRO가 나타난다. PRO는 보이지 않으나 구조적으로 동사 *cut*의 주어 논항으로 행위주 의미역을 갖고 있다. 그래서 〔PRO to cut the cake〕이란 구조가 나온다.

그러면 이제 〔PRO to cut the cake〕이 (16b) 에서 왜 IP가 아니고 CP인지를 생각해 보자. 이 결정을 하기 위해서 예외절의 특징을 살펴보자. 예외절의 주어는 반드시 공범주가 아닌 눈에 보이는 주어로 목적격(또는 대격) 의 형태이어야 한다는 점이다. 다음의 여러 예외절을 보자.

(17) a. The professor considered 〔her to be the best〕.
b. The judge knows 〔them to be honest〕.

위의 예에서 동사 *consider*, *know*는 예외절을 취하고 있는데 그 절의 주어는 모두 목적격을 취하고 있다. 그리고 이 목적격 형태의 주어 명사구는

---

3) 이러한 중복 논항에 대한 제약으로 촘스키는 의미역표준 *Theta Criterion*를 제안하였다.

> 한 개의 의미역은 오직 하나의 논항에 할당되어야 하고,
> 하나의 논항에는 오직 하나의 의미역이 할당되어야 한다.

위의 의미역표준은 의미역과 논항(구조적 자리) 의 일대일 관계를 말하고 있다. 즉 어떤 구조적 자리가 두 개 술어의 논항이 된다면 두 개의 의미역을 받게 되어 의미역표준을 어기게 된다.

주절 동사와 바로 인접해 있다. 목적격의 주어가 출현하는 예외절의 주어 자리에 공범주인 PRO가 오면 비문법적이 된다.

(18) a. *The professor considered PRO to be the best.
b. *The judges know PRO to be honest.

PRO는 보통 *to*부정사의 주어로 오고 그 절은 CP가 있는 절이다. 이러한 사항을 고려한다면 (16b) 에서 〔PRO to cut the cake〕의 구조는 IP가 아니라 CP라고 보아야 한다.

*tell*과 동일한 구조를 취하는 동사로는 *force*, *ask*, *help* 등이 있다.

(19) a. Mary 〔forced 〔John〕 〔$_{\text{CP}}$ PRO to cut the cake〕〕.
b. Clara 〔asked 〔Jeff〕 〔$_{\text{CP}}$ PRO to cut the cake〕〕.
c. Ted 〔helped 〔Rosa〕 〔$_{\text{CP}}$ PRO to cut the cake〕〕.

이와 같이 PRO가 나타나는 절은 IP가 아니고 CP이다. PRO의 특징은 예외절 IP의 주어로 나타나지 못하고, 반드시 CP가 있는 절의 주어자리에 나타난다는 것이다. 다음은 PRO가 나타나는 다른 CP절의 예들이다.

(20) a. Jimmy tried 〔$_{\text{CP}}$ 〔$_{\text{IP}}$ PRO to cut the cake〕〕.
b. Henry planned 〔$_{\text{CP}}$ 〔$_{\text{IP}}$ PRO to make a trip this summer〕〕.

(20) 의 종속절은 CP로 그 주어자리에는 보이지 않는 PRO가 있다. 이와는 달리 예외절의 주어는 반드시 보이는 형태이어야 하며 이 주어가 대명사라면 목적격의 형태이어야 하고 굴절소 I에는 반드시 *to*가 나타난다.

11.2 소절

우리는 앞에서 예외절의 특징과 구조를 살펴보았다. 예외절과 유사해 보

이지만 구조가 조금 다른 절이 있다. 다음 예에서 꺾쇠괄호 부분을 살펴보자.[4)]

(21) a. They believed 〔him very wise〕.
b. People found 〔the Prime Minister deceptive〕.
c. The family considered 〔the dog a fool〕.
d. We saw 〔Solomon dance in his room〕.
e. Spencer doesn't let 〔the cat into the house〕.

위의 예에서 꺾쇠괄호 부분은 의미적으로 하나의 절이다. 앞의 명사구가 주어이고 그리고 뒤에 오는 부분은 서술어가 되고 있다. 그러나 절이라고 하기에는 매우 작아서 문법학자들은 이를 **소절***Small Clause*이라고 명명하였다. 소절이 예외절과 두드러진 형태적 차이는 *to*가 안 보인다는 점이다.

소절은 예외절과 몇 가지의 동일한 특징이 있다. 우선 구조적으로 소절에는 보문소인 *for*, *that*, *if*, *whether*가 나타나지 않는다. 이것은 소절의 문법범주가 CP가 아니라는 것을 말한다. 둘째로, 소절의 주어자리에 나타나는 명사구는 목적격을 취한다. (21a)의 예에서 보듯이 명사구 *him*은 목적격이다. 셋째로, 소절의 주어가 수동화가 되면서 주절의 주어자리로 갈 수 있다. 다음은 (21a, b)의 수동형이다.

(22) a. He was believed very wise.
b. The Prime Minister was found deceptive.

이상의 세 가지 특징은 예외절과 동일하다.

---

4) 소절은 전통문법에서 말하는 문장의 유형 중에서 다음의 5형식에 해당한다.

5형식: 주어(V) 동사(V) 목적어(O) 목적보어

위 구조에서 목적어가 의미상의 주어가 되고 목적보어는 그 서술어가 되는데, 소절분석에서는 이 두 요소가 각각 주어와 서술부를 형성하는 절로 분석한다.

예외절과 소절의 차이로는, 예외절의 굴절소에는 언제나 *to*가 오지만 소절의 굴절소는 비어있다. 그리고 예외절의 서술어는 언제나 VP이지만 소절의 서술어 문법범주는 다양하다. 가령, (21a, b)에는 형용사구(*very wise*, *deceptive*)가, (21c)에는 명사구(*a fool*)가, (21d)에는 동사구(*dance at home*)가, 그리고 (21e)에는 전치사구(*into the house*)가 나타나고 있다.

이제 소절의 구조를 생각해 보자. 소절에 대한 연구의 초기에는 소절의 구조로 다음을 제시하였다.

(23)

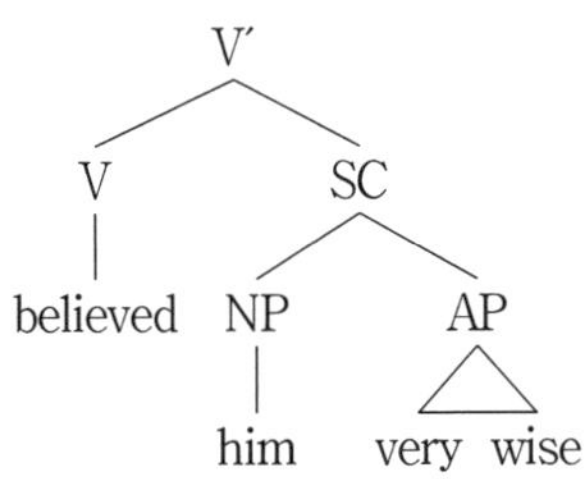

(23)의 구조는 소절에 주어와 서술어가 있다는 정보를 가지고 있다. 그러나 이 구조는 우리가 앞에서 공부한 X바구조에 맞지 않는다. 즉 SC(Small Clause)는 핵이 없는 구조이다. 그래서 우리는 소절의 구조로 다음과 같이 예외절과 동일한 구조를 제시한다.

(24)

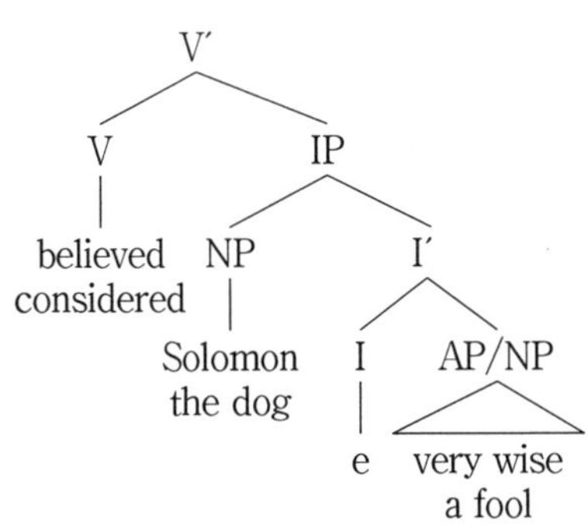

(24) 의 구조는 X바구조 원리를 그대로 따르는 구조이다. (24) 에서 소절의 굴절소 I는 비어 있다. 그리고 I의 보어로는 AP, NP, VP, PP가 올 수 있다.

혹자는 소절의 범주로 굴절소가 전혀 보이지 않는데 왜 굴절소 I를 설정하는지 궁금해 할 수 있다. 소절은 주어와 서술어가 있기 때문에 절이다. 구조적으로 IP보다 더 작은 절의 구조는 없기 때문에 소절의 범주로 IP를 택한다. 굴절소가 눈에 보이지 않음에도 불구하고 구조적인 굴절소 자리를 설정하는 근거는 영어가 아닌 다른 언어에서 발견된다. 가령, 불어에서는 소절에서 일치소가 출현하고 있어 소절이 IP라는 것을 뒷받침한다.5) 영어에는 눈에 보이는 증거가 없지만 X바구조 원리를 따라 그리고 다른 언어의 증거에 의해 소절을 IP로 본다.

위에서 본 소절은 동사의 보어로 나타나지만, 소절이 전치사의 보어로 오는 경우도 있다.

(25) a. Stanley sleeps with 〔$_{IP}$ one eye open〕.
  b. Mike stood there with 〔$_{IP}$ a pipe in his mouth〕.
  c. Don't prepare food with 〔$_{IP}$ your hands dirty〕.
  d. Rose was hopeless without 〔$_{IP}$ Jack by her side〕.

---

5) 다음 불어의 소절에서 술어인 형용사가 소절의 주어에 따라 일치소가 다르게 나타난다. 다음 예에서 소절의 서술어인 형용사는 *intelligent, intelligente, intelligents*의 형태가 있다.

a. Je considère le garçon très intelligent.
   I consider the boy very intelligent
b. Je considère la fille très intelligente.
   I consider the girl very intelligent
c. Je considère les garçons très intelligents.
   I consider the boys very intelligent
d. Je considère les filles très intelligents.
   I consider the girls very intelligent

— Haegeman (1994), *Introduction to Government & Binding Theory*, p. 125.

(25) 에는 전치사 *with*나 *without*이 소절을 취하고 있다. 다음은 소절이 나타나는 (25a) 의 부분구조를 보여준다.

(26)
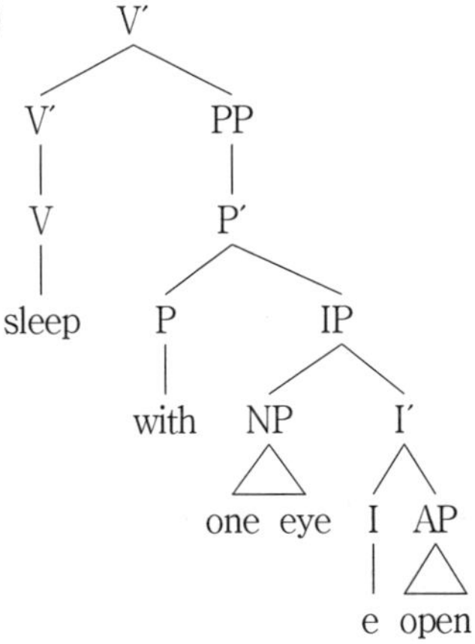

이렇게 소절은 예외절과 구조적으로 동일하다. 그러나 I가 비어 있고 서술어의 종류가 다양하다는 점에서 예외절과는 다르다.

11.3 술어와 절의 종류

이제까지 살펴본 세 종류의 절의 구조를 요약하면 다음과 같다.

(27)
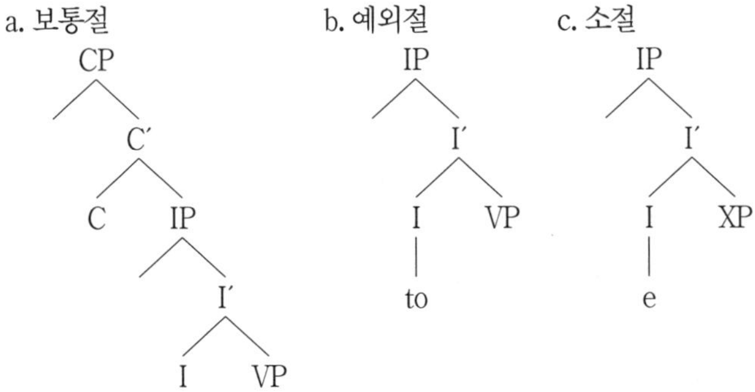

(27)에 있는 세 종류의 절은 종속절에 모두 나타날 수 있다.[6] 위의 절들중에서 어느 절이 종속절에 나타나느냐 하는 것은 주절 동사의 논항구조와 하위범주화에 달려있다. 다음의 예에서 *know*동사의 종속절을 살펴보자.

(28) a. I know that Jack is rich. (시제 CP)
b. *I know for him to be rich. (비시제 CP)
c. I know him to be rich. (예외절 IP)
d. I don't know if/whether Jack is rich. (간접의문절 CP)
e. *I know to solve the problem. (PRO가 있는 비시제 CP)
f. *I know him rich. (소절 IP)

(28)에서 보듯이 *know*는 시제 보통절, 그리고 예외절과 간접의문절을 취할 수 있으나, 비시제의 CP절과 PRO가 출현하는 CP절과 소절은 취하지 못한다.

한편, 다른 동사들은 다른 양상을 보인다. 다음은 동사 *prefer*, *try*, *consider*의 보어절 양상이다.

(29) a. ?I prefer that Jack is a fool.
b. I prefer for Jack to be a fool.
c. I prefer him to be a fool.
d. *I prefer if he was a fool.
e. I prefer to be a fool.
f. I prefer him a fool.

(30) a. *I tried that Jack was happy.
b. ?I tried for him to be happy.
c. *I tried him to be happy.
d. *I tried if he was happy.

---

6) 주절은 보통절로서 언제나 CP를 취하지만 가시적 보문소가 나타나지 않는 것이 특징이다.

e. I tried to be happy.

f. *I tried him happy

(31) a. I considered that the dog was very smart.

b. *I considered for the dog to be very smart.

c. I considered the dog to be very smart.

d. I considered if the dog was very smart.

e. *I considered to be very smart.

f. I considered the dog very smart.

위에서 보듯이 동사에 따라서 보어절의 종류도 다르다. 이러한 보어절의 다양한 양상의 주절동사의 어휘적 속성에 기인한다.

동사와 마찬가지로 형용사도 각각의 속성에 따라 다른 보어절을 취한다. 다음 예를 보자.

(32) a. Sam is confident that the students respect the professor.

b. Brian is insistent that he be innocent.

c. Sally was eager to buy the sports car.

d. Peter is uncertain which article he read.

위의 예에서 형용사 *confident*는 시제가 있는 보통절 CP를 보어로 취하고, 형용사 *insistent*는 동사가 원형인 CP절을 취하고,[7)] *eager*는 시제가 없는 CP절을 취하고 있다. 그리고 형용사 *uncertain*은 의문절을 보어로 취하고 있다. 이와 같이 형용사가 취하는 보어절의 종류는 형용사의 어휘적 속성에 따라 결정된다.

재미있는 경우는 주절의 술어가 주어절에 대해서도 특정한 유형의 절을 요구하는 경우이다. 다음의 예를 보자.

---

7) 동사가 원형이라고 해서 시제나 일치소가 없다고 할 수는 없다. 어떤 학자들은 이런 문장에는 보이지 않는 조동사(가령, *should*)가 있다고 가정하기도 한다.

(33) a. 〔That Jane married a poor man〕 surprised her friends.
(시제 CP)
b. 〔For students to read many books〕 would be desirable.
(비시제 CP)
c. 〔That the paster be present at the wedding〕 is mandatory.
(원형 CP)
d. 〔Which college I should go to〕 is unclear.
(의문절 CP)

위의 예에서 술어 *surprise*, *desirable*, *mandatory*, *unclear*는 특정한 종류의 주어절을 취하고 있다. *surprise*는 시제가 있는 CP, *desirable*은 시제가 없는 CP, *mandatory*는 동사원형의 CP, 그리고 *unclear*는 의문절을 주어로 각각 취하고 있다. 주어는 술어의 하위범주화에 해당되지 않으므로 위와 같은 술어의 주어에 대한 제약은 다른 방식으로 다루어져야 할 내용이다.

한편, (33)의 구문은 주어절이 뒤로 이동할 경우에 그 자리에 허사인 *it*이 나올 수도 있다.

(34) a. It surprised her friends 〔that Beth married a poor man.〕
b. It would be desirable 〔for students to read many books.〕
c. It is mandatory 〔that the paster be present at the wedding.〕
d. It is unclear 〔which college I should go to.〕

허사 *it*은 논항은 아니나 절에는 주어가 꼭 있어야 한다는 주어원리 때문에 자리만을 채우는 요소이다. 즉 의미적으로는 비어 있는 요소이나 구조적인 요건 때문에 자리를 채워주는 요소이다.

11.4 절과 명사구의 분포

이제까지 살펴본 절의 구조와는 별도로 절은 중요한 문법적 기능도 한다.

명사구 중에는 선행사를 필요로 하는 명사구가 있다. 가령, 재귀대명사, 상호대명사, (일반) 대명사는 선행사를 필요로 하는데 이 선행사의 분포에 의해서 문법성이 달라진다. 이때 절이 결정적인 역할을 한다. 우리는 제10장에서 재귀대명사에 대한 조건을 보았다. 그 조건을 다시 보자.

(35) 재귀대명사 조건〔제10장의 (34)〕
재귀대명사는 동일한 절에 적절한(성, 수, 인칭) 선행사가 있어야 한다.

재귀대명사는 인칭대명사 뒤에 *-self*나 *-selves*가 붙는 대명사들로 *myself, yourself, himself, herself, itself, ourselves, themselves*가 있다. 재귀대명사는 그 선행사가 동일한 절에 있어야 한다. 다음 예를 보자.

(36) a. James believes that Mary loves herself/*himself.
b. The parents thought that the poor boy hated himself/*themselves.

(36)에서 선행사가 동일한 절에 있는 재귀대명사는 문법적이지만 그렇지 않은 경우는 비문법적이다. 재귀대명사는 반드시 그 선행사가 같은 절에 나타나야 한다. 이와 같이 재귀대명사의 분포는 그 선행사의 출현 위치에 의해 결정된다.

그런데 재귀대명사와 동일한 조건을 갖는 대명사로 **상호대명사***reciprocal pronoun*인 *each other*도 있다. 다음 예에서 *each other*의 선행사를 찾아보자. 밑줄 친 명사구는 동일한 대상을 지시한다.

(37) a. The professor thinks that <u>the students</u> liked <u>each other</u>.
b. *<u>The students</u> think that the professor liked <u>each other</u>.

(38) a. The professor thought that <u>the students</u> liked <u>each other</u>.
b. *<u>The students</u> thought that the professor liked <u>each other</u>.

(37b)와 (38b)가 비문법적인 이유는 상호대명사 *each other*의 선행사가 동일한 절에 없기 때문이다(주 : *each other*의 선행사는 복수이어야 한다).

그래서 재귀대명사 조건은 재귀대명사와 상호대명사 둘 다에 적용될 수 있다. 두 대명사의 공통적인 명칭으로 **대용어***anaphor*란 말을 사용하는데, 대용어란 스스로 독립적인 개체를 지시하지 못하고 문장 속에서 반드시 다른 명사구를 선행사로 선택해야 하는 명사구를 말한다. 그래서 다음과 같은 **대용어 조건**을 만들 수 있다.

(39) 대용어 조건

대용어는 동일한 절에 적절한(성, 수, 인칭) 선행사가 있어야 한다.[8)]

(39)의 조건은 재귀대명사와 상호대명사에 적용된다.

한편 대용어*anaphor*와는 달리 대명사는 동일한 절에 선행사가 없어야 한다. 다음 예에서 재귀대명사와 대명사의 선행사를 비교해 보자. 밑줄 친 명사구들은 동일한 대상을 지시한다.

(40) a. Maggie loves herself.
b. *Maggie loved her.
c. Maggie loved him.

(41) a. The boy thought that Maggie loved herself.
b. *The boy thought that Maggie loved her.

---

8) (39)의 조건에 맞지 않는 예외가 있다.

a. The students considered 〔themselves/each other to be the best candidates〕.

위의 문장에서 꺾쇠부분은 예외절이다. 예외절의 주어자리에 대용어가 나오고 있는데, 동일한 절에 선행사가 없고 주절에 선행사가 있어도 문법적이다. 또 다른 예외는 다음과 같은 경우이다.

b. The students displeased themselves.
c. *The students' cheating displeased themselves.

예문 (c)에서 재귀대명사 *themselves*의 선행사 *the students*가 동일한 절에 있음에 불구하고 이 문장은 비문법적이다.

c. The boy thought that Maggie loved him.

(40a) 와 (41a) 는 재귀대명사와 그 선행사가 같은 절에 있어서 문법적이다. 이에 반해 (40b) 와 (41b) 가 비문법적인 이유는 대명사와 그 선행사가 동일한 절에 있기 때문이다. 선행사가 동일한 절에 없는 (40c) 나 (41c) 는 문법적이다. 이는 선행사가 같은 절에 있어야 하는 재귀대명사와는 대조적이다. 이제 우리는 다음과 같은 **대명사 조건**을 제시한다.

(42) 대명사 조건
대명사는 동일한 절에 적절한(성, 수, 인칭) 선행사가 없어야 한다.

(39) 와 (42) 에서 보듯이 대용어와 대명사는 절이란 경계를 놓고 그 선행사를 택할 때 서로 상반되는 속성을 보여준다. 즉 대용어와 대명사는 그 분포에 있어서 서로 배타적이다. 즉 대용어가 나타나는 자리에서는 대명사가 나타날 수 없고, 반면에 대명사가 나타나는 자리에는 대용어가 나타날 수 없다.

대용어와 대명사가 아닌 명사구로 일반명사구와 고유명사구가 있다. 일반명사구로 *the professor*, *a student*, 그리고 고유명사로 *Ted*, *Cathy*, *Jude*, *Maggie*와 같은 예가 있다. 이들 명사구들은 어떤 개체를 스스로 지시할 수 있다는 점에서 선행사를 필요로 하는 대용어나 대명사와는 다르다. 이들 명사구를 **지시명사구***referring expression*라고 한다. 그래서 지시명사구는 선행사를 필요로 하지 않는다. 오히려 선행사가 있으면 비문법적이 되거나 좋지 않은 문장이 된다. 이때 지시명사구의 선행사가 동일절 밖의 어디엔가 있어도 그 문장은 비문법적이다. 다음 예에서 지시명사구의 선행사를 찾아보자. 밑줄 친 명사구는 동일 대상을 지시한다.

(43) a. *He loves the man.
b. *He thinks that the man is smart.
c. *He thinks that the woman believes that the man is smart.

(44) a. *He loves Mr. Yoon.

b. *He thinks that Mr. Yoon is nice.

c. *He thinks that the woman believes that Mr. Yoon is nice.

d. *He stayed in this hotel, and then Mr. Yoon left this morning.

(43) 과 (44) 에서 지시명사구인 *the man*과 *Mr. Yoon*은 그 선행사가 동일 절에 있거나 또는 그 절 밖에 있어도 비문법적이다. 가령, (44c, d) 의 문장이 비문인 것은 지시명사구가 선행사를 가지고 있기 때문이다. **지시명사구 조건**은 다음과 같다.

(45) 지시명사구 조건

지시명사구는 선행사가 없어야 한다.

(45) 의 지시명사구 조건은 그 선행사가 아예 없어야 함을 말하고 있다.[9][10] 그러나 (45) 의 조건의 예외로 보이는 경우가 있다.[11]

---

9) 위에 논의한 세 종류의 명사구인 대용어*anaphor*, 대명사*pronoun*, 지시명사구*referring expression*는 촘스키의 결속이론*Binding Theory*에서 아주 깊이 다루어진다. 대용어 조건을 결속이론 A, 대명사 조건을 결속이론 B, 지시명사구 조건을 결속이론 C로 명명한다. 이 책에서 제시되는 조건으로 설명이 안 되는 예외들이 있는데 이런 예외들을 설명하기 위해서 성분통어*c-command*, 지배*government*와 같은 구조적인 개념이 도입되어야 하나 이에 대한 논의는 이 책의 수준을 넘기 때문에 생략하기로 한다.

10) 지시명사구 조건은 한국어에도 적용되는 것 같다. 밑줄 친 명사구는 동일한 대상을 지시한다.

*〔그는 〔윤호가 정직하다고〕 생각한다〕.

위 문장에서 지시명사구인 '윤호가' 선행사를 가지고 있어서 위 문장은 비문법적이다. 만약 '그'가 '윤호'가 아니라면 위 문장은 문법적이다.

11) (46) 의 예에서 지시명사구와 대명사의 위치가 바뀌어도 문법성에는 차이가 없다.

a. The girl that John dates admires him.

b. Before Jack died, he was awarded a medal.

(46) a. The girl that he dates admires John.

b. Before he died, Jack was awarded a medal.

— Baker (1978), *Introduction to Generative-Transformational Syntax*, p. 88.

(46)의 예에서 지시명사구 *John*과 *Jack*은 같은 문장에 대명사인 선행사가 있는데도 불구하고 이 문장들은 문법적이다. 위의 예에서 지시명사구의 선행사는 종속절에 있다. 즉 선행사가 (46a)에서는 주어를 수식하는 관계절 안에, (46b)에서는 종속절(*Before* 절) 안에 있다. 선행사의 이러한 구조적 위치가 (46)의 문장을 문법적으로 만든다.[12)]

이제까지 우리는 세 종류의 명사구, 즉 대용어, 대명사, 지시명사구에 대한 조건을 이들 명사구와 그 선행사가 출현하는 자리를 고려하여 고찰하였다. 이때 절이 중요한 역할을 하는 것을 알 수 있다.

➪ 제11장은 절의 다양한 형태를 소개하였다. 보통절에는 절의 특성인 보문소와 굴절소가 나타나나, 보문소가 없거나 또는 굴절소가 안 보이는 절로 예외절과 소절이 있다. 그러나 이들 절의 구조에는 X

12) (46)과 같은 예를 정확히 다루기 위해서는 구조적인 개념인 성분통어*c-command*가 도입되어야 한다. 성분통어의 정의를 소개하면 다음과 같다.

다음 조건을 만족할 때 마디 A가 마디 B를 성분통어한다:

i) 마디 A를 관할하는 첫 번째 가지 마디가 마디 B를 관할한다.

ii) 마디 A와 마디 B는 서로 관할하지 않는다.

위 조건은 구조적인 개념으로 (46)의 예는 물론 앞에서 언급했던 대용어와 대명사 조건의 예외도 다룰 수 있다. 성분통어를 적용한 촘스키의 결속이론을 다음과 같이 정리할 수 있다.

A. 대용어 조건 : 대용어는 성분통어하는 선행사가 동일한 절에 있어야 한다.
B. 대명사 조건 : 대명사는 성분통어하는 선행사가 동일한 절에 없어야 한다.
C. 지시명사구 조건 : 지시명사구는 성분통어하는 선행사가 없어야 한다.

위의 조건에 대한 구체적인 논의는 생략한다(〈임용고사 기출문제〉 3번 참조).

바구조 원리가 여전히 작용하고 있음을 알 수 있다. 절과 관련하여 세 명사구인 대용어, 대명사, 그리고 지시명사구의 분포가 이들 선행사의 분포에 의해 지배되는 것을 관찰할 수 있었다.

제11장 쉼터이야기

물리적 소리와 말소리

1974년 미국 대통령 닉슨Nixon을 하야시켰던 워터게이트 사건은 매우 유명하다. 당시 공화당 닉슨 대통령의 재선운동을 하던 참모 하워드 헌트Howard Hunt가 민주당사가 있던 워터게이트*Watergate* 빌딩 사무실에 도청장치를 설치하여 도청하였다. 이 사건에 닉슨 대통령이 연루되었다고 판명되어 결국 닉슨은 하야하였다.

워터게이트 사건에 미국 대통령이 연루되었다는 것 말고 사람들이 놀란 것이 하나 더 있었다. 일반인들이 도청 테이프에 녹음된 내용을 들었을 때 그 소리를 분간하기가 매우 힘들었다고 한다. 가령, *I want the, uh, uh, to go*를 *I want them, uh, uh to go*라고 받아 적었다고 한다. 대화에서 지시내용이 불분명한 대명사(*them, these people, that score*)가 많이 사용되었고, 또 생략이 많았다고 한다. 이러한 경우에는 문맥이 매우 중요한 역할을 한다. 어떤 구체적인 상황에 참여한 대화자는 대명사의 지시내용이나 생략된 내용을 짐작하거나 추리한다. 여기에서 중요한 것은 그러한 내용을 추리하는 사람들의 능력이다. 왜냐하면 사람들이 주위에서 듣는 소리는 매우 많은데 사람들은 그 중에서 언어적으로 의미 있는 소리만 선택해서 듣고 그 의미를 추리하기 때문이다.

우리 주위에 귀가 잘 안 들려서 보청기를 사용하는 사람들이 있다. 보청기를 사용하는 사람들의 불편 중에 하나는 주위의 소리가 너무 크게 들린다는 것이다. 즉 보청기는 듣고 싶지 않은 소리들까지 너무 크게 들려준다는 것이다. 이것은 평소에 우리의 귀가 주위의 소리를 선택해서 듣는다는 것을 말해 주고, 사람은 필요한 소리만을 선택해서 듣고 그것을 문맥에 맞게 해석할 수 있는 능력이 있다는 것을 말해 준다.

사람들이 잘 안 들리는 소리에 대해 주위의 문맥을 고려해서 짐작하거나 추리를 한다는 실험이 보고된 바 있다. 1970년 워런과 워런Warren & Warren은 문장을 들려주고, 사람들로 하여금 그 문장을 받아 적게 하였다. 아래의 문장 중에서 *eel이라고 씌어진 단어는 원래 녹음에서 첫 자음을 기침소리로 녹음 처리하였다.

a. It was found that the *eel was on the shoe.
b. It was found that the *eel was on the orange.
c. It was found that the *eel was on the axle.
d. It was found that the *eel was on the table.

그랬더니 많은 피험자들이 다음과 같은 문장을 들었다고 보고하였다.

a′. It was found that the heel was on the shoe.
b′. It was found that the peel was on the orange.
c′. It was found that the wheel was on the axle.
d′. It was found that the meal was on the table.

만약에 사람들이 물리적 소리에만 100% 의존했다면 모든 문장에서 eel을 들었다고 보고했을 것이다. 그러나 사람들은 주어진 문맥에 맞추어 들은 소리를 재구성하였던 것이다.

제11장 확인학습

1. 책의 내용에 근거하여 다음 진술이 옳으면 ○표, 틀리면 ×표를 하시오.
   ( ) 1) 주절은 언제나 보통절(CP)이다.
   ( ) 2) 예외절에는 굴절소(I) 자리가 없다.
   ( ) 3) 동사의 보어인 소절의 주어는 언제나 목적격(대격)을 취하는 자리이다.
   ( ) 4) 대명사의 선행사는 같은 절에 있어야 한다.
   ( ) 5) PRO가 예외절의 주어자리에 올 수 있다.

2. 다음 문장의 수형도를 그려보시오.
   a. Jack told me that he was busy.
   b. We expect you to come to the party.
   c. They found the man guilty.
   d. The man had her work at the factory.
   e. Your parents will tell you to work harder.

3. 다음 문장의 비문법성을 설명하시오.
   a. *The teacher believed he to be honest.
   b. *He was considered that __ did the assignment.
   c. *I tried him to be happy.

4. 다음 문장에서 밑줄 친 부분이 절이 아닌 것을 모두 고르시오.
   a. I will help <u>you to do your homework</u>.
   b. The jury found <u>the woman innocent</u>.
   c. I know <u>him to be honest</u>.
   d. With <u>the cat out of the bag</u>, she announced her marriage to the public.
   e. My father is very proud of <u>my admission to the university</u>.

Chapter 11 Syntactic Argumentation in English

■ Answer in English.

1. Explain the contrast in grammaticality of the two sentences below. You may take the condition on reflexive pronouns into account.
   a. *Dad persuaded Cindy to love himself.
   b. Dad promised Cindy to love himself.

2. Is the underlined pronoun below the object of *asked*, or the subject of *study*? Present some evidence for your answer.

   I asked <u>him</u> to study syntax.

Model Answers

1. The following are the underlying structures of the two sentences above:
   a'. *Dad persuaded $Cindy_i$ [PRO_i to love himself].
   b'. Dad_i promised Cindy [PRO_i to love himself].

   Each embedded clause contains PRO in the subject position and they refer to *Cindy* and *Dad*, respectively. This difference is due to the main verbs *persuade* and *promise*. One condition on a reflexive is that a reflexive should have its antecedent in the same clause as the reflexive appears. The reflexive *himself* in (a') does not have its antecedent in the same clause; PRO refers to *Cindy*, whose gender is feminine and thus it cannot be the antecedent. This is why the sentence in (a) is ungrammatical. On the other hand, the reflexive in (b') has its antecedent, PRO, in the same clause; the gender (masculine) of the noun phrase is the same as the reflexive, satisfying the condition on reflexives. So, sentence (b) is grammatical.

2. The verb *ask* takes two complements NP and CP; semantically the verb requires a person who is asked (an NP) and what is asked (a clause). Then *him* is the object of the verb *ask*. The representation in (a) below is the underlying structure of the sentence. The CP complement contains PRO in its subject position, which refers to the same person as the pronoun *him* does.

a) I asked [him_i] [PRO_i to study syntax].

Suppose that one argues that *him* is the subject of the embedded clause as in (b):

b) I asked [him to study syntax].

In the representation in (b) one of the complements of the verb *asked*, a person who is asked, is missing, which is not acceptable semantically. Furthermore, one serious problem with the analysis in (b) is that *him* occupies the subject of the embedded clause, which is not true. If the position of *him* is the subject, then an expletive (*it* or *there*) may appear in that position; it appears only in subject position. But the verb *ask* does not take an embedded clause with an expletive subject, as shown below:

c) *I asked there to be a person in the office.

d) *I asked it to rain today.

The data above indicate that the position occupied by *there* and *it* in (c) and (d) is not the subject position but the object position of the verb *ask* as in (a).

제11장 임용고사 기출문

1. Read the passage in 〈A〉 and the sentence in 〈B〉, and follow the directions. 〔5 points〕 (2015)

〈A〉

Linguistic expressions are often ambiguous, and homonymy is one source of ambiguity. Homonyms are words that have different meanings but are pronounced the same, and may or may not be spelled the same. Another source of ambiguity is structure. Sometimes, homonymy creates even more ambiguity in combination with different structures.

(1) John admires intelligent professors and students.
(2) They are pitchers from America.
(3) Mary observed the man at the bank.

The ambiguity in (1) is created by different structures. The source of the ambiguity in (2) is homonymy, whereas (3) is ambiguous due to different structures and homonymy.

〈B〉

(4) Mary saw John's nose ring.

Identify the source(s) of the ambiguity of the sentence in 〈B〉. Then explain why the sentence is ambiguous and write the two readings of the sentence.

2. 다음을 읽고, 지시에 따라 답하시오. (2007, 전국)

Consider the sentences:

① Max believed that there was a rose in the garden.
② Max believed Mary to have chocolate.

① and ② show that the verb *believe* can take as its complement a finite clause, in which the verb contains the information of tense and/or ___(A)___, or a non-finite clause, in which the verb does not. Consider further the following sentences:

③ Max told Mary that there was a rose in the garden.
④ Max told Mary to have chocolate.

The verb *tell* can take two complements, as in ③, where the NP *Mary* functions as the object of the main clause. Given ② and ④, it appears that the verbs *believe* and *tell* behave alike. But, a sharp contrast arises between ⑤ and ⑥ when the NP is replaced by the expletive there.

⑤ Max believed there to be a rose in the garden.
⑥ *Max told there to be a rose in the garden.

Traditionally, the ungrammaticality of ⑥ is due to (B) the constraint on the type of object that the verb *tell* takes, as shown in ④ and ⑦.

④ Max told Mary to have chocolate.
⑦ *Max told the tree to have chocolate.

Another way of accounting for the difference in ⑤ and ⑥ is to rely on the distribution of the expletives. The sentences in ⑧ and ⑨ indicate that expletives always occupy the subject position.

⑧ a. There is a rose in the garden, isn't there?
   b. It is raining, isn't it?
⑨ a. *I talked about there. (expletive *there*)
   b. *I saw it. (expletive *it*)

Given both the difference of the number of complements that the verb can take and the constraint on the distribution of expletives, it can be concluded that the difference in grammaticality between ⑤ and ⑥ is based on the fact that ____(C)____.

1) 빈칸 (A)에 들어갈 말을 <u>한 단어</u>로 쓰시오.
2) 밑줄 친 (B)에서 말하는 제약(constraint)의 내용을 10자 내외의 <u>우리말</u>로 쓰시오.
3) 빈칸 (C)에 들어갈 내용을 50자 이내의 <u>우리말</u>로 쓰시오.

3. Read 〈A〉 and 〈B〉 and answer the question. (2013)

〈A〉

A reflexive (e.g., *himself*) or a reciprocal (e.g., *each other*) in general meets both of the two constraints below.

The Binding Constraint (BC)
A reflexive or a reciprocal (Y) must be bound by its antecedent (X).

〔X binds Y if and only if X c-commands Y and X and Y are co-indexed (thereby co-referring); a constituent X c-commands its sister constituent Y and any constituent Z that is contained within Y.〕

The c-command relation is represented in the tree diagram below.

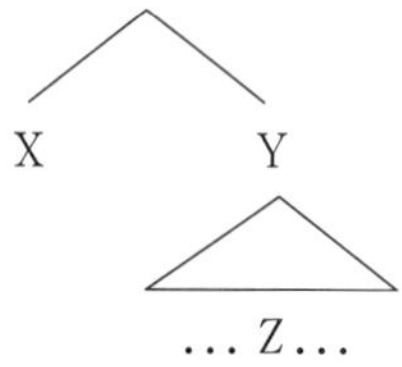

The Locality Constraint (LC)
A reflexive or a reciprocal must find its antecedent within the local binding domain.
〔The local binding domain is the smallest clause containing a reflexive or a reciprocal.〕

For example, in (1), the reflexive violates the BC, and in (2), it violates the LC.

(1) *Mary hopes Micael$_i$'s father represents himself$_i$.
(2) *John$_i$ thinks Mary should marry himself$_i$.

〈B〉

Cases	Types of constraints violated
a. *Mary expects each other$_i$'s mothers will dance with the two boys$_i$.	LC only
b. *Their$_i$ teacher thinks Bill hit each other$_i$'s friends.	both BC and LC
c. *Each other$_i$ persuaded their$_i$ sons to leave.	BC only
d. *John wanted the girls$_i$ to know that he would help with each other$_i$'s homework.	both BC and LC

Which of the following lists all and only the cases in 〈B〉 that correctly illustrate the violation(s) of the constraint(s) described in 〈A〉?

① a, b ② a, c ③ b, c ④ b, d ⑤ c, d

4. Compare the two sets of sentences in (1) and (2). (2009)

(1) a. John was said to have solved all of the questions.
  b. John was told to solve all of the questions.
(2) a. The earthquake was said to have hit the city.
  b. *The earthquake was told to hit the city.
  (The sentence with an asterisk '*' is unacceptable.)

The two sentences in (1) contain an NP-movement; an NP moves from the position after the main verb to the subject position. The subject can be interpreted as identical with that of *to*-infinitive. We may assume that the verbs *say* and *tell* take the same type of complement. This assumption, however, cannot be tenable because of the contrast shown in (2). The contrast indicates that the subject in

(2a) is not selected by the verb *say*, while that in (2b) must be selected by the verb *tell*.

Here are some more examples whose structure is identical either with (1a)-type construction or with (1b)-type construction as discussed above.

a. The gladiators were supposed to survive brutal fights.
b. The passengers were reminded to fasten their seat belts.
c. The Amish people are reported to live and dress very simply.
d. The company's workers were found to have organized a union.
e. The flood victims were advised to prepare food in hygienic conditions.
f. The listeners were invited to see the world in a different perspective.

Which of the following correctly classifies the above examples a ~ f ?

	(1a) type	(1b) type
①	a, b, c	d, e, f
②	a, c, d	b, e, f
③	b, d, e	a, c, f
④	b, d, f	a, c, e
⑤	c, e, f	a, b, d

제11장 임용고사 기출문제 예상답안

1. i) homonymy and structure

   ii) The source of ambiguity is homonymy since the word *ring* can be a noun or a verb. At the same time, the source is structure since the sentence has different structures depending on different categories of the word *ring*. The phrase *John's nose ring* can be either an NP or a clause. The phrase as an NP refers to an ornament, a nose *ring* that John wears or owns. And the phrase can be a small clause where *John's nose* is subject and *ring* is a predicate (verb), which describes an event of John's nose ringing.

2. 1) agreement

   2) 말을 이해하는 개체(eg. 사람) (의미선택제약)

   3) 허사 *there*는 주어자리에만 출현한다. (또는, 주어자리에 출현하는 *there*가 (5)에는 주어자리에, (6)에는 목적어 자리에 있다.)

3. ③

   (설명: Sentence (a) violates the BC. The reciprocal *each other* is not bound by its the antecedent *the two boys* since the antecedent does not c-command the reciprocal. But the sentence satisfies the LC; they are in the same clause.

   Sentence (b) violates both constraints. The reciprocal is not c-commanded by the antecedent and thus it is not bound. And they are not in the same clause.

   Sentence (c) violates the BC; the reciprocal is not bound by its antecedent since it is not c-commanded by the co-indexed antecedent. But they are in the same clause, satisfying the LC.

   Sentence (d) violates the LC since they are not in the same clause. But the reciprocal is bound by its antecedent since it is c-commanded by the co-indexed antecedent.)

4. ②

제 III 부

영어의 변형구문

제12장 주어 새로 만들기

제13장 의문문 만들기

제14장 관계절 만들기

제III부에서는 핵심구문에서 변형이 된 구조를 공부한다. 변형transformation이란 단어나 구의 이동movement, 생략deletion, 삽입insertion 등을 말한다. 변형된 구조로 수동태 구문과 주어인상 구문, 그리고 의문문과 관계절 등이 있다. 이 변형구문에서 명사구 이동, 동사 이동, 조동사 이동, 의문사구 이동을 볼 수 있다.

▌제 12 장▌

주어 새로 만들기

〈핵심용어〉

어휘부, 생성, 심층구조, 표층구조, 변형, 이동, (변형)생성문법, 수동변형, 재분석, 인상, 명사구 이동, 흔적

제12장에서는 주어가 새로 생성되는 구문으로 수동문과 인상구문을 소개하고 분석한다. 이 구문의 생성과정은 이동이라는 변형을 통하여 이루어진다. 술어의 논항구조가 투사된 심층구조가 변형을 통하여 표층구조가 된다. 수동문과 인상구문은 명사구가 주어자리로 이동하여 새로운 주어가 생성된 구문이다.

12.1 문장의 생성체계

문장은 어떻게 생성되는가? 문장을 생성하기 위해서는 적어도 두 가지가 필요하다. 하나는 문장을 생성하는 기계와 같은 구구조 규칙이고, 다른 하나는 그 기계가 문장을 생성하기 위해 필요한 재료인 어휘들이다. 이를 도식화하면 다음과 같다.

(1) [구구조 규칙] ⇘
　　　　　　　　　　[문장, 구]
　 [어휘] ⇗

구구조 규칙*Phrase Structure Rules*은 소위 X바구조의 원리에서 나오고 어휘는 어휘부에서 나온다.

문장이 어떻게 생성되는지를 알아보기 위해 우선 어휘부부터 살펴보자. 어휘부는 수많은 어휘의 집합이다. 그런데 이 어휘사전에는 다른 어휘에서 파생된 어휘도 있다. 가령 *readable*이란 형용사는 동사 *read*에서 파생된다. 이러한 어휘를 파생시키는 어휘규칙도 있다. 어휘와 어휘규칙 등을 모두 포함한 문법의 한 부문을 어휘부*lexicon*라 한다. 영어 어휘부에는 영어에서 쓰이는 모든 영어어휘가 들어 있다고 가정한다. 우리가 흔히 보게 되는 사전도 일종의 어휘부이다. 어휘부에 있는 어휘는 의미와 발음, 문법, 용법 등에 대한 모든 정보를 가지고 있다. 가령, 각각의 어휘는 제5장에서 배웠던 어휘정보와 더불어 다음과 같은 여러 가지 정보를 가지고 있다.

⑵ 어휘부

boy : Noun, male, young, …
girl : Noun, female, young, …
the : Determiner, definite, …
a : Determiner, indefinite, …
can : Auxiliary, …
meet : Verb, 논항구조 ⟨x, y⟩, 의미역 ⟨행위주, 피험체⟩, 하위범주화 〔 _ NP〕, …
love : Verb, 논항구조 ⟨x, y⟩, 의미역 ⟨심리경험주, 피험체⟩, 하위범주화 〔 _ NP〕, …
⋮

단어 *boy*는 그 문법범주가 명사*Noun*이고 남성*male*이며 나이가 어리다*young*는 정보를 가지고 있다. 그리고 동사 *meet*와 *love*는 문법범주, 논항구조, 의미역, 하위범주화 등의 문법정보가 있을 것이다. 이 밖에도 어휘부는 어휘에 대한 더 자세한 정보를 가지고 있다.

한편, 문장을 생성하는 주요 원리는 (3)의 X바구조 규칙이다.

(3) a. XP → (Spec) X′
b. X′ → X′ (YP)
c. X′ → X ZP* (ZP* : ≧ 0)

(3)의 통사구조 원리에 기반한 구체적인 영어의 구구조 규칙은 (4)와 같다.

(4) a. CP → (Spec) C′
b. C′ → C IP
c. IP → Spec I′
d. I′ → I VP
e. VP → (Spec) V′
f. V′ → V NP
g. NP → Spec N′ (또는 Det N′)
h. N′ → N
⋮

(4)에 있는 구구조 규칙이 생성하는 구조를 수형도로 나타내어 보자. 가령, (4a)와 (4b)는 다음의 수형도를 각각 생성한다.

(5) a. b.

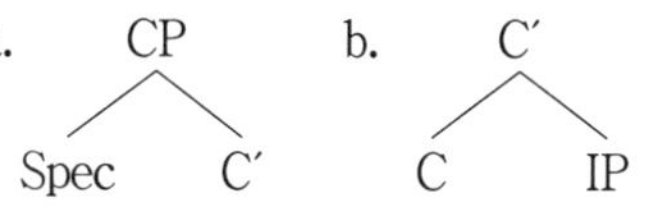

그리고 (5a)와 (5b)의 수형도를 합치면 (6)의 수형도가 생성된다.

(6)

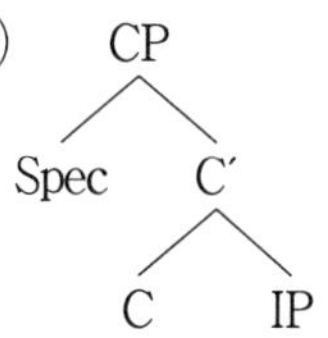

(6) 의 구조에 더 많은 구구조 규칙을 적용하면 아래와 같은 문장의 수형도가 생성될 수 있다.

(7)

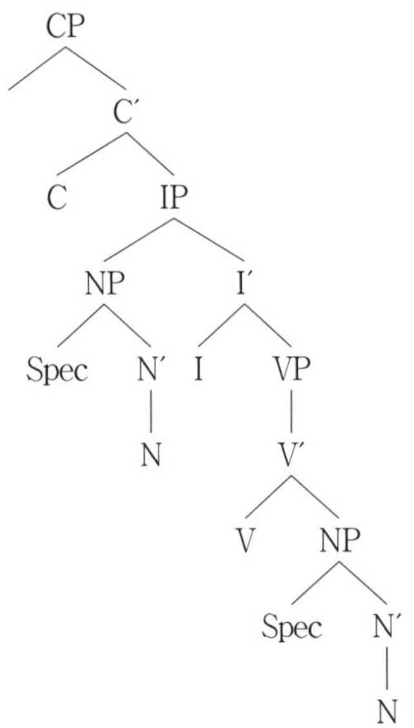

(7) 에 있는 수형도의 맨 끝마디에는 여러 문법범주로 C, I, V, N, Det가 있다. 한편, (7) 과 같이 최종 구조가 생성된 후에 필요한 절차는 각 마디의 문법범주에 맞는 어휘를 삽입하는 것이다. 수형도의 끝마디의 각 문법범주에 맞는 단어를 어휘부에서 선택하여 삽입하면 실제의 구와 문장이 생성된다. 즉 수형도 맨 끝의 마디가 N이라면 어휘부에서 문법범주가 N인 어휘가 그 마디에 삽입될 수 있다. 아래의 (8a) 는 문법범주에 맞는 어휘가 삽입된 예를 보여주고 (8b) 는 생성된 실제 명사구의 예들이다. Determiner는 Spec에 적합한 범주이다.

(8) a.

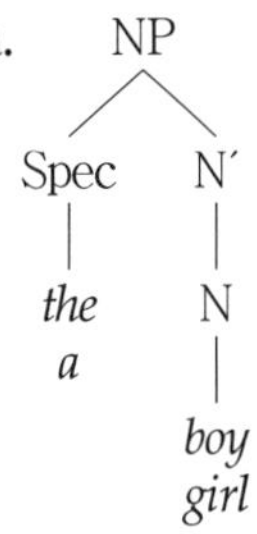

b. the boy, the girl, a boy, a girl

(8)에서 명사구가 생성되듯이, 이러한 종류의 명사구가 (7)의 주어자리와 목적어 자리에서도 생성될 것이다. 더 나아가 (7)의 동사와 굴절소 자리 등에도 적합한 단어가 삽입되면 다음과 같은 실제의 문장이 만들어진다.

(9) a. The boy can meet the girl.
b. A boy can meet a girl.
c. The boy can love a girl.
d. A boy can love the girl.

그리고 만약에 어휘부의 더 많은 단어와 더 많은 구구조 규칙을 사용하면 더 많은 문장을 생성할 수 있다. 이렇게 생성할 수 있는 문장의 수는 무한하다.

이와 같이 어휘부의 어휘와 구구조 규칙으로 생성된 문장 또는 구조를 **심층구조***D-Structure*라고 한다.[1] 그런데 심층구조는 변형될 수 있다. 가령, 다음의 (10b, c)의 문장은 심층구조에서 변형이 된 문장들이다. (10a)의 문장과 (10b, c)의 문장을 비교해 보라.

1) 심층구조에 대한 용어로서 변형생성문법 초기(1960-70년대)에는 'Deep Structure'란 용어를 썼으나 1980년대에는 문법이론의 모형이 바뀌고 심층구조에 대한 개념도 바뀌면서 그 용어도 'D-Structure'로 바뀌었다. 여기에서는 심층구조란 용어는 'D-Structure'를 말한다. 그리고 표층구조도 초기에는 'Surface Structure'라고 하였으나 1980년대 후부터는 'S-Structure'란 용어를 사용한다.

(10) a. The boy can love the girl.
b. The girl can be loved __ by the boy.
c. Whom can the boy love __?

(10b, c)의 문장은 변형된 것이다. 가령, (10b)의 수동태 문장에서 동사 *loved*의 목적어자리가 비어 있는데, 이는 원래 목적어가 주어자리로 이동해 갔기 때문이다. 또한 (10c)에서는 동사의 목적어가 의문문이 되면서 문장의 맨 앞으로 이동했다. 그리고 *can*도 이동하였다. **변형** *transformation* 이란 문장 요소의 이동 *movement*, 삽입 *insertion*, 삭제 *deletion* 등을 말한다. 이렇게 변형을 거치고 난 최종의 구조를 **표층구조** *S-Structure* 라고 한다.

한편 변형을 안 거친 (10a)의 문장도 그대로 표층구조가 된다. 표층구조란 실제로 우리가 말하고 볼 수 있는 문장이다. 이에 비해 심층구조는 변형이 있다면 변형이 있기 전의 구조를 말한다. 다음은 각 문장의 심층구조와 표층구조를 보여준다.

(11)	심층구조		표층구조
a.	The boy can love the girl.	→	The boy can love the girl.
b.	__ can be loved the girl by the boy.	→	The girl can be loved __ by the boy.
c.	The boy can love whom?	→	Whom can the boy love __?

이와 같이 변형이란 심층구조에서 표층구조로 변화시키는 역할을 한다.

혹자는 변형이 필요하지 않다고 주장할 수도 있다. 즉 (10)에 있는 문장을 생성할 때 꼭 변형을 거칠 필요가 없다고 주장할 수 있다. 만약에 (10b)의 문장을 생성할 때 변형이 없다고 가정한다면, 동사 *love*는 목적어를 취하는 타동사와 목적어가 없는 자동사의 용법을 허용해야 할 것이다. 더 나아가 그 목적어가 주어자리에 나타나는 문장도 별도로 설명해야 할 것이다. 마찬가지로 (10c)의 문장에서도 동일한 문제가 발생한다. 타동사가 목적어가 없을 수도 있다고 해야 하고 또한 그 목적어가 의문문에서는 문장의 맨 앞에 나올 수도 있다고 해야 한다. 이런 구조를 생성하기 위해서는 우리가 앞에서 배운 구구조 규칙 체계를 바꾸어야 하고 새로운 이론적 체계가 필요하다. 이에 비해 변형을 가정하는 문법은 위 문장들에 대한 체계적인 설명을 가능하게 해준다. 가령, 동사 *love*는 목적어를 취하는 타동사이고 수동태나 의문문의 경우에는 일정한 원리에 의해 이동한다고 설명하면 체계적일 것이다. 이렇게 변형을 통하여 문장이 생성된다는 문법이 바로 촘스키의 **변형생성문법***Transformational Generative Grammar*이다. 이를 간단히 **변형문법***Transformational Grammar* 또는 **생성문법***Generative Grammar*이라고도 한다.

제12장 이전에는 변형이 안 된 구문들을 공부했으나 이제부터는 변형으로 생성되는 영어의 구문을 공부한다. 제12장에서 공부할 변형구문으로 수동문*passives*과 주어인상 구문*subject raising constructions*이 있다.

12.2 주어 새로 만들기 I : 수동문

아래에 있는 수동태 문장과 그 심층구조를 살펴보자.

(12) a. The picture was drawn by the girl.
b. ___ was drawn the picture by the girl.

(12a)의 표층구조는 (12b)의 심층구조에서 변형, 즉 이동을 거쳐 생성된 문장이다. (12b)의 심층구조에 표시된 것처럼 동사 *draw*의 목적어인 명사구 *the picture*가 주어자리로 이동해서 (12a)의 수동태 문장이 생성된다.

그런데 우리는 왜 (12a)의 문장이 (12b)에서 목적어 명사구가 이동해서 만들어진 문장이라고 보아야 하는가? (12b)에서 *the picture*가 동사 *draw*의 목적어자리에 있다가 후에 주어자리로 이동해 갔다는 증거를 찾아보자. 첫째로 동사 *draw*는 타동사로서 목적어 명사구가 없으면 비문이 된다.

(13) a. The girl drew the picture.
b. *The girl drew.

이러한 사실은 동사 *draw*가 갖고 있는 논항구조*argument structure*와 하위범주화*subcategorization*에 의해서 확인된다.

(14) *draw* a. 논항구조 :

논항 1	논항 2
행위주	피험체

b. 하위범주화 : 〔 _ NP〕

(14) 에서 보듯이 동사 *draw*는 목적어 명사구(NP) 논항이 있어야 하는 타동사이다. 그래서 (12b) 의 심층구조에서처럼 목적어자리에 명사구가 있어야 한다. 따라서 목적어가 없는 (13b) 의 문장은 비문이 된다.

한편 수동태 동사는 주어 논항이 없다. 이는 동사가 수동태가 되면서 논항구조의 변화를 가져오기 때문이다. 동사의 수동화에는 다음과 같은 논항구조의 변화가 있다.

(15) 수동동사의 논항구조 변화

타동사 *draw* ⇒ 수동동사 *drawn*

논항 1	논항 2
행위주	피험체

∅	논항 2
∅	피험체

(15) 에 있는 변화는 어휘부에서 일어나는 것이다. 즉 능동동사가 수동동사가 되면서 주어 논항이 없어진다.[2] 수동동사는 주어 논항이 없기 때문에 투사원리에 의해 (12b) 의 심층구조에서 주어자리는 비어 있다. 그리고 수동동사의 명사구 목적어가 비어 있는 주어자리로 이동해 간다.[3] 이렇게 수동문은 **명사구 이동**(NP Movement) 을 거쳐서 생성된다.

---

2) 능동동사가 수동동사가 되면서 주어 논항은 없어진다고 했으나 실제로 이 논항은 *by*구로 나타날 수 있다. 그래서 학자들은 수동동사가 되면서 주어 논항이 억제*suppressed*된다고 한다. 억제된 논항은 주어 논항의 자격을 잃으나 완전히 삭제된 것은 아니다.

3) 통사적 주어자리는 주어원리에 의해 마련된다. 수동동사의 경우에는 주어자리를 채울 논항이 없어 비어있다.

수동문의 다른 예로 다음 문장을 보자.

(16) a. A new house was built.
  b. ___ was built a new house.

앞에서 설명한 바와 같이 동사 *build*는 타동사로 심층구조에서는 목적어로 명사구를 취한다. 그러나 수동동사이므로 주어 논항은 없다. 심층구조의 목적어는 주어자리로 이동하여 표층구조인 수동태 문장이 생성된다. 이를 수형도로 표시하면 (17a) 와 같다.

(17) a.
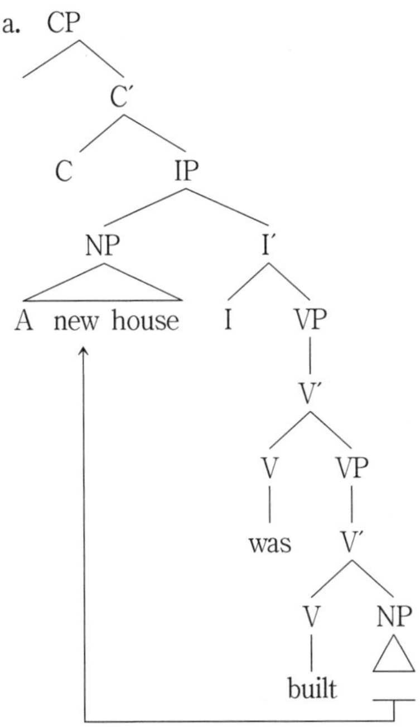

b. A new house was built ___.

(17a)의 구조는 심층구조에서 표층구조가 생성되는 과정을 보여주고 있다. 즉 목적어 명사구가 이동해 가는 과정을 보여준다. (17b)는 명사구가 목적어 자리에서 주어자리로 이동하는 파생과정을 간단하게 보여주고 있다.4)

한편 학교문법에 익숙해져 있는 학생들의 질문은 능동태와 수동태의 관계에 대한 것이다. 위에서 설명하는 변형문법의 설명은 능동태와 수동태의 관계를 잘 보여주지 않는다. 다음의 능동태와 수동태 문장을 보자.

(18) a. Sam built a new house.
b. A new house was built (by Sam).

(18a)는 능동태 문장이고 (18b)는 그에 상응하는 수동태 문장이다. 많은 학생들은 (18b)의 수동태가 (18a)의 능동태에서 생성되었다고 배웠을 것이다. 그러나 변형문법에서는 이 두 문장이 관계는 있으나 (18b)의 수동문이 (18a)의 능동문에서 생성되었다고 분석하지 않는다. 즉 (18b)의 심층구조는(18a)가 아니라 (16b)이다.

변형문법에서 수동문장이 상응하는 능동문장에서 생성되었다고 보지 않는 이유는 능동문과 수동문의 의미가 다른 경우가 있기 때문이다. 다음의 능동문과 수동문의 의미를 비교해 보자.

(19) a. Every student in this room speaks two languages.
b. Two languages are spoken by every student in this room.

(19a)의 문장에서 두 개의 언어는 임의의 두 언어이다. 즉 A라는 학생은 한국어와 영어, 그리고 B라는 학생은 한국어와 중국어, 그리고 C라는 학

---

4) (17)에서 동사 *was*가 그 보어로 VP를 취하고 있다. 동사 *be*는 보어로 동사구(VP) 뿐만 아니라 다른 범주도 취할 수 있다.

i) Dan was <u>very happy</u>. (AP)
ii) Dan was <u>a student</u>. (NP)

생은 한국어와 일본어를 말할 수 있다. 즉 학생마다 말하는 두 개의 언어가 다를 수 있다. 그러나 (19b)의 문장은 어느 특정한 두 언어만을 모든 학생들이 말한다는 뜻이다. 가령, 한국어와 영어, 또는 한국어와 중국어와 같이, 정해진 두 개의 언어를 모든 학생들이 말할 수 있다는 것이다. 이처럼 능동문과 수동문의 의미는 동일하지 않다. 능동태와 수동태의 문장이 의미가 동일하지 않다면 수동문이 상응하는 능동문에서 파생되었다고 보기는 곤란하다.

수동태가 능동태에서 파생되지 않았다는 또 다른 증거는 능동문이 없는 수동문이 있다.

(20) a. It is rumored that the president is seriously ill.
    b. Joe was born in San Francisco.
(21) a. *They rumored that the president is seriously ill.
    b. ??His mother bore Joe in San Francisco.

(20)의 수동문에 상응하는 능동문인 (21)은 비문법적이다. 만약 수동문이 능동문에서 파생된다고 가정한다면 (20)의 수동문은 생성될 수 없다. 이러한 이유로 변형문법에서는 수동문을 능동문에서 생성되었다고 보지 않는다.[5)]

그렇다면 능동문과 수동문의 유사한 의미는 어떻게 설명할 것인가? (18)에 있는 두 문장은 매우 유사한 의미를 가지고 있는데 이것은 능동동

5) 변형문법에서 수동문을 능동문에서 생성되었다고 보지 않는 더 근본적인 이유는 그 변형이 구조를 파괴하기 때문이다. 만약에 능동문에서 수동문이 생성된다고 가정하면 수동문으로 변형되면서 능동문의 구조가 파괴되어야 한다. 가령 목적어가 있던 타동사의 구조가 목적어가 없는 자동사의 구조로 변형되어야 한다. 이와 같은 구조의 변형은 문법체계를 매우 혼란스럽게 한다. 1970년대 이런 변형을 방지하기 위하여 **구조보존의 원리** *Structure Preserving Principle*가 주창되었고 그 이후로 이 원리는 변형문법이론 학자들이 모두 받아들이고 있다. (17)에서의 수동변형은 비어 있는 자리로의 이동으로 아무런 구조적인 파괴가 없다.

사와 수동동사의 의미역 구조에서 비롯된다고 본다. 이미 (15)에서 보았듯이 능동동사가 수동동사가 되면서 논항구조와 의미역구조가 변하지만 크게 변하지는 않는다. 목적어 논항은 그대로 있고, 주어 논항만이 주어 자리에 나타나지 않고 부가어인 *by* 전치사구에 나타나서 그 의미역(행위주)의 의미가 완전히 사라지지 않기 때문이다. 결국 능동동사와 수동동사의 의미역은 큰 변화가 없다.

12.3 수동태의 제약

우리는 제8장에서 수동화가 되려면 주어로 이동하는 요소가 동사의 보어이어야 함을 공부한 바 있다. 제8장에서 보았던 예와 그 제약을 다시 보자.

(22) a. The director <u>made the film last year</u>.
   b. The film was made last year.
   c. *Last year was made the film.

(23) 수동문 주어 조건
   동사의 보어만이 수동문의 주어가 된다.

(22)에서 보어 명사구인 *the film*은 수동문 주어로 이동해도 문법적이지만 부가어인 명사구 *last year*가 수동문의 주어가 되면 비문법적이다. 이것은 일반적으로 동사의 보어 명사구가 수동문의 주어가 될 수 있다는 것을 말한다.

그러나 이 제약과는 달리 보어가 아닌 명사구가 수동문의 주어가 되는 경우도 있다. 다음 예문에서 보는 바와 같이 종속절의 주어가 주절의 주어자리로 이동해서 수동문이 될 수도 있다.

(24) a. Susan expected [Jack to come to the party].
   b. Jack was expected [__ to come to the party].

(25) a. The jury found [the man guilty].
   b. The man was found [__ guilty].

(24a) 와 (25a) 는 각각 예외절과 소절이다. 그리고 (24b) 와 (25b) 의 수동문의 주어자리에는 원래 예외절과 소절의 주어가 이동해 와 있다. 이와 같이 예외절과 소절의 주어는 주절의 수동문의 주어자리에 올 수 있다. 이 두 절의 공통적인 구조적 특성은 종속절의 주어가 주절동사의 보어가 아니라는 점이다. 즉 (23) 의 조건이 지켜지지 않아도 수동문이 될 수 있다는 것이다.

그렇다고 해서 모든 종속절의 주어가 수동화 될 수 있는 것은 아니다. 다음의 예를 보자.

(26) a. James thought [(that) he would marry Stella].
b. *He was thought [(that) __ would marry Stella].

(27) a. Kerry preferred [for Bill to study law].
b. *Bill was preferred [for __ to study law].

위에서 보듯이 종속절이 CP인 구조에서 그 주어를 주절의 주어자리로 이동시켜서 수동문을 만들 수는 없다. 이와 같이 CP절의 주어는 수동화는 불가능하고 IP절(예외절과 소절) 의 주어는 수동화가 가능하다. IP절의 특징은 시제가 없다는 것이다.

이제까지의 수동화에 대한 조건을 정리하면 다음과 같다.

(28) 수동화 조건
동사의 보어 명사구나 IP절의 주어 명사구가 수동화할 수 있다.

한편 동사의 목적어와 달리 전치사의 목적어는 수동문의 주어자리로 이동할 수 없다. 다음의 예를 보자.

(29) a. Andrew put his book on the chair.
b. His book was put __ on the chair.
c. *The chair was put his book (on) __.

(30) a. The teacher explained the theory to the students.

b. The theory was explained __ to the students.

c. *The students were explained the theory (to) __.

위의 예에서 전치사구는 동사의 보어이다. 이 전치사구의 목적어 자리에서 명사구가 이동해 나온 수동문은 비문법적이다. 이것은 수동화에서 동사에 인접한 명사구만이 이동할 수 있음을 말한다.

그렇다면 수동문에서 전치사의 목적어는 주어자리로 이동할 수 없다고 할 수 있는가? 항상 그런 것은 아니다. 아래에서와 같이 전치사의 목적어가 수동문의 주어로 허용되는 경우가 있다.

(31) a. You can safely depend upon your parents.

b. Your parents can be safely depended upon __.

(32) a. The press laughed at the young scientist.

b. The young scientist was laughed at __.

(31)과 (32)의 수동문은 원래 전치사구의 목적어가 수동문의 주어자리로 이동해 왔는데도 문법적이다. 이런 경우를 설명하기 위하여 학자들은 수동동사와 전치사가 합성동사를 형성한다고 본다. 즉 다음과 같은 합성동사의 형성과정을 가정한다.

(33) a. 〔$_V$ depend〕 〔$_P$ upon〕 → 〔$_V$ depend upon〕

b. 〔$_V$ laugh〕 〔$_P$ at〕 → 〔$_V$ laugh at〕

(33)처럼 동사와 전치사가 합성동사를 이루는 과정을 **재분석***reanalysis*이라고 한다. 재분석시 동사와 전치사는 인접해 있어야 한다. 재분석이 되면 원래 전치사의 목적어는 새로 재분석이 된 합성동사의 목적어가 되고, 수동태의 주어자리로 이동해 갈 수 있다고 본다. 이때 합성동사와 목적어는 인접해 있다.

그런데 이러한 재분석이 (29)와 (30)과 같은 경우에는 적용이 안 된다. 왜냐하면 동사와 전치사 사이에 목적어 명사구가 있기 때문이다. 재분석이 가능하려면 동사와 전치사 사이에 다른 요소가 없이 서로 인접해 있어야 한다. 즉 (31)에서 동사 *depend*와 전치사 *upon* 사이에는 아무 요소가 없으나, (29)의 경우에는 동사 *put*과 전치사 *on* 사이에 목적어 *his book*이 있기 때문에 허용되지 않는다. 다시 말하면, 동사와 전치사 사이에 아무런 요소가 없을 때 재분석으로 합성동사가 되고, 그 목적어가 수동문의 주어자리로 이동할 수 있다.

그러나 재분석으로도 설명이 안 되는 경우가 있다. 다음의 수동문을 보자.

(34) a. The parents talked for two hours.
　　b. *Two hours were talked for.

(35) a. The boys played in the yard.
　　b. *The yard was played in.

(34)와 (35)에서는 전치사의 목적어가 수동문의 주어로 이동했고 동사와 전치사 사이에 아무런 요소가 없지만 그 수동문은 비문법적이다. 그렇다면 (34)와 (35)에서는 재분석이 왜 되지 않는가?

(31)과 (34)에 있는 두 전치사구에는 차이가 있다. (31)의 전치사구 (*upon your parents*)는 동사의 보어*complement*인 반면에, (34)의 전치사구 (*for two hours*)는 부가어*adjunct*이다. 전치사구가 동사의 보어인 경우에는 재분석이 되어 전치사의 목적어를 수동화할 수 있는 반면에, 전치사구가 동사의 부가어인 경우에는 수동화가 불가능하다.

수동화와 재분석에 대한 제약을 정리하면 다음과 같다.

(36) 수동화 조건
　수동화로 이동하는 명사구는,
　　a. 동사와 인접해 있다.
　　b. 논항자리(주어, 보어)에 있다.
　　c. CP를 넘지 않는다.

(37) 재분석 조건

동사와 전치사가 합성동사가 되려면,

a. 전치사구는 동사의 보어이다.

b. 동사와 전치사는 인접해 있다.

(36a) 에서 동사는 일반동사와 재분석이 된 합성동사도 포함한다. 따라서 재분석이 된 합성동사와 인접한 명사구도 수동화로 이동이 가능하다. (36b, c) 는 동사의 보어나 예외절과 소절의 주어가 이동하되 CP절은 넘어가지 않는다는 것을 말한다. (37) 의 조건에 의하면 재분석은 동사의 보어 전치사만이 가능하고 그 전치사가 동사와 인접해 있을 때만 가능하다. 이렇게 수동화를 통한 주어의 생성은 여러 조건이 만족이 된 경우에만 가능하다.

12.4 주어 새로 만들기 II : 인상구문

앞 절에서 본 수동문은 목적어 명사구나 또는 종속절의 주어 명사구가 주절의 주어자리로 이동한 구문이다. 수동태 구문에서처럼 주어자리로 명사구가 이동하는 또 다른 구문이 있다. 다음 두 예문을 비교해 보자.

(38) a. It is likely that the student studies very hard.

b. The student is likely to study very hard.

위의 두 문장을 비교해 보았을 때, (38b) 에서 명사구 *The student*가 동사 *study*의 주어 논항이므로 그 (38a) 에서와 같이 즉 종속절 동사의 주어자리에 있었을 것이라고 가정할 수 있다. 즉 (38b) 에서 *The student*는 종속절의 주어자리에서 주절의 주어자리로 이동해 왔다고 할 수 있다. (38b), 즉 (39b) 의 심층구조로 (39a) 를 생각할 수 있다.

(39) a. ___ is likely 〔the student to study very hard〕.

b. The student is likely 〔 ___ to study very hard〕.

(39a) 에서 *the student*는 동사 *study*의 주어 논항이고 종속절의 주어자리에 있다. 그런데 이 명사구가 (39b) 에서는 주절의 주어자리로 이동해 간다. (39b) 의 구조를 이동해 간 명사구와 그 흔적*trace*을 표시하면 (40) 과 같이 표시할 수 있다.

(40) 〔The student〕$_i$ is likely 〔t_i to study very hard〕.

(40) 은 이동해 간 명사구와 이동한 후에 비어있는 자리에 흔적을 남기고 있다. 이 흔적 (t) 은 이동한 명사구와 동일한 아래첨자 (i) 를 갖는다. 동일한 아래첨자로 표시된 두 요소는 **공지시***coindex* 관계에 있다고 한다. (40) 은 심층구조와 표층구조의 정보를 동시에 가지고 있어 언어학자들이 자주 사용하는 구조 표상*representation*이다.

종속절의 주어 명사구가 주절의 주어자리로 이동하는 것을 **인상***raising*이라 하고, 이러한 구문을 **인상구문***raising construction*이라고 한다. 인상구문에는 **인상술어***raising predicate*가 있는데, (40) 에서는 형용사 *likely*가 인상술어이다. 인상술어는 논항으로 예외절 IP를 보어로 취하고 주어 논항은 비어 있다. 형용사 *likely*는 의미적으로 주어 논항이 없는 술어이다. 마치 수동동사의 주어 논항이 비어 있듯이 인상술어의 주어 논항도 비어 있다. 다음은 형용사 *likely*의 논항구조와 하위범주화를 보여준다.

(41) likely

a. 논항구조 : 〈__, 논항 1〉

b. 하위범주화 : 〔 _ IP〕

형용사 *likely*는 보어인 논항 하나만을 취하는데 이 논항은 주어 논항이 아니다. (41a) 의 표기에서 빈자리는 주어 논항이 비어있다는 것을 의미한다.[6] 그리고 *likely*는 그 (41b) 에서처럼 IP를 하위범주화한다. 이 IP절이 *likely*의 논항이고 보어이다.

한편, 다음의 (42a) 는 인상술어 *likely*의 심층구조와 그 변형 과정을 표시한 구조이고, (42b) 는 그 수형도를 보여준다. (42b) 의 심층구조의 주어자리가 비어 있다는 것은 형용사 *likely*가 주어 논항이 없기 때문이다. 인상술어의 특징은 보어절로 IP를 취한다는 점인데, *likely*도 보어로 IP를 취하고 있다. (42b) 는 보어절의 주어 명사구가 주절의 주어자리로 이동하는 과정을 수형도상에서 보여주고 있다.[7]

---

6) 논항 중에 주어가 되는 논항을 외재논항*external argument*이라 하고, 술어 (VP 또는 AP) 내에 출현하는 논항을 내재논항*internal argument*이라고 한다. 그래서 어떤 학자는 외재논항을 표시하기 위하여 논항 밑에 밑줄을 그어 놓거나(예, 〈<u>x</u>, y〉), 또는 괄호 밖에 놓기도 한다(예, x 〈y〉). 외재논항이 없는 수동동사나 인상술어는 내재논항만 있어 〈 _, y〉 또는 간단히 〈y〉로 표기한다.

7) 인상 형용사로 *certain*도 있다. 그러나 *probable*은 인상술어가 아니다.

a. 〔The team〕$_i$ is certain 〔t_i to win the first prize〕.
(cf. It is certain that the team will win the first prize.)

b. *〔The team〕$_i$ is probable 〔t_i to win the first prize〕.
(cf. It is probable that the team will win the first prize.)

(42) a. [The student $_{NP}$]$_i$ is likely [$_{IP}$ t_i to study very hard].

b. 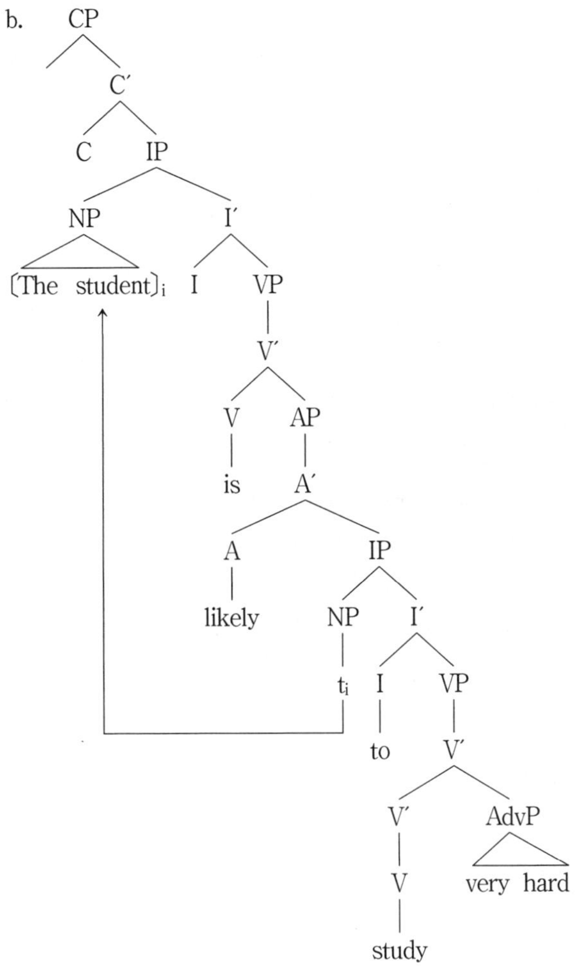

인상술어에는 다음과 같은 인상동사도 있다.

(43) a. Willy$_i$ appears [$_{IP}$ t_i to be happy].

b. Willy$_i$ seems [$_{IP}$ t_i to love Anne].

(43) 에 있는 동사 *appear*와 *seem*은 인상동사이다. 그 보어절로 IP를 취하고 종속절의 주어 명사구가 주절의 주어자리로 이동해 와 있다.

흥미롭게도 인상술어가 다른 인상술어를 보어로 취할 수 있다. 이런 경우에는 연속적인 이동이 일어난다. 다음 예를 보자.

(44) David$_i$ seems 〔$_{IP}$ t$'_i$ likely 〔$_{IP}$ t$_i$ to get the important job〕.

(44) 에서 명사구 *David*는 맨 처음 동사 *get*의 주어 논항으로 t$_i$ 자리에 있다가 *likely*가 인상형용사이어서 *likely* 형용사가 있는 절의 주어자리 t$'_i$로 이동한다. 그런데 *seem*이 인상동사이어서 *seem* 동사가 있는 절, 즉 주절의 주어자리로 두 번째 이동해 간다. 이렇게 (44) 에는 두 번의 연속적인 명사구 이동(successive NP movement) 이 있다.

한편, 인상구문과 수동구문이 섞여서 나타날 수도 있다.

(45) 〔The demonstrators〕$_i$ are likely 〔t$'_i$ to be arrested t$_i$ by the police〕.

(ii) (i)

(45) 에는 두 번의 이동이 있는데, 첫 번째 이동은 수동동사 *arrested*로 인한 (i) 의 명사구이동이고, 두 번째 이동은 인상형용사 *likely*로 인한 (ii) 의 명사구 이동이다.

인상구문에서의 명사구 이동은 수동태 구문에서와 마찬가지로 CP절은 넘어가지 못한다.

(46) a. It is likely that Bill made a mistake.

b. *Bill$_i$ is likely 〔$_{CP}$ that t$_i$ made a mistake〕.

한편 인상술어와 인상술어가 아닌 경우를 구별할 필요가 있다. 다음의 예에서 쓰인 형용사의 의미와 그 용법을 살펴보자.

(47) a. Solomon is eager to play the game.
b. David is anxious to write stories.

(47) 에서 형용사 *eager*와 *anxious*가 쓰였는데 이들 문장도 (48) 에서처럼 이동이 있었다고 분석해야 할 것인가?

(48) a. Solomon$_i$ is eager [t$_i$ to play the game].
b. David$_i$ is anxious [t$_i$ to write stories].

(48) 과 같은 분석을 하기 위해서는 우선 이들 술어의 논항구조에 주어자리가 비어 있다는 가정에서부터 시작해야 할 것이다. 그러나 *eager*와 *anxious*는 의미적으로 주어 논항이 꼭 필요한 술어이다. 즉 이 주어 논항은 의미역으로 심리경험주*Experiencer*가 할당되는 논항으로 처음부터 꼭 채워져야 하는 자리이다. 따라서 이동이 있는 것으로 표시된 (48) 의 구조는 잘못된 분석이다. 이들 술어의 논항구조에 주어논항이 비어 있다고 한다면 허사의 삽입이 허용되어야 할 것이나, 다음에서 보듯이 주어자리에 허사가 허용되지 않는다.

(49) a. *It is eager (for Dan) to play the game.
b. *It is anxious (for Lucy) to write stories.

한편 (48) 에서 종속절의 주어자리도 의미적으로 비어 있지 않다. 왜냐하면 동사 *play*와 *write*는 주어 논항을 필요로 하는 술어이기 때문이다. 그런데 이들 동사의 주어 논항은 보이지 않는다. 이 보이지 않는 논항자리는 앞에서 배운 공범주 PRO가 채운다고 본다. (48) 은 (50) 과 같이 분석된다.

(50) a. Solomon$_i$ is eager [PRO$_i$ to play the game].
b. David$_i$ is anxious [PRO$_i$ to write a story].

(50a) 에서 형용사 *eager*나 동사 *play*는 각각의 주어 논항을 필요로 한다. 그리고 종속절의 PRO는 주절의 주어와 동일한 대상을 지시하고 있다. (50b) 도 (50a) 와 동일한 구조를 취한다. (49) 의 *eager*와 *anxious* 형용사구의 문장에는 명사구 이동이 없다.

이제까지 우리는 인상술어에서의 명사구 이동을 살펴보았다. 인상술어의 특징은 논항구조에서 주어자리가 비어 있고 그 보어로 IP절을 취한다는 것이다. 비어있는 주어자리는 보어절의 주어가 이동해 와서 채워진다. 즉 인상구문에서 새로운 주어는 종속절의 주어가 이동해 온 것이다. 인상구문과 수동구문은 여러 가지 면에서 유사한 점이 있는데 다음 절에서 이를 비교해 보자.

12.5 수동구문과 인상구문의 비교

이제까지 공부한 수동구문과 인상구문은 다음의 공통적인 속성을 가지고 있다.

(51) a. 술어의 주어 논항이 없다.
b. 주어자리로의 이동이 있다.
c. 이동하는 구는 명사구이다.
d. 이동하는 명사구는 CP를 넘을 수 없다.

(51) 의 속성들은 이미 앞에서 검토된 내용들이다. 수동동사나 인상술어는 원래 주어자리가 비어 있고, 그래서 다른 요소가 이 주어자리로 이동하게 된다. 이런 점에서 수동화와 인상은 새로운 주어를 만드는 변형이다. 그리고 이동하는 문법범주는 명사구이므로 이 이동을 **명사구 이동** (NP Movement) 이라고 한다. 다른 범주, 가령, 동사구나 형용사구는 주어자리로 이동하지 못한다. 또한 수동구문이나 인상구문은 둘 다 종속절의 주어가 이동해 올 수 있지만 종속절이 CP인 경우에는 그 이동이 불가능하다. 즉 종속절이 CP인 구문에서 수동구문이나 인상구문은 생성되지 않는다.[8)]

한편, 인상술어의 다른 용법으로 CP절을 보어로 취하는 경우가 있다. 그 종속절이 CP 절인 경우에는 그 종속절 안의 요소가 이동해 나올 수 없다고 앞에서 지적한 바가 있다. 다음 예를 보자.

(52) a. __ is said [$_{CP}$ that Harry wants to go to Hogwarts].
b. __ is likely [$_{CP}$ that Harry wants a new wand].

(52)에서 수동동사 *said*와 형용사 *likely*는 원래 주어 논항이 없다. 그러나 종속절이 CP이므로 종속절의 주어가 주절의 주어자리로 이동할 수 없다. 이런 경우에는 허사(expletive, 또는 pleonastic)인 *it*이 주어자리에 삽입(insertion)되어 (53)과 같은 문법적인 문장이 생성된다.

(53) a. It is said that Harry wants to go to Hogwarts.
b. It is likely that Harry wants a new wand.

이때 허사 *it*은 논항이 아니다. 논항이라면 술어에 의해 요구되는 요소로 심층구조부터 출현해야 한다. 그리고 (53)에서 주절의 주어자리에 *it*이 삽입되면 인상된 요소가 없으므로 이 구문을 인상구문이라 할 수 없다. 수동동사나 인상술어에는 주어 논항이 없음에도 주어자리가 마련되어 있는 것은, 제10장에서 배운 주어원리 또는 확대투사원리에 의해서이다.[9)]

한편 수동구문과 인상구문은 차이점도 있다. 가령, 인상구문에서 이동하는 명사구는 반드시 종속절의 주어이지만 수동구문에서는 주절의 목적어도 가능하다. 그리고 수동구문에는 수동동사가 능동동사에서 파생된 동사이나 인상술어는 그런 파생과정을 거치지 않는다.

---

8) 수동동사와 인상동사(*appear*, *seem*)의 또 다른 공통점은 이들 다음에 오는 명사구에 격을 할당하지 못한다는 점이다(9.4절 참조). 격이 없는 명사구는 허용되지 않으므로 격을 받기 위해 주어자리로 이동한다고 본다.

9) 주어원리 : 절에는 주어가 있어야 한다.

12.6 주어 만들기 변형과 투사원리

우리는 앞 절에서 새로운 주어를 만드는 변형을 배웠는데, 이 변형은 명사구 이동(NP Movement)이었다. 이동이 가능하기 위해서는 우선 이동해 갈 자리가 마련되어 있어야 한다. 즉 이동해 갈 논항자리가 비어 있어야만 한다. 수동동사와 인상술어는 주어 논항 자리가 비어 있다. 다음에서 이동하기 전의 심층구조와 이동한 후의 표층구조를 보자.

(54) a. __ was put the puppy in his house.
b. __ is likely the puppy to get out of the house.

(55) a. [The puppy]$_i$ was put t$_i$ in his house.
b. [The puppy]$_i$ is likely t$_i$ to get out of the house.

(54)의 심층구조에서 수동동사 *put*과 인상형용사 *likely*의 주어자리는 비어 있다.

그런데 이들 수동동사와 인상술어의 주어자리는 왜 비어 있는 것일까? 이들의 주어자리가 비어 있는 이유는 술어의 논항구조가 그대로 통사구조에 투사되어야 한다는 투사원리 때문이다.[10] **투사원리***Projection Principle*는 술어의 어휘적 정보인 논항구조, 하위범주화 정보 등이 그대로 통사구조에 투사되어야 할 것을 요구한다.

(56) 투사원리
어휘적 정보는 통사구조에 투사된다.

(54a)의 수동동사 *put*은 논항구조에서 주어 논항이 없으므로 이 동사가 출현하는 통사구조, 즉 심층구조에서 주어자리는 비어 있어야 한다. 마찬가지로 인상형용사 *likely*의 논항구조에서 주어 논항 자리는 비어 있으므로 이 술어가 출현하는 심층구조에서의 주어자리는 비어 있어야 한다. 주어 자리는 주어원리에 의해 항상 마련되지만 그 자리는 술어의 논항구

10) 투사원리*Projection Principle*는 제5장에서 소개된 바 있다.

조에 따라 채워질 수도 있고 안 채워질 수도 있다.

이와 같이 술어의 어휘적 정보가 그대로 반영된 통사구조는 심층구조, 또는 D-구조이다. (54)의 심층구조는 술어의 논항구조를 그대로 반영하고 있다. 심층구조에서 변형을 거치면 (55)와 같은 표층구조 또는 S-구조가 생성된다.

이제까지 우리가 공부한 문법모델을 정리하면 다음과 같다.

(57) 어휘부 　　　X바구조(구구조 규칙)

　　　　↘　　↙

심층구조(D-구조)

　　　│

　　　│ ← 변형(이동, 삽입)

　　　↓

표층구조(S-구조)

X바 통사구조(또는 구구조 규칙)에 의해 생성된 구조에 어휘가 삽입되면 심층구조가 생성된다. 이때 중요한 것은 어휘부에서 선택된 각 술어의 논항구조이다. 1항술어이면 하나의 논항자리(가령 주어자리)가, 2항술어이면 두 개의 논항자리(가령, 주어와 목적어자리)가 있는 구조가 있어야 한다. 이렇게 생성된 심층구조에서 주어자리가 비어 있는 구조가 있으면 명사구 이동이라는 변형을 통해 새로운 주어가 만들어진다. 이동할 수 없으면 *it*과 같은 허사가 삽입된다.

➡ 제12장은 고급통사론의 시작으로 구문의 변형이 소개되었다. 수동문과 인상구문은 명사구 이동에 의해 새로운 주어가 만들어진 구문이다. 명사구 이동은 아무런 제약없이 일어나는 것이 아니고 여러 가지 조건을 충족해야 가능한 것을 볼 수 있었다. 가령, 명사구 이동은 CP를 넘어가지 못하고, 보어 명사구의 이동은 가능했으나 부가어의 이동은 주어자리로의 이동은 가능하지 않았다.

제12장 쉼터이야기

1. 문장생성기계

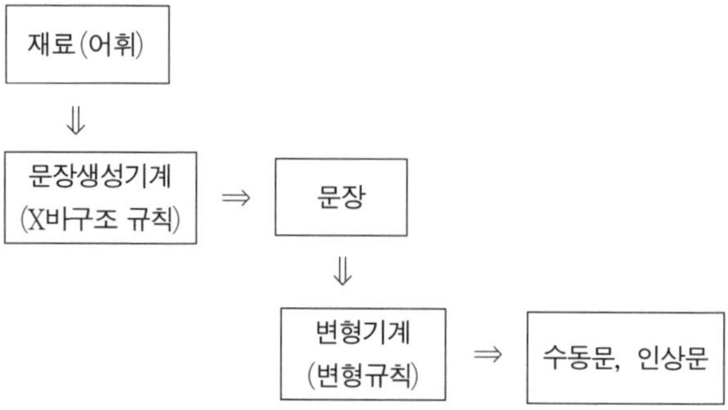

2. 영국영어와 미국영어

우리가 접하는 영어에는 여러 가지의 방언들이 있다. 그 중에서 자주 비교되는 방언으로 미국영어와 영국영어가 있다. 두 영어를 들어보면 어렵지 않게 그 발음과 억양에 의해 둘을 구별할 수 있다. 이 두 방언에 대한 비교를 하면서 흔히 나오는 얘기가 영국영어가 더 보수적이고 미국영어는 이에 비해 더 진보적이고 더 많이 변한 언어라고 한다. 과연 영국영어가 미국영어보다 더 보수적이고 덜 변한 언어인가?

이 두 방언의 분기점은 16세기로 거슬러 올라간다. 16세기에 미국대륙으로 건너간 사람들의 영어는 미국에서 수 세기의 변화를 거쳐 현대 미국영어 *American English*가 되었고, 16세기에 영국에서 사용하던 영어는 영국에서 수세기를 거치면서 현대의 영국영어 *British English*가 되었다. 그렇다면 이들 두 방언의 모어 *mother language*인 16세기의 영국영어와 현대의 두 방언과 비교해 보면 어느 방언이 더 변했는지 또는 덜 변했는지 알 수 있다.

먼저 모음 뒤의 /r/소리는 영국영어에는 없지만 미국영어에는 있다. 가령, *four*에서 단어 맨 끝의 /r/소리는 미국영어에서는 발음을 하지만 영국영어에서 발음을 하지 않는다. 16세기의 영어에는 이 소리가 있었으므로 이 점에서는 영국영어는 변화를 했지만 미국영어는 변화를 하지 않았다고 할 수 있다. 즉 미국영어가 변하지 않아서 더 보수적이라 할 수 있다. 영국영어과 미국영어의 또 다른 차이는 의문문에서 *have*의 도치여부이다. 미국영어에서는 *Do you have the time?*라고 하지만 영국영어에서는 *Have you the time?*이라고 말한다. 이 점에서는 영국영어가 16세기 영어의 특성을 그대로 간직하고 있기 때문에 영국영어가 더 보수적이라고 할 수 있다.

사람들이 사용하는 언어는 모두 변한다. 변하지 않는 언어는 사용하지 않는 언어, 즉 라틴어와 같이 죽은 언어뿐이다. 이렇게 언어는 모두 변하기 때문에 어느 언어가 더 보수적이다 또는 덜 보수적이라고 하는 것은 매우 상대적인 것으로 어느 한 면만 보고 단정적으로 말할 수는 없다.

제12장 확인학습

1. 책의 내용에 근거하여 다음 진술이 옳으면 ○표, 틀리면 ×표를 하시오.
   ( ) 1) 부가어는 수동화로 주어가 될 수 있다.
   ( ) 2) 인상술어는 주어논항이 없다.
   ( ) 3) 수동동사의 주어자리는 없을 수도 있다.
   ( ) 4) 명사구가 이동한 후의 빈자리가 다른 요소로 채워질 수 있다.
   ( ) 5) 명사구이동은 IP를 건너서 이동할 수 있다.

2. 다음 두 문장의 의미 차이를 말해 보시오.
   a. Few people read many books.
   b. Many books were read by few people.

3. 다음 문장이 왜 비문법적인지를 말해보시오.
   a. *There is anxious to be an accident.
   b. *John$_i$ seems that Mary likes t$_i$.
   c. *〔This room〕$_i$ was worked at t$_i$ by a professor of English.
   d. *〔Many hours〕$_i$ were argued for t$_i$.

4. 다음 문장의 수형도를 그려 보시오. 이동이 있으면 이동과정을 표시하시오.
   a. The protesters were arrested.
   b. Mary is thought to be invited to the party.
   c. John is believed to be considered suitable for the post.
   d. The man seemed to be likely to be fired.

5. 다음 두 문장의 의미를 비교해 보고 그 차이를 말해보시오. 특히 각 술어의 논항구조를 비교해 보시오.
   a. John is easy to work with.
   b. John is eager to work.

6. 다음 문장의 분석이 왜 옳지 않은지를 설명하시오.

   *John is likely 〔PRO to study hard〕

7. 다음의 수동문과 인상구문에서 쓰인 술어 *believed*와 *seems*의 유사성과 그리고 두 구문 도출 과정의 유사성을 말해보시오.

a. John is believed to be smart.

b. John seems to be smart.

Chapter 12 Syntactic Argumentation in English

■ Answer the questions in English.

1. What are the two meanings of the following sentence?

The chicken is ready to eat.

2. If we claim that one operation of passivization is the movement in (i), what is a problem with the claim? Present some evidence for your answer.

i) Move the object to subject position.

Model Answers

1. One reading is that *the chicken* is interpreted as the object of the verb *eat*. Then the sentence is interpreted as 'The chicken is cooked so that we can eat it.' The other reading is that *the chicken* is interpreted as the agentive subject of the adjective *ready*, meaning *The chicken*, an agent, is ready to eat something.

2. A problem with the claim is that there are passives in which i) nothing moves to subject position, and ii) a non-object NP moves to subject position, as shown below.

   ii) It is believed that John has left her.

   iii) $John_i$ is believed t_i to have left her.

   The passive in (ii) does not involve any movement; the expletive *it* is only inserted. And the surface subject *John* in (iii) is not the object of the verb *believed* but the subject of the clause, *John to have left her*. Thus, the operation for passivization in (i) can account for a part of passives, not all passives.

제12장 임용고사 기출문

1. 다음 예문을 보면 *sure*와 *probable*은 동일한 유형의 형용사로 보이지만 차이점이 있다. 그 차이점을 통사적 근거를 들어 우리말로 쓰시오. (2006, 전국)

> It is sure that John will pass the test.
> It is probable that John will pass the test.

2. Read the passage and follow the directions. (2007, 서울인천)

> Examples (1) and (2) show that the verb *believe* may take as its complement a finite clause, as in (1), or a non-finite clause, as in (2).
>
> (1) John believes [that Bill is taller than him].
> (2) John believes [Bill to be taller than him].
>
> Complement-taking gets more complicated with the adjective *likely*. It can take a finite clause as its complement, as in (3). But, can it take a non-finite clause complement?
>
> (3) It is likely [that Bill is taller than him].
> (4) It is likely [Bill to be taller than him].
> (5) Bill is likely [to be taller than him].
>
> Since (4) is ungrammatical, we are tempted to say that the adjective cannot take a __(A)__ as its complement. We can't do so, however, because (5) is acceptable. Hence, let us say that *likely* can take a non-finite clause complement, but it cannot allow an NP like *Bill* to immediately follow it. Then, what about the verb *believe* in (2)? Well, we have to say that the verb allows an NP to immediately follow it.

At this point, let us think about the passive past participle of the verb *believe*. Compare (6) and (7) with (1) and (2), respectively.

(6) It is believed [that Bill is taller than him].
(7) It is believed [Bill to be taller than him].

It is interesting to see that it is not the case that both (6) and (7) are okay…

1) Fill in the blank (A) with two words from the passage.

Answer:

2) Write down the correct version of any ungrammatical sentence in (6) and (7), preserving their (non-) finiteness.

Answer:

3) How can you characterize *believed* in (6) and (7) in comparison with *believes* in (1) and (2)? Complete the following sentence with words from the passage.

Believed in (6) and (7) ______________________________.

Answer:

3. Write all answers in English. (2010)

The following is a conversation extract from a communication-oriented middle school English classroom. They are discussing the demographic statistics of Asian countries. Examine the extract and follow the directions below.

Teacher :	What happened to the birth rate in Korea over the last few years?
Student A :	It was fallen by 2.4%.
Student B :	It was dropped.
Teacher :	Okay. Then, what about the birth rate in Singapore?
Student A :	The rate was also dropped.
Teacher :	

3-1. It has been said that intransitive verbs are grouped into two classes. Verbs like *fall* and *drop* in the above extract differ from verbs like *work* and *swim*. Providing appropriate examples, explain how these two types of verbs differ in terms of the possibility of a resultative reading exemplified by a sentence like *John painted the wall black*, where the resultative phrase *black* denotes the state achieved by the referent of *the wall* as a result of the action denoted by the verb *painted*. Then, explain why Student B's utterance *It was dropped* in the extract is not acceptable even if we assume that it is a passive sentence derived from the transitive verb *drop*. Answer in well-formed paragraphs. 〔15 points〕

제12장 임용고사 기출문제 예상답안

1. 주어진 예문에서 두 형용사는 보어로 시제가 있는 한정절(finite clause)을 취한다. 그러나 시제가 없는 비한정절을 보어로 취함에 있어서 두 형용사는 다르다. 아래의 예를 보자.

   c. $John_i$ is sure [[t_i] to pass the test].

   d. *$John_i$ is probable [[t_i] to pass the test].

   형용사 *sure*는 비한정절을 보어로 취하고 그 절의 주어가 주절의 주어 자리로 이동하여 문법적인 문장을 형성하는 반면에, 형용사 *probable*은 동일한 도출로 문법적인 문장을 형성하지 못한다. 즉 형용사 *sure*는 보어로 비한정절을 취하지만(이 형용사는 인상술어임) *probable*은 그렇지 못하다는 것을 보여준다. 즉 *probable*은 인상술어가 아니다.

2. 1) non-finite clause
   2) Bill is believed to be taller than him. ((7) is ungrammatical.)
   3) *Believed* in (6) and (7) takes a finite or non-finite clause as its complement but does not allow an NP to immediately follow it.

3. The two types of intransitive verbs are unergative verbs (eg. *shout, swim*) and unaccusaitve verbs (eg. *freeze, fall*). The single argument of an unergative verb is an agent or initiator of an event while that of an unaccusative is an undergoer or patient. Unaccusative verbs, not unergative verbs, may appear in the resultative construction; **They shouted hoarse* ('They shouted and as a result they got hoarse'; *The river froze solid* ('The river froze and as a result it got solid.')

   There are two subtypes of unaccusative verbs; alternating ones (eg. *drop*) that have transitive counterparts, and non-alternating ones (eg. *fall*) that do not. The uses of the alternating unaccusative verbs and the corresponding passive verbs are different, each of which is illustrated below:

   a) The rate/price dropped.

b) The rate/price was dropped.

The reading of the unaccusative verb in (a) is that 'the rate dropped by itself', while that of the one in (b) is that 'some external force caused the rate to drop'. Thus, in the given context the unaccusative reading is appropriate.

■제 13 장■

의문문 만들기

〈핵심용어〉

일반 의문문, 의문사구 의문문, 간접 의문문, 핵이동, 굴절소이동, 동사이동, 조동사 도치, 의문사구 이동, 삼투, 수반이동, 전치사 좌초

제13장에서는 의문문의 구조를 공부한다. 일반 의문문과 의문사구 의문문, 간접 의문문의 형성에서 조동사의 이동과 의문사의 이동을 공부한다. 이 때 조동사 이동은 굴절소 I에서 보문소 C로의 핵이동이고, 의문사구 이동은 CP의 지정어 자리로의 이동이다. 모두가 변형을 거쳐 생성되는 구조들이다.

13.1 의문문의 종류

우리가 새로운 친구를 사귀게 되면 그 사람에 대해서 여러 가지 물어볼 것이 많이 있다. 가령, 그 친구가 무엇을 좋아하는지, 어디에서 사는지를 알고 싶어 한다. 우리는 이 때 의문문을 사용한다. 그런데 의문문은 각 언어마다 조금씩 형태가 다르다. 한국어와 영어의 의문문을 비교해 보자.

(1) a. 지금 시간 있으십니까?
    b. 어디 사세요?

(2) a. Are you busy now?
    b. Where do you live?

한국어의 의문문은 의문형 어미 '-까'를 사용하거나, 의문사('어디')를 사용해서 의문문을 만든다. 한국어의 의문문은 형성될 때 어순의 변화는 없다. 그러나 영어의 의문문 형성에서는 어순이 변한다. 즉 (2a)의 의문문은 *You are busy*, 그리고 (2b)는 *You live where*라는 기본 문형에서 어순이 변화한 것이다. (2a)에서는 주어와 *be*동사의 어순이 바뀌고, (2b)에서는 의문사가 문장의 맨 앞으로 이동한다.

영어 의문문의 구조를 분석하기에 앞서 그 종류를 살펴보자.

(3) a. 일반 의문문 : Are you happy?
  b. 의문사 의문문 : What do you want?
  c. 간접 의문문 : I don't know if/whether my friend is happy.
    Mother doesn't know what Amy wants.

일반 의문문은 그 대답을 '네*Yes*' 또는 '아니오*No*'로 할 수 있다하여 'Yes-No Question'으로도 알려져 있다. 일반 의문문은 평서문과는 다른 어순으로 형성된다. **의문사구 의문문***Wh-Question*은 의문사(*Wh*-phrase : *who, whose, which, what, when, where, why, how*)가 들어있는 의문문을 말한다. 의문사 의문문을 만들기 위해서는 반드시 의문사가 들어가 있어야 하고 어순에도 변화가 있다. **간접 의문문***Indirect Question*은 종속절이 의문문으로 *if/whether*나 또는 의문사가 종속절의 문두에 출현한다. 본 장에서는 의문문을 만들기 위해서는 어떤 변형과정을 거쳐야 하며 그 구조는 어떤 것인지를 공부한다.[1)]

13.2 일반 의문문

어떤 과정을 거쳐 일반 의문문이 형성되는지를 구조적으로 살펴보기 위해 다음의 예를 보자.

(4) a. I can see a deer.

---

1) 영어에서는 (3)에 있는 세 종류의 의문문 말고도 부가 의문문*tag question*과 메아리 의문문*echo question*도 있다.

b. Can you see a deer?

위 두 문장의 차이는 주어와 조동사의 어순이다. 조동사인 *can*이 의문문이 되면서 주어 앞으로 이동한다. (4b)에서 *can*이 주어 앞으로 이동하는데 그 이동을 수형도에서 보자.

(5)

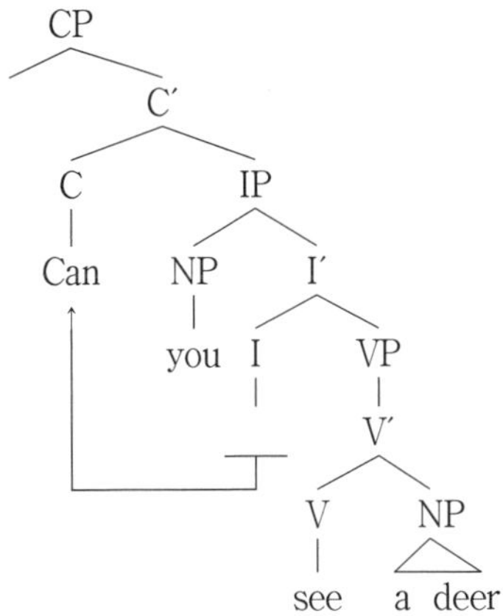

(5)의 수형도가 보여주는 것은 굴절소 I에 있던 조동사 *can*이 보문소 C로 이동하면서 의문문이 생성되는 것이다. 의문문 형성에서 주어는 전혀 움직이지 않고 조동사만 이동한다.

그런데 (5)에서 조동사가 이동해서 착지하는 곳이 CP의 지정어 자리가 아니고 왜 C 자리이어야 하는가? 이 의문은 다음과 같은 의문사 의문문을 보면 풀린다.

(6) [$_{CP}$ What can [$_{IP}$ you do for the party]]?

(6)에서 주어 *you* 앞에 있는 요소는 *what*과 *can* 두 개가 있다. 만약에 *can*이 CP의 지정어 자리로 이동한다면 *what*은 갈 곳이 없다. CP의 지정어 자리가 구조적으로 문장의 맨 앞이기 때문이다. 그리고 *can*은 I에 있던 단어층위의 요소이므로 그 요소가 이동해 갈 자리도 단어층위이어야 한다. CP의 지정어 자리는 구층위 자리이고 그리고 보문소 C 자리는 단어층위 자

리이다. 이러한 이유로 조동사 *can*은 보문소 C 자리로 이동한다.

일반 의문문 형성과정에서 조동사의 이동은 수동문 형성에서의 명사구 이동과는 다르다. 가장 큰 차이점은 명사구 이동은 구*Phrase* 이동, 즉 XP의 이동인 반면에 조동사 이동은 핵*head*이동, 즉 단어층위 범주의 이동이다. 그래서 조동사의 이동, 또는 **굴절소 이동***Infl Movement*을 **핵 이동***Head Movement*이라고 한다. 핵 이동은 움직이는 요소가 핵이므로 그 **착지***landing site*도 반드시 핵층위이어야 한다. 핵 이동은 핵의 자리에서 핵의 자리로 이동한다. (5)에서 조동사가 C의 자리로 이동하는 이유는 조동사의 원래 자리는 I로 핵 자리이고 그 착지인 C도 핵 자리이기 때문이다. 이에 반해 수동태에서는 명사구가 구층위(가령, 목적어 명사구) 자리에서 구층위(IP의 지정어인 주어자리)로 이동한다. 이러한 차이는 (5)에 있는 핵 이동과 (7)의 명사구 이동을 비교해 보면 그 차이를 쉽게 볼 수 있다.

(7)

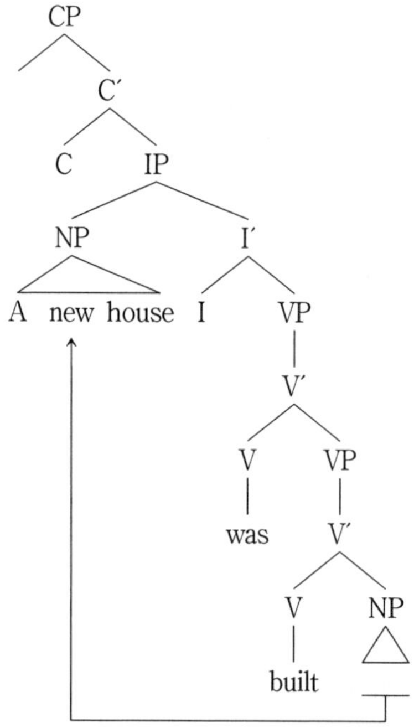

의문문 형성에서 이동하는 *can*은 양상조동사*Modal Auxiliary*이다. 그 밖의 양상조동사로는 *could*, *will*, *would*, *may*, *might*, *shall*, *should*, *must* 등이 있다. 그런데 일반 의문문에는 이런 양상조동사가 없는 경우도 있다. 다음 예를 보자.

(8) Did you see the movie?

(8) 의 의문문에는 양상조동사가 아닌 *did*가 있다. 다음의 구조는 이 의문문의 생성 과정을 보여준다.

(9)

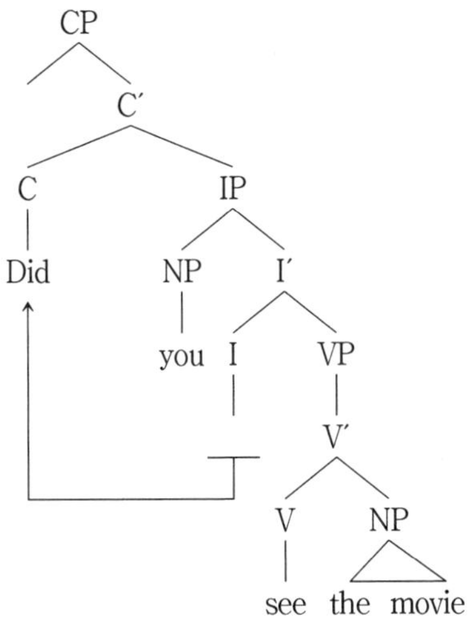

did 동사도 조동사로 굴절소 I 자리에 있다가 보문소 C 자리로 이동하여 의문문이 형성된다. *do* 조동사는 평서문에서도 (10) 과 같이 실제로 I자리에 나타날 수도 있다.

(10) a. You did see the movie.

b. They did make the movie.

그래서 의문문의 문두에 있는 *do* 동사는 굴절소 자리에서 이동해온 것이다.

굴절소 I에 있던 조동사가 C 자리로 이동해 갔다는 증거를 찾아보자. 우선 양상조동사가 나오면 양상조동사가 시제와 일치소의 자질을 모두 가지고 있고, 양상조동사 다음에 오는 동사는 원형의 형태를 취해야 한다. 그런데 이러한 조건은 조동사가 C 자리에 나타나도 지켜지는 것을 볼 수 있다.

(11) a. Robert could solve/*solved/*solves the problem.
　　 b. Could Robert ___ solve/*solved/*solves the problem?

이러한 현상은 조동사 *could*가 취하는 하위범주화인 VP에 대한 조건으로 볼 수 있다. 즉 조동사들은 자기가 취하는 보어 VP가 시제가 없는 원형의 동사가 오는 것을 요구한다. 이러한 요구조건이 조동사가 멀리 떨어져 있는 경우인 (11b)의 의문문에서도 지켜져야 하는 것은 조동사가 원래 굴절소 I 자리에서 그러한 요구를 한 후에 이동해 갔다는 증거로 생각할 수 있다. 또는 조동사의 흔적(t)이 남아 있어서 그 흔적이 조동사와 동일한 요구를 한다고 설명할 수도 있다.

한편 조동사가 이동한 후에 그 자리가 비어 있다고 해서 다른 조동사를 삽입하면 비문법적인 문장이 된다.

(12) *Could Robert would solve the problem?

(12)의 비문법성은 *could*가 굴절소 자리에 있다가 이동해 갔다는 증거로 생각할 수 있다. 실제로 흔적 t는 이동하는 요소의 모든 자질을 가지고 있다고 본다. 그래서 이 흔적 자리에 다른 자질의 조동사가 올 수는 없다.

양상조동사가 아니면서 의문문에서 이동하는 동사가 있다. 다음 예를 보자.

(13) a. You are so happy.

b. Are you so happy?

be 동사의 한 형태인 동사 *are*도 의문문에서 보문소 C 자리로 이동한다. 그런데 *be* 동사는 원래 굴절소 I 자리에 있던 것이 아니고 동사 V 자리에 있었다. 그 이동 과정을 살펴보자.

(14)

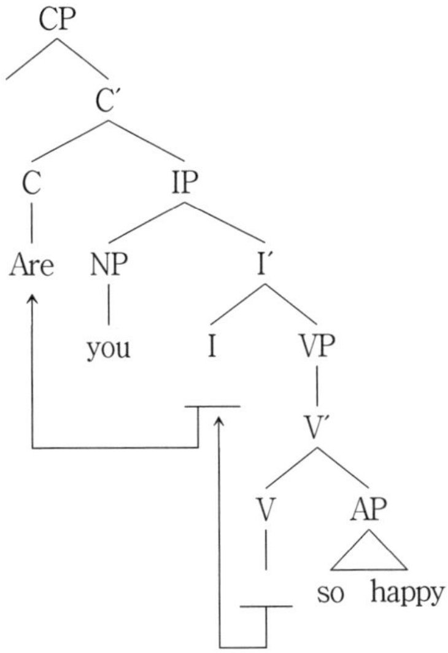

(14) 에서 동사 *are*는 처음에 V 자리에 있다가 I 자리로 이동하고 그리고 다시 C 자리로 이동한다. I에서 C로 이동하는 것은 조동사 *can*의 이동과 동일하게 의문문을 형성하기 위한 핵 이동이다. 원래 V 자리에 있던 *be* 동사가 I자리로 이동하는 이유는 시제와 일치소를 받기 위해서이다. (14) 의 심층구조(D-구조) 와 그 다음의 중간 구조는 다음과 같다.

(15) a. 심층구조

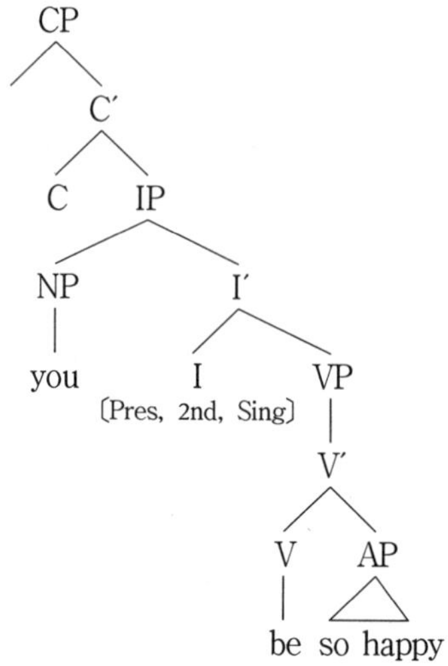

b. 중간구조

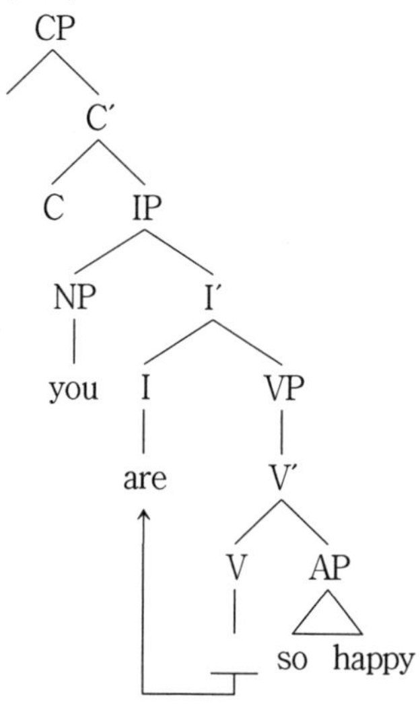

(15a) 에서 V 자리에는 *be* 동사가 원형의 형태로 있고, 굴절소 I 자리에는 시제와 일치소의 자질(현재 : Present, 2인칭 : 2nd person, 단수 : Singular)이 있다. 굴절소에 있는 시제와 일치소의 자질은 문장에서 형태적으로 구현되어야 하는데, 구현될 대상은 조동사나 동사이다. 그런데 (15)에서는 조동사가 없으므로 동사가 그 자질을 받아서 형태적으로 구현된다. 이러한 이유로 동사 V 자리에 있던 *be*동사가 이동해 오고 그 자질을 구현시킨 형태가 *are*이다. (15b)는 *be*동사가 이동해 와서 *are*로 실현된 구조를 보여준다. (15b)에서와 같이 동사가 굴절소 자리로 이동하는 것을 **동사이동** *Verb Movement*이라 하며, 동사이동도 V 자리에서 I 자리로의 핵이동이다. 그리고 굴절소 자리로 이동해 간 be 동사는 의문문 형성을 위해 다시 C자리로 굴절소 이동을 한다. 그래서 be 동사가 있는 의문문은 (14)에서처럼 두 번의 핵이동, 즉 동사 이동과 굴절소 이동을 거쳐서 형성된다.[2)]

동사이동은 조동사가 없는 모든 문장에서 일어난다. 다음 예를 보자.

(16) a. Thomas meets Jean today.
  b. Carl died in 1996.

(16)에서 동사 *meet*와 *die*는 원래 V 자리에 있다가 굴절소 I 자리에 와서 시제와 일치소의 자질을 받아서 구체적인 형태를 취한다. (16a)의 생성과정은 다음과 같다.

---

2) 영국영어에서 *have* 동사는 *be* 동사와 마찬가지로 두 번의 이동을 거쳐서 의문문을 형성할 수 있다.

a. [$_C$ Have$_i$] you [$_I$ t$'_i$] [$_V$ t$_i$] the time? (cf. 미국영어 : Do you have the time?)

위 문장에서 *have*는 V 자리에 있다가 I로 이동한 후에 다시 C 자리로 이동한다. 이것은 *be* 동사의 이동과 동일하다.

(17)

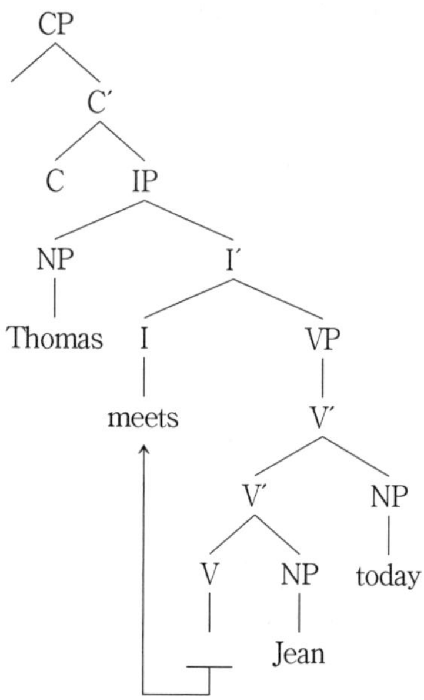

동사 *meet*은 동사 V 자리에 있다가 굴절소 자리에 옮겨가서 *meets*가 된다.

한편 (17) 에서 동사가 V 자리에서 I 자리로 이동했다는 증거가 있는가? 동사의 이동의 증거로 다음을 고려해 보자.

(18) a. Steve may not be studying psychology.
 b. Steve is not __ studying psychology.

여기에서는 논의의 초점을 동사의 이동에만 두기 위해 부정어 *not*의 구조에 대해서는 논의하지 않는다. (18a) 에서는 조동사 *may*와 동사 *be* 사이에 부정어 *not*이 출현하고 있다. (18a) 에서는 조동사가 I 자리에 있어서 동사가 옮겨갈 자리가 없기 때문에 동사는 이동할 수 없다. 그러나 조동사가 출현하지 않는 (18b) 에서는 동사가 이동한다. *be* 동사는 원래 *not*과 *studying* 사이에 있었으나 굴절소 자리가 비어 있으면 그 자리로 이동한다. 즉 조동사가 있는 경우에는 동사 V 자리에 있다가 조동사가 없으면

*not*을 넘어서 I 자리로 이동하는 것이다. *be* 동사가 이동하지 않았다면 *not* 뒤에 있었을 것이다. 이것은 동사이동의 증거이다.

일반 의문문의 형성은 결국 I에 있던 조동사가 C로 이동하면서 생성된다.

(19) 일반 의문문 형성
조동사가 보문소 자리로 이동한다.

일반 의문문의 형성은 굴절소 I의 요소인 조동사가 보문소 자리(C)로 이동하여 이루어진다. *Be* 동사가 있는 의문문은 *be* 동사가 동사 이동을 하고 다시 굴절소 이동을 하여 의문문을 형성한다.

그런데 여기서 유념해야 할 것은 모든 동사가 굴절소 I로 동사이동할 수는 있지만 그렇다고 해서 그 모든 동사가 보문소 C 자리로 굴절소 이동을 할 수 있는 것은 아니라는 것이다. 만약 모든 동사가 동사이동(V-to-I 이동)을 거치고, 다시 굴절소 이동(I-to-C 이동)을 한다면 다음과 같은 비문이 나올 것이다.

(20) a. *Saw Henry __ Joe?
b. *Wanted Josh __ the toy?

(20)의 비문이 말해 주는 것은 C 자리로 이동하는 굴절소 이동은 조동사라는 범주로 제한되어야 한다는 것이다.

조동사*auxiliary*의 종류와 특성에 대해서 알아보자. 조동사에는 두 종류가 있다.

(21) 조동사
a. 양상조동사 : can, could, will, would, shall, should, may, might, must
b. 일반조동사 : do, be, have[3)]

위의 조동사들만이 굴절소 이동을 할 수 있다. 그런데 이 조동사들은 몇 가지의 특성을 가지고 있다.

(22) 조동사의 특성
 a. 굴절소 이동
 b. 부가 의문문 형성
 c. 부정어 축약

(22a)의 굴절소 이동은 **조동사 도치** *Aux-Inversion*, 또는 주어-동사 도치 *Subject-Verb Inversion*로 알려져 있다. 이것은 조동사만이 C 자리로 이동할 수 있다는 것을 말한다.

조동사의 두 번째 특성은 부가 의문문을 형성할 때 조동사만이 나타날 수 있다는 것이다.

(23) a. Paul could not invite them, could he?
 b. Stanley did not come to the party, did he?
 c. Sally was not so smart, was she?

(24) a. *Paul invited them, not invited he?
 b. *Stanley did not come to the party, came he?

(23)에서처럼 밑줄 친 조동사(*could*, *did*, *was*)만이 부가 의문문의 끝에 출현할 수 있고, (24)에서처럼 일반동사(*invited*, *came*)는 출현할 수 없다.

세 번째 조동사의 특징은 조동사만이 부정어 *not*과 축약될 수 있다는 점이다.

---

3) 영국영어에서 '가지다'의 의미인 *have*와 미국영어의 완료형에서 쓰이는 *have*가 일반 조동사이다.

(25) a. Paul couldn't invite them.
b. Stanley didn't come to the party.
c. Sally wasn't so smart.

(26) a. *Paul invitedn't them.
b. *Stanly camen't to the party.

(25)에서 조동사는 *not*과 축약되나 (26)에서 일반동사는 *not*과 축약되지 않는다.

13.3 의문사구 의문문

의문사구는 단어에 *wh-*가 있는 의문사를 말한다. 의문사로 *who*, *whose*, *whom*, *which*, *what*, *when*, *where*, *why*, *how*가 있다. 이러한 의문사가 문장 속에 있다가 이동하면서 형성된 의문문이 의문사구 의문문이다. 다음의 예를 보자.

(27) a. George loves Tina.
b. Whom does George love __?

(27b)에서는 묻고자 하는 대상이 의문사 *whom*으로 나타나 있고 이 의문사구가 앞으로 이동해 와 있다. 이를 **의문사구 이동***Wh-Movement*이라고 한다. 의문사구 이동에는 조동사 이동도 동시에 수반되어야 한다. 즉 (27b)에서 조동사 *does*가 C자리로 이동한다.[4)]

---

4) 의문사구 의문문 형성에는 의문사구의 이동과 동시에 조동사의 이동이 항상 수반된다. 그러나 의문사구 의문문에 조동사의 이동이 보이지 않는 경우가 있다. 다음의 예에서 문장의 주어가 의문사구이다.

(i) Who broke the window?

위의 의문사구 의문에서 동사 *broke*는 굴절소 자리에서 보문소 C 자리로 이동하지는 않는다. 또한 의문사구 *who*가 주어자리에서 CP의 지정어 자리로 이동했다는 증거도 없다. 그러나 우리는 이 책에서는 주어 *who*가 CP의 지정어 자리로 이동하는 것으로 가정한다.

이제 의문사구 이동에 대하여 연구해 보자. (28)에 있는 의문사구 이동은 목적어자리에 있던 명사구가 문장의 앞으로 이동하고 있다. 그 이동 과정을 살펴보자.

(28)

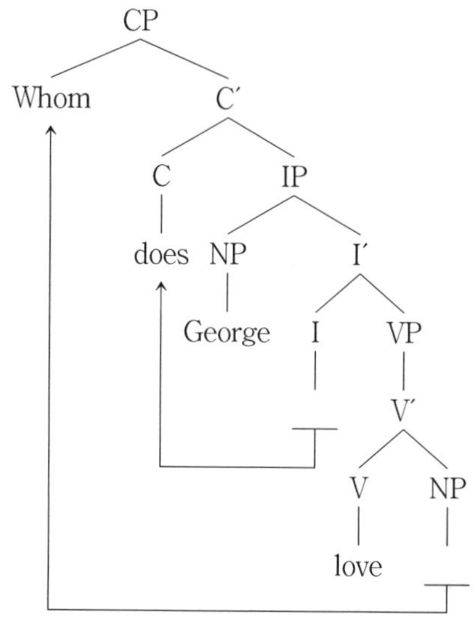

의문사구 *whom*은 원래 목적어자리에서 문장의 맨 앞 자리인 CP의 지정어 자리로 이동하고 동시에 조동사 *does*는 I에서 C로 이동한다. *Whom*이 CP의 지정어 자리로 옮겨가는 이유는 이 자리만이 의문사구가 착지할 수 있는 유일한 자리이기 때문이다. 의문사구의 착지가 언제나 CP의 지정어 자리임을 명심할 필요가 있다.

의문사구 이동에서 과연 의문사구가 이동했는지에 대한 증거를 찾아보자. (28)에서 동사 *love*는 원래 타동사이므로 그 하위범주화로 명사구(NP)를 취한다. 그리고 이 명사구는 의무적으로 출현해야 하는 논항이다.

(29) a. love : 〔 __ NP〕
b. *George loves.

(29a) 의 하위범주화를 갖고 있는 동사 *love*는 목적어 명사구가 출현하지 않으면 (29b) 처럼 비문법적이 된다. 이 예는 (28) 에서 동사 *love*는 목적어가 있었다는 증거가 된다. 하지만 그 목적어가 원래의 자리에는 없으므로 다른 자리로 이동한 것이다.

의문사구는 여러 가지의 문법범주로 출현할 수 있다. 다음의 예는 의문사가 보어뿐만 아니라 부가어로도 출현하는 예들이다.

(30) a. What$_i$ do you want t$_i$?
b. When$_i$ did you see the movie t$_i$?
c. Where$_i$ can we meet the President t$_i$?
d. How$_i$ could you fix our TV set t$_i$?
e. Why$_i$ did you call me yesterday t$_i$?

(30a) 의 *what*은 동사 *want*의 보어이고 다른 의문사는 모두 부가어이다. (30b) 의 의문문이 생성되는 과정을 보자.

(31)
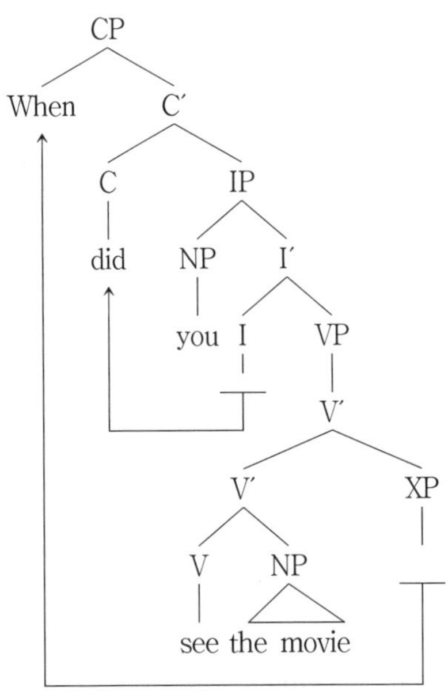

*when*은 동사 *see*의 부가어 자리에 있다가 문두의 CP의 지정어 자리로 이동하고 있다.[5)]

수동문과 인상구문에서 명사구가 연속적으로 이동할 수 있듯이 의문사구도 연속적으로 이동할 수 있다. 다음 예에서 명사구와 의문사구의 이동을 비교해 보자.

(32) a. 〔$_{CP}$ 〔$_{IP}$ Jay$_i$ is likely 〔$_{IP}$ t_i' to be fired t_i〕〕〕.
(ii) (i)

b. 〔$_{CP}$ Whom$_i$ do 〔$_{IP}$ you think 〔$_{CP}$ t_i' that 〔$_{IP}$ Jay loves t_i〕〕〕〕?
(ii) (i)

(32a) 에서 명사구 *Jay*는 두 번의 이동을 거쳐 주절의 주어자리에 와 있다. (32b) 에서 *whom*은 t_i 자리에 있다가 중간에 있는 CP의 지정어 자리에 들렀다가 다시 주절의 CP의 지정어 t_i'자리로 이동한다. 명사구와 의문사구의 이동의 차이는 명사구는 주어자리인 IP의 지정어 자리로 이동하고, 의문사구는 CP의 지정어 자리로만 이동하는 것이다.

(32a) 에서 명사구가 한 번에 주절의 주어자리로 이동하지 않고 중간의 주어자리에 들렀다가 최종의 착지로 이동한다. 마찬가지로 (32b) 의 의문사구도 한번에 주절의 CP의 지정어 자리로 가지 않고 중간의 CP의 지정어 자리에 들렀다 간다. 이것은 모든 이동이 최대한 가장 짧은 거리로 이동해야한다는 촘스키 문법이론의 가정 때문이다. 만약에 아무런 제약이 없이 장거리를 이동해 간다면 그로 인해서 발생하는 많은 비문법적인 문장을 설명할 수 없기 때문이다.[6)]

---

5) (31) 에서 *when* 자체의 문법범주는 확실하지 않아서 XP로 표시되어 있다. *when*은 명사구나 전치사구를 대신할 수 있다.

i) When did you see the movie __ ?
 a) I saw it last night.
 b) I saw it on that evening.

(a) 에서 *last night*은 명사구이고 (b) 에서 *on that evening*은 전치사구이다. 이 두문법범주는 모두 의문사 *when*으로 대치되어 의문문이 될 수 있다.

한편, 명사구 이동과 의문사구 이동이 함께 일어나는 경우도 있다. 다음 예를 보자.

(33) a. [$_{CP}$ Who$_i$ [$_{IP}$ t_i' was fired t_i]]?

b. [$_{CP}$ Who$_i$ [$_{IP}$ t_i'' is likely [$_{IP}$ t_i' to be fired t_i]]]?

(33a) 에서 *who*는 동사 *fired*의 목적어자리 t에 있다가 수동화로 주어자리인 t_i'자리로 이동한다. 그리고 다시 의문사구 의문문 형성으로 주절의 CP의 지정어 자리로 이동하고 있다. 목적어자리에서 주어자리로 이동하는 것은 수동화에서의 명사구이동이고, 주어자리에서 CP의 지정어 자리로 이동하는 것은 의문사구 이동이다. (33b) 에서는 두 번의 명사구 이동을 한 후에 최종적으로 의문사구 이동을 하고 있다. 이동의 착지가 주어자리, 즉 IP의 지정어 자리인 경우는 명사구 이동이고, 착지가 CP의 지정어 자리인 경우는 의문사구 이동이다.

의문사구 이동에서는 의문사뿐만 아니라 의문사가 포함된 전체 구가 이동하는 경우도 있다. 다음 예를 보자.

(34) a. <u>In which room</u> did you find the key ___ ?

b. <u>How much money</u> do you need ___ ?

(34) 에서 앞으로 이동한 요소는 전치사구(*in which room*) 와 명사구(*how much money*) 이다. 각각의 구의 구조를 살펴보자.

---

6) 우리는 제2장에서 문법이론의 타당성을 설명하면서 주제화 이동과 의문사구 이동의 제약에 대하여 잠깐 논의한 적이 있다. 주제화이동이나 의문사구 이동은 간접의문절에서 어떤 요소를 이동시킬 수 없다는 제약을 보았다(해당 예문 제2장의 (15) 와 (16)). 간접 의문절에서 마음대로 멀리까지 어떤 요소를 이동시킬 수 있다면 그로 인해서 발생하는 비문법적인 문장을 설명할 수가 없을 것이다. 제14장에서 이동에 대한 제약을 공부할 것이다(14장 3절 참조).

(35) a.

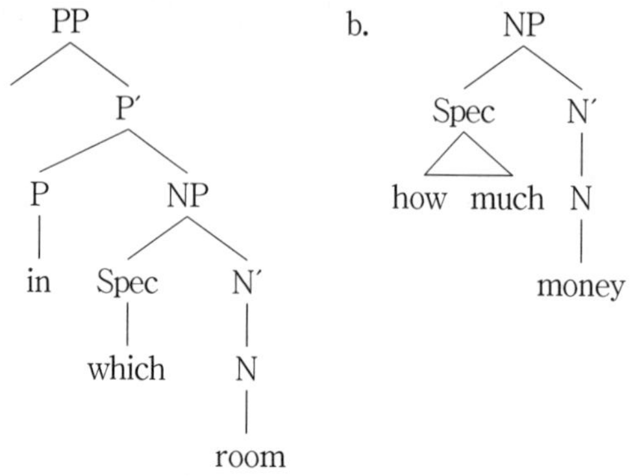

(35)에서 의문사가 있는 곳은 실제로 이동하는 PP와 NP의 내부에 있다. 그러나 이동할 때는 이 의문사가 포함된 전체 PP와 NP가 이동한다. 이러한 현상이 가능한 것은 의문사가 가지고 있는 의문사 자질 〔+ WH〕가 각각 PP와 NP로 **삼투***percolation*해서 PP와 NP가 의문사 자질을 갖게 되기 때문이다. 다음은 이 삼투과정을 보여준다.

(36)

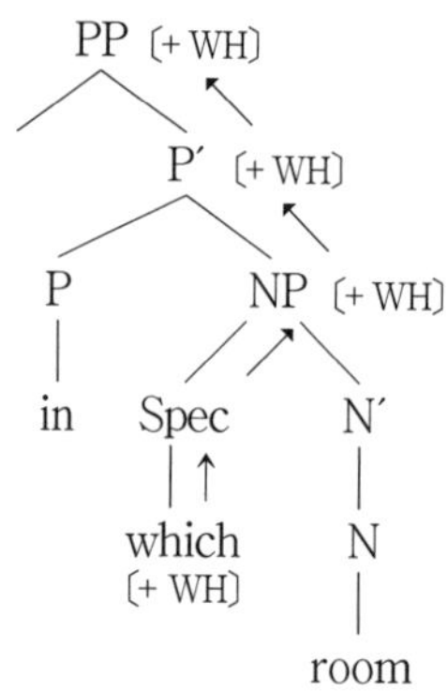

(36)에서 의문사 *which*가 가지고 있던 〔+ WH〕 자질이 NP로 삼투하고 다시 P′를 거쳐 최종적으로 PP까지 삼투한다. 결국 PP는 의문자질을 가지는 구가 되어 의문사구 이동을 할 수 있다.

이와 같은 삼투현상은 다른 문법범주에서도 나타난다. 형용사구와 그리고 부사구도 의문사 자질의 삼투로 의문사구 이동을 할 수 있다.

(37) a. [AP How pretty] did Nancy become __ ?
b. [AP How attractive] do you find my proposal __ ?

(38) a. [AdvP How beautifully] will she dance __ ?
b. [AdvP How carefully] can you drive my car __ ?

(37)과 (38)에서 의문사구가 형용사와 부사구가 함께 수반하여 이동하고 있다.

한편, 의문사구가 전치사구 속에 출현할 경우에는 두 가지의 이동이 가능하다. 다음 예를 보자.

(39) a. [PP To [NP whom]] did you talk __ yesterday?
b. [NP Who] did you talk [PP to __] yesterday?

(39)에서 전치사가 의문사와 함께 이동하는 경우를 **수반이동***pied piping*이라고 하고, 전치사가 뒤에 남아 있는 경우를 **전치사 좌초***preposition stranding*라고 한다.[7)]

---

7) Ross(1967, *Constraints on variables in Syntax*, Ph. D. Dissertation, MIT)가 제시한 수반이동의 현상은 복잡하다. 다음은 수반이동에 대한 그의 예이다. (2)에서 *reports*가 선행사이고 밑줄 친 부분이 수반이동하였다. 수반이동이 가능한 경우도 있고 불가능한 경우도 있다.

1) The government prescribes the height of the lettering on the covers of reports.

2) a. Reports which the government prescribes the height of the lettering on the covers of.
b. *Reports <u>of which</u> the government prescribes the height of the lettering on the covers are invariably boring.
c. Reports <u>the covers of which</u> the government prescribes the height of the lettering on almost always put me to sleep.

이제까지 의문사구가 CP의 지정어 자리로 이동하는 증거와 관련된 현상을 살펴보았다. 의문사구 이동은 멀리 이동할 수 있기 때문에 이 사실을 알면 여러 가지의 문법 현상을 이해하는 데 도움을 준다. 다음 예를 보자.

(40) a. The boys think 〔the girl is a music student/*students〕.
b. Who do the boys think 〔 __ is a music student/*students〕?

술어명사는 수의 일치를 위해서 동일한 절에서 그 선행사를 찾아야 한다. (40a) 에서 술어명사인 *a music student*가 단수이어야 하는 것은 그 선행사인 *the girl*이 단수이기 때문이다. 이러한 이유로 술어명사가 종속절 밖의 주절의 명사인 *the boys*에 일치하는 *students*는 비문법적이 된다. 그렇다면 (40b) 에서 술어명사는 어떤 명사에 일치해야 하는가? 문법적인 경우는 단수인 *a music student*이다. 그것은 의문사 *who*가 종속절의 주어자리에 있을 때 수의 일치를 하고 이동해 나갔다고 보거나 또는 그 흔적이 수 일치의 선행사 역할을 한다고 볼 수 있다. 이러한 수의 일치 현상은 의문사구 이동을 가정해야 설명이 된다.

또한 의문사구 이동은 재귀대명사*reflexive pronoun*의 선행사도 동일한 절에서 찾아야 한다는 사실을 설명할 수 있다. 다음 예를 보자.

(41) a. Did you say 〔Bob hated himself/*yourself〕?
b. Who did you say 〔 __ hated himself/*yourself〕?

---

d. *Reports <u>on the covers of which</u> the government prescribes the height of the lettering almost always put me to sleep.
e. Reports <u>the lettering on the covers of which</u> the government prescribes the height of almost are a shocking waste of public funds.
f. *Reports <u>of the lettering on the covers of which</u> the government prescribes the height almost are a shocking waste of public funds.
g. Reports <u>the height of the lettering on the covers of which</u> the government prescribes should be abolished.

(41a)에서 재귀대명사 *himself*는 그 선행사인 *Bob*이 동일한 절 내에 있으므로 문법적이다. 그러나 *yourself*는 동일한 절 내에서 선행사를 찾을 수 없으므로 비문법적이 된다. 그렇다면 (41b)의 재귀대명사는 어떻게 설명할 수 있는가? 이 경우에도 의문사인 *who*가 종속절에 있다가 이동했다고 하면 쉽게 설명이 된다. 만약 (41b)에서 *himself*의 선행사로 종속절 밖의 *who*를 택할 수 있다면, 주절의 *you*를 선행사로 택하는 *yourself*는 왜 비문법적인지를 설명할 수 없다.

이와 같이 의문사구 이동이 있다고 가정한다면 수의 일치 현상이나 또는 재귀대명사의 현상이 동일한 절 내에서만 일어난다는 현상을 체계적으로 설명할 수 있다. 그렇지 않으면 그 현상의 설명은 복잡하게 된다. 한편 이와 같은 현상은 모두 의문사구 이동이 있다는 증거가 된다.

13.4 간접 의문문

의문사구 이동은 종속절에서만 국한해서 일어날 수도 있다. 바로 간접 의문문*Indirect Question*이 그러한 경우이다. 다음 예문을 보자.

(42) a. Simon wondered which car his wife would buy.
  b. The parents know who wants to see them.
  c. Scot asked me where he could see the professor.
  d. My friend told me how difficult the subject was.

위의 예문에서 종속절은 모두 의문사구를 포함하고 있고 그 의문사구는 종속절의 문두에 나타난다. 그러나 우리는 의문사구가 종속절 내부에서 이동해 온 것임을 알 수 있다. (43)은 (42a, b)에서 의문사구가 이동하고 남긴 흔적을 표시한다.

(43) a. Simon wondered [$_{CP}$ which car$_i$ [$_{IP}$ his wife would buy t$_i$]].
  b. The parents know [$_{CP}$ who$_i$ [$_{IP}$ t$_i$ wants to see them]].

(43a) 에서 동사 *buy*는 목적어 논항을 필요로 하고, (43b) 에서 동사 *want*는 주어 논항을 필요로 한다. 그 논항들은 처음부터 CP의 지정어 자리에 있을 수는 없다. 그 논항들은 (43) 에서 투사원리에 의해 t_i자리에 있다가 CP의 지정어 자리로 이동해 간 것이다.

간접 의문절에서 의문사구는 의문사구 의문문에서의 의문사구와 동일한 방법으로 이동한다. 즉 CP의 지정어 자리로 이동한다. 다만 간접 의문문에서는 조동사가 이동하지 않는다. 다음에서 두 의문문을 비교해 보자.

(44) a. $[_{CP}$ Which car$_i$ $[_{C}$ would$_k]$ $[_{IP}$ his wife t_k buy $t_i]]$?

b. Simon wondered $[_{CP}$ which car$_i$ $[_{C}\ \ ]$ $[_{IP}$ his wife would buy $t_i]]$.

(44a) 의 의문사구 의문문에서는 의문사구와 그리고 조동사의 이동이 있다. 그러나 (44b) 의 간접 의문문에서는 의문사구만이 이동한다.

(45) 는 (44b) 에서 동사 *wonder*가 그 보어인 간접 의문문을 취하는 부분을 수형도로 표시한 것이다.

(45)

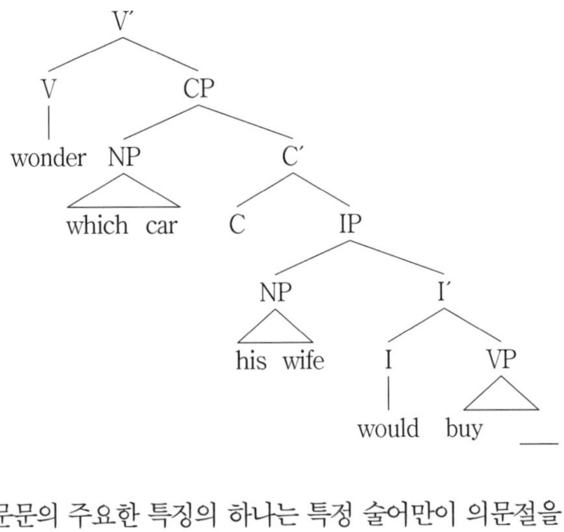

간접 의문문의 주요한 특징의 하나는 특정 술어만이 의문절을 보어로 취한다는 점이다. 가령 (42) 의 동사들인 *wonder*, *know*, *ask*, *tell*은 그 보

어로서 의문절을 취한다. 의문절을 취할 수 있는 술어와는 대조적으로, 의문절을 취하지 못하는 동사들도 있다.

(46) a. *They think which book they should read.
b. *The scholar believed how much fund he needed for his research.

동사 *think*나 *believe*과 같은 동사는 간접 의문절을 보어로 취하지 않는다.

위에서 본 간접 의문문과는 달리 시제가 없는 간접 의문문도 있다.

(47) a. Kate didn't know [$_{CP}$ what$_i$ [$_{IP}$ PRO to do t$_i$]].
b. Harry knows [$_{CP}$ how$_i$ [$_{IP}$ PRO to fix the computer t$_i$]].

(47)에서 종속절의 의문절은 시제가 없고 굴절소 *to*가 나타난다. 그리고 의문사구가 종속절의 CP의 지정어 자리로 이동해 있다. 이때 종속절의 주어는 보이지 않는 공범주인 PRO이다. 그리고 이 PRO는 주절의 주어와 동일한 대상을 지시하는 동지시 관계에 있다.

➪ 제13장은 의문문의 형성에서 일어나는 변형을 소개하였다. 수동문이나 인상구문과는 달리 의문문에서는 의문사구가 CP의 지정어 자리로 이동하고 그리고 조동사의 이동이 수반되는 것도 알았다. 핵이동인 조동사의 이동과 동사의 이동도 소개되었다. 이 모든 이동은 문장의 구조 위에서 일어나는 현상이기 때문에 그 이동에는 구조적 제약이 따르고, 그리고 구조적 설명은 여러 가지의 현상을 체계적으로 설명할 수 있었다.

제13장 쉼터이야기

피리 부는 사람 Pied Piper

독일의 전설로 다음과 같은 이야기가 전해져 내려온다. 독일의 어느 마을(Hamelin)에 쥐들이 들끓었다. 온 동네가 쥐들로 가득 차서 마을 사람들이 살기가 곤란해지자, 시장을 찾아가서 쥐들을 없애 달라고 청원을 했지만 시장도 쥐들을 없앨 방도를 찾지를 못했다. 그러던 중 어느 날 피리를 지닌 낯선 사람, Pied Piper가 시장을 찾아 와서 쥐들을 없앨 테니 그 대가로 돈을 달라고 했다. 시장은 흔쾌히 그렇게 하겠다고 약속을 하였다. 거리로 나온 그는 피리로 어떤 곡을 연주하자 마을에 있는 모든 쥐들이 피리 부는 사람을 쫓아갔다. 그는 강으로 쥐들을 유인해서 모든 쥐들이 물에 빠져 죽게 하였다. 일을 마친 후 그는 시장한테 가서 쥐를 없앤 대가로 돈을 달라고 하였으나 시장은 더 이상 그 사람이 필요 없다고 하면서 약속한 돈을 주지 않았다. 그러자 그 사람은 마을로 가서 다른 곡조의 피리를 불기 시작하자 그 마을에 있는 모든 아이들은 그 사람을 따라가기 시작했다. 그 사람은 마을을 떠나서 먼 어느 산에 도착하자 그 산이 열리고 아이들도 모두 그를 따라서 산 안으로 들어갔다. 그 후 아이들은 다시 마을에 돌아오지 않았다고 한다.

이 전설에서 아이들이 피리 부는 사람을 따라가는 것을 유추해서 언어학에서 어떤 요소가 다른 요소를 따라 가는 것을 '수반이동 *Pied Piping*'이라고 한다. 가령, *With whom did you talk?*에서 전치사 *with*는 의문사구 *whom*을 수반하여 이동한다. 이런 이동을 수반이동 *Pied Piping*이라 한다.

제13장 확인학습

1. 책의 내용에 근거하여 다음 진술이 옳으면 ○표, 틀리면 ×표를 하시오.
   (　) 1) IP의 지정어 자리로 이동하는 의문사구는 명사구이동이다.
   (　) 2) 모든 의문문의 형성에서 조동사가 이동한다.
   (　) 3) 모든 동사는 동사이동을 한다.
   (　) 4) 양상조동사만이 C 자리로 이동할 수 있다.
   (　) 5) 의문사구 이동은 CP를 건너서 이동할 수 있다.
   (　) 6) *Be*동사는 조동사가 될 수 있다.

2. 다음 문장의 수형도를 그리고 이동의 과정을 표시하시오.
   a. Do you love me?
   b. Where can I put the necklace?
   c. Which waiter do you think seems to be nicest?
   d. The girl asked me whether to go to the party.
   e. I wonder which book to give her.

3. 다음 문장의 비문법성을 설명하시오.
   a. *Can William will do it?
   b. *Eric could knows the answer.
   c. *Who$_i$ did you think t$_i$ loved yourself so much?

4. 다음 두 문장의 생성과정을 수형도에 표시하고 각각의 이동이 명사구 이동*NP Movement*인지 의문사구 이동*Wh-Movement*인지를 밝히시오. 그리고 이동의 종류를 밝힌 후에 그 종류를 구분하는 근거가 무엇인지를 말하시오.
   a. Who is likely to be elected in the election?
   b. Who do you believe that Miss Kim dates?

5. 다음 문장의 중의성을 설명해 보시오.

   To whom did you say that the teacher spoke?

6. 다음 밑줄 친 단어 중에서 조동사가 아닌 것을 모두 고르시오.

a. You must be honest.
b. I have studied English for years.
c. You didn't do the dishes, did you?
d. Let's study, shall we?
e. May I help you?

Chapter 13 Syntactic Argumentation in English

■ Answer the questions in English.

1. (i) What are the major differences in the Korean and English *Yes/No* questions below? (ii) What will be a major challenge(s) for Korean speakers learning English questions? Why do you think so?

a. 너 지금 바쁘니? (cf. 나 지금 바쁘다)
b. Are you busy now? (cf. I am busy now.)

Model Answers

1. i) Korean does not involve any movement or word order change in forming *Yes/No* questions; The verb ending is changed from the declarative marker -다 to the question marker -니(or -까). On the other hand, English involves auxiliary verb movement or subject-auxiliary inversion. Both languages change intonation from falling to rising at the end of the sentence.

ii) For Korean speakers subject-auxiliary inversion will be difficult since Korean does not have auxiliary verbs and it does not involve any movement in forming *Yes/No* questions. In fact, research shows that inversion is one of the major difficulties for Korean speakers learning English questions.

제13장 임용고사 기출문

1. 다음 예문 중 비문법적인 문장을 찾아 그 번호를 쓰고, 그 문장들이 왜 비문법적인지 설명하시오. (2002, 전국)

(1) Sharon had been to Boston, hadn't she?
(2) Sharon had been to Boston, didn't she?

(3) Sharon had the dentist examine her son, hadn't she?
(4) Sharon had the dentist examine her son, didn't she?

2. Read 〈A〉 and 〈B〉 and answer the question. 〔2.5점〕 (2011)

〈A〉

Consider the following sentences:

(1) Jimmy was looking at it.
(2) Jimmy was looking into it. (= Jimmy was investigating it.)

Superficially, both *at* in (1) and *into* in (2) appear to be prepositions following an intransitive verb. However, they are clearly distinguishable in terms of certain syntactic patterns. In a *wh*-question, for instance, we can front *at* in (1), but not *into* in (2), as seen below.

(1a) What was Jimmy looking at?
(1b) At what was Jimmy looking?
(2a) What was Jimmy looking into?
(2b) *Into what was Jimmy looking?

This contrast suggests that *into* in (2) makes up a syntactic unit with the verb *look* rather than with the object *it*. Notice that (2) is also different from (3) below in terms of the possibility of separating verb phrases: *Up* in (3) must be separated from the verb, whereas *into* in (2) must not.

(2) Jimmy was looking into it.
(2′) *Jimmy was looking it into.
(3) *Jimmy was looking up it.
(3′) Jimmy was looking it up.

〈B〉

a. The captain doesn't seem to <u>agree with</u> the sergeant major.
b. We couldn't but <u>put off</u> the soft ball game due to the terrible weather.
c. Susan <u>came across</u> an old picture of her mother in the desk drawer.
d. The customs officer <u>checked out</u> everything I brought from China.
e. I think I will <u>go over</u> this article and write a summary.

Based on 〈A〉, which of the underlined phrases in 〈B〉 show the same pattern as *look into* in (2)?

① a, b, d ② a, c ③ a, c, e ④ b, d, e ⑤ c, e

제13장 임용고사 기출문제 예상답안

1. 비문법적인 문장은 (2) 와 (3) 번이다. 조동사만이 주어-조동사 도치에 참여한다. 완료의 *have*는 조동사이나 사역(causation)의 의미를 갖는 *have*는 조동사가 아니다. 조동사 *have*를 사용하지 않은 부가의문문인 (2) 와, 조동사가 아닌 동사 *have*를 사용한 부가의문문인 (3) 은 비문법적이다.

2. ⑤ (핵심 포인트: non-separable phrasal verbs)

▌제 14 장▐

관계절 만들기

〈핵심용어〉

관계절, 제한적 관계절, 비제한적 관계절, 섬제약, 외치, 명사보어절, 분열구문

제14장에서는 관계절의 구조와 특성을 공부한다. 관계절에서의 의문사구 이동을 살펴보고 관계절과 유사한 다른 구문도 공부한다.

14.1 관계절의 필요성

우리가 매일 의사소통을 하면서 조금 더 복잡한 내용을 전달할 필요가 발생한다. 어떤 지시 대상을 구별하고자 했을 때 그 지시어에 어떤 수식어를 붙인다. 다음 예에서 수식어 관계를 보자.

(1) a. 저 큰 학생, 이 빨간 책
  b. the tall student, this red book

한국어에서나 영어에서 명사구 앞에 형용사가 붙으면 그 명사구는 그 형용사가 지시하는 속성의 명사만으로 제한된다. 이 때 명사를 수식하는 형용사는 한국어나 영어에서 모두 명사 앞에서 온다. 이렇게 간단한 경우는 명사 앞에서 형용사가 수식할 수 있지만 그 수식어가 문장인 경우가 있다. 다음 예를 보자.

(2) a. 내가 어제 만난 교수
b. the professor who I saw yesterday

교수는 교수인데 '내가 어제 만난 교수'로 한정하고 싶을 때 우리는 위와 같은 절 수식어로써 '교수'의 의미를 한정할 수 있다. 이와 같은 절 수식어를 **관계절***relative clause*이라 한다. 한국어에서 관계절은 명사 앞에 오는 반면에 영어에서는 명사 뒤에 온다.[1)]

14.2 관계절의 종류

영어 관계절의 구조에 대해 분석하기에 앞서 관계절의 종류를 살펴보자. 관계절에는 세 가지의 종류가 있다고 알려져 있다. 아래에서 밑줄 친 관계절을 보자.

(3) a. The professor likes the student who is creative. (제한적 관계절)
b. The professor likes John, who is creative. (비제한적 관계절)
c. The professor likes whoever is creative. (독립 관계절)
d. I bought some books to read for the vacation. (비시제 관계절)

위 세 가지 관계절 중에서 세 번째의 독립 관계절*free relative clause*은 선행사가 없는 경우로 다른 관계절과 쉽게 구별된다. 독립 관계절은 그 자체가 선행사를 포함하고 있다고 본다.[2)]

(3a)의 관계절은 제한적 관계절*restrictive relative clause*이라고 한다. 여기

1) 국어학자들은 한국어에서 관계절 대신에 관형절이라는 용어를 쓰기도 한다.
2) 독립관계절에는 다음의 두 종류(밑줄 친 부분)가 있다.

i) The dog ate what the boy gave to him.
ii) Fred dances with whoever asks him to dance.

i)의 명확(definite) 독립관계절은 보이지 않는 선행사로 명확(definite) 명사구가 있는 의미를, ii)의 조건적(conditional) 독립관계절은 -ever의 형태를 갖고 조건('어떤 사람이 춤을 추자고 요청하면 그와 …')의 의미를 갖는다.

에서 제한한다는 것은 관계절이 선행사인 *student*의 의미를 제한한다는 것이다. 즉 학생은 학생인데 생각이 창의적인 학생으로, 관계절이 선행사의 의미의 영역을 제한한다. 반면에 (3b)의 관계절은 비제한적*non-restrictive relative clause* 또는 동격의 관계절*appositive relative clause*이라고 알려져 있다. (3d)에서는 "형용사적 용법의 부정사 구문"으로 알려진 비시제절(CP)의 관계절이 선행사 *some books*의 의미를 제한한다. 비제한적 관계절은 앞에 있는 선행사의 의미를 제한하지 않고 내용을 첨가한다. 제한적 관계절의 의미는 집합개념을 이용하면 쉽게 이해할 수 있다.

(4) 제한적 관계절의 의미

a. the student who is creative

b. 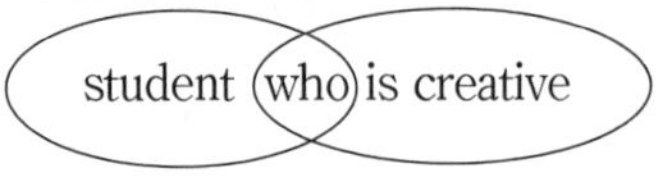

(4)에는 두 개의 집합이 있다. 한 집합에는 '학생'이라는 속성을 가진 개체들의 집합이고, 다른 집합은 '창의적인' 개체들의 집합이다. 이 두 집합 간의 교집합이 (4a)의 의미이며, (4a)의 관계절은 창의적인 학생으로 제한하는 기능을 하고 있다.

제한적 관계절과 비제한적 관계절은 위에서 언급한 의미의 차이 외에도 선행사의 선택에서도 차이가 있다. 다음 예를 보자.

(5) a. Yesterday I called my old friend who lives in Hong Kong.
b. Yesterday I called my old friend, who lives in Hong Kong.

(6) a. *Yesterday I called Frank who lives in Hong Kong.
b. Yesterday I called Frank, who lives in Hong Kong.

보통명사*common noun*는 두 관계절의 선행사로 출현할 수 있으나, 고유대명사*proper pronoun*의 경우에는 비제한적 관계절의 선행사로만 올 수 있다.[3)]

3) 일반적으로 대명사는 제한적 용법의 관계절의 선행사로 쓰이지 않으나 좀 오래된 표현에는 대명사가 쓰이기도 한다.

두 종류의 관계절은 관계대명사의 선택에서도 차이를 보여준다. 제한적 관계절에의 관계대명사로 세 가지의 종류가 있다.

(7) a. Yesterday I met my old teacher <u>whom</u> I respected most.
b. Yesterday I met my old teacher <u>that</u> I respected most.
c. Yesterday I met my old teacher I respected most.

(7)은 관계대명사로서 *whom*, *that*, 그리고 아무것도 보이지 않는 경우를 보여주고 있다. 그러나 비제한적 관계절의 경우에는 이 세 가지 중에서 의문사 형태의 관계대명사만이 가능하다.

(8) a. Yesterday I met Mr. Baker, whom I respected most.
b. *Yesterday I met Mr. Baker, that I respected most.
c. *Yesterday I met Mr. Baker, I respected most.

두 관계절 구문의 또 다른 차이점은 비제한적 관계절에는 선행사와 관계절 사이에 뚜렷한 휴지*pause*가 있다는 점이다. 이 휴지는 문어에서 쉼표(,)로 표시된다. 이렇게 제한적 관계절과 비제한적 관계절은 그 의미와 용법에서 차이가 있다. 앞으로 우리가 연구할 관계절은 제한적 관계절로만 한정하는데 그것은 이 관계절이 많이 쓰이는 구문이고 비교적 연구가 많이 되어 있고 논란이 적은 구문이기 때문이다.

14.3 관계절의 구조

다음의 제한적 관계절을 보자.

(i) He who laughs last laughs best.
(ii) He who is without sin among you, let him first cast a stone at her.

—Baker(1996), *English Syntax*, p. 300.

(9) a. This is the book which you should read.

b. Mr. Wall is the professor whom I met in Texas.

(9) 에 있는 문장에서 우리의 관심은 *the book*과 *the professor*란 명사구를 수식하고 있는 밑줄 친 관계절*relative clause*이다. 우선 선행사로 알려진 명사구와 이를 수식하는 관계절의 구조관계를 살펴보자. 명사 *book*이나 *professor*는 그 다음에 오는 관계절을 부가어로 취한다. 그 구조는 다음과 같다.4)

(10)
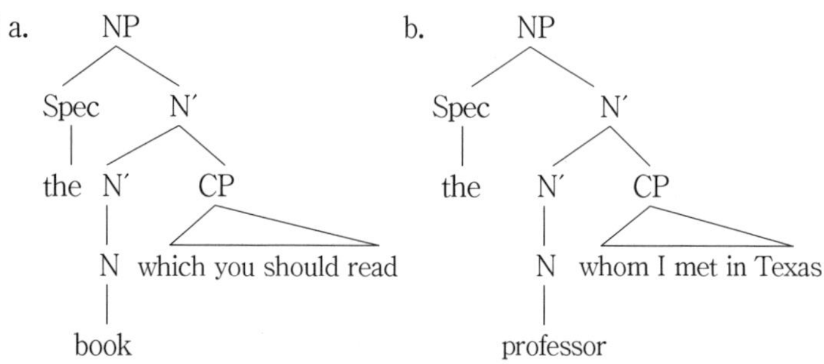

(10) 에서 관계절 CP는 그 앞의 명사를 수식하는 부가어이다.

이제는 관계절 내부의 구조를 생각해 보자. (9) 의 관계절 안의 동사는 타동사임에도 불구하고 그 목적어 명사구 자리가 비어 있음을 알 수 있다. (9a) 의 동사 *read*는 타동사로서 목적어가 있어야 하지만 이 관계절에는 목적어가 보이지 않는다. 그렇다면 이 목적어가 어딘가로 이동해 갔다는 가정을 해 볼 수 있다. 그런데 관계절에는 소위 관계대명사*relative pronoun*

---

4) 어떤 학자는 관계절의 구조로 다음과 같은 구조를 택한다.

i)
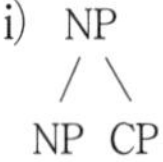

i) 에서도 관계절은 명사구의 부가어이다. 관계절에 대한 (10) 의 분석과 (i) 의 분석에는 각각의 장단점이 있다.

로 알려진 단어가 출현하고 있다. 그리고 이 관계대명사는 의문사의 형태와 동일하다. 그렇다면 이 관계대명사가 동사의 목적어자리에 있다가 이동해 왔다고 생각할 수 있다. 즉 다음과 같은 이동이 있다고 본다.

(11) a. the book [$_{CP}$ which [$_{IP}$ you should read __]]

b. the professor [$_{CP}$ whom [$_{IP}$ I met __ in Texas]]

(11)의 관계절에서 의문사구인 관계대명사가 이동하고 있다.

관계절에서의 의문사구 이동에 대한 증거가 있다. 다음 예를 보자.

(12) a. This is the syntax book [which I recommended __ for the exam].

b. Cathy loved the dress [which/*whom she wore __ yesterday].

(12a)에서 관계절 안의 동사 *recommend*는 명사구(NP)를 하위범주화한다. 이 동사의 하위범주화된 목적어 명사구가 안 나타나면 비문법적이 된다(*I recommended). (12a)의 문장이 문법적이라는 것은 *recommend* 동사의 하위범주화된 명사구가 있다는 것이다. 그런데 보이지 않으므로 하위범주화된 명사구가 이동해가서 보이지는 않고 흔적만 남아 있다고 보아야 할 것이다.

(12b)에서 동사 *wore*의 목적어로 적당한 것은 사람이라기보다는 입을 수 있는 옷과 같은 사물이어야 한다. 그래서 사람이나 동물의 뜻을 가지고 있는 *whom*은 비문법적이고 대신에 '입을 수 있는' 대상으로 사물을 뜻하는 *which*가 문법적이다. 이것은 바로 술어가 자신의 논항에 대한 의미선택제약을 가지기 때문이다. 이것은 *which*가 *wore*의 논항이라는 것을 말한다. (12a, b)의 예는 관계대명사가 목적어자리에서 이동해 왔다는 증거로 볼 수 있다. 이러한 이동 때문에 관계절에는 의문사구 의문문과

마찬가지로 반드시 비어 있는 자리가 있다.

한편, 다른 종류의 관계대명사가 나타나는 다음과 같은 관계절들도 있다.

(13) a. We talked with the professor whose book __ was a best seller.
b. Laura was only twenty when she had her first baby __.
c. Maggie lived in Seoul where she taught English __.
d. There is no reason why we shuldn't succeed __.
e. That is the way the prisoners were treated __.

(13)에서 쓰인 의문사 형태의 관계대명사는 관계절 내의 빈 자리에서 이동해 온 것이다. 가령, (13a)의 *whose book*은 주어자리에서 이동해 오고 (13b)의 *when*은 동사 *had*의 부가어 자리에서 이동해 온 것이다. (13e)에서는 보이지 않는 *how*가 이동한다. 이 문장의 특이한 점은 *how*가 *the way* 뒤에 출현하면 비문법적이고, *how*가 출현하면 선행사 *the way*가 출현하지 않아야 문법적이다(*That is the way how the prisoners were treated. That is how the prisoners were treated.).

이제까지 보았던 관계절에는 의문사 형태의 관계대명사가 있었는데 이 관계대명사가 보이지 않는 관계절이 있다. 다음 예문을 보자.

(14) a. This is the book that you should read.
b. This is the book you should read.

(14)의 관계절에는 의문사 형태의 관계대명사가 보이지 않는다. 그렇다면 이 관계절에는 이동이 없는 것인가? 이동한 의문사구는 보이지 않으나 관계절 내의 타동사인 *read*의 목적어자리는 비어 있음을 알 수 있다.

그렇다면 *that*이 이동한 것으로 볼 수 있는가? 학교문법에서 *that*도 관계대명사로 보지만, 실제로 *that*은 의문사 형태의 관계대명사와는 다르다. 그래서 생성문법에서는 *that*을 이동한 관계대명사로 보지 않고 보문소*complementizer*로 본다. 즉 일반절에 나타나는 보문소 *that*과 동일하게 보는 것이다. 그래서 관계절의 *that*은 이동한 것이 아니고 원래부터 보문소 자리에 있었다고 본다.

관계절의 *that*이 원래부터 보문소 자리에 있었다고 보는 이유는 다음의 구어체 영국영어(Radford 1988)와 중세영어(Traugott 1972) 때문이다.

(15) a. I'm not sure *what kind of ban* <u>that</u> FIFA has in mind.
  b. a doghter *which* <u>that</u> called was Sophie.
  ('a daughter that was called Sophie')

(15)의 예문은 각각 의문절과 관계절을 포함하고 있다. (15)의 예문의 특징은 의문사구(*what kind of ban, which*)와 *that*이 동시에 출현하고 있다는 점이다. 의문사구와 보문소가 함께 출현하는 것은 현대영어에서 극히 제한적이고 일반적으로 허용이 되지 않으나 고대영어*Old English*와 중세영어*Middle English*에서는 빈번히 발견된다. 이러한 유형의 자료는 관계절에서 의문사구(관계대명사)와 보문소 *that*은 동일 종류에 속하지 않고 보문소 *that*은 이동하지 않는다는 것을 말해 준다. 그래서 *that*은 원래부터 보문소 C자리에 있고 관계대명사가 CP의 지정어 자리에 이동해 온다고 본다. 이제 (16)과 같은 관계절의 분석을 제시할 수 있다.

(16) *that* 관계절의 구조
  〔$_{CP}$ *wh*-phrase 〔$_{C}$ that〕 〔$_{IP}$ … t …〕〕

그런데 (16)과 같이 관계절의 구조를 상정하면 다음과 같은 관계절이 문제가 될 수 있다.

(17) a. *Mr. Park is the player 〔$_{CP}$ whom that 〔$_{IP}$ everybody likes〕〕.
  b. *Harrison Ford is the actor 〔$_{CP}$ whom that 〔$_{IP}$ I love to see〕〕.

(17) 의 분석에 의하면 관계대명사는 이동해 오고 *that*은 원래 보문소 자리에 있기 때문에 관계대명사와 *that*이 함께 나타나는 것이 예측되나 막상 그러한 구조인 (17) 은 비문법적이다. (17) 이 비문법적인 이유는 현대영어에서는 CP의 지정어와 보문소 C 자리를 둘 다 채울 수 없다는 조건이 있기 때문이다.[5)]

이제 다시 (14) 의 관계절로 돌아가자. 우리는 *that*이 이동한 요소가 아니라는 것을 보았다. 문제는 (14) 의 관계절 내에 동사의 목적어자리가 비어 있는데 이동해 간 요소는 보이지 않는다는 것이다. 이 문제를 해결하기 위해 학자들은 공범주*empty category*를 이용한다. 우리가 앞에서 보았던 공범주의 예는 PRO였다. 그러나 (14) 의 관계절에서 빈 자리는 목적어자리로, PRO가 출현할 수 있는 비시제절의 주어자리는 아니다. 그래서 학자들은 **공범주 운용자***Empty Operator*를 설정한다. 공범주 운영자는 보이지 않는 의문사구라 생각하면 이해가 쉽다. 즉 보이지 않는 의문사가 있고, 이 의문사구가 관계절에서 CP의 지정어 자리로 이동한다고 보는 것이다. 이 보이지 않는 운용자(Op) 가 (14) 에서 이동하고 있다. 다음은 그 이동과정을 보여준다.

(18) a. This is the book 〔$_{CP}$ Op$_i$ 〔$_C$ that〕 〔$_{IP}$ you should read t$_i$〕〕.

b. This is the book 〔$_{CP}$ Op$_i$ 〔$_C$ 〕 〔$_{IP}$ you should read t$_i$〕〕.

---

5) (17a) 가 문법적인 문장이 되려면 다음과 같이 의문사나 보문소가 하나만 오거나 또는 아무것도 오지 않아야 한다.

a. Mr. Park is the player whom everybody likes.
b. Mr. Park is the player that everybody likes.
c. Mr. Park is the player everybody likes.

1970년대의 변형문법학자들은 보문소 자리로 하나의 자리인 *Comp*(lementizer)를 설정하고 이 자리에 두 요소가 오는 (17) 과 같은 경우를 방지하기 위하여 'Doubly-filled Comp Filter'란 제약을 제안하였다. (15) 의 예는 이러한 제약을 어기는 경우로 특별한 경우이다.

(18)의 관계절에서는 보이지 않은 운용자(Op)가 동사 *read*의 목적어자리에서 CP의 지정어 자리로 이동하고 있다. (18a)에서는 C 자리에 *that*이 채워져 있고, (18b)의 C자리는 비어 있다.

보이지 않는 요소가 과연 이동하는지 매우 의심스럽다. 그러나 보이지 않는 요소의 이동에 대한 증거가 있다. 다음의 예에서 우선 눈에 보이는 의문사의 이동을 잘 살펴보자.

(19) a. Who did the President prohibit 〔the emigration of __〕?
b. *Who did 〔the emigration of __〕 make the President unhappy?
c. *Who did the President resign office 〔after the emigration of __〕?

(19a)에서 *Who*는 동사의 보어인 명사구 안에서 이동해 나오고, (19b)는 주어 명사구 자리에서 이동해 나오고, (19c)에는 부가어인 전치사구 자리에서 이동해 나온다. 그런데 보어 자리에서 이동해 나오면 문법적이나 보어가 아닌 자리에서 이동해 나오면 비문법적이다. 이런 현상을 관찰한 촘스키의 제자 Ross(1967)는 다음과 같은 이동에 대한 제약을 제안했다.[6)]

(20) 섬제약(Island Condition on Movement)
주어와 부가어는 섬이다. 섬에서 이동해 나올 수 없다.

(20)은 (19)의 의문사 이동의 문법적 차이를 잘 설명해 준다. 즉 보어 명사구에서 이동해 나올 수는 있어도, 섬인 주어나 부가어에서는 이동해 나올 수 없다. 이러한 이동에 대한 섬제약을 염두에 두고 다음의 관계절 예문을 살펴보자.

---

6) John R. Ross(1967), *Constraints on Variables in Syntax*, Ph. D. dissertation. MIT.

(21) a. They are the scientists <u>who</u> the leader prohibited [the emigration of __].
b. *They are the scientists <u>who</u> [the emigration of __] made the leader unhappy.
c. *They are the scientists <u>who</u> the leader resigned office [after the emigration of __].

(22) a. They are the scientists that the leader prohibited [the emigration of __].
b. *They are the scientists that [the emigration of __] made the leader unhappy.
c. *They are the scientists that the leader resigned office [after the emigration of __].

관계대명사가 *who*인 (21)의 관계절에서는 (19)의 의문문에서와 마찬가지로 섬제약이 작용하고 있다. 이것은 의문사의 이동이 있어서 그 이동에 대한 섬제약이 작용하고 있다는 것을 보여준다. 관계대명사가 보어에서는 이동해 나올 수 있지만 주어와 부가어에서는 이동해 나올 수 없음을 보여준다. 그런데 재미있게도 동일한 섬제약의 효과가 관계대명사가 안 보이는 (22)의 관계절에서도 나타나고 있다. 이는 관계대명사가 안 보이는 관계절에서도 이동이 있다는 증거이다. 즉 (22)에서 보이지 않는 공운용자가 이동하고 있다는 것이다.

보이지 않는 운용자는 다른 유형의 관계절에서도 출현한다. 다음 예문을 보자.

(23) a. Mr. Hiddink bought a book [$_{CP}$ [$_{IP}$ PRO to read __ in Seoul]].
b. The player wants something [$_{CP}$ [$_{IP}$ PRO to eat __ tonight]].
c. That is the gift [$_{CP}$ [for [$_{IP}$ you to give __ to your girl friend]]].

(23) 에서 꺾쇠괄호 부분은 관계절로 앞에 오는 선행사를 수식하고 있다. 여기에 있는 관계절의 특징은 시제가 없다는 점이다. (23a, b) 의 관계절은 시제가 없고 굴절소 I에 *to*가 있고 그 주어는 공범주 PRO이다. 공범주 PRO가 오면 그 절의 문법범주는 CP이다. (23c) 은 보문소 *for*가 있기 때문에 그 절은 CP이다. 그런데 (23) 의 관계절 내의 타동사의 목적어자리가 비어 있다. 그렇다면 이 빈 자리는 보이지 않는 운용자가 이동한 후의 흔적이 될 것이다. 이러한 구조적 정보를 표시하면 다음과 같다.

(24) a. Mr. Hiddink bought a book [$_{CP}$ Op$_i$ [$_C$] [$_{IP}$ PRO to read t$_i$ in Seoul]]].

b. The player wants something [$_{CP}$ Op$_i$ [$_C$] [$_{IP}$ PRO to read t$_i$ tonight]]].

c. That is the gift [$_{CP}$ Op$_i$ [$_C$ for] [you to give t$_i$ to your girl friend]]].

(24) 에서 타동사의 목적어였던 운용자 Op는 CP의 지정어 자리로 이동한다. 그리고 C의 자리는 비어 있거나 또는 *for*가 있다.

한편, 관계절이 두 개가 출현하여 하나의 명사를 동시에 수식할 수도 있다. 아래의 예문을 보자.[7]

(25) Kevin is the man <u>that speaks Russian that attends our school</u>.

(25) 의 관계절도 앞에서 제시한 관계절 구조에 근거하여 분석할 수 있다.

---

7) 이와 같이 두 개의 관계절이 나타나는 경우에는 제약이 따른다. 두 번째 관계절에는 반드시 눈에 보이는 관계대명사나 보문소 *that*이 출현해야 한다. 다음은 두 개의 관계절이 있는 다른 예이다.

a. They're all I have that belonged to her.

b. There was nothing which you would do which I had not already done.

(26)

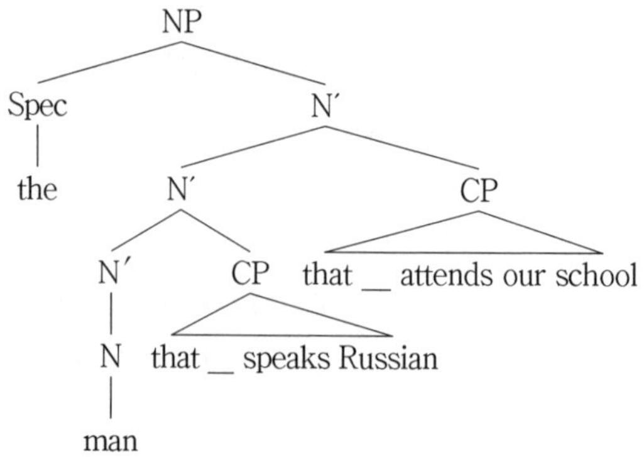

(26) 의 구조에서 두 개의 관계절이 부가어로서 *man*을 수식하고 있다.

관계절이 수식하는 선행사와 멀리 떨어져서 나타나는 경우도 있다. 다음 예를 보자.

(27) a. Some people who liked Mozart's music came to today's concert.
b. Some people __ came to today's concert who liked Mozart's music.

(28) a. Cindy borrowed the book that she was eager to read from Ben.
b. Cindy borrowed the book __ from Ben that she was eager to read.

위의 예에서 주어 명사구와 목적어 명사구를 수식하던 관계절이 문장의 맨 뒤로 이동해 있다. 이렇게 긴 관계절이 문장의 중간에 출현할 경우에 그 관계절을 문장의 맨 뒤로 이동시켜 선행사와 떨어져 있게 된다. 이런 이동을 외치*Extraposition*라고 한다.[8)]

8) 외치는 다른 이동과 다른 점이 있다. 이제까지 공부한 이동(명사구 이동, 의문사구 이동, 조동사 이동, 동사 이동)은 모두 문장 앞쪽으로의 이동, 즉 좌향*leftward* 이동인 반면에 외치는 우향*rightward*이동이다. 그리고 이동해서 착지할 자리가 없다는 것도 다른 점이다.

14.4 관계절과 유사구문

관계절과 매우 유사하지만 다른 구문으로 명사 보어절*noun complement*과 분열구문*cleft construction*이 있다. 우선 관계절과 명사 보어절을 비교해 보자.

(29) a. Williams understood the claim [that Chomsky made __ last month].

b. Williams made the claim [that a *wh*-phrase moves to Spec of CP].

(29)에서 명사구 *the claim* 다음에 오는 꺾쇠 부분의 두 절은 매우 유사하다. 그러나 두 절의 구조는 사뭇 다르다. (29a)에 있는 절은 관계절로서 앞의 선행사를 수식한다. 그리고 동사 *made* 다음에는 빈자리가 있다. 이에 반해 (29b)의 절은 관계절이 아니라 명사 *claim*의 보어절이다. 명사 *claim*은 절을 보어로 취하는 명사이다. 이러한 보어절에는 이동한 후의 빈자리가 없다. 이와 같은 절을 **명사 보어절***noun complement clause*이라 한다. *claim*과 같이 보어절을 취하는 명사는 다음과 같다.

(30) a. We knew the fact that Mr. Bower was innocent.

b. The professor liked the idea that subjects are islands.

c. Richard does not understand the theory that a subject is an island.

(30)에서 명사 *fact*, *idea*, *theory*는 보어절을 취하고 있다. 그리고 이 보어절 내부에 아무런 빈자리가 없는 것이 관계절과는 다른 점이다.

또 다른 차이로 명사의 보어절은 *that*이 반드시 있어야 하나 관계절에서는 *that*가 생략될 수도 있다.

(31) a. Williams understood the claim [that Chomsky made __ last month].

b. Williams understood the claim 〔Chomsky made last month〕.

(32) a. Williams made the claim 〔that a *wh*-phrase moves to Spec of CP〕.

b. *Williams made the claim 〔a *wh*-phrase moves to Spec of CP〕.

(31) 에서는 *that* 관계절의 *that*을 생략할 수 있으나, (32) 의 명사 보어절에서는 *that*의 생략이 불가능하다.

명사 보어절과 관계절은 다음과 같이 다른 구조를 가진다.

(33) a. 명사보어절 구문 b. 관계절 구문

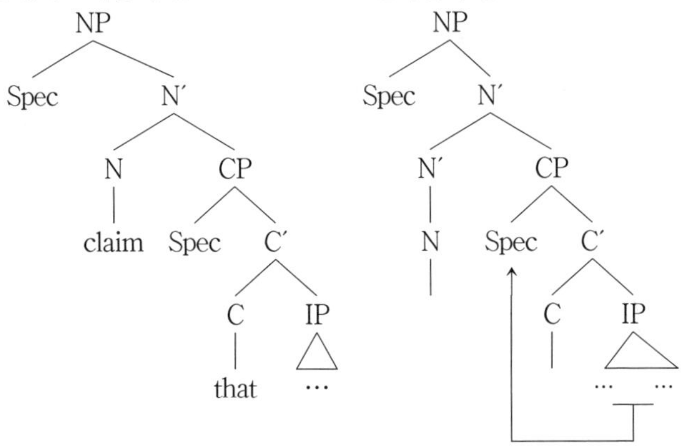

명사보어절은 선행사 명사의 보어이고 아무런 이동이 없다. 이에 반해 관계절은 선행사 명사의 부가어이고 CP의 지정어(Spec)로 의문사구 이동이 있으며 이동한 후에 빈 자리가 있다.

관계절과 유사하나 다른 구조의 구문으로 **분열구문***Cleft Construction*이 있다.[9] 다음 예를 보자.

(34) a. It is the professor that the government sent __ to the UN meeting.

---

9) 분열구문은 *it - that* 강조구문으로 알려져 있다.

b. It must be the scientist who(m) the government supports __.

c. It is Professor Smith whose work critics will praise __.

(34) 에 있는 분열구문은 관계절과 매우 유사하다. 절에는 빈 자리가 있고, *that*이나 의문사구가 올 수 있다.

그러나 분열구문은 관계절과 다른 속성을 가지고 있다. 첫째로, 분열구문은 관계절과 달리 *that*이나 의문대명사를 생략할 수 없다.

(35) a. *It is the professor the government sent __ to the UN meeting.

b. *It must be the scientist the government supports __.

둘째로, 분열구문에 의문대명사로 *who*, *whom*, *whose*는 출현이 가능하나, *which*, *when*, *where*는 잘 쓰이지 않는다.

(36) a. ?It is this car which I want you to sell __.

b. ?It was on Thursday when the schedule was announced __.

c. ?It was in Boston where they held the tea party __.

—Baker (1996), *English Syntax*, MIT Press, p. 449.

(36) 에서 의문사를 *that*으로 바꾸면 문법적인 문장이 된다.

셋째로, 제한적 관계절에서는 그 선행사로 고유대명사나 대명사가 올 수 없으나 분열구문에는 강조하는 대상으로 고유대명사가 올 수 있다. 그러한 예가 바로 (34c) 이다.

넷째로, 제한적 관계절은 관계절이 선행사의 의미를 제한하는 역할을 하지만 분열구문에서는 강조하고자 하는 표현이 절 앞에 나와 있다.

다섯째로, 제한적 관계절의 선행사는 그 범주가 명사구이나, 분열구문에서 강조되는 부분은 명사구와 전치사구만이 가능하다. (34) 의 예는 명사구가 오는 경우이고 (37) 은 전치사구가 오는 경우이다. (38) 은 비문법적인 분열구문이다.

(37) a. It was to Boston that they decided to take the patient __.
b. It was with a great deal of regret that I vetoed your legislation __.
c. It was by starting a fire that the army avoided defeat __.

—Baker (1996), *English Syntax*, p. 447.

(38) a. *It is very pretty that she is.
b. *It is very quickly that she writes.
c. *It is go home that I will.

—Radford (1988), *Transformational Grammar*, p. 148.

(38)은 강조부분에 형용사구, 부사구, 그리고 동사구가 올 수 없음을 보여주고 있다.

➩ 제14장은 관계절이 어떻게 형성되는지를 보여 주었다. 관계절은 의문사구로 관계대명사가 관계절의 CP의 지정어 자리로 이동하여 형성된다. 관계대명사는 의문사구로 된 것도 있지만 보이지 않는 공범주도 있었다. 보이지 않는 요소의 보이지 않는 이동은 섬제약을 통하여 확인할 수 있었다. 관계절과 명사보어절과 분열구문을 서로 비교하여 그 차이점을 볼 수 있었다.

제14장 쉼터이야기

Crazy English?

우리가 사용하는 언어에는 비논리적인 표현이 있다. 가령 '문 닫고 들어오세요'라는 표현이 그렇다. 문을 닫은 후에 들어올 수는 없다. 논리적으로 표현한다면 '들어오고 문 닫으세요'라고 해야 할 것이다. 그러나 우리는 위의 표현을 논리적으로 해석하지 않는다. 영어에도 비논리적인 표현들이 있다. 비표준 영어에서 많이 쓰이는 이중 부정문이 한 예이다. 'I don't know nothing'이란 표현을 논리적으로 해석한다면 '나는 아무 것도 모르는 것이 아니다'이기 때문에 '나는 알고 있다'는 뜻으로 해석되어야 할 것이다. 그러나 위 표현의 뜻은 'I know nothing'과 같다.

영어의 어휘에도 논리적으로 설명하기가 곤란한 표현들이 있다. 'pineapple'은 pine도 아니고 apple도 아니다. 'Sweetmeats'는 meat가 아니라 candies이다. 그리고 'sweetbreads'는 bread가 아니고 meat이다. 'Guinea pig'(실험재료나 실험용 동물, 또는 피실험자)는 pig도 아니고 Guinea에서 온 것도 아니다. 'quicksand'는 빠르지 않고 매우 느리며, 'boxing rings'는 그 모양이 둥글지 않고 사각이다.

서로 반대의 뜻으로 보이나 같은 뜻도 있고, 같은 뜻으로 보이나 다른 뜻을 갖는 표현들도 있다. 'slim chance'와 'fat chance'는 뜻이 서로 반대일 것 같으나 실제로는 같은 뜻이다. 다음 예에서 이 두 표현은 가능성이 거의 없다는 의미로 쓰인다.

They've only a slim chance of winning.
Perhaps they'll invite you. Fat chance (of that)!

마찬가지로 'quite a lot'와 'quite a few'는 서로 반대의 뜻으로 예상되나 비슷한 뜻을 가지고 있다.

We've had quite a lot of rain this year.
There were quite a few (= a lot) of people waiting in line.

한편 'overlook'과 'oversee'는 접두사 'over'와 시각동사 'look'과 'see'가 합쳐진 동사이므로 그 뜻이 비슷할 것으로 예상된다. 그러나 전자는 '간과하다'의 뜻이고 후자는 '감독하다'의 뜻이다.

I think there is one key fact that you have overlooked.
As marketing manager, her job is to oversee all the company's advertising.

위와 같은 언어의 비논리성은 거의 대부분이 어휘적 표현에서 일어난다. 언어의 통사구조에서도 위와 같은 비논리적인 부분이 있을까?

제14장 확인학습

1. 책의 내용에 근거하여 다음 진술이 참이면 ○표, 거짓이면 ×로 표시하시오.
   ( ) 1) 제한적 관계절은 선행사의 보어이다.
   ( ) 2) 명사보어절에는 반드시 빈 자리가 있다.
   ( ) 3) *that*은 관계대명사로도 쓰인다.
   ( ) 4) 고유대명사는 제한적 관계절의 선행사가 되지 못한다.
   ( ) 5) 모든 제한적 관계절에는 이동이 있다.
   ( ) 6) 분열구문에는 빈자리가 있다.
   ( ) 7) 관계절의 *that*은 이동하지 않는다.

2. 다음 문장의 수형도를 그리시오.
   a. Henny loves the girl who is from Korea.
   b. Bert broke the chair my mother bought last week.
   c. Anderson wants something to eat.
   d. The scientist made the claim that we could cure cancers.

3. 다음의 문장이 비문법적인 이유는 무엇인가?
   a. *It is very pretty that Anne is.
   b. *I believe the claim which you made a mistake.
   c. *This morning I saw Miss Keith, I wanted to talked to.
   d. *Whom$_i$ did the professor go out after he met t$_i$?

4. 관계절, 명사보어절, 분열구문의 특징을 다음과 같이 비교 정리하여 보시오.

	빈자리 여부	선행사 종류	관계대명사/보문소 생략	관계대명사/보문소 종류
관계절				
명사 보어절				
분열구문				

5. 다음 밑줄 친 절 중에서 관계절이 아닌 것을 모두 고르시오.

a. Maggie loved the man <u>her mother disliked</u>.
b. A student came to see me <u>who wanted to study semantics</u>.
c. It was Bill Bush <u>that the professor recommended strongly</u>.
d. The linguist made the claim <u>that we don't need empty categories</u>.
e. The campus is the place <u>where we met for the first time</u>.

Chapter 14 Syntactic Argumentation in English

■ Respond in English.

1. The underlined parts in the following sentences can be either (non-finite) relative clauses or purposive clauses. (i) Tell whether each clause is a relative clause (RC) or a purposive clause (PC) and (ii) provide the interpretation of each sentence.

a. The mother found a book <u>for her child to read</u>.
b. The mother got it <u>for her child to read</u>.
c. The mother got a book <u>for her child to read</u>.

Model Answers

1. (i) The clause in (a) is an RC, the one in (b) a PC, and the one in (c) is either an RC or PC.

(ii) Sentence (a) is interpreted as 'She found a book that her child could read.' The clause in (b) is not an RC because *it* is a pronoun which cannot be an antecedent of a restrictive RC. It is interpreted as 'She got it in order that her child could read it.' Sentence (c) can be interpreted as either 'She got a book that her child could read,' or 'She got a book in order that her child could read it.'

제14장 임용고사 기출문

1. 다음 (1)과 (2)의 구조적 차이점을 2가지만 우리말로 쓰시오. (2003, 전국)

(1) a. the claim that the proof was false.
    b. the claim that John is a genius.
(2) a. the claim that John has made.
    b. the claim that John found upsetting.

2. Read the passage and follow the directions. 〔2 points〕 (2014)

In post-modification, *to*-infinitives can be interpreted as relative clauses or appositive clauses. When a *to*-infinitive is interpreted as a relative clause, the modified head noun corresponds to the relative pronoun, which is implicit in most cases, in the internal structure of the *to*-infinitive.

(1) a. I will buy books to read.
    b. I will buy books which I will read.

The meaning of (1a) is equivalent to that of (1b). Since *books* is the antecedent of the object relative pronoun in (1b), it can be interpreted as the object of the verb in the internal structure of the *to*-infinitive in (1a). The modified head noun can also correspond to an implicit relative pronoun with other functions: the subject as in (2a), the object of the preposition as in (2b), and the object of the omitted preposition as in (2c).

When a *to*-infinitive is interpreted as an appositive clause as in (2d), there is no implicit relative pronoun in the *to*-infinitive that corresponds to the head noun.

(2) a. I need someone to help me with my homework.
b. Let's think about issues to deal with tomorrow.
c. We did not have money to buy food.
d. Do you have plans to travel abroad?

Analyze the sentences below and fill in the blanks with words from the passage. Write your answers in the correct order.

(i) The couples found places to stay before having dinner.
(ii) I am looking for doctors to consult regarding my mother's health.

The underlined head nouns in (i) and (ii) correspond to __①__ and __②__ in the internal structures of the *to*-infinitives, respectively.

제14장 임용고사 기출문제 예상답안

1. 첫 번째 차이는 (1)에 있는 *that* 절은 명사 *claim*의 보어이고, (2)의 *that* 절은 명사 *claim*의 부가어(관계절)이다. 두 번째 차이는 보어절에는 빈자리가 없고, 관계절에는 (관계대명사가 이동한 후에) 빈자리가 있다.

2. ① the object of the omitted preposition (eg. *in*)
   ② the object of the verb *consult*

〈확인학습〉 모범답안

▌제1장 확인학습▐ p. 38

1. 1) X, 2) O, 3) O, 4) O, 5) X
2. 역사비교언어학은 19세기에 발달하여, 주로 시간의 변화에 따른 언어의 소리 변화를 연구하여 여러 언어의 기원(조상)을 밝히는데 큰 기여를 하였다.
3. 통시언어학은 시간에 따른 언어의 변화 양상을 연구하는 학문이고, 공시언어학은 동일한 시점에서의 언어를 연구하는 학문이다.
4. 기술문법은 사람들이 실제로 사용하는 언어를 기술하는 문법이고, 규범문법은 문법규칙을 미리 규정해 놓고 이에 따라 사용할 것을 규정하는 문법을 말한다. 가령, 영어의 예로, *It's me*에 대해 규범문법은 '옳지 않은' 문장이라고 하지만, 실제로 원어민화자는 이 표현을 많이 사용하고 있어서 기술문법은 이 표현을 '문법적인 문장'이라고 한다.
5. 변형생성문법은 1950년대 후반에 촘스키에 의해 주창되었다. 구조주의 문법학자들이 언어의 습득을 습관형성 또는 모방으로 본 것과는 달리 촘스키는 인간은 내재된(유전적으로) 언어 능력이 있다고 주장한다. 이들은 인간은 과거에 들어보지 못한 문장을 이해할 수 있고 발화할 수 있는데 이것은 언어의 창조성 때문이라고 지적한다. 그리고 구조주의가 언어의 표층구조만을 연구했다면 변형생성문법은 표층구문뿐만 아니라 표층구조로 변형되기 이전의 심층구조와 심층구조에서 표층구조로 변형하는 과정에 관여하는 변형규칙이 주요한 연구의 대상이다. 더 나아가서 인간의 모든 언어에 적용되는 원리들과 그 체계의 이론을 추구하였는데 이 이론이 바로 보편문법 이론이다.

▌제2장 확인학습▐ p. 58

1. 1) X, 2) X, 3) X, 4) X, 5) X, 6) X
2. 언어능력은 관찰할 수 없고 언어수행만이 관찰 가능하다. 언어 수행을 통해서만 언어능력을 관찰할 수 있기 때문이다.
3. '문장이 옳다*correct*'라는 것은 문장이나 구조가 규범문법에서 정해진 규칙에 맞는다는 뜻의 규범문법의 표현이다. 반면에 '문장이 문법적이다'는 기술문법의 표현으로 어떤 문장이 기술문법이 제공하는 원칙이나 규칙에 의해 형성되었다는 것을 의미한다. 가령, *Who do you love?*라는 문장에 대하여 종전의 규범문법은 '옳지 않다'라고 판단하고 옳은 문장은 *Whom do you love?*라고 하였다. 하지만 기술문법은 두 문장이 모두 문법적이라고 설명한다. 두 문장이 실제로 사용되기 때문이다. 기술문법은 두 문장을 생성하는 규칙을 포함해야 한다. 가령, *who*는 주격과 목적격의 의문사구로 취급한다.
4. 좋은 문법이론은 설명적 타당성을 갖춘 문법이론이라 할 수 있다. 설명적 타당성을 지닌 문법은 기술적 타당성을 지녔을 뿐만 아니라 보편성, 최대의 제

약성, 심리적 현실성 등의 특성을 갖추어야한다. 즉, 문법이론은 하나의 언어가 아닌 여러 언어를 설명할 수 있어야 하고, 문법규칙이 수적으로 최대한 한정되어야 하며, 뇌신경학적인 원리에 기반한 언어작용까지 설명할 수 있어야 한다.

▌제3장 확인학습▐ p. 88

1. 1) X, 2) X, 3) X, 4) O, 5) X

2. a. My daddy reads a newspaper in the evening.
D N V D N P D N

b. The student found his wallet and money in his bag.
D N V D N Conj N P D N

c. The poor student worked in a very small factory.
D A N V P D Adv A N

a. 〔$_{NP}$ My daddy〕〔$_{VP}$ reads 〔$_{NP}$ a newspaper〕〔$_{PP}$ in 〔$_{NP}$ the evening〕〕〕.

b. 〔$_{NP}$ The student〕〔$_{VP}$ found 〔$_{NP}$ his wallet and money〕〔$_{PP}$ in 〔$_{NP}$ his bag〕〕〕.

c. 〔$_{NP}$ 〔$_{D}$ The〕〔$_{AP}$ poor〕 student〕〔$_{VP}$ worked 〔$_{PP}$ in 〔$_{NP}$ a 〔$_{AP}$ very small〕 factory〕〕〕.

3. 대명사는 명사가 아닌 명사구를 대신한다. 아래의 예문을 보자.

a. Have you seen the pretty new comer?

b. No, I haven't seen <u>her</u>.

c. No, *I haven't see the pretty new <u>her</u>.

문장 (b)에서 밑줄 쳐진 대명사 *her*는 (a) 문장의 명사구 *the pretty new comer*를 대신한다. 명사 *comer*만을 대신한다면 (c)의 대답이 문법적이어야 하지만 그렇지 않다. 대명사의 실제 기능으로 본다면 '대명사구'라는 용어가 정확하다.

4. a. 등위접속의 조건 중에 하나는 등위접속되는 두 요소가 동일한 범주이어야 한다는 것이다. 위의 경우에서는 *in the garage*와 *expensive*가 각각 PP와 AP로 동일범주가 아닌데 등위접속이 되고 있어 비문법적이다.

b. 대형태인 *her*는 명사구 전체를 대신하지 그 일부인 명사를 대신하지는 못한다. *the pretty her*에서 *her*는 명사구의 일부분만을 대신하고 있어 비문법적이다.

c. 동사구 생략은 동사구 전체가 생략된다. 위의 문장에서 *put*을 제외한 동사구의 일부(*his bag into the trunk*)만이 생략되어 이 문장은 비문법적이다.

d. 위에서 *do so*는 동사와 그 보어(목적어)가 포함된 동사구를 대신하는 대형태이다. 위의 문장에서 *do so*는 동사와 그 보어(두 개의 목적어)를 모

두 포함한 부분을 대신하지 않고, *to Jessica*를 제외한 동사구의 일부분 (*give a present*) 만을 대신하고 있어 비문법적이다.

e. 문두의 *John's*는 원래 *John's house*에서 이동한 것이다. *John's*는 하나의 구성소를 이루나, 영어에서 명사구의 일부인 지정어(관사(*the*, *a*)나 소유대명사(*his*, *John's*))만의 이동은 허용되지 않는다.

5. c (*picked up*이 구성소를 이룬다)

6. e (이동의 필요조건은 이동부분이 구층위의 구성소이어야 한다. (a)의 밑줄 친 부분은 동사구이고 (c)에서는 앞 명사를 수식하는 절로, 둘 다 구층위의 구성소이다. (b)의 밑줄 친 부분은 구성소(N′)를 이루나(6장에서 학습) 이동 가능한 구층위(XP)가 아니다.)

▌제4장 확인학습▐ p.118

1. 1) O, 2) O, 3) X, 4) X, 5) X, 6) O

2.

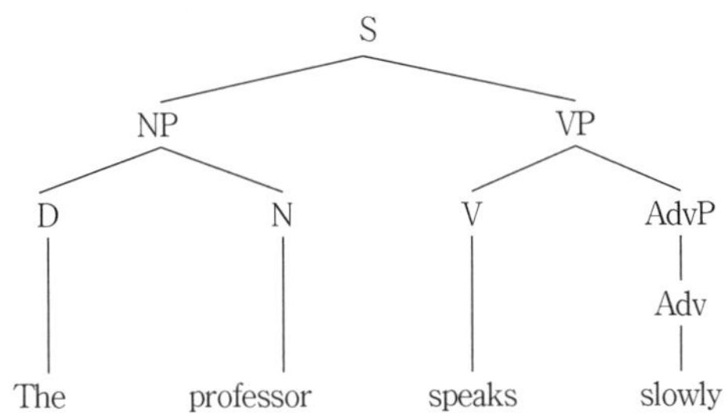

VP 관할 마디: V, AdvP, Adv

VP 직접관할 마디: V, AdvP

3.

a. VP → V
b. VP → V AdvP
c. VP → V NP
d. VP → V NP AdvP

통합규칙: VP → V (NP) (AdvP)

4. a. S → NP VP
NP → D AP N
AP → A
VP → V AdvP
AdvP → (AdvP) Adv

b. S → NP VP
NP → (D) N

VP → V NP AdvP

AdvP → Adv

c. S → NP VP

NP → D N (PP)

VP → V NP

PP → P NP

5. S → NP VP

NP → (D) (AP) N (PP)

AP → A

AdvP → (AdvP) Adv

PP → P NP

$$VP \rightarrow V \begin{Bmatrix} NP\ (AdvP) \\ AdvP \end{Bmatrix}$$

6. a.

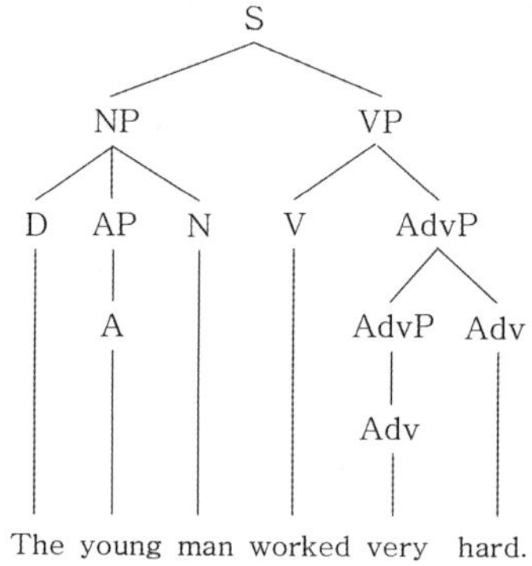

b.

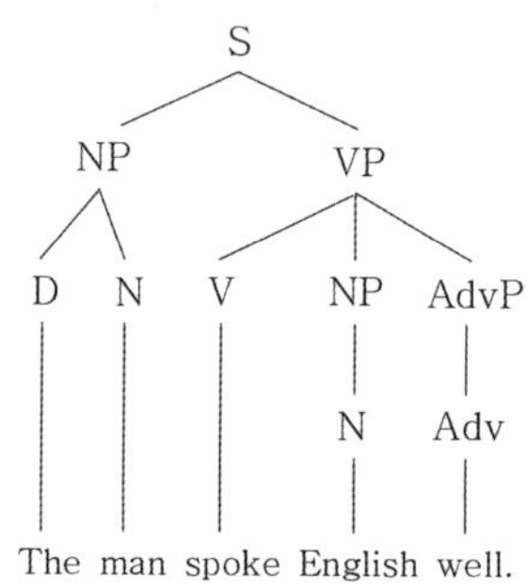

c.

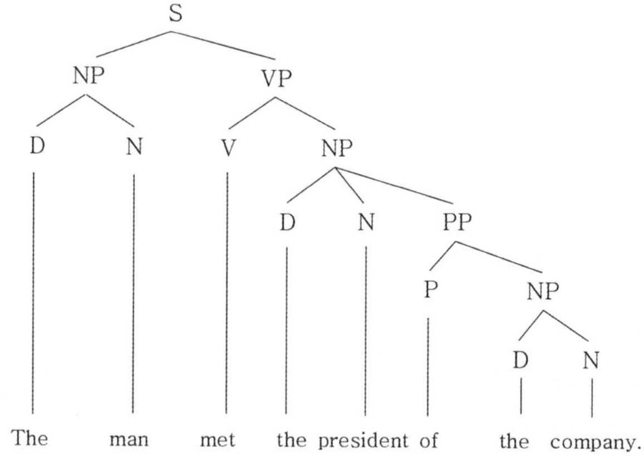

7. a. N → AP NP: 화살표 왼쪽의 입력의 범주 층위(N)가 출력의 범주층위(NP)보다 동일하거나 더 높아야 한다. 입력 기호 N은 단어층위인데 출력기호는 모두 구층위이어서 잘못된 구구조 규칙이다.

   b. P NP → PP : 화살표 왼쪽에 있는 입력은 반드시 하나의 범주만 있어야 한다. 또 왼쪽의 P가 오른쪽의 PP보다 계층이 낮은 층위기 때문에 잘못된 구구조규칙이다.

   c. VP → NP AP : 입력 범주(VP)의 핵에 해당하는 범주(V)가 출력에 없다.

8. (e); (e)는 VP → V AdvP가 필요하다.

▌제5장 확인학습▐ p. 145

1. 1) X, 2) X, 3) O, 4) O, 5) X

2. 3번에 함께 제시

3. a. Barbara talked for two hours.
   - Barbara: 논항 (행위주)
   - for two hours: 부가어

   b. They explained the theory to me.
   - They: 논항 (행위주)
   - the theory: 논항 (피험체)
   - to me: 논항 (목표)

   c. The news shocked me seriously.
   - The news: 논항 (피험체) (사동주: causer)
   - me: 논항 (심리경험주) (피사동주: causee)
   - seriously: 부가어

4. a. talk : [__]

   b. explain: [__ NP PP]

   c. shock: [__ NP]

5. a. 동사 *sleep*은 1항 술어로서 논항이 *they* 하나뿐인데 명사구 *the bed*가 출현하여 비문이다. 동사 *sleep*은 부가어로 *on the bed*는 취할 수 있으나 명사구 *the bed*는 취하지 못한다.

   b. *hate*는 2항 술어로서 논항이 2개여야 하는데 *they*하나만 출현하므로 비문이다.

   c. *explain*은 [__ NP PP]의 하위범주화를 갖는데 *the theory*가 NP형태로 왔으므로 하위범주화를 어기게 된다. 따라서 비문이다.

   d. 동사 *write*의 보어는 "쓰여 지는 대상"(예, 편지, 책: *He wrote a book*)이거나 또는 쓴 내용을 보낼 대상이 사람이어야 한다(*He wrote me*)는 의미선택제약이 있다. *the desk*는 쓰여질수 있는 대상도 아니고 보낼 사람이 아니어서 의미선택제약을 어긴다.

6. a) proud, b) wonder, e) persuade

▌제6장 확인학습▌ p. 169

1. 1) O, 2) O, 3) X, 4) X, 5) O

2. a.

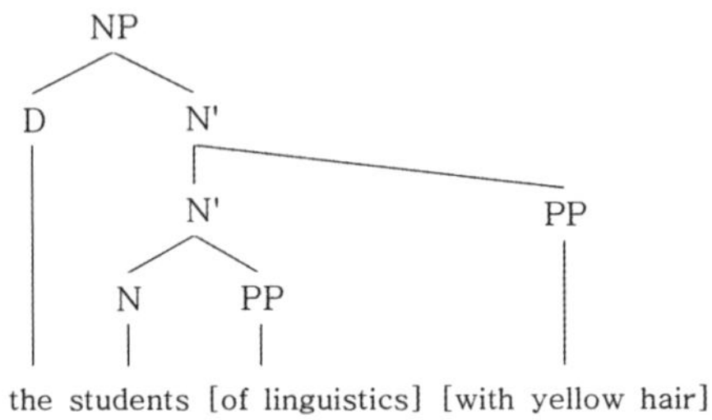

b.

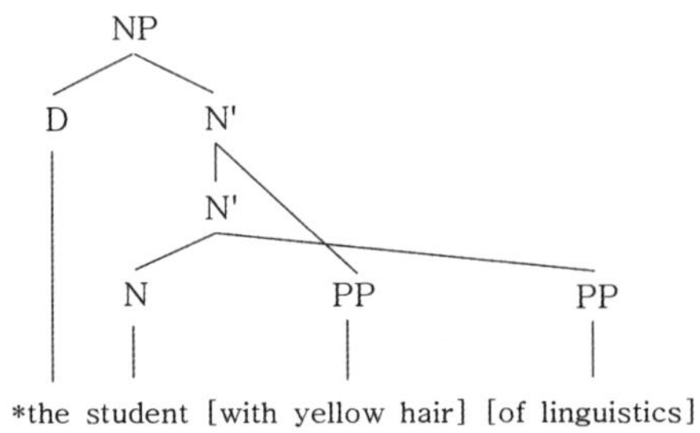

부가가어가 보어보다 핵에 더 가까이 출현할 수 없는데, 그렇게 출현하면 위의 수형도에서 보듯이 교차제약을 어기고 있으므로 비문이다.

3. a. *one*은 N′층위를 대신할 수 있는 대형태이다. 위 문장의 경우 *one*은 명사 *student*, 즉 N층위를 대신하고 있어 비문법적이다.

   b. 등위접속을 하기 위한 조건으로, 등위접속되는 두 요소가, i) 구성소이어야 하고, ii) 동일한 범주이어야 하고, iii) 동일한 기능과 의미역을 가지고 있어야 한다. 위 문장의 목적어는 *the students of English*와 *the students of the city*를 등위접속한 구조인데, 첫 명사구에서 *of English*는 보어이고 두 번째 명사구에서 *of the city*는 부가어로 서로 다른 기능을 하고 있다. 다른 기능을 하는 PP를 등위접속하고 있어 등위접속의 조건을 위배하고 있다.

4. a.

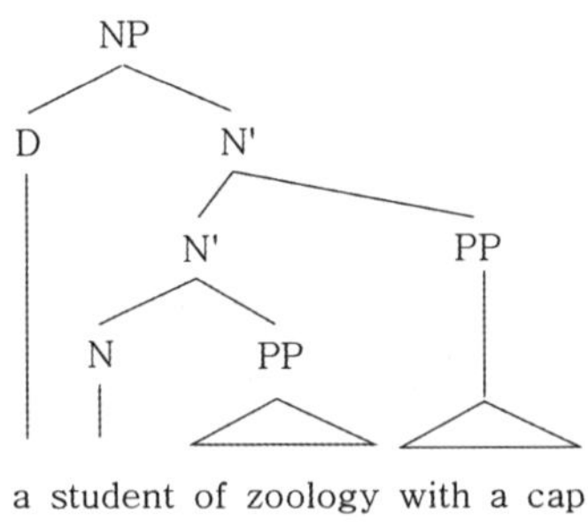

b.

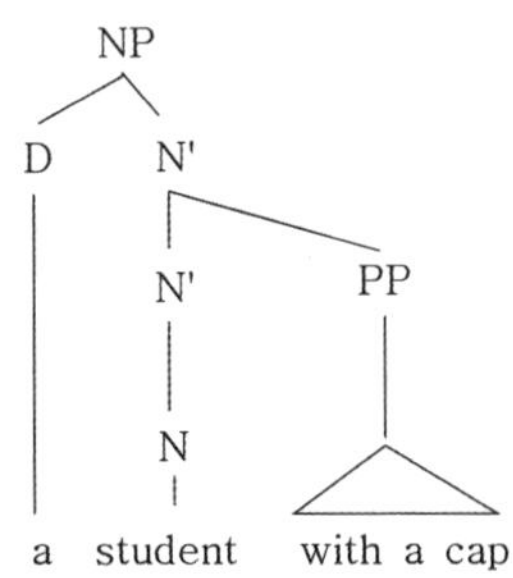

5. a.

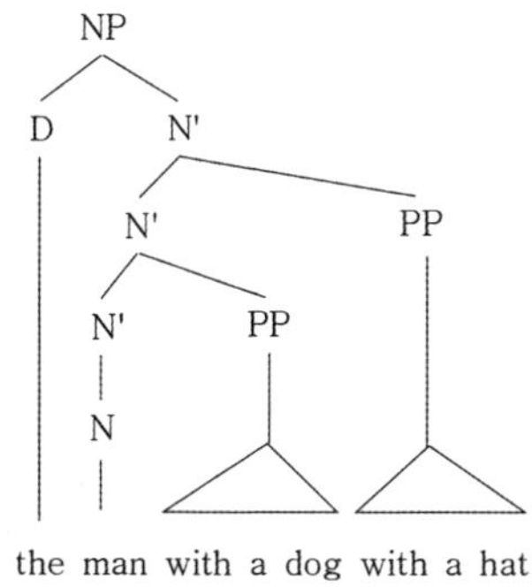

'남자가 모자를 쓴 의미'

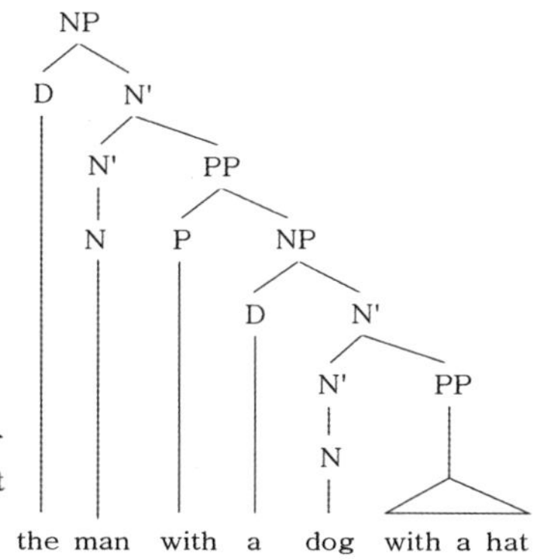

'개가 모자를 쓴 의미'

b.

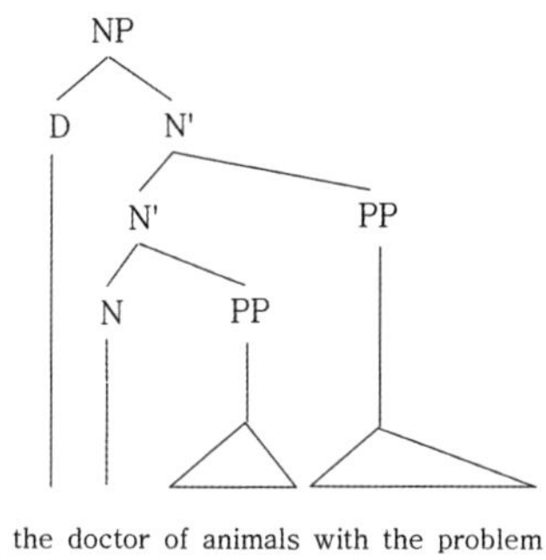

'의사에게 문제가 있다는 의미'

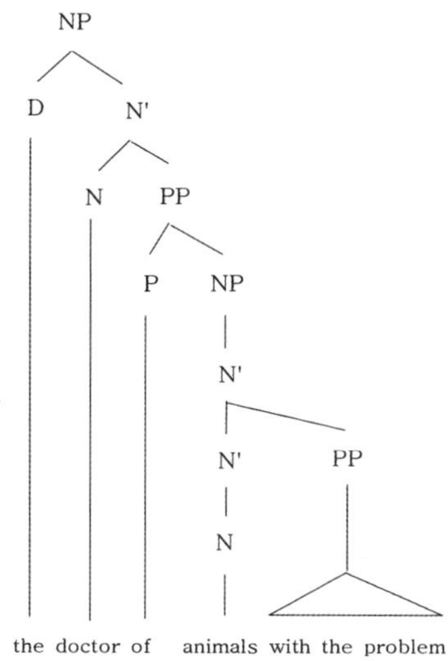

'동물에게 문제가 있다는 의미'

6. c.

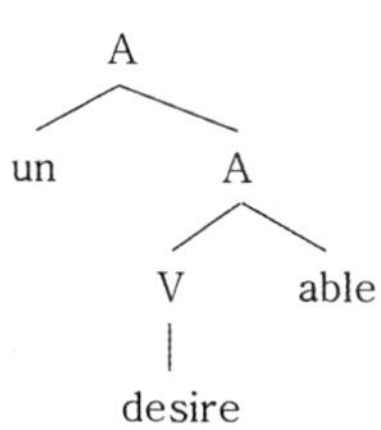

d.

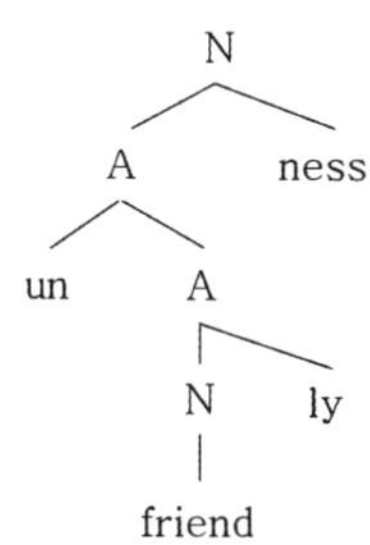

7. a, b, d

▌제7장 확인학습▐ p. 198

1. 1) X, 2) X, 3) X, 4) O

2. a.

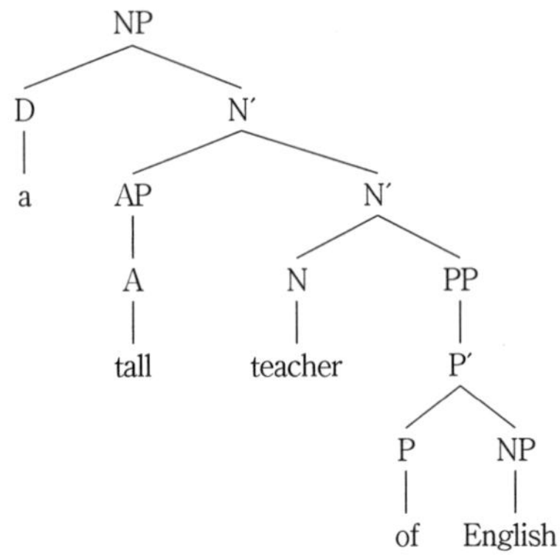

b.

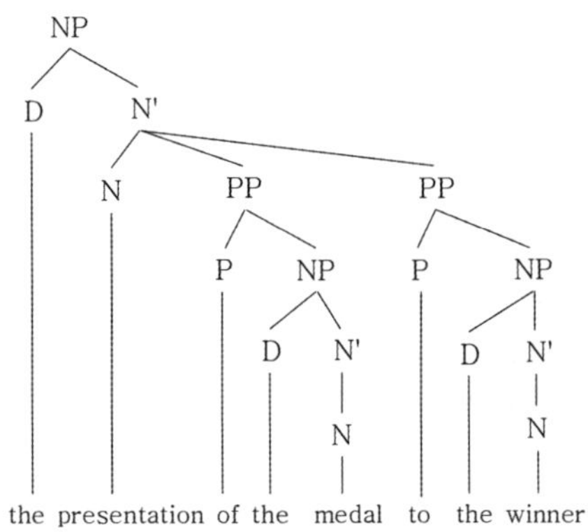

c.

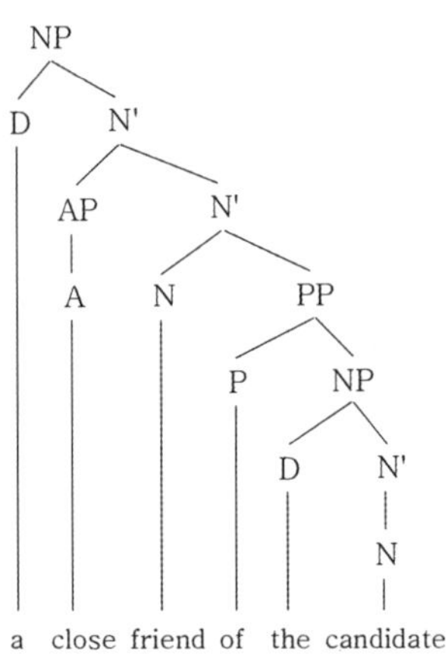

d.

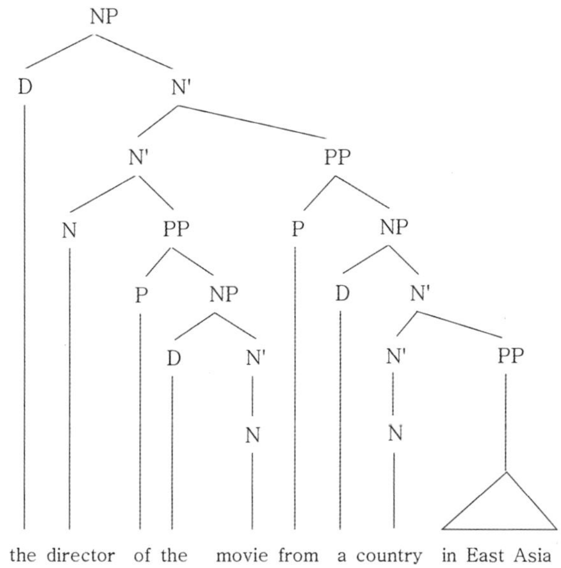

3. a. '외국인인 자동차 소유자'

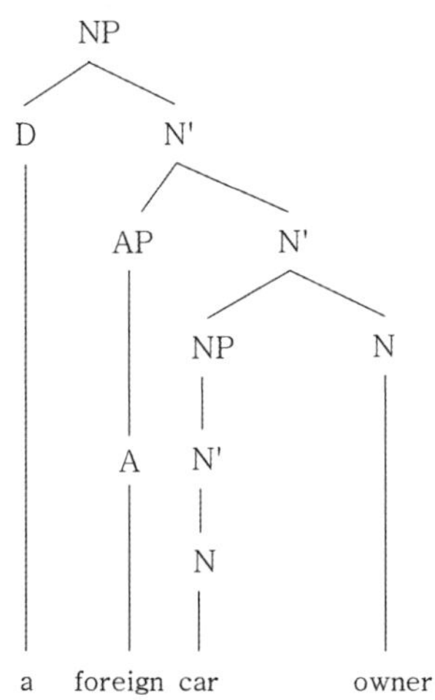

'외제 자동차 소유자'

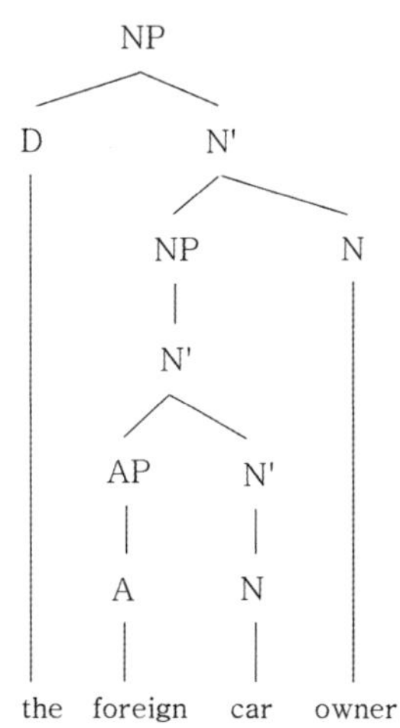

b. ‘몸집이 크고 집을 짓는 사람들’

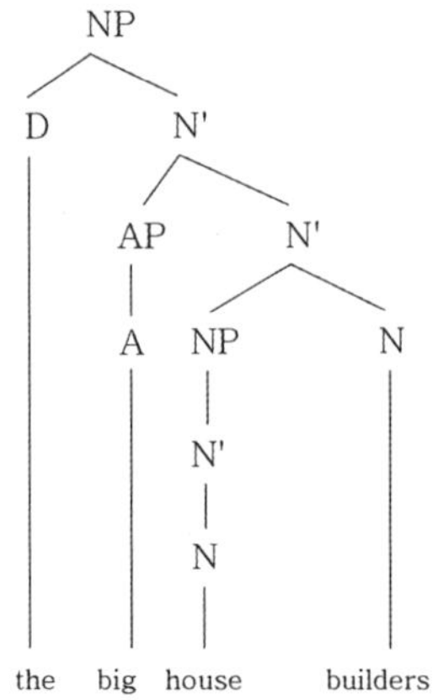

‘큰 집을 짓는 사람들’

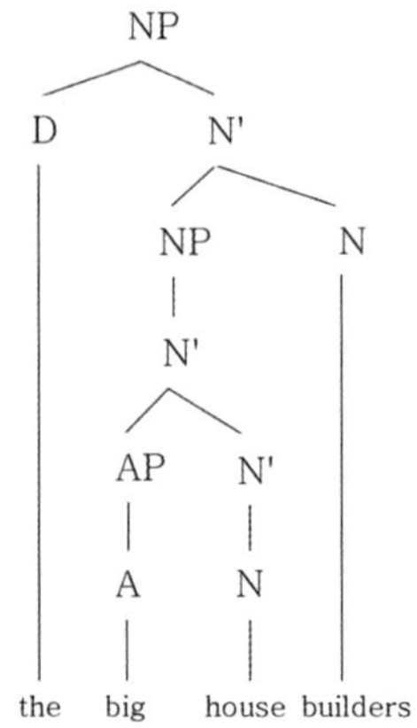

c. i) *the happy boys*와 *girls*의 등위접속

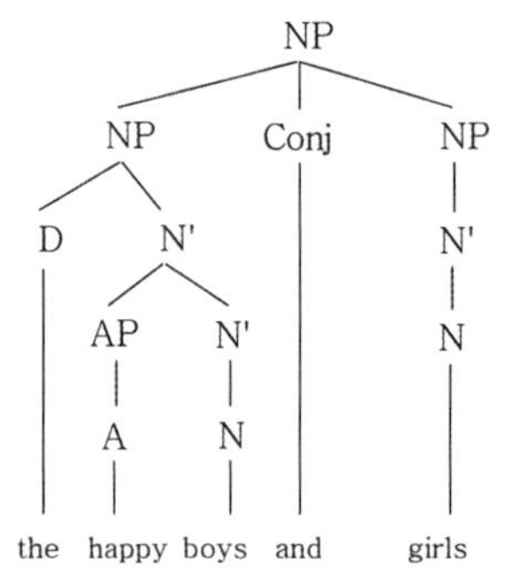

ii) *happy boys*와 *girls*의 등위접속

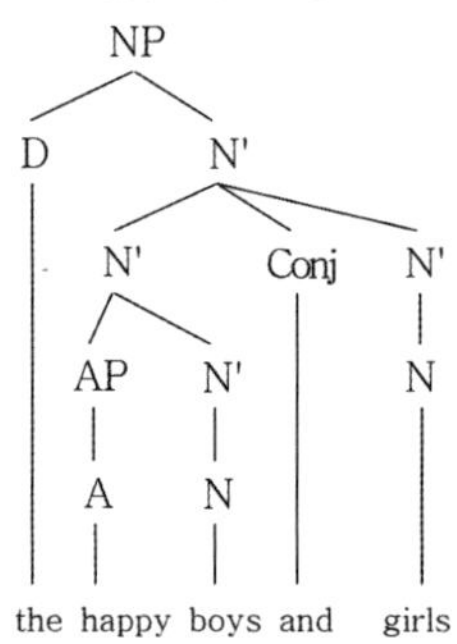

iii) *boys*와 *girls*가 등위접속한 경우

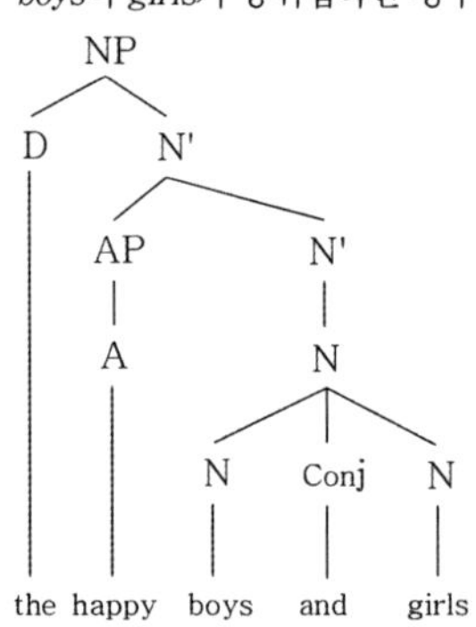

d. i) '선글라스를 쓰고서 학생과 함께 있는 교수'

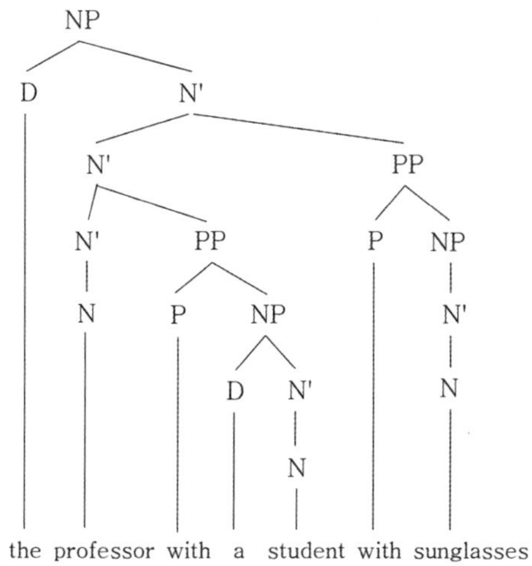

ii) '선글라스를 쓴 학생과 있는 교수'

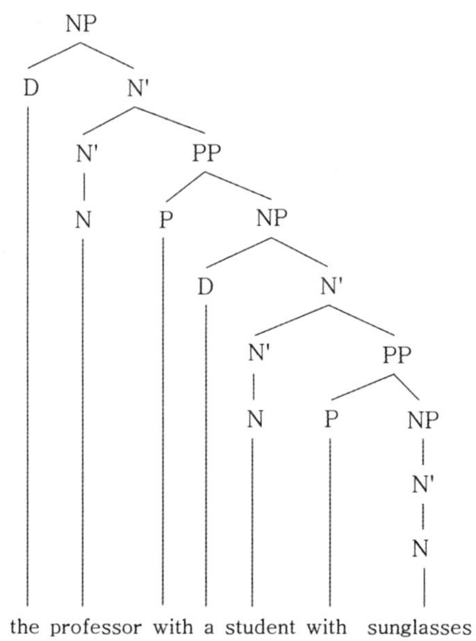

e. i) '아들을 둔 푸른 눈의 아버지'

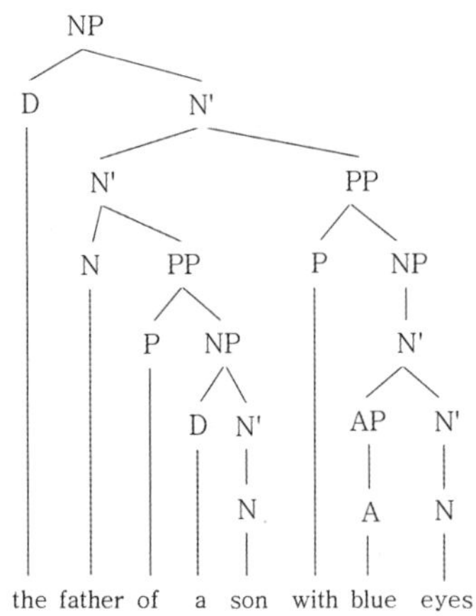

ii) '푸른 눈의 아들을 둔 아버지'

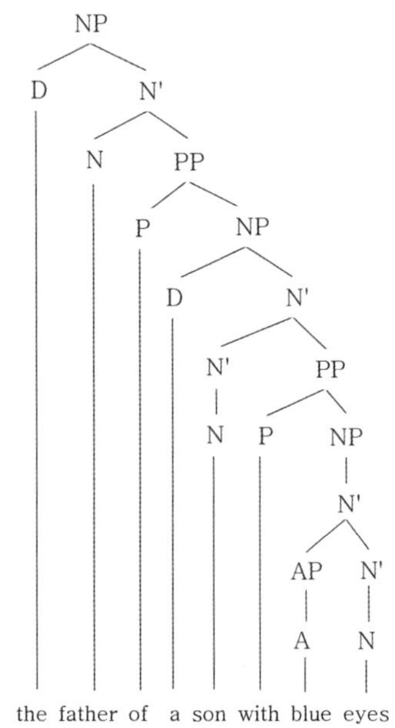

4. a. '영어를 가르치는 선생님'

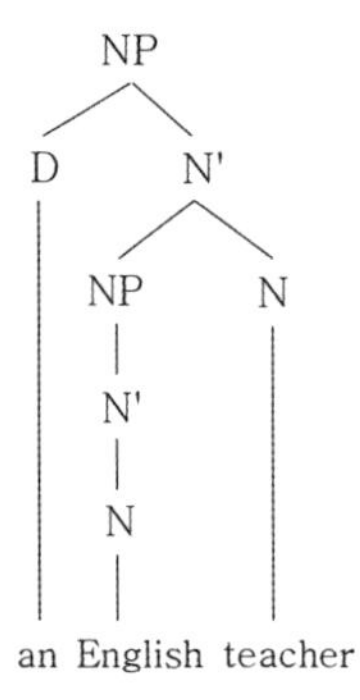

'영국인인 선생님'

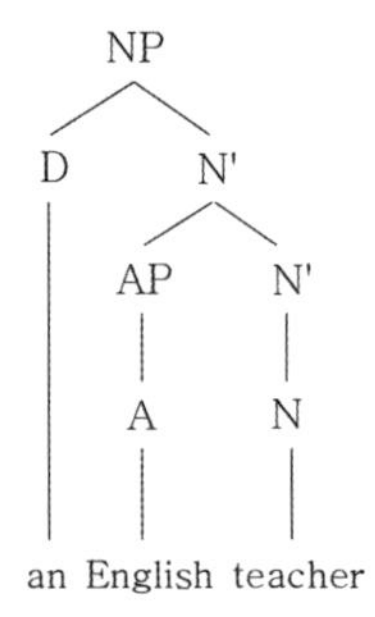

b. *a Korean English teacher*와 *a English Korean teacher*의 의미와 수형도

i) '한국인으로 영어를 가르치는 선생님'

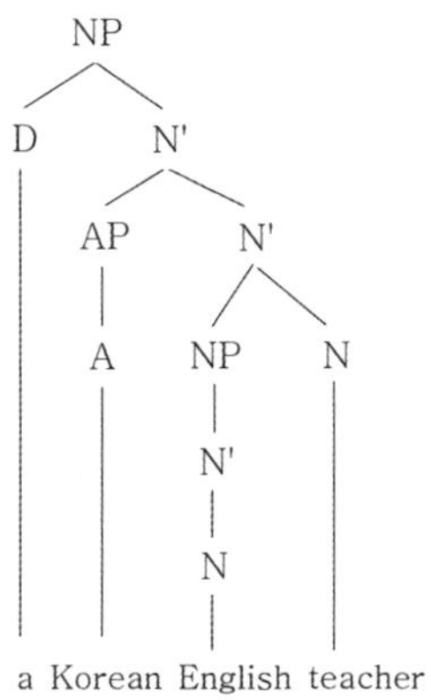

ii) '영국인으로 한국어를 가르치는 선생님'

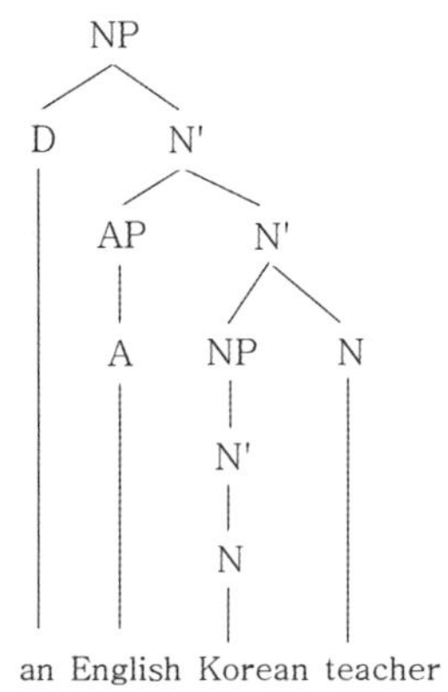

5. a. *in the village*는 부가어이고 *of the novel*은 보어이다. 보어가 핵어에 가까이에 출현하지 않고, 수형도는 교차제약을 어긴다.

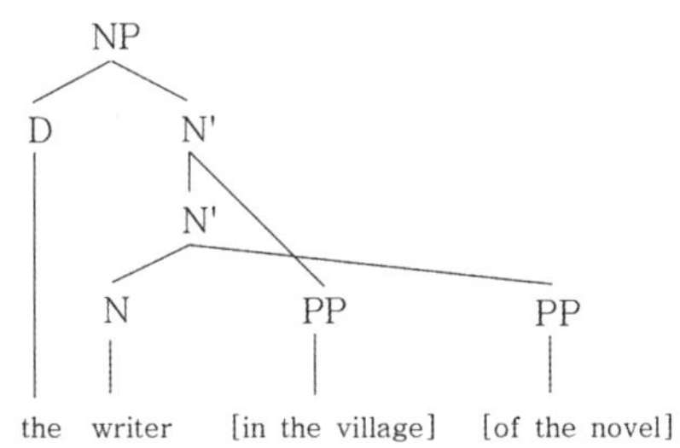

b. *tall*은 부가어이고 *car*는 보어이다. 보어가 핵어에 부가어보다 더 가까이 출현하고 있지 않고, 수형도는 교차제약을 어긴다.

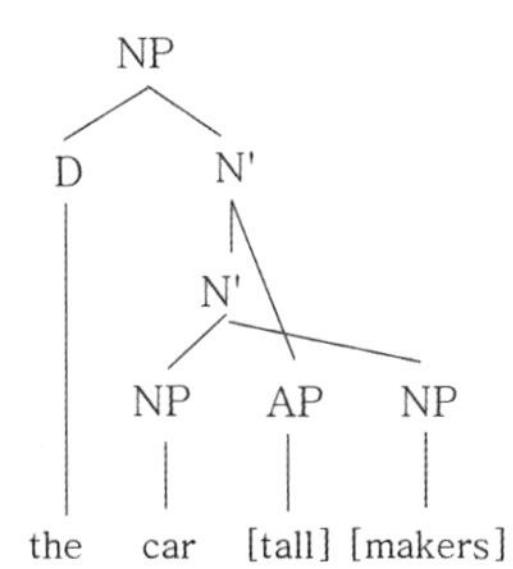

c. *one*은 N′층위를 지시하는 대형태이나, 위 문장의 경우 *one*은 N층위인 *professor*를 지시하고 있으므로 비문이다.

▌제8장 확인학습▌ p. 221

1. 1) O, 2) O, 3) O, 4) X

2. a.

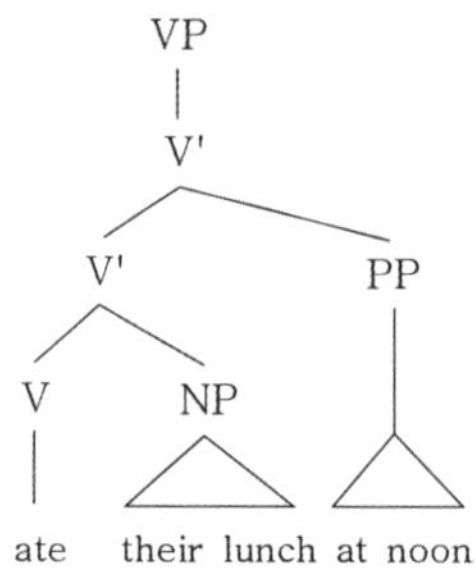

b.

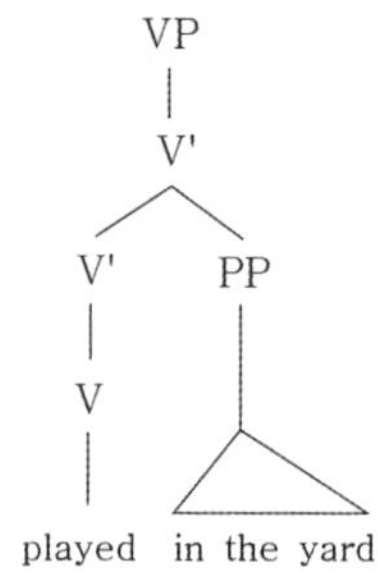

c.

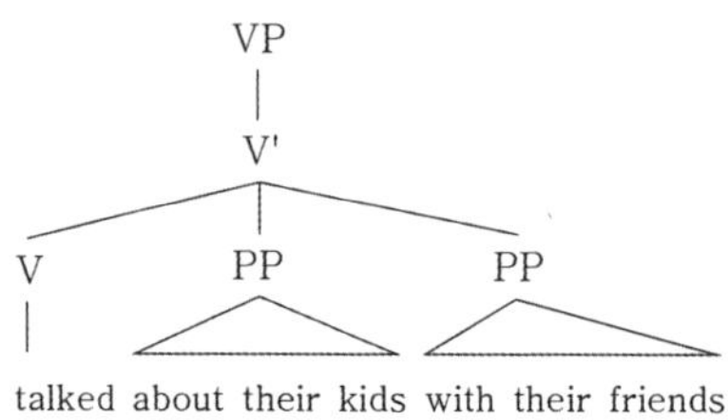

d.

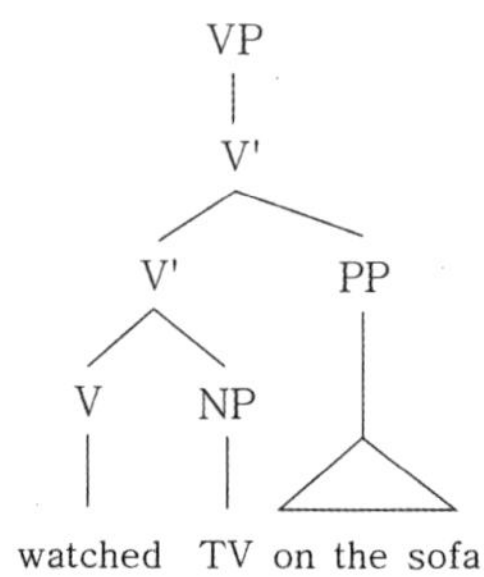

e.

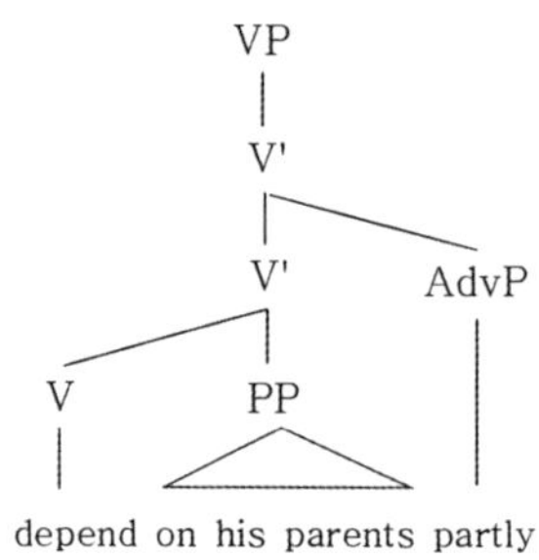

f.

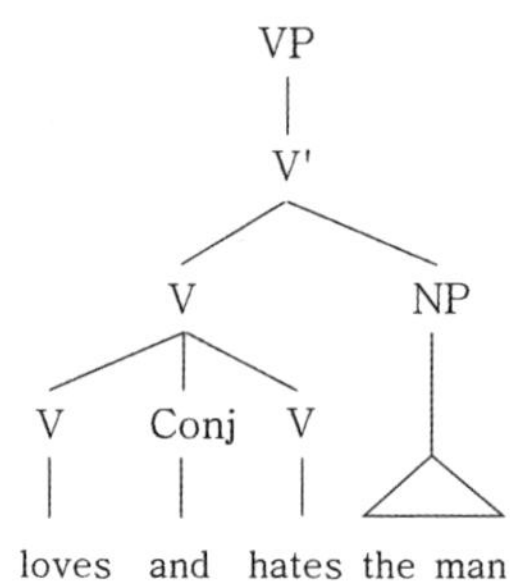

3. a.

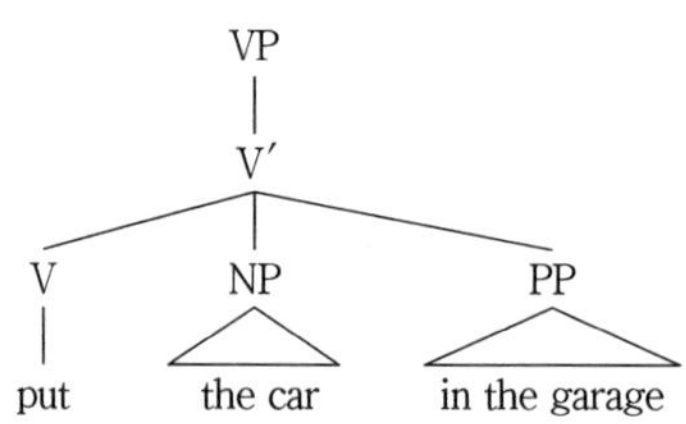

b.

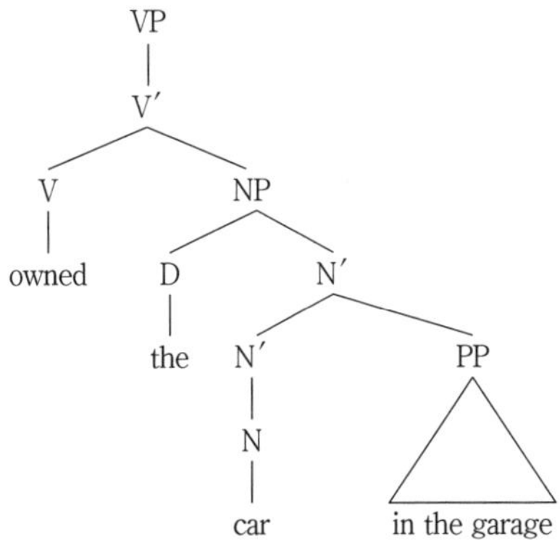

c. 두 가지의 의미로 두 구조가 있다.

i)

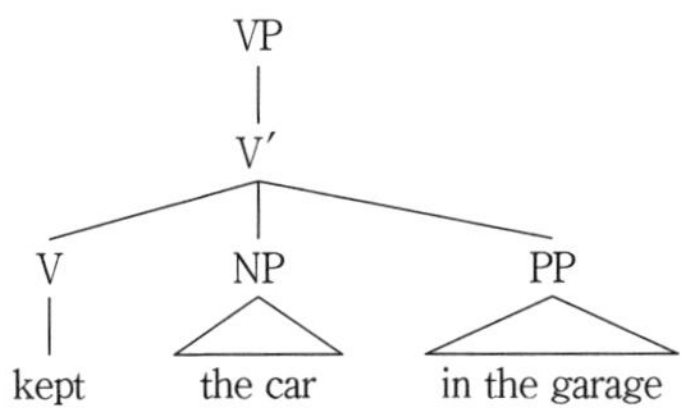

ii)

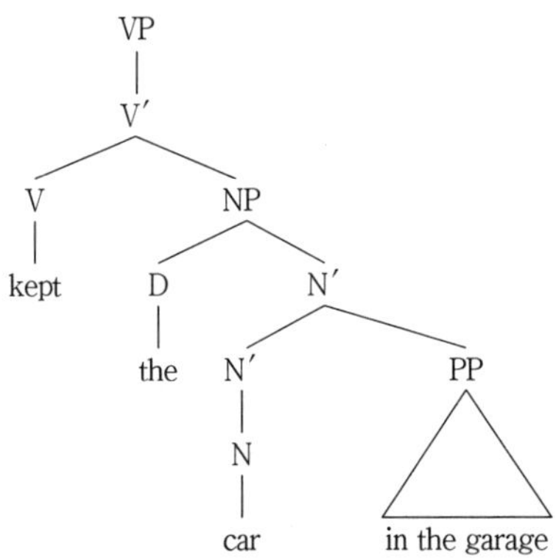

4. a. '나무 아래에서 소녀와 이야기했다'　　'나무 아래에 있는 소녀와 이야기했다'

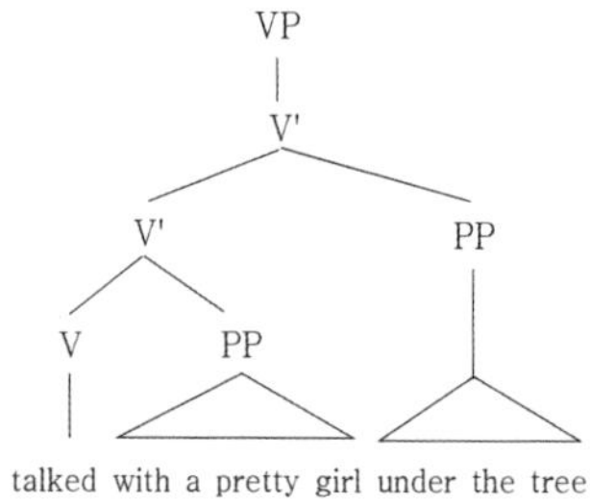

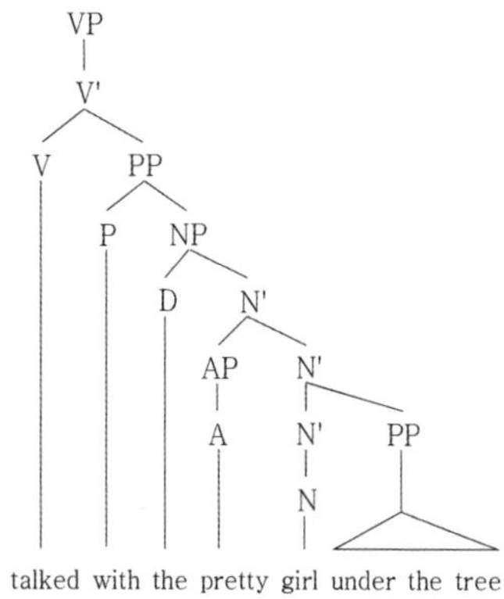

b.

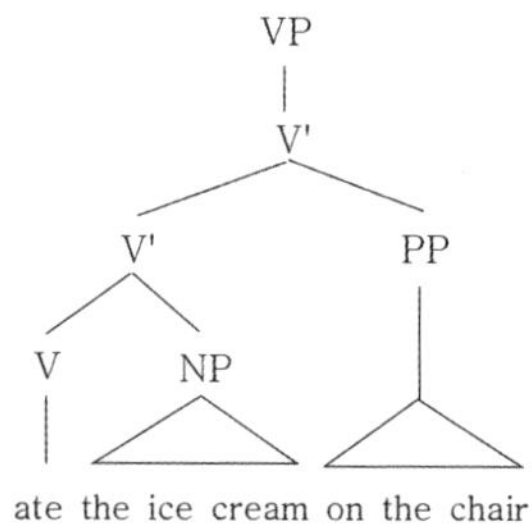

'의자에서 아이스크림을 먹었다'

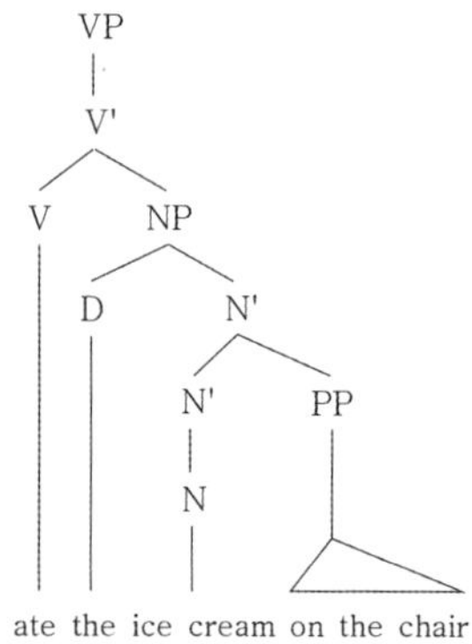

'의자에 놓인 아이스크림을 먹었다'

5. a. 동사-목적어 인접조건에 의하면 동사에 의해 하위범주화된 명사구는 그 동사 바로 옆에 출현해야 한다. 위 문장의 경우 *drove*와 *his car* 사이에 부가어인 *carefully*가 출현하고 있어 인접조건을 어기고 있어 비문이다. 해당 구조의 수형도는 교차제약을 어기고 있다.

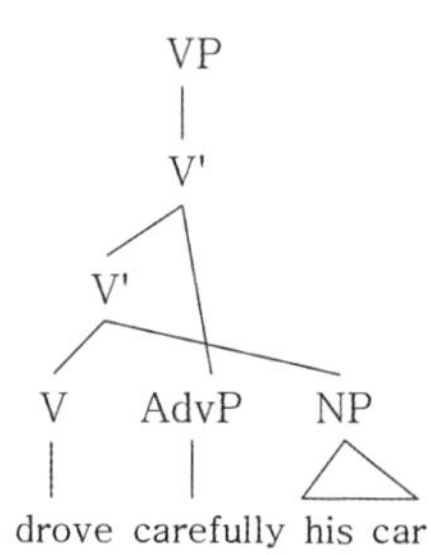

b. 수동문 주어 조건에 의하면 동사의 보어만이 수동문의 주어가 될 수 있다. 위 문장의 경우 *yesterday*는 부가어이므로 수동문의 주어 자리로 이동해서 주어가 될 수 없다.

c. 위 문장에서 *with the pretty girl*이나 *with an intelligent girl* 모두 동사 *talked*의 보어이다. *did the same thing*은 보어를 포함한 V′ 층위를 대신하는데, 두 번째 문장에서는 이 표현이 보어가 제외되고 동사만을 대신하고 있어 비문법적이다.

▌제9장 확인학습▐ p. 254

1. 1) O, 2) O, 3) O, 4) O, 5) O

2. a.

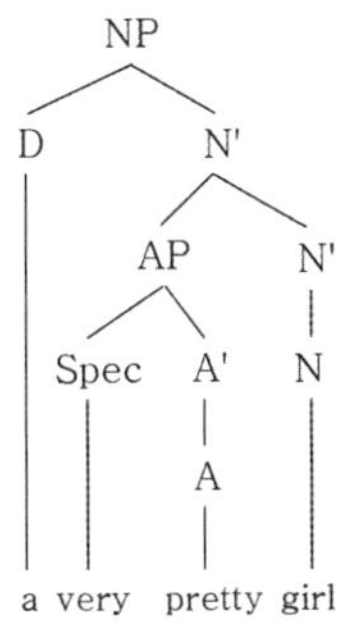

b.

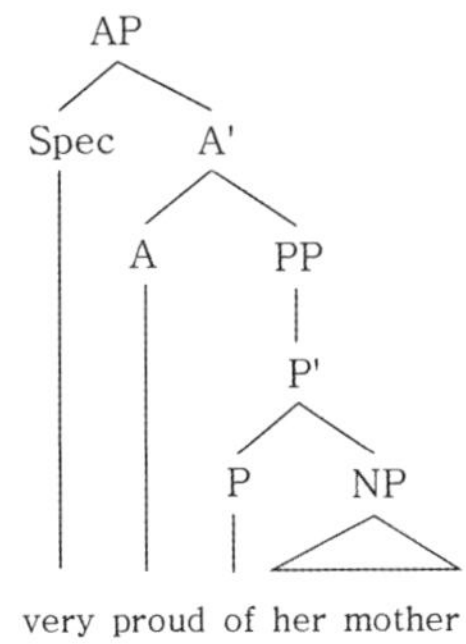

c.

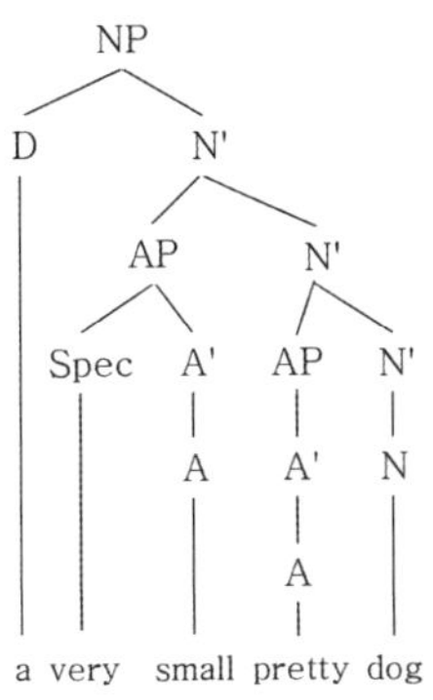

d.

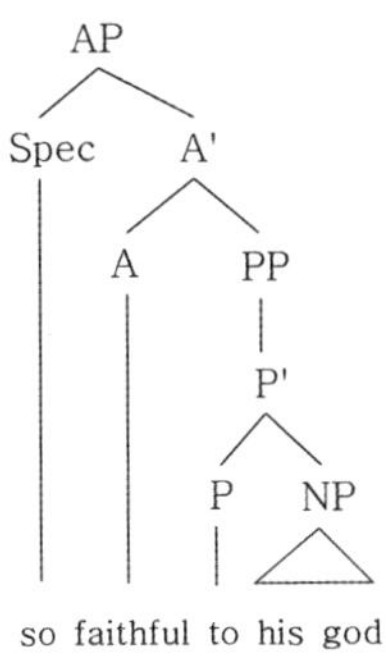

e. i) *very*가 *fond*와 *proud*를 둘 다 수식

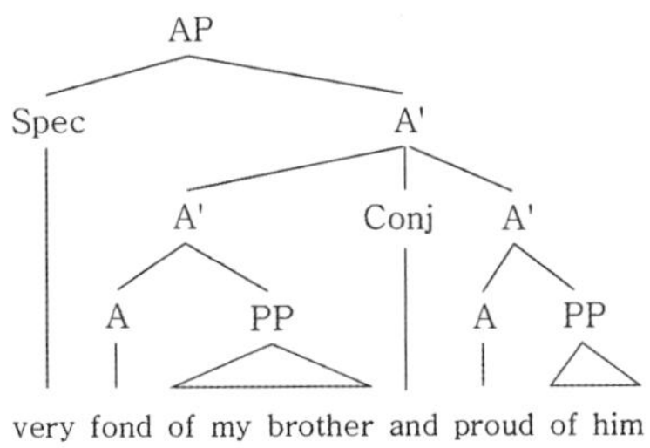

ii) *very*가 *fond*만 수식

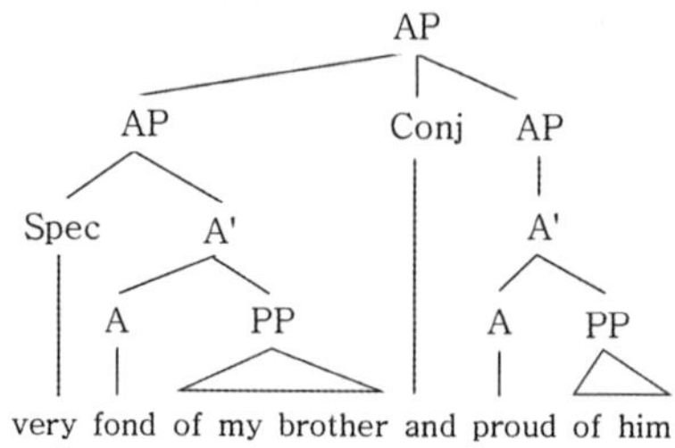

f.

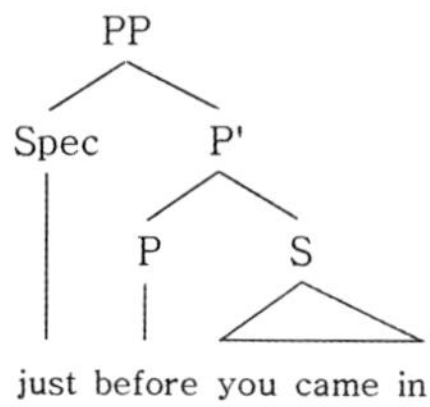

3. a.

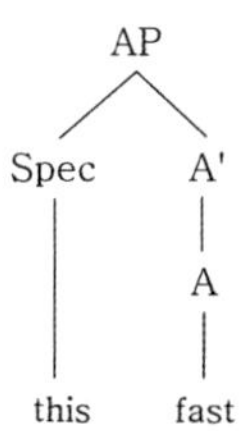

b.

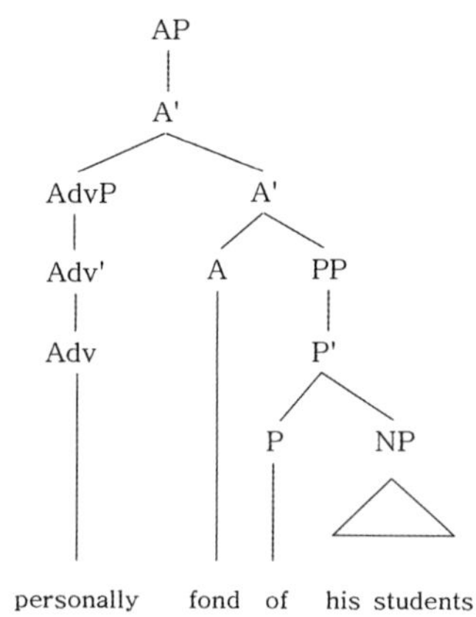

c.

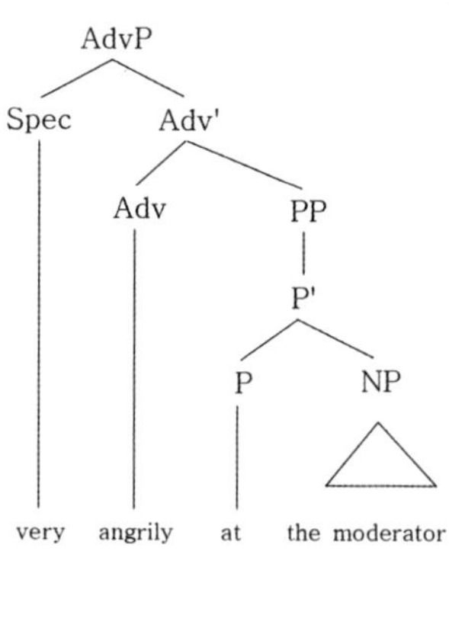

d.

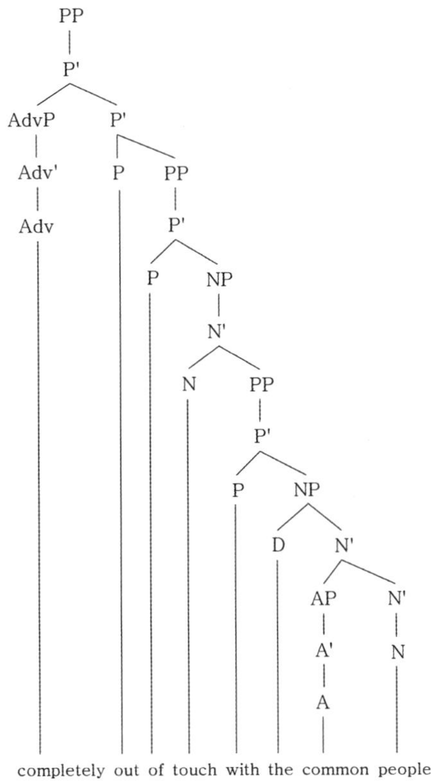

4. a. i) *very*가 *young*만 수식 ii) *very*가 *young*과 *pretty*를 둘 다 수식

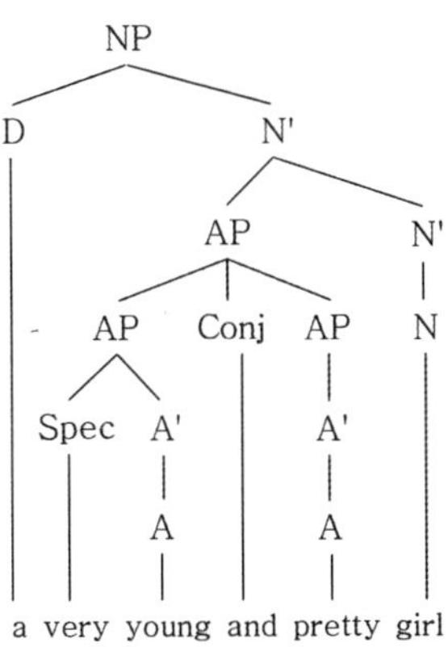

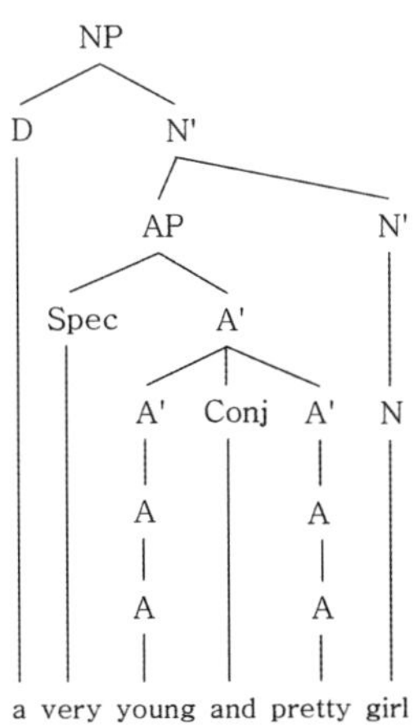

b. i) *very*가 *fun*만 수식 ii) *very*가 *fun*과 *sarcastic*을 둘 다 수식

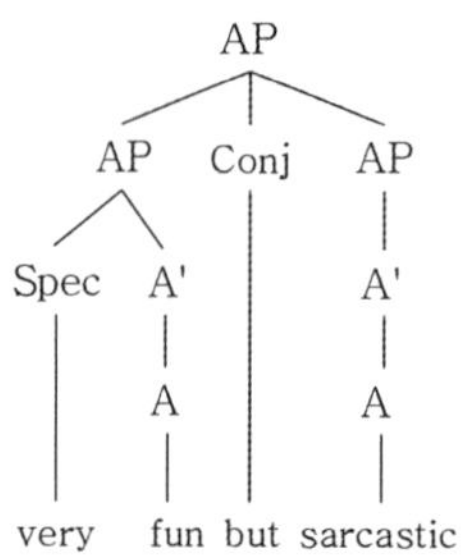

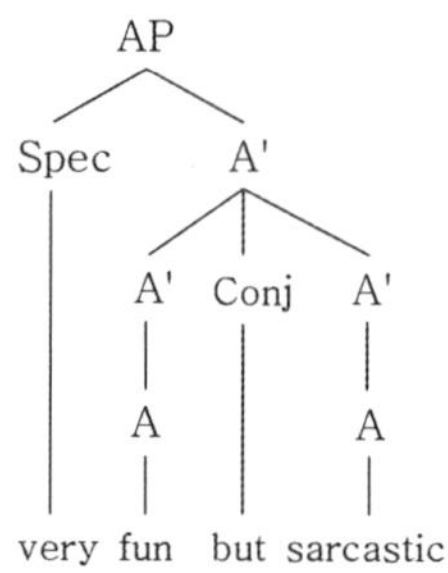

5. a. *dated from the war*는 문법적이나 **dated before the war*가 비문법적인 것을 고려할 때, *from the war*는 동사 *date*의 보어이나 *before the war*는 부가어이다. 그렇다면 *dated from before the war*에서 *from before the war*의 핵은 *from*이다. 따라서 이 동사구의 구조는 오른쪽과 같다. (물론 *before the war*의 PP에서의 핵은 *before*이다.)

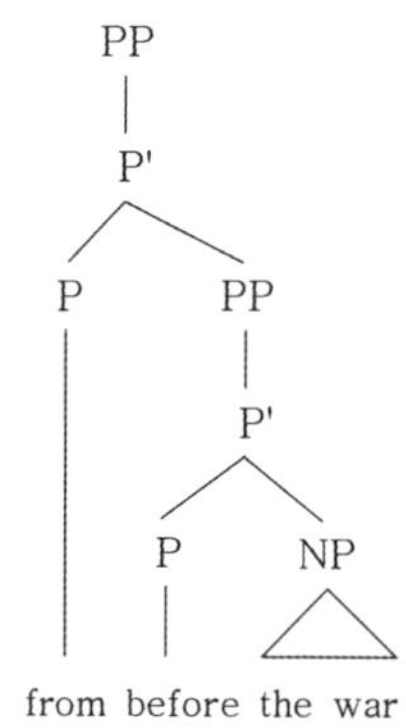

b. *put your book in the corner*는 문법적이나 **put your book over the corner*는 비문법적이어서 *in the corner*가 동사 *put*이 요구하는 보어이고 그 핵은 *in*이다. 그렇다면 *over*는 이 PP의 수의적 요소인 지정어에 속한다. 그 구조는 오른쪽의 수형도와 같다.

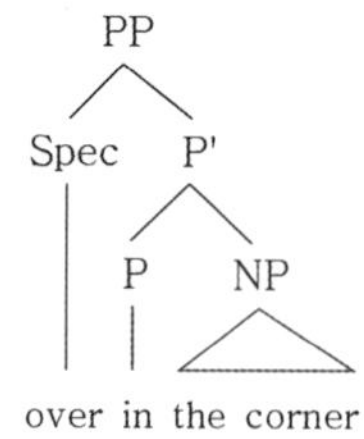

6. b, c

▌제10장 확인학습▐ p. 282

1. 1) O, 2) X, 3) X, 4) X

2. a.

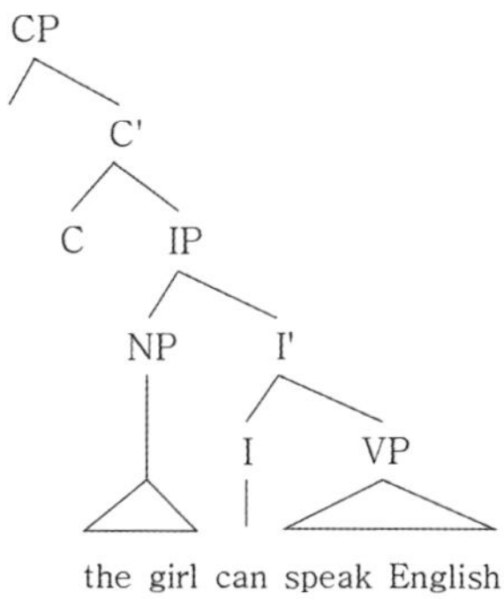
CP
C'
C
IP
NP
I'
I
VP
the girl can speak English

b.

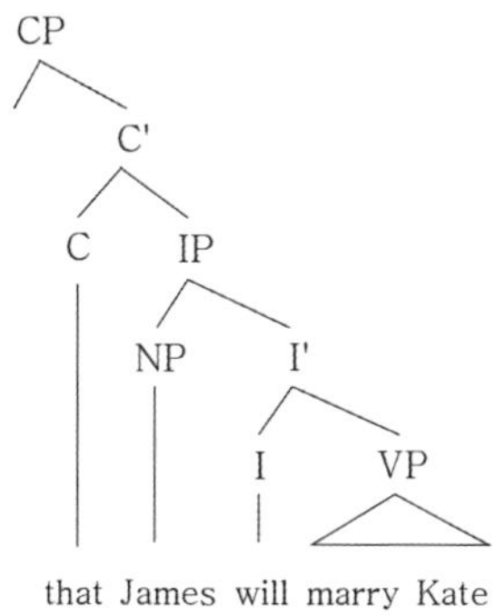
CP
C'
C
IP
NP
I'
I
VP
that James will marry Kate

c.

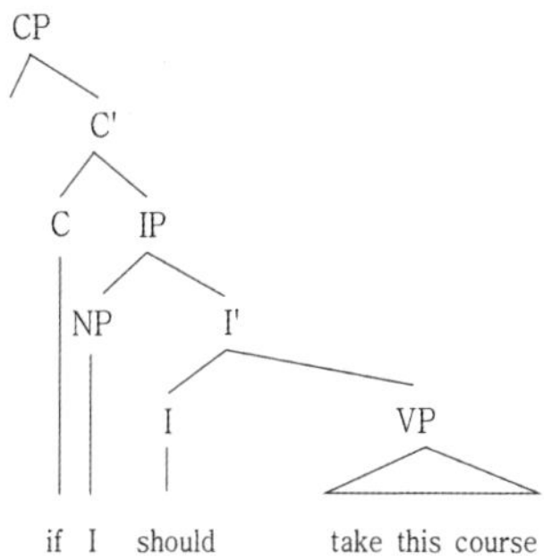
CP
C'
C
IP
NP
I'
I
VP
if I should take this course

d.

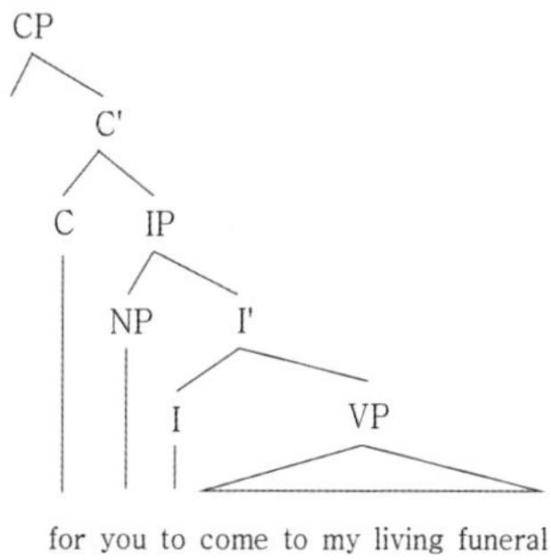
CP
C'
C
IP
NP
I'
I
VP
for you to come to my living funeral

3. a.

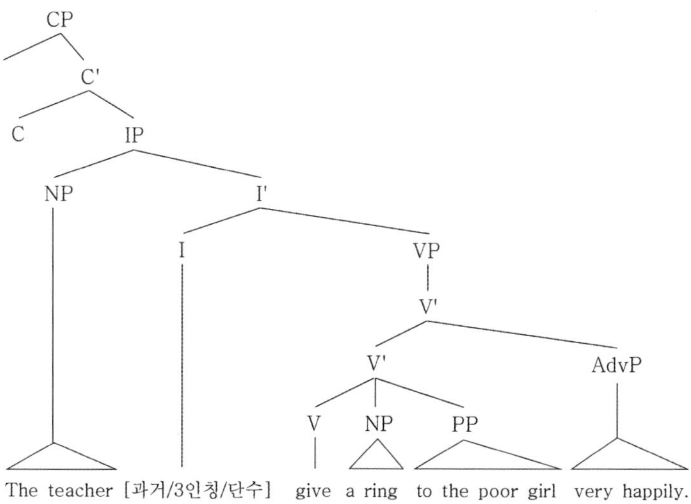
CP
C'
C
IP
NP
I'
I
VP
V'
V'
AdvP
V
NP
PP
The teacher [과거/3인칭/단수] give a ring to the poor girl very happily.

b.

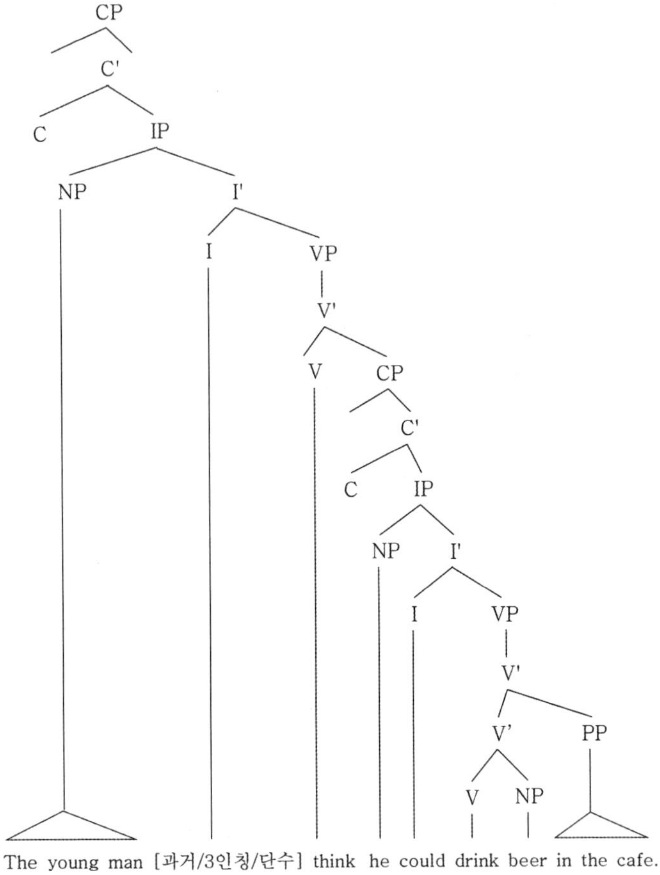
CP
C'
C
IP
NP
I'
I
VP
V'
V
CP
C'
C
IP
NP
I'
I
VP
V'
V'
PP
V
NP
The young man [과거/3인칭/단수] think he could drink beer in the cafe.

c.

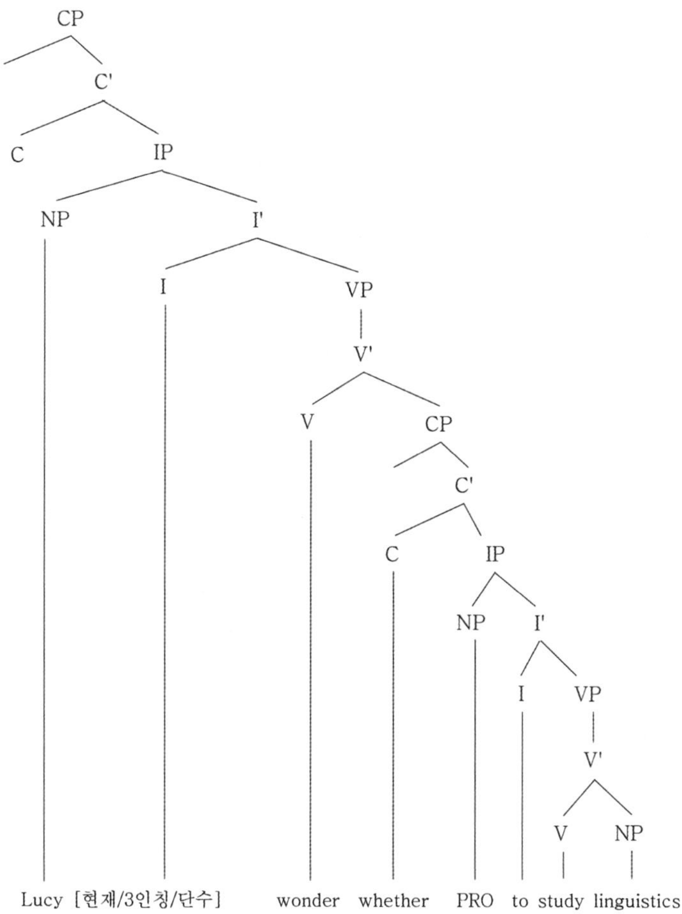
CP
C'
C
IP
NP
I'
I
VP
V'
V
CP
C'
C
IP
NP
I'
I
VP
V'
V
NP
Lucy [현재/3인칭/단수] wonder whether PRO to study linguistics

d.

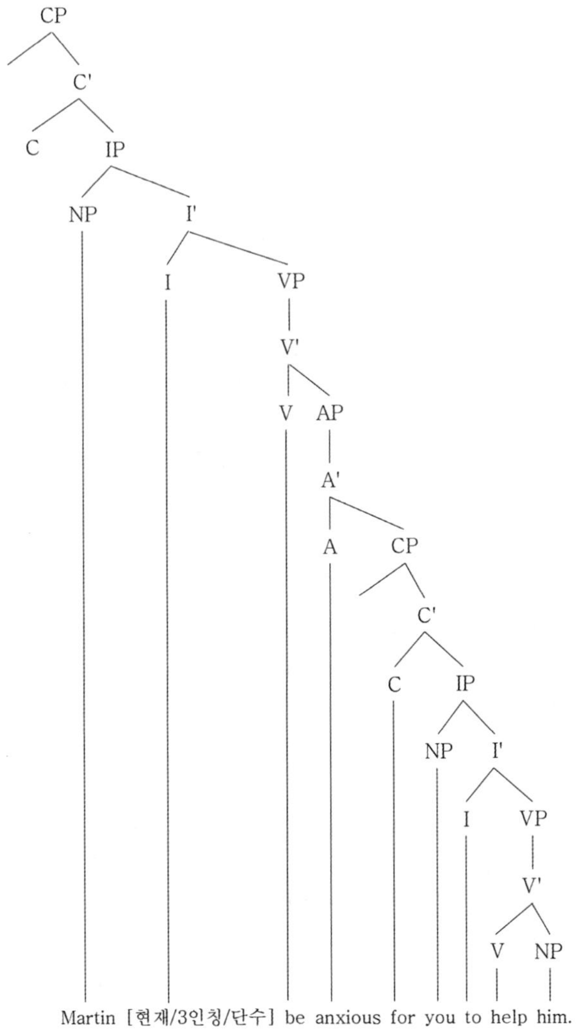
CP
C'
C
IP
NP
I'
I
VP
V'
V
AP
A'
A
CP
C'
C
IP
NP
I'
I
VP
V'
V
NP
Martin [현재/3인칭/단수] be anxious for you to help him.

e.

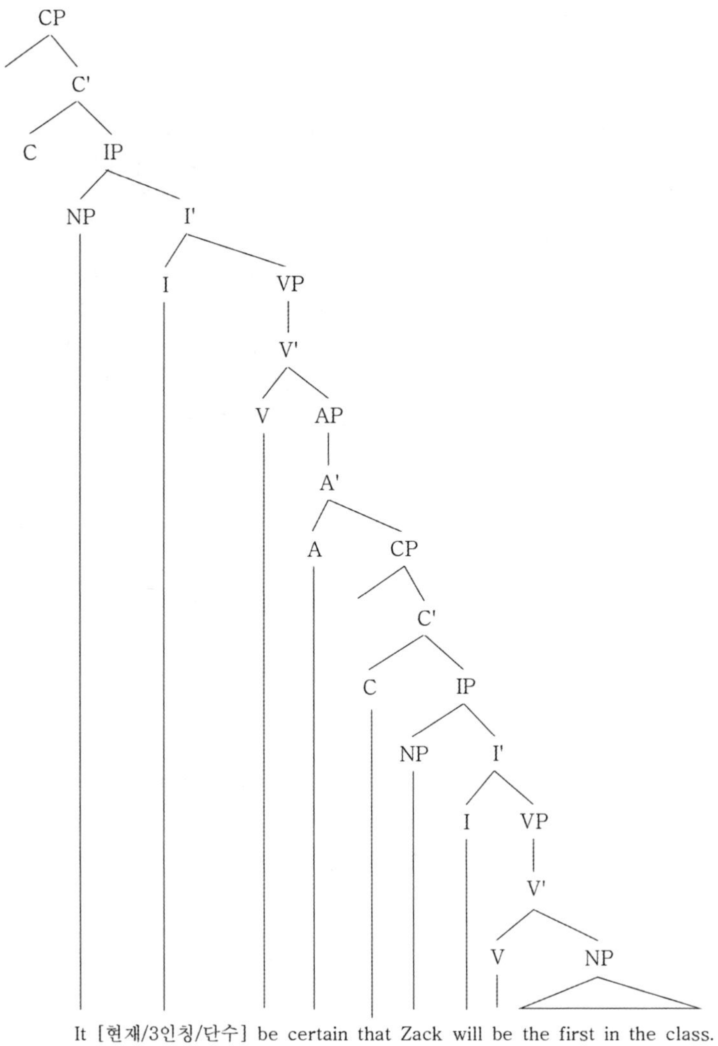
CP
C'
C
IP
NP
I'
I
VP
V'
V
AP
A'
A
CP
C'
C
IP
NP
I'
I
VP
V'
V
NP
It [현재/3인칭/단수] be certain that Zack will be the first in the class.

4. a. 보문소 *that*은 시제가 있는 IP를 보어로 취해야 하는데 〔$_{IP}$ Suzy to be a teacher〕는 시제가 없는 IP이어서 비문이다.

b. 보문소 *if*는 시제가 있는 IP를 보어로 취해야 하는데 〔$_{IP}$ PRO to marry the girl〕의 경우 시제가 없는 IP이므로 비문이다.

c. 재귀대명사는 성, 수, 인칭이 일치하는 선행사가 동일한 절에 있어야 한다. 위 문장에서 재귀대명사 *themselves*는 성, 수, 인칭이 일치하는 선행사를 자신이 출현하는 절 〔$_{IP}$ I will hate themselves〕 내에서 찾을 수 없으므로 비문이다.

d. 지정어와 핵의 일치 원리에 따르면 지정어와 핵은 어느 자질 〔F〕에 대해서 동일한 값을 가져야 한다. 위 문장의 경우 아래의 수형도와 같이 주어 *I*는 굴절소의 지정어이므로 굴절소의 자질인 〔1인칭, 단수〕에 대해서 동일한 값을 가져야 한다. 그러나 굴절소 -*s*와 지정어 *I*는 인칭에 대해 서로 다른 가치(3인칭과 1인칭)를 갖고 있어서 비문이다.

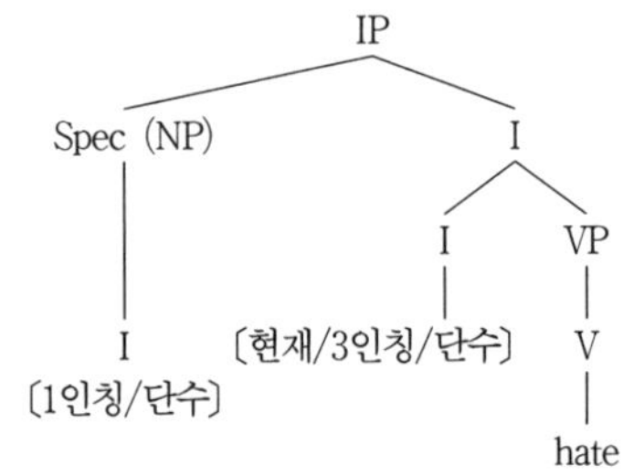

5. 동사구 생략은 구성소인 동사구만이 가능하다. 밑줄 친 단어들 *to*와 *will*은 모두 굴절소 I 위치에 나타나는 단어들이다. 굴절소 I는 동사구를 보어로 취하는데, 굴절소만이 출현한다는 것은 그 보어인 동사구가 생략되었다는 것이다.

6. a, c, e

7. c

▌제11장 확인학습▌ p. 312

1. 1) O, 2) X, 3) O, 4) X, 5) X

2. a.

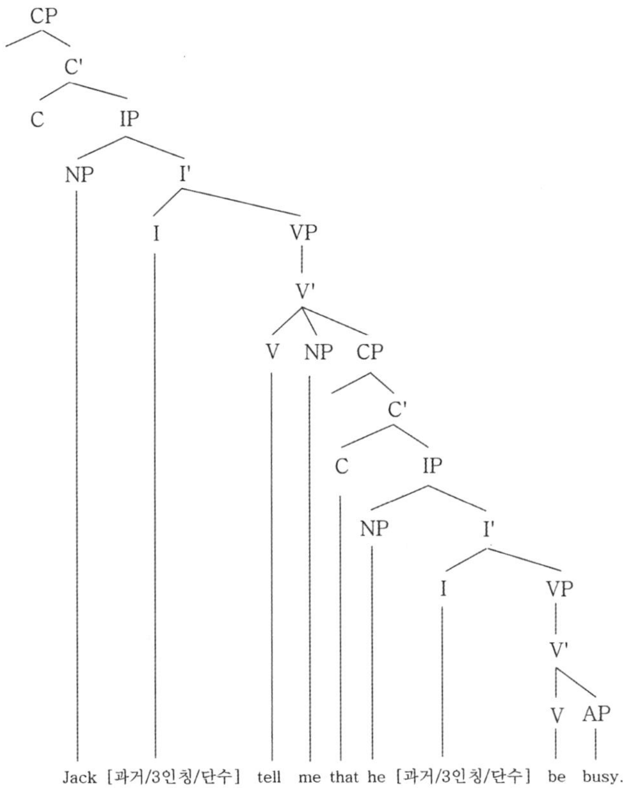

b.

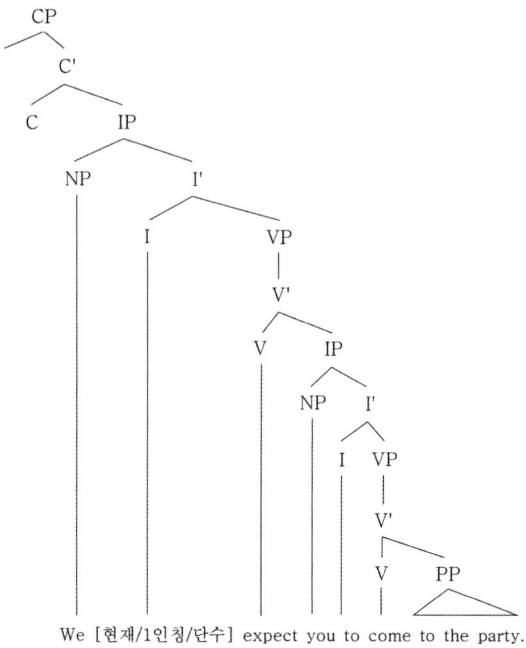
CP
C'
C
IP
NP
I'
I
VP
V'
V
IP
NP
I'
I
VP
V'
V
PP
We [현재/1인칭/단수] expect you to come to the party.

c.

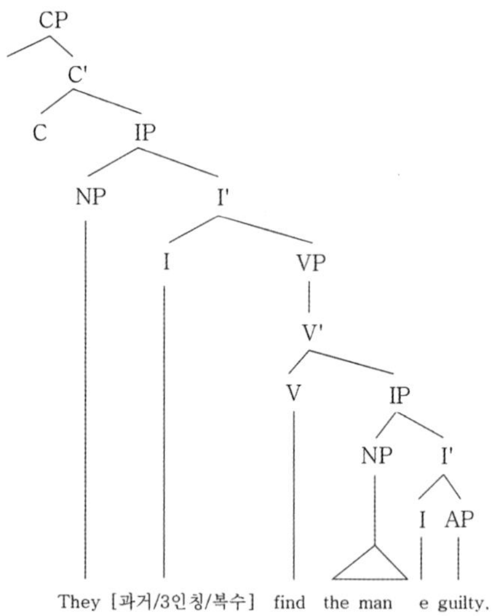
CP
C'
C
IP
NP
I'
I
VP
V'
V
IP
NP
I'
I
AP
They [과거/3인칭/복수] find the man e guilty.

d.

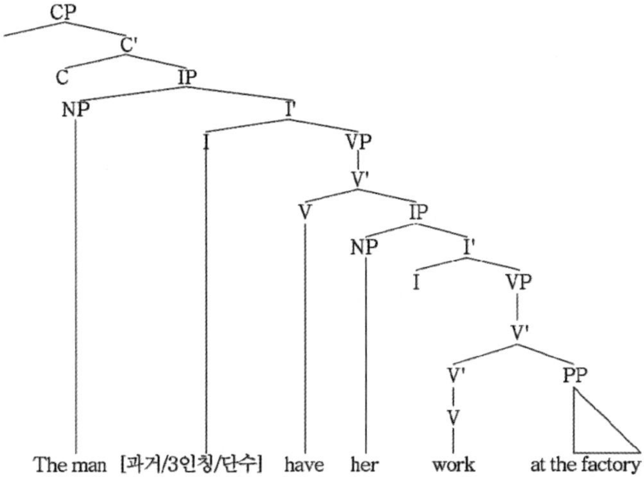
CP
C'
C
IP
NP
I'
I
VP
V'
V
IP
NP
I'
I
VP
V'
V'
PP
V
The man [과거/3인칭/단수] have her work at the factory

e.

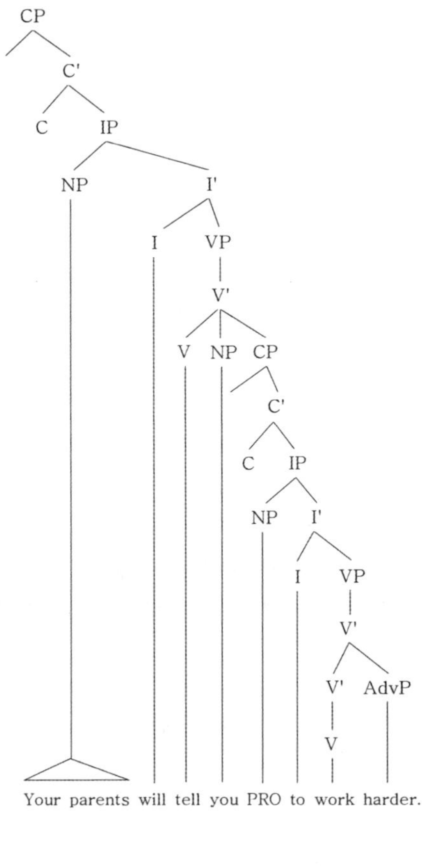
CP
C'
C
IP
NP
I'
I
VP
V'
V
NP
CP
C'
C
IP
NP
I'
I
VP
V'
V'
AdvP
V
Your parents will tell you PRO to work harder.

3. a. 예외절의 주어는 언제나 목적격을 취한다. 따라서 *he*가 아니라 *him*이 예외절의 주어가 되어야 한다.

b. 시제가 없는 예외절이나 소절의 주어만이 수동화가 되면서 주절의 주어자리로 갈 수 있다. 이 문장의 경우 *he*는 [$_{IP}$ he did the assignment] 라는 시제가 있는 보통절의 주어이기 때문에 수동화가 되어도 주절의 주어자리로 이동할 수 없다.

c. 보통절, 예외절, 소절 중 어느 절이 종속절에 나타나느냐 하는 것은 동사의 하위범주화에 달려있다. 동사 *try*는 보통절인 CP를 하위범주화하기 때문에 [I tried [$_{CP}$ PRO to be happy] 의 구조로 그 절의 주어는 눈에 보이지 않는 PRO이다. 예외절에서처럼 눈에 보이는 목적격의 명사구가 동사 *try*의 종속절의 주어자리에 출현할 수 없다.

4. a (구성소를 이루지 못함), e (명사구임)

▌제12장 확인학습▐ p. 351

1. 1) X, 2) O, 3) X, 4) X, 5) O

2. a. '책을 많이 읽는 사람이 거의 없다.'

('There are few people who read many books.')

b. '읽는 사람 (독자) 이 거의 없는 책들이 많다.

('There are many books which were read by few people.')

3. a. *anxious*는 외재 (주어) 논항이 있는 형용사로, 논항이 아닌 허사 *there*가 주어자리에 올 수 없다.

b. 명사구 이동 (수동태와 인상동사 구문에서) 은 CP (또는 시제가 있는 절) 를 넘을 수 없다. 위 문장의 경우 *John*이 CP인 *that Mary likes* t_i를 넘어서 이동하였으므로 비문이다.

c. 수동문 주어조건에 따르면 동사의 보어인 명사구나 또는 보어인 전치사구 내의 명사구만이 수동문의 주어자리로 이동이 가능하다. 위 문장에서 *at this room*은 부가어이기 때문에 그 안의 명사구가 수동문의 주어로 이동할 수 없다.

d. 수동문에서 부가어나 그 일부가 주어자리로 이동이 불가능하다. 위 문장에서 *for many hours*는 부가어이기 때문에 그 안의 명사구가 주어자리로 이동할 수 없다.

4.

a.

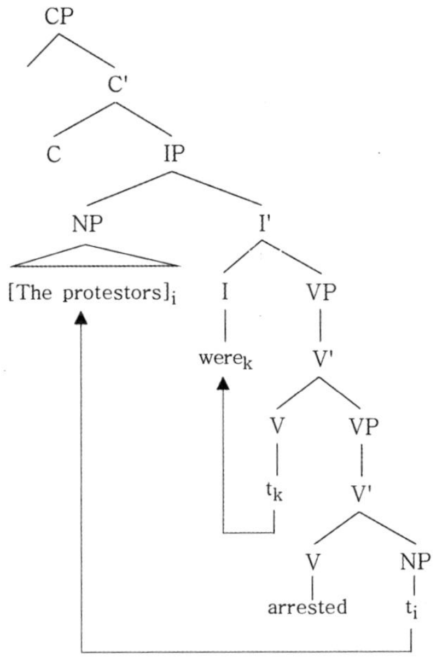
CP
C'
C
IP
NP
I'
[The protestors]i
I
VP
werek
V'
V
VP
tk
V'
V
NP
arrested
ti

b.

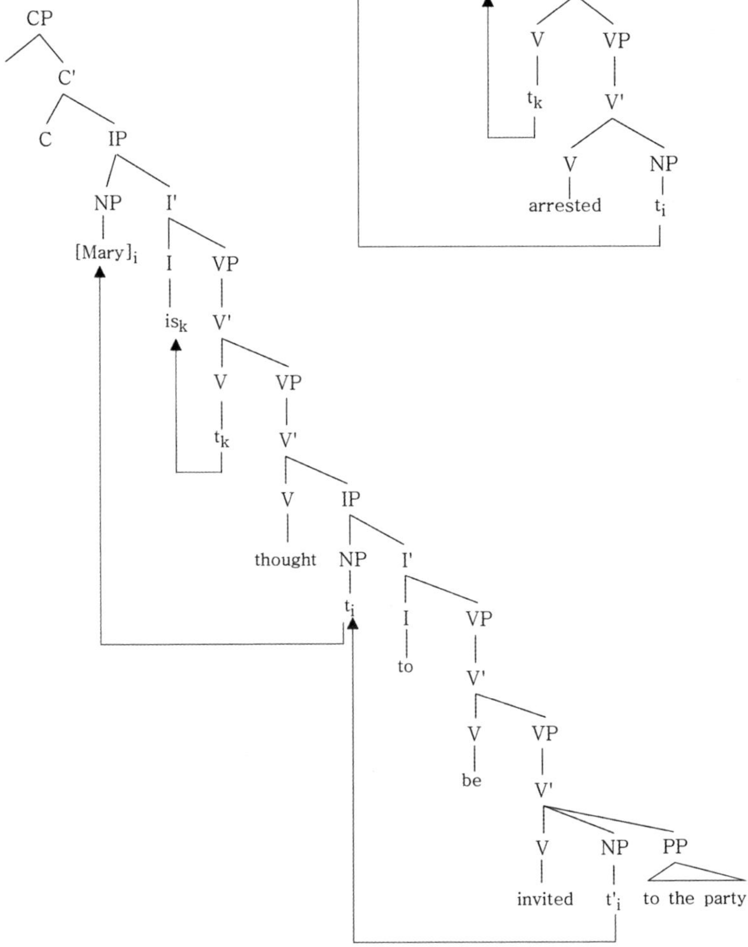
CP
C'
C
IP
NP
I'
[Mary]i
I
VP
isk
V'
V
VP
tk
V'
V
IP
thought
NP
I'
ti
I
VP
to
V'
V
VP
be
V'
V
NP
PP
invited
t'i
to the party

c.

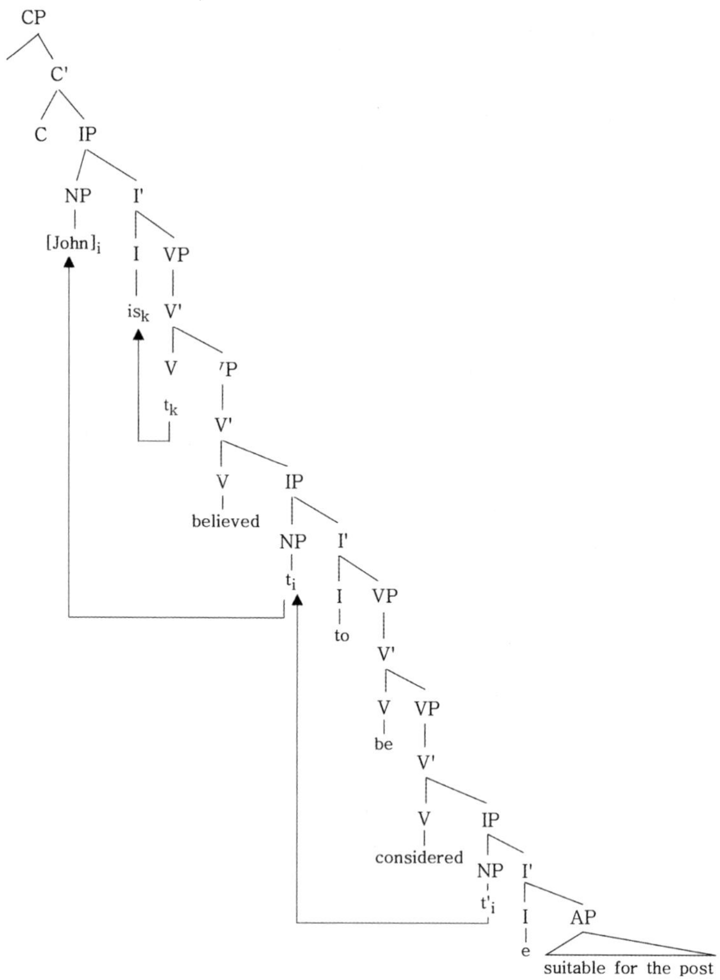
CP
C'
C
IP
NP
I'
[John]i
I
VP
isk
V'
V
VP
tk
V'
V
IP
believed
NP
I'
ti
I
VP
to
V'
V
VP
be
V'
V
IP
considered
NP
I'
t'i
I
AP
e
suitable for the post

d.

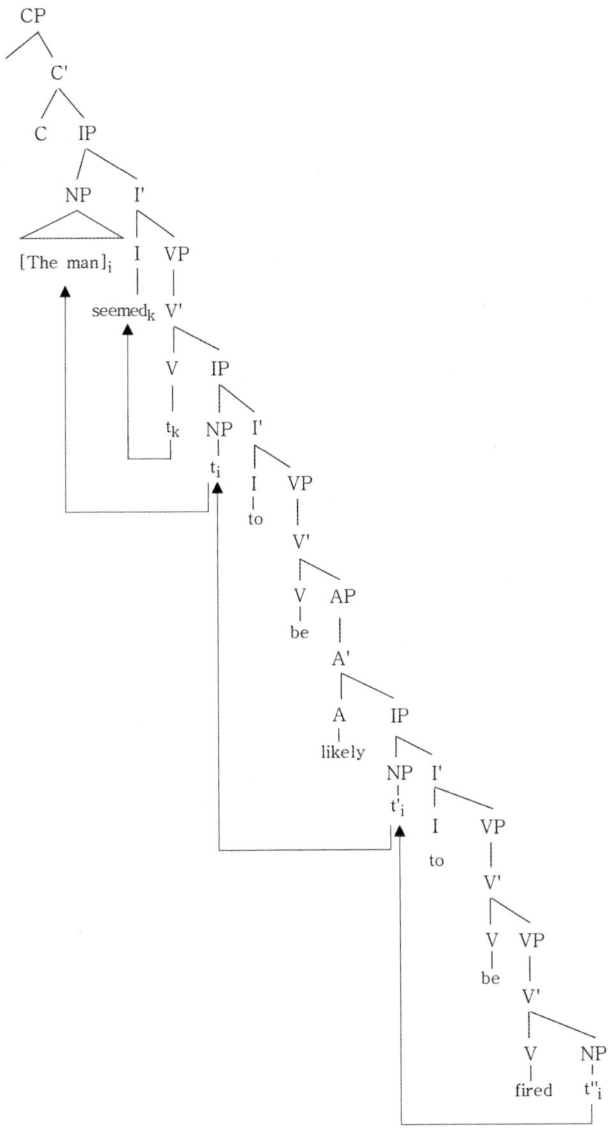
CP
C'
C
IP
NP
I'
[The man]i
I
VP
seemedk
V'
V
IP
tk
NP
I'
ti
I
VP
to
V'
V
AP
be
A'
A
IP
likely
NP
I'
t'i
I
VP
to
V'
V
VP
be
V'
V
NP
fired
t''i

5. a) 문장은 '*It is easy to work with John*'이라는 의미를 갖고 있어, 주어자리는 의미상 빈자리로 볼 수 있다. 즉 형용사 *easy*는 시제가 없는 비한정절을 보어만 취하고 주어자리에 채울 논항을 갖고 있지 않다(그렇다고 해서 *John*이 *with*의 목적어 자리에서 주절의 주어자리로 직접 이동해갔다고 보지는 않는다(*tough* 구문이라 불리는 이 문장의 분석은 본 책의 범위를 벗어나기에 생략함). 한편, *eager*는 주어자리에 채울 논항을 필요로 한다(*It is eager for John to work). 어떤 의도와 열정을 가질 수 있는 사람이나 동물의 명사구가 *eager*의 주어논항이어야 하고, 보어로는 비한정 절을 취한다. 두 형용사의 보어인 비한정절의 주어자리에는 보이지 않는 명사구(PRO)가 있다.

6. *likely*는 외재논항이 없는 인상술어(형용사)이다. 이 분석의 경우 *study*의 외재논항은 PRO이므로 *John*은 구조상으로 볼 때 이동된 것이 아니라 심층구조에서 형성된 *likely*의 외재논항으로 보인다. 이 분석은 *likely*의 논항구조(어휘적 의미)에 어긋나기 때문에 비문이다.

7. i) 첫 째로, 수동동사 *believed*와 인상동사 *seem*은 주어논항이 없다는 점에서 유사하다. 동사 *believe*가 수동동사가 되면서 주어논항이 삭제(억제)되었고 인상동사 *seem*은 원래부터 주어논항이 없다. 다음은 위 두 문장의 기저구조들이다.

c) ___ is believed [John to be smart].

d) ___ seems [John to be smart].

두 기저구조의 주어 자리는 비어 있고 이 주어자리는 이동한 명사구로 채워진다.

ii) 두 번째 유사성은 이 두 동사는 보어로 비한정절(non-finite clause)을 취한다. (c)와 (d)는 비한정의 두 보어절을 보여준다. 이 보어절의 주어인 *John*이 주절의 빈 주어자리로 이동하면 (a)와 (b)의 문장이 도출된다. *John*이 이동한 후에 명사구 흔적이 남는다.

▌제13장 확인학습▐ p. 383

1. 1) O, 2) X, 3) X, 4) X, 5) O, 6) O

2. a.

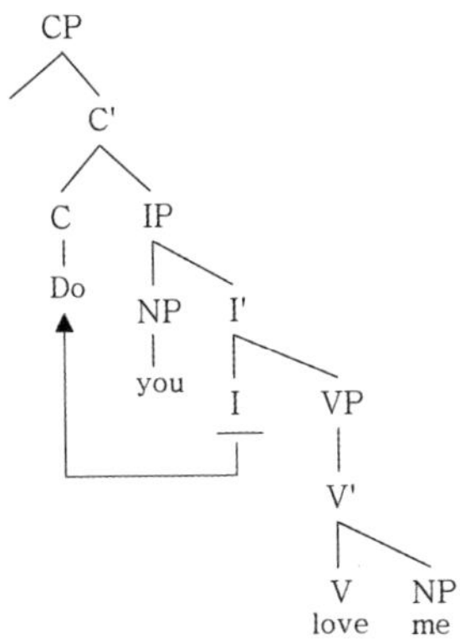
CP
C'
C
Do
IP
NP
you
I'
I
VP
V'
V
love
NP
me

b.

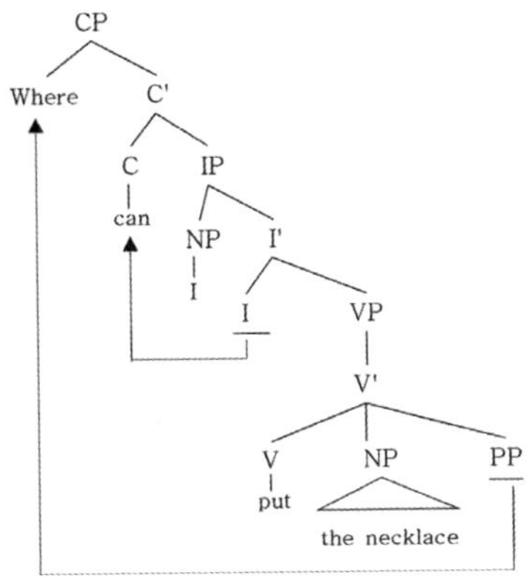
CP
Where
C'
C
can
IP
NP
I
I'
I
VP
V'
V
put
NP
the necklace
PP

c.

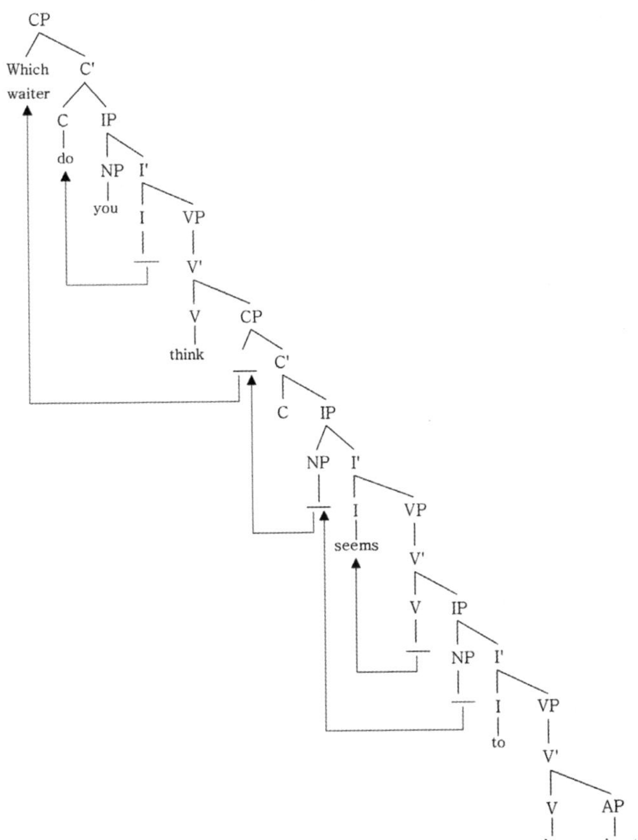
CP
Which
waiter
C'
C
do
IP
NP
you
I'
I
VP
V'
V
think
CP
C'
C
IP
NP
I'
I
seems
VP
V'
V
IP
NP
I'
I
to
VP
V'
V
be
AP
nicest

d.

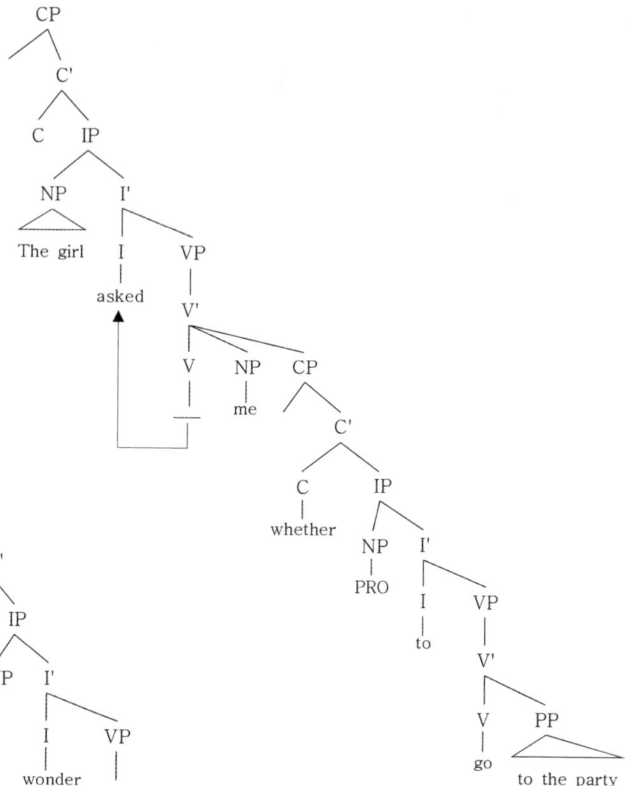
CP
C'
C
IP
NP
I'
The girl
I
VP
asked
V'
V
NP
CP
me
C'
C
IP
whether
NP
I'
PRO
I
VP
to
V'
V
PP
go
to the party

e.

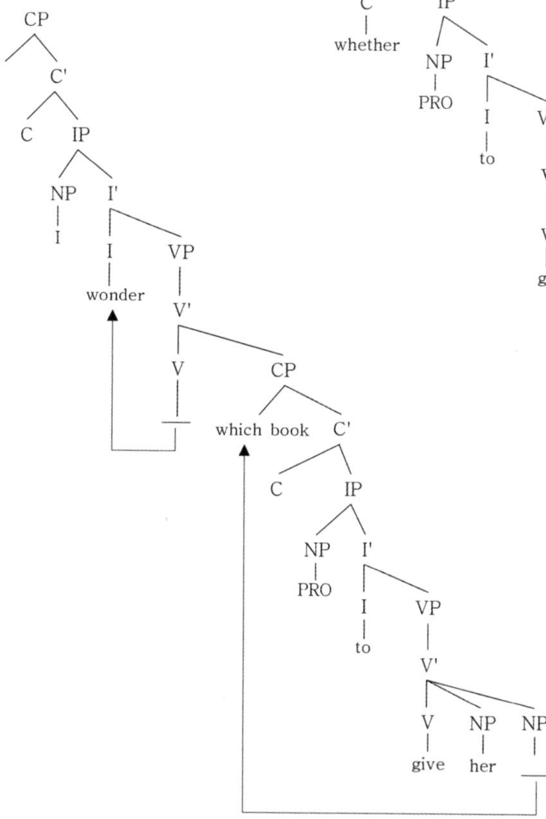
CP
C'
C
IP
NP
I'
I
I
VP
wonder
V'
V
CP
which book
C'
C
IP
NP
I'
PRO
I
VP
to
V'
V
NP
NP
give
her

3. a. 일반의문문은 굴절소 I자리에서 보문소 C자리로 조동사가 이동하는 과정이 있다. 조동사가 이동한 후의 그 자리는 눈에 보이지 않는 흔적(trace)이 남아 있고, 그 자리에 다른 조동사가 출현할 수 없다. 위 예에서 조동사 *can*이 이동한 후의 그 자리에 다른 조동사 *will*이 출현하고 있어 비문법적이다.

b. 동사에 굴절접미사 *-s*가 출현하려면 동사 V가 I자리로 이동하는 동사(핵)이동을 해서 그 굴절소 자리에 있는 굴절정보(3인칭, 단수, 현재)에 의해서이다. 이 경우 굴절소 I자리가 이미 조동사 *could*로 채워져 있으므로 동사이동이 일어날 수 없고 따라서 접미사 *-s*가 붙은 *knows*가 올 수 없다.

c. *Who*는 종속절의 주어자리, 흔적 t의 자리에 있다가 문두로 이동해 온 것이다. 심층구조에서의 종속절 〔who_i loved $yourself_i$ so much〕에서 재귀대명사는 적절한(성, 수, 인칭) 선행사가 없기 때문에 비문법적이다.

4. a. 아래 수형도에서 ①과 ②의 이동은 착지(landing site)가 IP의 지정어 자리이므로 명사구 이동이다. ③번 이동은 착지가 CP의 지정어 자리이므로 의문사구 이동이다.

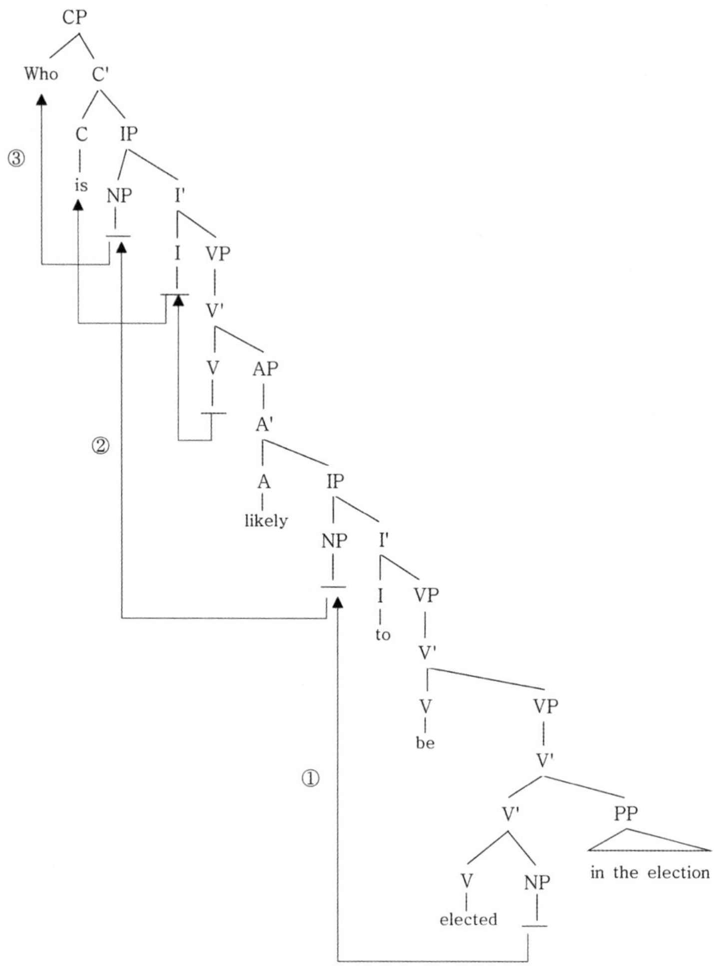

b. 아래에서 ①과 ② 이동은 착지가 CP의 지정어 자리이어서 모두 의문사구 이동이다.

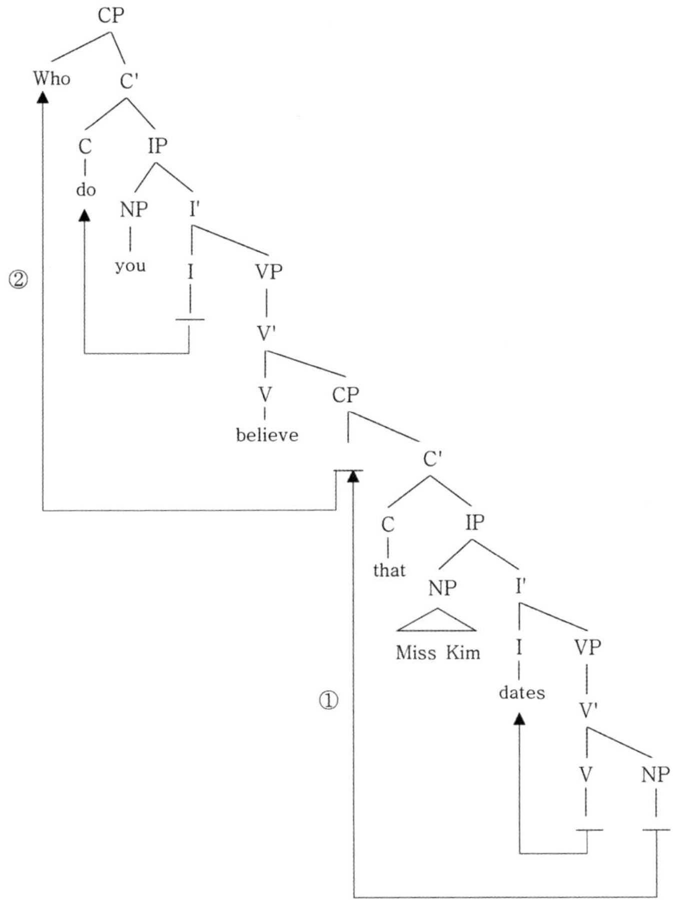

5. 이 문장은 다음의 ①과 ②의 두 가지 해석이 가능하다.

① [To whom$_i$ did you say t_i that the teacher spoke?]
이 경우 *to whom*은 *say*의 보어 자리에서 이동하여 왔으므로 '선생님이 (무언가를) 말했 다는 것을 너는 <u>누구에게 말했니</u>?'라는 의미이다.

② [To whom$_i$ did you say that the teacher spoke t_i?]
이 경우 *to whom*은 *spoke*의 보어 자리에서 이동하여 나왔으므로 '선생님이 <u>누구에게 말씀하셨다</u>고 너는 얘기했니?'라는 의미이다.

6. a. (이 문장에서는 *must*가 조동사임 - 부정어 *not*이 *must*에 의존함)
   c. (*didn't*가 조동사임. 부정어 *not*이 앞의 *did*와 축약됨)

▌제14장 확인학습▐ p. 406

1. 1) X, 2) X, 3) X, 4) O, 5) O, 6) O, 7) O

2. a.

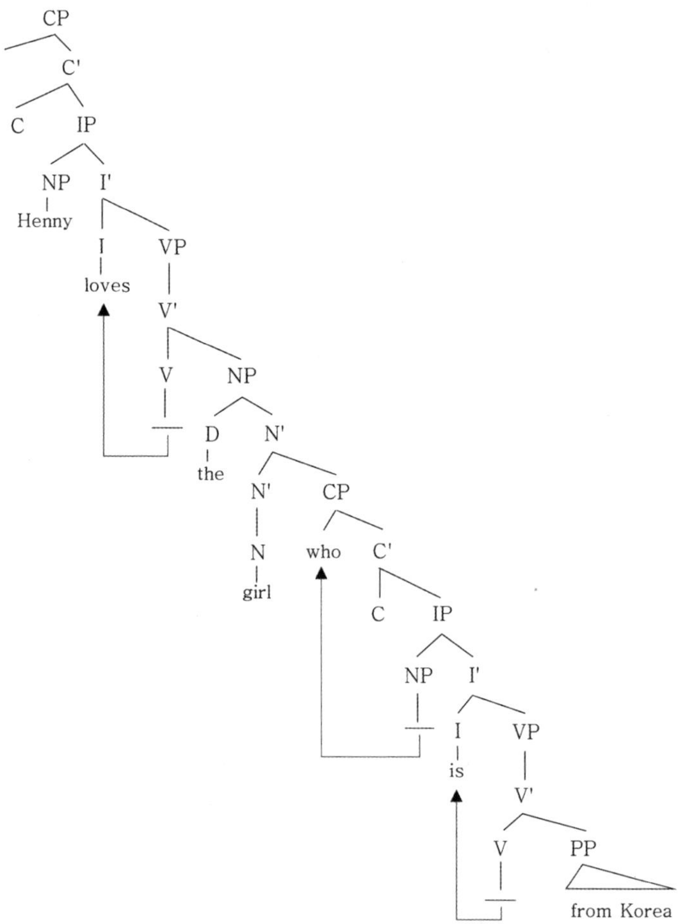

b.

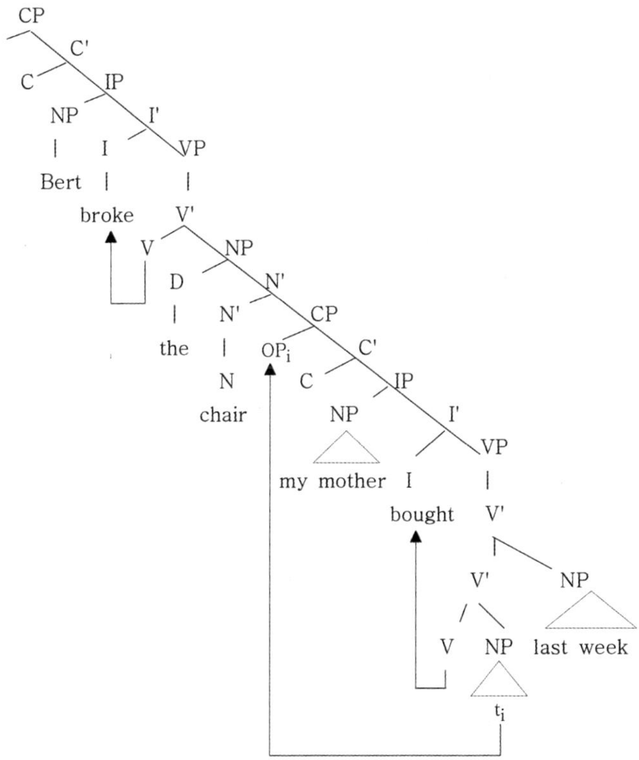
CP
C'
C
IP
NP
I'
I
VP
Bert
broke
V'
V
NP
D
N'
the
N'
CP
N
OP$_i$
C'
chair
C
IP
NP
I'
my mother
I
VP
bought
V'
V'
NP
V
NP
last week
t$_i$

c.

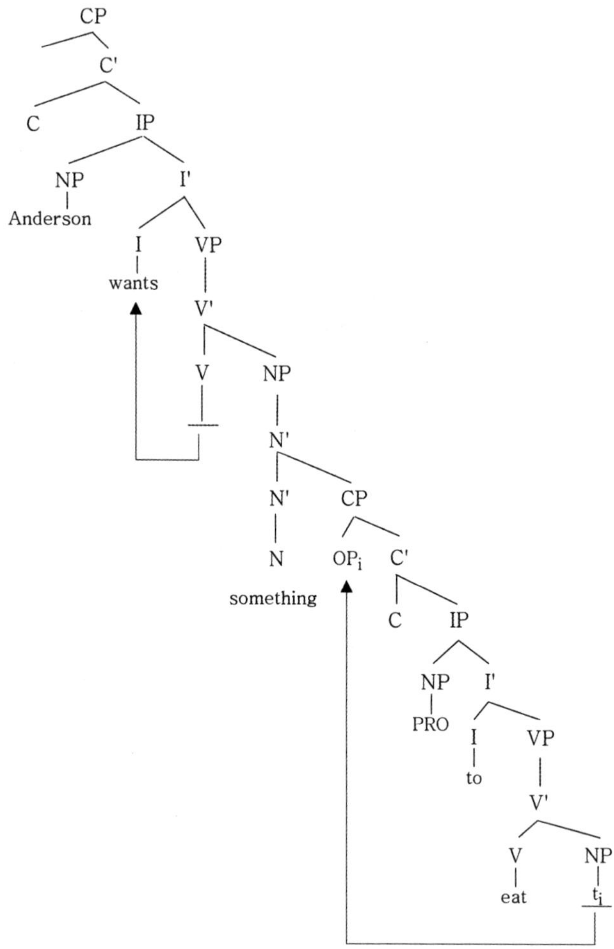
CP
C'
C
IP
NP
Anderson
I'
I
wants
VP
V'
V
NP
N'
N'
N
something
CP
OP$_i$
C'
C
IP
NP
PRO
I'
I
to
VP
V'
V
eat
NP
t$_i$

d.

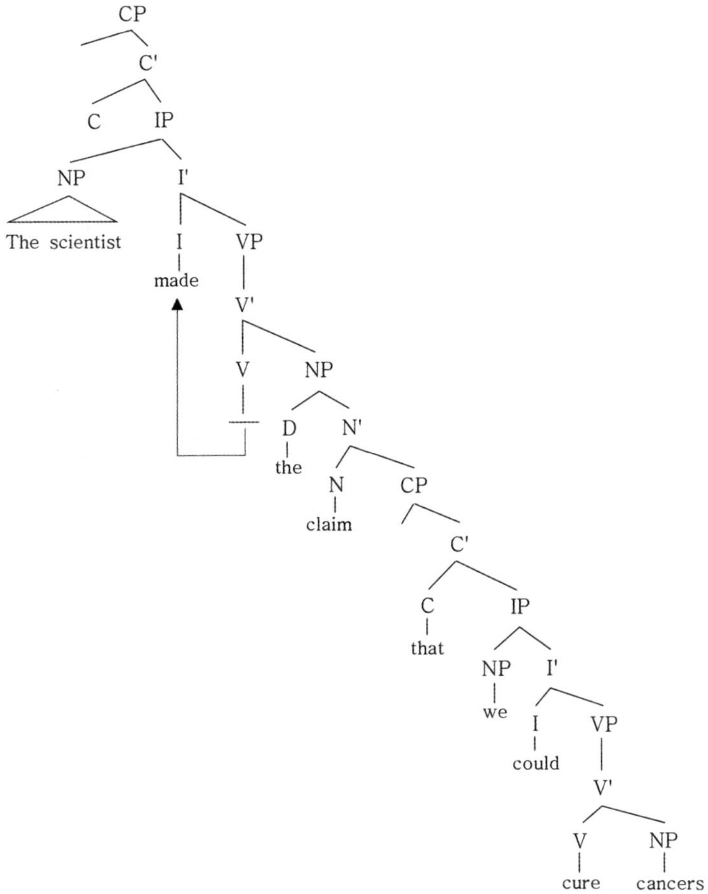

3. a. 분열구문에서 강조되고 종속절에서 생략(분열) 되는 부분은 명사구와 전치사구만이 가능하다. 이 문장에서 강조되고 종속절에서 생략된 부분 *very pretty*는 형용사구이어서 비문이다.

   b. 위 문장 중 종속절 내부의 〔$_{CP}$ which〔$_{IP}$ you made a mistake〕〕은 그 자체로 논항구조가 충족된 문장이다. 즉 *make*의 외재(주어) 논항 *you*와 내재 논항 *a mistake*를 갖고 있어 이동한 요소가 없다. 따라서 이 절은 *claim*의 보어절이다. 의문사구(*which*)는 보어절을 도입하지 못하기 때문에 (*that* 만이 보어절 도입) 이 구문은 비문법적이다.

c. 위 문장에서 *Miss Keith* 다음에 휴지(pause)가 있어 그 다음의 절은 비제한적 관계절이다. 비제한적 관계절의 관계(대명)사는 의문사구(*who*, *which*, 등)만이 허용되므로, 위와 같이 아무런 관계대명사가 존재하지 않으면 비문법적이다.

d. 위 문장에서 *whom*은 흔적 t_i에서 이동해 나온 것인데 이동해서 나온 전치사구 〔after he met t_i〕은 *go out*의 부가어이다. 섬제약에 따르면 주어와 부가어는 섬이고 어떤 부분도 섬 밖으로 이동해 나올 수 없다. 위 문장에서는 부가어 내에서 *whom*이 이동하여 나왔으므로 비문이다.

4.

	빈자리 여부	선행사 종류	관계대명사/ 보문소 생략	관계대명사/ 보문소 종류
(제한적) 관계절	있음	N′	가능	*that*, *who*, *whom*, *whose*, *which*
명사 보어절	없음	N	불가능	*that*
분열구문	있음	PP, NP	불가능	*that*, *who*, *whom*, *whose*

5. c. (분열구문; 고유명사가 제한적 관계절의 선행사가 되지 못함)

d. (명사의 보어절: 관계절이라면 빈자리가 있음)

▌참고문헌

Aarts, A. (1997). *English Syntax and Argumentation.* London: Palgrave.

Baker, C. L. (1978). *Introduction to Generative-Transformational Syntax,* Englewood Cliffs: Prentice-Hall.

__________(1989). *English Syntax,* Cambridge: MIT Press.

__________(1996). *English Syntax,* Cambridge: MIT Press.

Bauer, L. & P. Trudgill (1998). *Language Myths,* New York: Penguin Books.

Berko, J. (1958). The Child's Learning of English Morphology. *Word 14*: 150-177.

Bloomfield, L. (1933). *Language,* New York: Holt, Rinehart & Winston, Inc. (1984, reprinted by The University of Chicago)

Bosley R. D. (1991). *Syntactic Theory: A Unified Approach,* New York: Edward Arnold.

Celce-Murcia, M. & D. Larsen-Freeman (1999). *The Grammar Book: An ESL/EFL Teacher's Course.* 2nd Edition, Heinle & Heinle.

Cherchia, G. & S. McConnell-Ginet (1991). *Meaning and Grammar: An Introduction to Semantics,* Cambridge: MIT Press.

Chomsky, N. (1957). *Syntactic Structures,* Mouton.

__________(1965). *Aspects of the Theory of Syntax,* Cambridge: MIT Press

__________(1972). *Language and Mind,* New York: Harcourt Brace.

__________(1977). *Essays on Form and Interpretation,* New York: Elsevier North-Holland, Inc.

__________(1981). *Lectures on Government and Binding,* Dordrecht: Foris.

__________(1986a). *Knowledge of Language: Its Nature, Origin and Use,* New York: Praeger.

__________(1986b). *Barriers.* Cambridge, Mass.: MIT Press.

__________(1995). *The Minimalist Program,* Cambridge: MIT Press.

Fromkin, V. & R. Rodman, N. Hyams(2002). *Introduction to Language*, Heinle & Heinle.

Haegeman, L. (1994). *Introduction to Government & Binding Theory*, 2nd Edition, Cambridge, Mass. : Blackwell.

Haegeman, L. & J. Guéron(1999). *English Grammar: A Generative Approach*. Cambridge, Mass: Blackwell.

Huddleston, R. & G. K. Pullum(2002). *The Cambridge Grammar of the English Language*, Cambridge: Cambridge University Press.

Huddleston, R. & G. K. Pullum(2005). *A Student's Introduction to English Grammar*, Cambridge: Cambridge University Press.

Jackendoff, R. (1994). *Patterns in the Mind*, New York: Basic Books.

Lenneberg, E. (1967). *The Biological Foundations of Language*, New York: John Wiley & Sons.

Ouhalla, J. (1994). *Transformational Grammar*, New York: Edward Arnold.

Pinker, S. (1994). *The Language Instinct*, New York: Penguin Books.

_________ (2000). *Words and Rules*, New York: Perennial.

Radford, A. (1981). *Transformational Syntax*, Cambridge: Cambridge University Press.

_________ (1988). *Transformational Grammar*, Cambridge: Cambridge University Press.

_________ (1997). *Syntax: A Minimalist Introduction*, Cambridge: Cambridge University Press.

_________ (2004). *English Syntax: An Introduction*, Cambridge: Cambridge University Press.

Ross, J. R. (1967). Constraints on Variables in Syntax. Doctoral Dissertation. MIT.

Sag, I. & T. Wasow (1999). *Syntactic Theory: A Formal Introduction*, Stanford: CSLI.

Traugott, E. C. (1972). *A History of English Syntax: A Transformational Approach to the History of English Sentence Structure*. New York: Holt, Rinehart and Winston, Inc.

Van Riemsdijk, H. & E. Williams(1986). *Introduction to Theory of Grammar*.

Cambridge, Mass. : MIT Press.
Yule, G. (2000). *Explaining English Grammar*, New York: Oxford University Press.

▌찾아보기(용어 색인)

각인 *imprinting* 167
간접 의문문 *Indirect Question* 360, 379
개별문법 *Particular Grammar* 54
격*case* 136, 251
격여과(조건) 251, 252
결속이론 *Binding Theory* 308
결정적 시기 *critical period* 86, 167
계사 *copula* 125, 219
계층 *hierarchy* 108, 110
공범주 *empty category* 277, 296, 396
공범주 운용자 *Empty Operator* 396
공시 언어학 *synchronic linguistics* 24
공지시 *coindex* 341
관계대명사 *relative pronoun* 391
관계절 *relative clause* 388
관계절의 구조 391
관찰적 타당성 *observational adequacy* 51
관할 *domination* 110
괄호규약 *parenthesis convention* 96
교차제약 108
구구조 규칙 *phrase structure rule* 93, 95, 106, 113
구구조 표지 *phrase structure marker* 109
구조의 패턴 243
구동사 238, 239, 241
구성소 *constituent* 76
구성소 구조 *constituent structure* 109
구어 *spoken language* 47
구조보존의 원리 *Structure Preserving Principle* 335
구조적 중의성 *structural ambiguity* 181
구조주의 언어학*structuralism* 24
구층위 *phrasal level* 71, 94
국부 수형도 *local tree* 264
국부적 *local* 112
굴절 *inflect* 260
굴절소 *Inflection* 260
굴절소 이동 *Infl Movement* 362
규범規範문법 *prescriptive grammar* 34
근원 *Source* 131
기능어 범주 *functional category* 274
기술記述문법 *descriptive grammar* 33
기술적 타당성 *descriptive adequacy* 51
끝마디 *terminal node* 109

나뭇가지 *branch* 109
내재논항 *internal argument* 342
논항 *argument* 124, 126

논항구조 *argument structure* 125, 332

단어층위 *word level* 71, 94
담화정보이론 240
대격 *accusative case* 290
대명사 *Pronoun* 82
대명사의 선행사 306
대명사 조건 307
대용어 *anaphor* 306
대용어 조건 306
대형태 *proform* 81
도구 *Instrument* 131
독립 관계절 *free relative clause* 389
동격의 관계절 *appositive relative clause* 390
동사 *Verb* 65
동사교체 *verb alternation* 128
동사구 *Verb Phrase* 71, 99, 205-206
동사구 구조 211, 217
동사구 생략 *Ellipsis* 83
동사구내 주어가설 *VP-internal Subject Hypothesis* 217
동사-목적어 인접조건 136, 137, 428
동사이동 *Verb Movement* 367
뒤이동 *Postposing* 77
등위접속 *Coordination* 79, 158, 176
딸마디 *daughter node* 112

마디 *node* 109
명사 *Noun* 64
명사 보어절 *noun complement* 401
명사구 *Noun Phrase* 70, 153, 161
명사구 구구조 규칙 195
명사구 이동 *NP Movement* 332, 346
명사구의 구조 195
모방 *imitation* 47
목적격 *objective case* 290
목적어 *object* 113
목표 *Goal* 131
무한성 *infiniteness* 113
문법기능 *grammatical function* 68, 112
문법범주 *grammatical category* 63
문법성 *grammaticality* 43
문법의 타당성 51
문어 *written language* 47
문장 *sentence* 262
미국영어 *American English* 350

범주 *category* 62
변항 *variable* 212
변형 *transformation* 330
변형문법 *Transformational Grammar* 331
변형생성문법 *Transformational Generative Grammar* 25, 331
보문 *complement clause* 262
보문소 *complementizer* 262-263, 394
보어 *Complement* 161, 163
보어 규칙 163-164, 186
보통절 *ordinary clause* 290

보편문법 *Universal Grammar* 26, 54
보편성 *universality* 53
부가어 *Adjunct* 126, 162
부가어 규칙 163-164, 186
부사 *Adverb* 66
부사구 *Adverbial Phrase* 73
분열구문 *Cleft Construction* 402
분포 *distribution* 62
불변화사(소사) 238
비적형 *ill-formedness* 44
비제한적 389
비제한적 관계절 *non-restrictive relative clause* 389-390
비핵구조 *headless or exocentric construction* 246
뿌리 *root* 109

삼분지 구조 *ternary branching* 189
삼투 *percolation* 376
삽입 *insertion* 347
상호대명사 *reciprocal pronoun* 305
생략대답 *Sentence-fragment* 78
생성 *generate* 26
생성문법 *Generative Grammar* 50
선택제약 *selectional restriction* 139
선행관계 *precedence* 110
설명적 타당성 *explanatory adequacy* 52
섬제약 *Island Condition on Movement* 397
성 *gender* 260
성분통어 *c-command* 308-309
소사 238-242
소쉬르 Ferdinand de Saussure 24
소절 *Small Clause* 298
속성 수식어 *attributive* 185
수 *number* 260
수동동사 332
수동문 *passives* 331
수동문 주어 조건 336
수동태 *passive* 331
수동태의 제약 336
수동화 조건 337-339
수반이동 *pied piping* 377, 382
수식어 *modifier* 126
수의적 *optional* 163
수형도 *tree diagram* 103, 109
수혜자 *Benefactive, Beneficiary* 131
수화 *sign language* 197
술어 *predicate* 125
시제 *tense* 260
시제자질 263
실어증 *aphasia* 57
심리경험주 *Experiener* 131, 345
심리적 현실성 *psychological reality* 53
심층구조 *D-Structure* 329

앞이동 *Preposing* 76
양상조동사 *Modal Auxiliary* 363
어머니 마디 *mother node* 112
어휘 범주 *lexical category* 274
어휘부 *lexicon* 140, 329
어휘적 중의성 *lexical ambiguity* 182
어휘정보 140
억제 *suppressed* 332

언어공동체 47
언어능력 *linguistic competence* 40
언어수행 *linguistic performance* 40
언어습득 *language acquisition* 54
언어습득장치 *Language Acquisition Device, LAD* 54
언어의 창조성 47
엔바*N-bar* 157
역사비교언어학 *historical-comparative linguistics* 23
영국영어 *British English* 350
영어통사론*English Syntax* 23
예외절 *exceptional clause* 288, 290
외재논항 *external argument* 342
외치 *Extraposition* 400
의문문 *question* 359
의문사구 의문문*Wh-Question* 360
의문사구 이동 *Wh-Movement* 371
의문자질 263
의미선택제약 *semantic selectional restriction* 138
의미역 *semantic/thematic roles* 129-130
의미역표준 *Theta Criterion* 296
이분지 구조 *binary branching* 189
인상 *raising* 341
인상구문 *raising construction* 340, 341
인상술어 *raising predicate* 341
인칭 *person* 260
일반 의문문 *Yes-No Question* 360
일반 의문문 형성 369
일치소 *agreement feature* 260
입력 *input* 95
자매 *sister* 243
자매관계 *sisterhood* 112
자유 관계절 389
잠재논항 *implicit argument* 129
장벽 *Barrier* 이론 26
장소 *Locative* 131
재귀대명사 *reflexive pronoun* 276, 378
재귀대명사 조건 276, 305
재분석 *reanalysis* 338
재분석 조건 340
적형 *well-formedness* 44
적형성 *well-formedness* 43
전치사 *Preposition* 66, 72
전치사구 *Prepositional Phrase* 72, 101
전치사구의 구조 234
전치사 좌초 *preposition stranding* 377
절 *clause* 262
접사 *affix* 117
접속사 *conjunction* 67, 73, 94
제한적 관계절 *restrictive relative clause* 390
조동사 *Auxiliary* 67, 73, 94, 369
조동사 도치 *Aux-Inversion* 370
주격 *subjective/nominative case* 290
주어 *subject* 113
주어 원리 278
주어자리 278
중간마디 *non-terminal node* 109
중간층위 155, 157
중괄호규약 *curly bracket convention* 100

중의성 *ambiguity* 181
지배결속 *Government and Binding* 이론 26
지시명사구 *referring expression* 307
지시명사구 조건 308
지정어 *Determiner/ Specifier* 67, 227
지정어 규칙 163-164, 186
지정어와 핵의 일치 *Specifier-Head Agreement* 273
직관 *intuition* 41
직접관할 *immediate domination* 110
직접구성소 *immediate constituent* 112

착지 *landing site* 362
최대의 제약성 52
최대투사 *maximal projection* 246
최대투사 범주 246
최소주의 *Minimalism* 이론 26
출력 *output* 95
층위 표기법 157

크리올 *Creole* 49

통시 언어학 *diachronic linguistics* 24
투사 *project* 243
투사원리 *Projection Principle* 278, 348

파생어 *derived words* 117
평면구조 *flat structure* 209
표지꺾쇠괄호 *labelled bracketing* 111
표층구조 *S-Structure* 330
품사 *parts of speech* 63
피진 *Pidgin* 50
피험체 *Patient/Theme* 130
필수적 *obligatory* 96

하위범주화 *subcategorization* 132-133
학교문법 *school grammar* 34
합성동사 338
합성어 *compounds* 117
핵 *head* 71, 94, 243
핵구조 *headed or endocentric construction* 246, 270
핵 이동 *Head Movement* 362
핵선행언어 *head-first language* 244
핵후행언어 *head-final language* 244
행동주의 *behaviorism* 25
행위주 *Agent, Actor* 130
허사 *expletive* 279, 347
허용 *acceptable*, 허용성 46
형용사 *Adjective* 65
형용사구 *Adjectival Phrase* 72, 98, 232
형용사구의 구조 226
확대투사원리 *Extended Projection Principle* 280
회귀성 *recursion* 115, 179
회귀적 *recursive* 115
흔적 *trace* 341

1항술어 *one-place predicate* 125
2항술어 *two-place predicate* 125
3항술어 *three-place predicate* 125
LAD 54
PRO 275

Wug 56
X바구조 243
X바구조 원리 243
X바 통사론 *X-bar Syntax* 243

영어통사론
개정증보판 학술연구총서 68

초판 발행 2005년 9월 10일
2판 발행 2008년 3월 20일
3판 발행 2016년 9월 12일
3판 6쇄 2024년 9월 5일

지은이 정태구
펴낸곳 고려대학교출판문화원
www.kupress.com
kupress@korea.ac.kr
(02841) 서울특별시 성북구 안암로 145
Tel 02-3290-4230, 4232
Fax 02-923-6311
찍은곳 네오프린텍(주)

ISBN 978-89-7641-909-5 94740
ISBN 978-89-7641-352-0 (세트)

값 23,000원